越秀年鉴

YUE XIU ALMANAC

2012

越秀年鉴编纂委员会 编

廣東省出版集團
广东经济出版社

图书在版编目（CIP）数据

越秀年鉴．2012／越秀年鉴编纂委员会编．—广州：广东经济出版社，2012.12

ISBN 978－7－5454－1736－4

Ⅰ.①越…　Ⅱ.①越…　Ⅲ.①区（城市）—广州市—2012—年鉴
Ⅳ.①Z526.51

中国版本图书馆CIP数据核字（2012）第307886号

出版发行	广东经济出版社（广州市环市东路水荫路11号11～12楼）
经销	全国新华书店
印刷	广州佳达彩印有限公司（广州市员村五横路大坦工业区3号楼首层）
开本	787毫米×1092毫米　1/16
印张	21.5　彩插16
字数	618千字
版次	2012年12月第1版
印次	2012年12月第1次
书号	ISBN 978－7－5454－1736－4
定价	198.00元

如发现印装质量问题，影响阅读，请与承印厂联系调换。

广东经济出版社常年法律顾问：何剑桥律师

编辑说明

1.《越秀年鉴》是由中共广州市越秀区委、越秀区人民政府主持，区地方志办公室协调区属各部门、各街道及有关单位共同编纂的大型综合性资料工具书。《越秀年鉴》于1996年创刊，以后逐年出版。编纂和出版年鉴，旨在全面、系统、翔实地载录行政区政治、经济、社会的基本面貌和发展情况，为区内外以及海外各界人士和广大读者了解、研究区情提供准确可靠的信息资料和基本数据，为区的经济建设和社会各项事业协调发展服务。

2.《越秀年鉴》采取分类编辑法，以篇目、分目、条目和统计资料组成框架结构和主体部分。条目是本年鉴反映情况的主要形式，分综合性条目和专题性条目，综合性条目如“概况”，承担对某一领域展现全貌、反映特点、揭示规律、统率专题条目的角色，专题性条目是从微观着眼记载某领域上年度的事和物的表现形式。全书条目标题统一用黑体字加【】表示，部分条目中包含多方面资料，则增设子条目，标题统一用楷体字，以便读者查阅。

3.《越秀年鉴·2012》设有17个篇目：（1）越秀区大事记（2011年）；（2）越秀概貌；（3）政党；（4）政权·政务·政协；（5）群众团体；（6）政法；（7）军事；（8）第二、三产业；（9）经济管理；（10）城区建设与管理；（11）教育·科技；（12）文化·卫生·体育；（13）社会·生活；（14）行政街；（15）人物；（16）文献专载；（17）社会、经济统计资料。全书共106个分目，783个条目，220个子条目，共计61.8万字。此外，在内文前设有彩色图片专辑，含图片78帧，另在内文中选插彩色图片89帧，力求做到图文并茂，形象、生动地反映越秀区的发展面貌。

4.《越秀年鉴》所载录的数据，以越秀区统计局提供的“2011年广州市越秀区国民经济统计资料”为准；部分数据由区属和区辖内各有关部门、单位提供。

5.《越秀年鉴》的编纂出版，得到各级领导和各界人士的鼎力支持与帮助，对此，我们表示衷心的感谢。因编辑水平有限，本书在编纂质量方面会存在不足之处，恳请各界人士和广大读者多提意见和建议，以便我们不断改进编纂工作，把《越秀年鉴》办得更好。

越秀年鉴编纂委员会

顾　问　武延军（区委书记、区人大常委会主任）

　　　　　王焕清（区委副书记、区长）

主　任　段德海（副区长）

副主任　张文胜（区政府办公室主任、区政府法制办公室主任）

委　员（以姓氏笔画为序）

　　　　　刘震海（区经济贸易局党委书记、局长）

　　　　　华　磊（区委组织部副部长）

　　　　　朱　辉（区建设和水务局党委书记）

　　　　　张　岩（区政协秘书长）

　　　　　邹崎发（区委宣传部副部长）

　　　　　陈　韧（区文化广电新闻出版局副局长）

　　　　　陈兴奇（区人大常委会办公室副主任）

　　　　　陈学明（区委办公室副主任）

　　　　　陈菊芳（区国家保密局局长）

　　　　　范义坤（区档案局副局长）

　　　　　郭　环（区发展和改革局局长）

　　　　　郭艳玲（区地方志办公室主任）

　　　　　崔　晓（区人力资源和社会保障局副局长）

　　　　　梁淑宁（区财政局党委书记）

　　　　　蒙　建（区城市管理综合执法分局党委副书记）

　　　　　蒲敏珩（区统计局局长）

《越秀年鉴》编辑部

《越秀年鉴》拟稿、审校人名单

（按内文先后为序）

目　录

·党的建设·

·宣传工作和精神文明建设·

·编制工作·

·统一战线·

·涉台事务·

·民主党派·

政权·政务·政协

群众团体

·检　　察·

·审　　判·

·司法行政·

军　事

·综　　述·

·民兵、预备役部队建设·

·兵　　役·

·人民防空·

第二、三产业

·安全生产监督管理·

城区建设与管理

·城 区 规 划·

·市政建设与水务·

·国土房地产管理·

·环 境 保 护·

·科技和信息化·

文化·卫生·体育

·文　化·

·卫　生·

·体　育·

社会·生活

·人口和计划生育·

行政街

人　物

文献专载

社会、经济统计资料

索 引

越秀区位置图

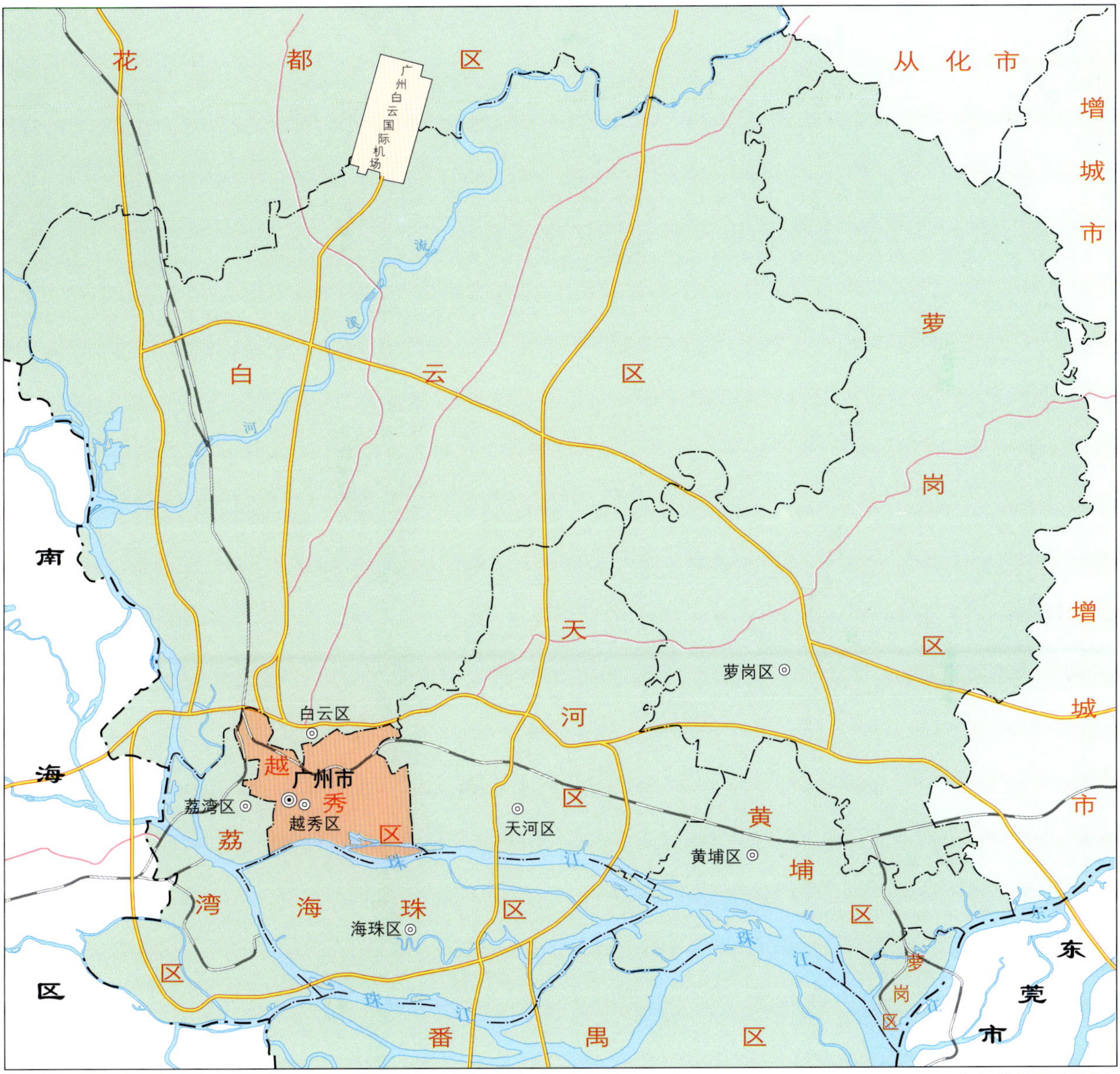

广东省地图院编制

白云区
白云区
荔湾区
海珠区
矿泉街
流花街
洪桥街
东风街
六榕街
建设街
登峰街
诗书街
光塔街
北京街
大新街
人民街
珠光街
大塘街
广卫街
越秀公园
流花湖公园
流花湖
雕塑公园
广州站
省客运站
市客运站
流花车站
草暖公园
广州三圃
广交会
东方宾馆
中国大酒店
南越王博物馆
五羊塑像
镇海楼
越秀山
三元宫
中山纪念堂
省政府
市人大
市政府
越秀区政府
人民公园
市财政局
市公安局
广州医学院
市一院
南油大厦
流花西苑
新大地宾馆
桂花岗
广州电视台
省司法厅
西得胜
下塘
绿湖宾馆
天秀大厦
省公安厅
农讲所
实验中学
国民党“一大”旧址
东盛大厦
丽都大酒店
越秀南客运站
江湾大酒店
广州宾馆
海珠广场
广医一院
中山二院
市儿童医院
省中医院
人民桥
海珠桥
江湾大桥
矿泉中学
山西大厦
瑶台
美博城
王圣堂
马棚岗
省妇幼保健院
白云区政府
荔湾区政府
街道办事处
京广铁路
广茂铁路
机场高速公路
三元里大道
白云大道南
广园中路
解放北路
解放南路
人民北路
人民中路
人民南路
东风西路
东风中路
中山七路
中山六路
中山五路
中山四路
环市西路
环市中路
站前路
西湾路
荔湾路
康王路
流花路
盘福路
越秀北路
沿江中路
沿江西路
滨江中路
滨江西路
西堤二马路
大德路
一德路
上九路
北京路
起义路
同庆路
江南大道北
同德涌
图例
省人民政府驻地
市人民政府驻地
区人民政府驻地
街道办事处
学校
医院
机团单位
旅游景点
铁路
地铁及其车站
高速公路
内环路、高架路
隧道
区、县界
街、镇界
公园、绿化带
注：本图界线不作权属争议依据

越秀区行政区划图

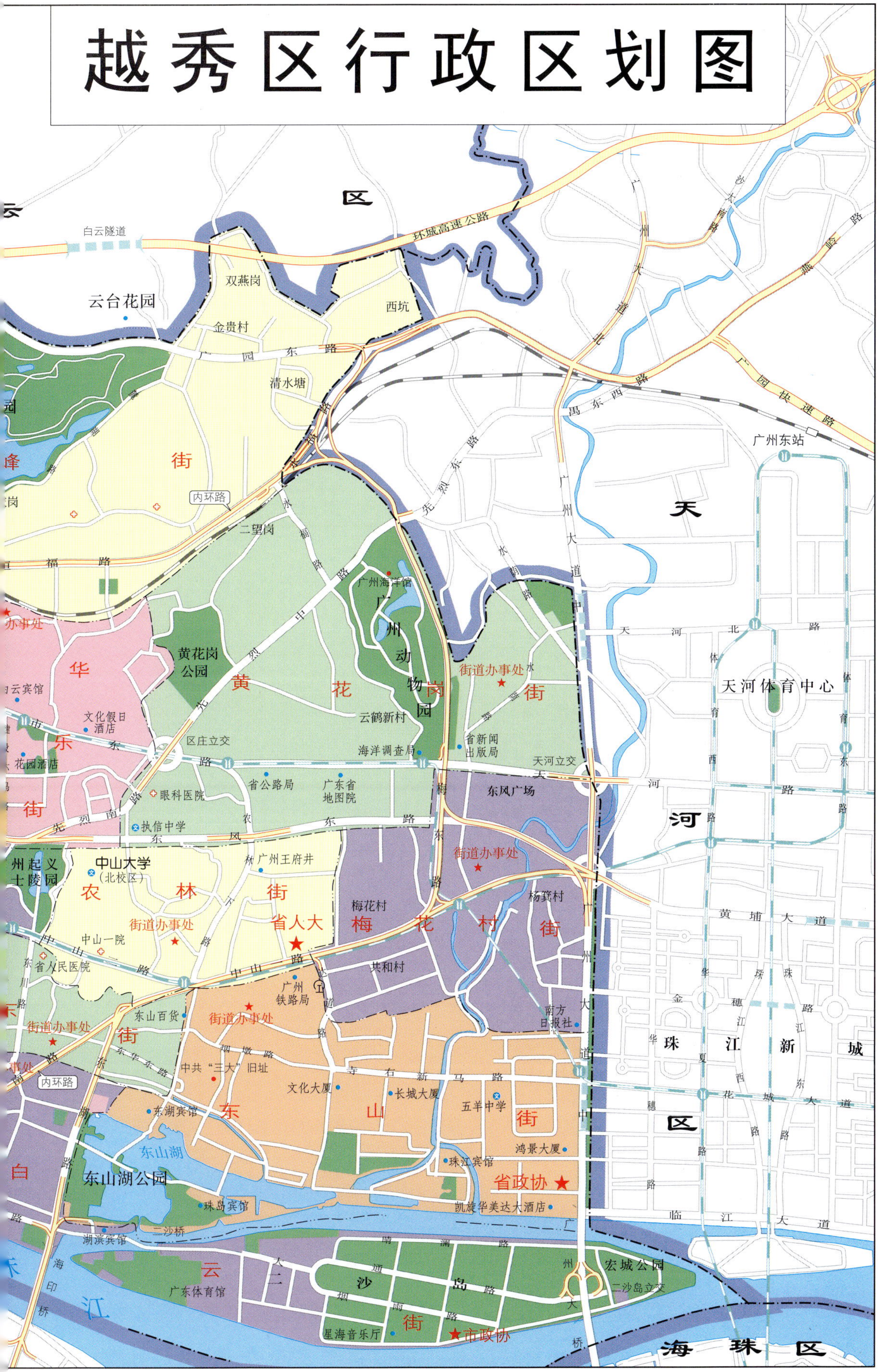

广东省地图院编制

2011年8月13日，中共中央总书记、国家主席、中央军委主席胡锦涛视察东濠涌，在亲水平台感受清澈涌水。

2011年8月13日，中共中央总书记、国家主席、中央军委主席胡锦涛视察越秀区北京街盐运西社区。

2011年1月2日，中共中央政治局常委李长春视察东濠涌。（黄智丹　摄）

2011年4月15日，中共中央政治局委员、国务院副总理王岐山视察东濠涌。（黄智丹　摄）

2011年1月19日，中共中央政治局委员、广东省委书记汪洋视察大塘街德政肉菜市场。

2011年1月8日，中央综治办主任陈冀平（左二）一行到越秀区综治信访维稳中心考察。（黄智升　摄）

2011年10月31日，中宣部副部长王晨（右一）视察广卫街都府社区。

2011年12月6日，全国人大法工委副主任信春鹰（左二）一行到登峰街金麓山庄视察外国人员管理工作。

2011年3月29日，国家工商总局副局长钟攸平视察海印缤缤广场，了解港澳台居民在穗经商情况。

2011年7月4日，全国双拥办副主任、国家国防教育办公室主任、总政群工办主任汤奋少将到越秀区大东街和广州军区联勤部21分部检查工作。（黄智丹　摄）

2011年12月31日，省委常委、政法委书记、省公安厅厅长梁伟发视察广卫街。

2011年11月8日，广州市越秀区第十五届人民代表大会第一次会议开幕式。

越秀区第十五届人民代表大会第一次会议颁发当选证书。

越秀区人大常委会依法任免国家机关工作人员。

2011年4月19日，“南都社区院线——家门口的免费电影院”启动仪式。

2011年5月3日，区委书记武延军等检查创文工作。

2011年8月5日，越秀区召开创建全国文明城市工作会议。

2011年3月2日，越秀区召开纪念“三八”国际劳动妇女节101周年暨幸福家庭表彰大会。

（黄智丹　摄）

2011年4月23日，越秀区在东山体育场举行第一届外来务工人员运动会。

2011年5月5日，越秀区在增城市小楼镇何仙姑家庙北广场举行扶贫开发建设项目启动仪式。

（黄智丹　摄）

2011年6月13日，越秀区举行老干部庆祝中国共产党成立90周年暨第三届老干部艺术节文艺演出。（黄智丹　摄）

2011年6月23日，越秀区召开纪念中国共产党成立90周年大会。（黄智丹　摄）

2011年7月18日，矿泉街举办“创新社会管理机制，提升居民综合素质”教育论坛。

2011年7月18日，越秀区个私协会参加“2011年广东扶贫济困暨广州慈善日”电视募捐晚会，捐赠82.37万元爱心善款。

2011年7月26日，越秀区举行庆祝建军84周年暨驻区部队立功集体和个人奖励大会。

（黄智丹　摄）

2011年10月29日，越秀区举办“永远跟党走　创建学习型社区——2011年广州市‘全民终身学习活动周’启动仪式”。

2011年4月10日，越秀区长者综合服务中心揭幕。

2011年11月22日，越秀区举办纪念建党90周年暨第二届“和谐人口·幸福家庭”漫画优秀作品展。

2011年12月15日，越秀区举行残疾人集中托养启动仪式暨新闻发布会。

2011年6月7日，“广州醉驾第一案”在区法院开庭。

2011年12月8日，区检察院在越华路广卫街小东营文化广场举办“检察开放日”活动。

越秀区公安分局民警全力保障西湖花市安全。

2011年2月20日，越秀工商分局执法人员在中非商贸城及其周边市场开展“双打”专项整治。

2011年8月5日，越秀区公安分局举办“防范电信诈骗”主题宣传活动。

2011年1月31日，越秀区举行2011年西湖迎春花市开市仪式。

（黄智丹　摄）

2011年2月19日，越秀区举办首届“广府庙会”。

（黄智丹　摄）

2011年2月19日，越秀区举行首届“广府庙会”民俗文化巡游活动。

2011年2月28日，广州日报社举办“百年辛亥暨中山先生海外寻踪”大型采访活动启动仪式。

2011年3月22日，越秀区召开南粤先贤馆建设领导小组工作会议。

2011年9月9日，越秀区举办庆祝教师节大会。

2011年5月20日，颜志图在伦文叙纪念广场开坛讲古。

2011年6月24日，诗书街与广州市文史研究馆合编的《诗书福地》在伦文叙纪念广场举行首发式。

2011年10月21日，广府文化旅游嘉年华开幕式。

2011年9月23日，“百年辛亥——廖伟彪、张华安专题作品联展”开幕式。

麓湖

流花湖

东山湖

人民公园

2011年1月20日，流花街社区卫生服务中心新址建设工程奠基仪式在广州大学桂花岗校区举行。

2011年11月7日，越秀区举行东濠涌二期综合整治工程启动仪式。（黄智丹　摄）

2011年4月12日，广卫街举办垃圾分类大家谈社区论坛活动。

2011年9月19日，越秀区举行珠光路北侧复建房项目动工仪式。（黄智丹　摄）

2011年1月18日，越秀规划分局举办“保护规划齐参加，宜居社区靠大家——《新河浦历史文化保护区保护规划》宣传活动”。

2011年5月19日——中国旅游日，广州举行绿道行活动（沿江路绿道）。

2011年1月24日，印度人民党主席尼丁·加德卡里率代表团一行11人参观越秀区党员管理中心。

（黄智丹 摄）

2011年6月25日，伊拉克高级政府官员访问团参观六榕街康园工疗站。

2011年7月13日，肯尼亚计划部长一行考察越秀区免费婚检、婚姻登记、优生优育“一门式”服务。

2011年7月25日，韩国光州广域市东区刘泰明厅长率代表团一行17人考察越秀区亚运后的城市管理、社会发展情况以及社区福利发展状况。

（黄智丹 摄）

越秀区大事记

(2011年)

1　月

1日　省委常委、副省长肖志恒到洪桥街三眼井社区指导人口普查工作。

7日　副市长陈国到广卫街、洪桥街慰问困难退休人员，并对越秀区在全市率先成立社区助老员队伍的做法给予肯定。

11日　越秀区在广州大厦召开2010年冬季退役士兵欢迎大会。

△副市长陈国率市综治考核组到东山街考核检查该街履行2009—2010年度维稳及综治目标管理责任制情况。

12日　市委常委、统战部部长孔少琼到华侨新村看望归侨侨眷。

△代区长杨雁文到海珠中路小学、教育路小学、广州市贸易职业高级中学、广州市越秀外国语学校等学校视察工作。

12～13日　区委书记武延军、代区长杨雁文、区政协主席刘小骏、区委副书记庄悦群率领拥军慰问团走访慰问广州军区、广东省军区、广东武警总队、海军广州保障基地、海军兵种指挥学院等部队机关人员。

17日　副市长甘新检查指导流花地区春运组织工作。

19日　中共中央政治局委员、省委书记汪洋到越秀区考察春节前市场供应和食品安全情况，现场察看大塘街德政肉菜市场。

△越秀区与广州大学在广州大学桂花岗校区签订战略合作框架协议，并举行双方合作共建的流花街社区卫生服务中心新址建设工程奠基仪式。

21日　中共越秀区委召开十届十次全体扩大会议。会议总结越秀区2010年工作，部署2011年工作，讨论《广州市越秀区国民经济和社会发展第十二个五年规划纲要（讨论稿）》。

△省委常委、市委书记张广宁到大塘街秉政社区慰问困难退休党员。

26日　区残疾人康复中心大楼举行落成仪式。

28日　省委常委、市委书记张广宁到豪贤肉菜市场和百佳中华广场店视察春节前“菜篮子”工作。

29日　区委书记武延军、代区长杨雁文到广州火车站视察春运工作。

30日　区委书记武延军、代区长杨雁文视察东湖花市工作。

31日　越秀花市开市仪式在西湖路广百新翼广场举行。

△全区22个街道以及区劳动就业中心的“越秀号”便民服务网上自助区全面开通。通过自助区，越秀区居民可享受“网上服务大厅”提供的15个业务部门25个场景式服务，在线办理33类374项业务。

2　月

1日　省委常委、政法委书记、公安厅厅长梁伟发视察华乐派出所开展社区群防群治工作和春节期间防控工作。

8日　中共中央政治局委员、省委书记汪洋视察华乐派出所，并慰问社区民警。

11日　省委常委、市委书记张广宁到越秀区对口帮扶的增城市小楼镇视察扶贫开发“双到”工作。

17日　省文化厅副厅长杜佐祥视察五仙观“广府庙会”。

17～23日　首届“广府庙会”在北京路文化商贸旅游区举行，围绕广府民俗文化品牌的打造，本次活动以多种形式展示了具有广府文化特质的祈福文化、民俗文化、美食文化、商贸休闲文化。7天活动共吸引350多万人次参与。

18日　区委书记武延军、代区长杨雁文到增城市小楼镇对接帮扶工作。

19日　首届“广府庙会”巡游活动在忠佑广场周边举行。

21日　越秀区被省教育厅授予“广东省推进教育现代化先进区”称号。

25日　越秀区召开2011年宣传思想工作会议。

28日　省委常委、市委书记张广宁对东濠涌中北段水环境综合治理情况做专题调研。

△越秀区启动“十百千万”文化惠民行动，即建设10个社区特色博物馆，组织100场流动电影、展览、演出进社区，免费提供1000个

贫困青少年文艺培训学位，为弱势群体赠送10000张图书借阅卡。

3　月

2日　越秀区举行纪念“三八”国际劳动妇女节101周年暨幸福家庭表彰大会。

4日　越秀区公安分局人口管理大队民警张冬敏荣获全国“三八红旗手”称号。

5日　成都市锦江区政府考察团实地考察越秀区环境综合整治、市政设施管养情况。

5~9日　越秀区对辖内0~3岁脊灰疫苗免疫史不足5次的儿童开展第一轮脊灰疫苗强化免疫活动，共接种24888人次。

8日　越秀区召开十四届人民代表大会第八次会议。会议审议2011年政府工作报告，并选举杨雁文为越秀区政府区长。

11日　区委书记武延军、区长杨雁文到新华发行集团调研。

△市委副书记苏志佳、副市长陈国到越秀区视察社区管理服务试点工作。

25日　越秀区政府授予合生珠江国际大厦为“总部经济发展基地”牌匾，这是越秀区第六个“总部经济发展基地”。

30日　中共中央政治局委员、省委书记汪洋到华乐街麓苑社区调研社区建设和社区管理服务工作。

越秀区在区文化艺术中心召开亚运精神暨亚运先进事迹宣讲大会。

31日　越秀区举行亚运会亚残运会暨治水工作总结表彰大会。

△越秀区以总分112分（满分113分）的高分通过创建2011—2015年度全国科普示范区省检查组的检查验收，位列全省所有创建城区第一名。

4　月

8~11日　“2011中国流花·春季广东时装周”在流花展馆举行。

9日　美国交通运输研究委员会（TRB）考察团考察东濠涌综合整治工程。

19日　越秀区在广州艺博院广场举行“幸福广东”文化惠民系列活动之2011年“家门口的免费电影院”启动仪式。该项活动把优秀电影放映引入社区、学校、企业，免费提供给市民观赏。

21日　广东省党外代表人士调研组对越秀区“加强和创新社会管理”工作进行专题调研。

22日　越秀区在区图书馆举办2011年全民阅读启动暨“广府学堂”开讲仪式。

25日　省委常委、市委书记张广宁到北京街调研基层管理体制改革试点工作。

26日　由市地方志编纂委员会办公室与越秀区政府联合主办、区地方志办承办的“识名城　建设幸福广州——《人文广州》图片巡展”启动仪式在区图书馆举行。

27日　“红色经典好歌献给党”——越秀区纪念建党90周年暨广东省第十届“百歌颂中华”歌咏比赛越秀区选拔赛在区文化艺术中心举行。当日有31个歌手（组合）和10个合唱团队近800人参加比赛。

△区长杨雁文视察五仙观、南粤先贤馆建设工程。

29日　省委常委、政法委书记、公安厅厅长梁伟发到东山街慰问综治信访维稳中心工作人员。

31日　越秀区投资促进服务中心成立。

△越秀区建成全省首个长者综合服务中心。该中心位于沿江路东沙角，占地约2000平方米，为区辖内老人提供“健康评估”、“康复理疗”等8项服务。

△越秀区低保提标扩面工作顺利完成。全区新增低保户221户，共发放低保救济金313.3万元。

5　月

2~4日　区委书记武延军、区长杨雁文带领城管、建设等有关职能部门主要领导对全区“创文”薄弱项目，特别是交通秩序、“六乱”治理、市容环卫保洁、经营性公共场所证照等城区管理方面存在的突出问题进行重点检查。

5日 “第二届越秀社区健康节——越秀区诚信教育月暨创文八大主题实践活动”启动仪式在英雄广场举行。

△越秀区举行帮扶增城市小楼镇扶持开发建设项目启动仪式。

9日 迎亚运人居环境整治和水环境综合治理工作中成效突出，区建设和水务局被中华全国总工会授予全国五一劳动奖状。

11日 省委副书记、省纪委书记朱明国到北京街考察基层社会管理服务改革创新示范点工作。

15日 越秀区科技活动周开幕暨广州市科普一日游活动启动仪式在英雄广场举行。

17日 副省长、省妇儿工委主任雷于蓝率领省妇女儿童发展规划终期评估检查组考察越秀区“一门式”婚育公共服务工作和洪桥街社区卫生服务中心。

23日 区委书记武延军带领区属相关部门负责人到新疆喀什市疏附县视察援建工作，慰问援疆干部。

24日 中央统战部副部长陈喜庆率领全国无党派人士代表考察团到越秀区调研社会养老服务工作。

△副市长贡儿珍到华乐街调研政务服务和信息化建设工作。

26日 越秀区在广州市第三中学举行“越秀学子心向党，幸福成长大家唱”——越秀区少年儿童庆祝中国共产党建党90周年暨2011年“六一”大型主题歌会。

26～27日 越秀区组织省、市多间大型医疗机构到信宜市北界镇红光村开展健康扶贫义诊活动。

27日 被国家体育总局定为“国家级青少年体育俱乐部”的越秀区世纪青少年体育俱乐部在越秀区全民健身活动中心举行揭牌仪式。

6 月

2日 越秀区举行“越秀区创建餐饮环保综合监管示范街揭幕仪式暨2011年‘六·五’世界环境日纪念活动”。

3日 越秀区在秉正小学举行以“依法治校，规范管理，敬廉崇洁，内涵发展”为主题的廉洁教育活动展示会暨“越秀区教育系统廉洁文化建设示范学校”揭牌仪式。

3～5日 越秀区对辖内交通路口、书报亭、大型商场、经营性公共场所、窗口行业单位等重点区域进行迎“省检”巡查督导。

6日 幸福越秀广府民俗节庆文化活动之“粽情端午”活动在城隍庙忠佑广场举行。

8日 市委副书记、纪委书记苏志佳到越秀区专题调研整合街道社区资源，推进“三中心一队伍”建设工作。

13日 越秀区在东方宾馆举办“侨商大舞台，越秀越精彩——纪念侨商会成立10周年”慈善晚会，共筹得善款90万元。

22日 副市长陈国带领消防安全检查组到广州市知用中学检查消防安全工作。

23日 越秀区在黄花岗剧院举行“幸福花开红旗下——越秀区纪念中国共产党成立90周年大会”。

7 月

1日 区委书记武延军到白云街花园社区和筑南社区调研，听取居民对“创文”工作的意见，并主持召开“创文”入户问卷调查工作座谈会。

4日 全国双拥工作领导小组成员兼全国双拥办副主任、国家国防教育办公室主任、总政群工办主任汤奋少将到越秀区检查双拥共建工作。

△副市长陈明德到越秀区调研外经贸工作。

8日 市长万庆良到黄花岗科技园调研，先后考察广东益民旅游休闲服务有限公司、漫友文化科技发展有限公司以及久邦数码科技有限公司三家园区重点企业。

13日 市长万庆良到建设街调研创建全国文明城市工作。

△肯尼亚计划、国家发展与2030年远景规划国务部长一行考察越秀区“一门式”婚育公共服务。

14日 省关工委主任张帼英

到黄花岗街调研基层关心下一代工作。

15日　市长万庆良到中华广场的百佳超市、德政南肉菜市场等地检查食品安全工作。

21日　贵州省党政代表团视察东濠涌综合整治工作。

25日　韩国光州广域市东区区长刘泰明一行考察越秀区社会福利发展和城市管理工作。

26日　越秀区召开“庆祝建军84周年暨驻区部队立功集体和个人奖励大会”。

28日　省委宣传部副部长、省文明办主任顾作义视察大小马站书院群，并主持召开“广东省非遗馆项目初步确定‘落户’越秀区大小马站书院群”现场会议。

8　月

5日　越秀区召开创建全国文明城市工作会议，对“创文”迎“国检”工作进行再动员、再部署。

11日　由越秀区经贸局主办，越秀区投资促进服务中心、合生珠江国际大厦协办的“聚焦千年商都，共享发展新机遇”高峰论坛在合生珠江国际大厦举行。

12日　越秀区第十四届人民代表大会常务委员会接受杨雁文辞去越秀区区长职务的请求，决定王焕清代理越秀区代区长职务。

13日　中共中央总书记、国家主席、中央军委主席胡锦涛视察越秀区北京街盐运西社区和东濠涌综合整治工作。

16日　市人大常委会副主任周庆强率领市人大代表团到黄花岗科技园视察电子商务产业发展情况。

17日　越秀区召开2011年纪律教育月领导干部反腐倡廉专题学习会，省纪委副书记丘海在会上为全区党员干部作了“以人为本、执政为民”的专题辅导报告。

△代区长王焕清视察东濠涌中北段整治工程现场，部署下阶段工作任务。

19日　代区长王焕清调研黄花岗科技园国际银行中心服务外包园区和南方传媒文化创意园区。

20日　区委书记武延军、代区长王焕清到珠光北侧复建房、南粤先贤馆调研，对区重点项目建设提出要求。

24～25日　市委副书记、纪委书记苏志佳，市人大常委会副主任周庆强带领市“创文”第一督察组到广州火车站广场、流花地区旅客咨询中心、白马服装批发市场及其周边督查“创文”迎“国检”工作。

26日　市长万庆良到惠福美食花街调研，提出要将惠福美食花街打造成集餐饮、商业、娱乐、文化于一体的休闲场所。

27日　代区长王焕清带领区属职能部门负责人到农林下路商业街、白云街湖滨社区等重点区域巡查督导“创文”迎“国检”工作。

9　月

2日　市委常委、市委宣传部部长王晓玲到六榕街进行“创文”迎“国检”督查。

△代区长王焕清参加广州市人民政府在西安举办的“新广州新商机”推介会，并与陕西师范大学签署《广州市越秀区人民政府与陕西师范大学战略合作意向书》。

3日　中国计生协会办公室主任王景水参观考察北京街家庭综合服务中心、北京街盐运西居委会协会之家。

△第8届金龙奖全国COSPLAY总决赛在南方剧院举行。

13日　区委书记武延军到增城市小楼镇视察越秀区扶贫开发项目。

16日　“2011中国流花国际服装节暨广东时装周”在流花展馆5号馆开幕。

△副市长贡儿珍到越秀区视察“三个重大突破”和固定资产投资情况。

17日　“广东省2011年全国科普日”活动在人民公园启动。

18日　代区长王焕清到流花街督查“创文”迎“国检”工作。

18～24日　中央文明办对广州市进行全国文明城市测评。越秀区总体迎检和受检工作开展有序、进展顺利，全面、圆满完成各项工作任务，25个实地考察点、96个备检点均没有出现大的问题，4个接受入户问卷调查的社区成绩优秀，所提交审核的材料齐备，总体成绩比较理想。

19日　珠光路北侧复建房项目举行动工仪式。

20日　广州市第二届“共创文明城——万人同唱文明歌”暨越秀区“爱国歌曲大家唱”群众歌咏活动颁奖晚会在英雄广场举行。

26～30日　越秀区召开中共越秀区第十一次代表大会。大会总结第十届区委过去五年推动越秀区科学发展的工作，确定越秀区今后五年的目标任务，并选举产生中国共产党越秀区第十一届委员会和纪律检查委员会。

29日　中国国际漫画节组委会在中山纪念堂举行第四届中国国际漫画节开幕式暨第8届金龙奖原创漫画动画艺术大赛颁奖典礼。

10　月

2日　代区长王焕清调研五仙观、万木草堂、区文化艺术中心等12个公共文化场馆。

11日　区委书记武延军、代区长王焕清到登峰街调研学校布局调整工作。

13日　越秀区遭受暴雨袭击。16时05分，广州市三防办启动防暴雨三级应急响应，21时21分提升至防暴雨一级响应。其间共收到水浸报告96处，受浸民居698户、商铺87间，转移安置400余人。市长万庆良、区委书记武延军、代区长王焕清等市、区领导到水浸一线现场指挥，针对辖区内13个重点水浸地区成立由区领导带队的应急抢险小分队，全面开展排涝、抢险、救灾等工作。

16日　副市长欧阳卫民考察五仙观、南粤先贤馆建设情况。

20日　区委书记武延军视察东濠涌中北段综合整治情况，部署下一阶段工作。

△广州移动互联网（越秀）产业园揭牌仪式在黄花岗科技园中华国际中心园区举行。国家科信部，省、市科信局的有关领导出席仪式。

21～30日　“2011广府文化旅游嘉年华”活动在北京路举行。本活动围绕“越秀越精彩”主题，通过“越游越精彩”、“越看越精彩”、“越讲越精彩”、“越食越精彩”四大主题板块活动，推广广府文化旅游品牌。近400万名市民和游客参与活动。

24日　市长万庆良、副市长许瑞生到越秀区广卫街慰问环卫工人。

28日　省委、省政府、省军区组成联合工作组到越秀区检查考评武装工作。

30日　大连市西岗区区委书记吴继华率考察团考察北京街盐运西社区及区全民健身中心、二沙岛体育发展公园。

31日　中共中央宣传部副部长、中央外宣办主任、国务院新闻办主任、国家互联网信息办公室主任王晨到广卫街都府社区参观广府文化会馆，与基层宣传文化工作者和社区群众进行座谈交流。

11　月

3～4日　国家人口计生委、中国计生协诚信计生和基层群众自治示范村居调研评估组组长李艳秋一行到越秀区调研评估计划生育工作。

5日　温州市鹿城区区委书记王立彤率考察团考察杨箕村城中村改造和北京街盐运西社区社会管理创新工作。

7日　全长2.62公里的东濠涌二期——中北段综合整治工程正式启动。省委常委、市委书记张广宁，市长万庆良，常务副市长苏泽群，区委书记武延军，代区长王焕清等市、区领导和东濠涌沿线居民代表、参建单位代表共300多人出席开工仪式。

7～11日　越秀区召开第十五届人民代表大会第一次会议。会议听取并审议了区政府工作报告，并选举王焕清为越秀区区长。

15日　来自美、英、法、德等国家及香港地区共约40家世界主流媒体近50名记者到东濠涌参观采访。

16日　省委常委、省纪委书记黄先耀到东濠涌视察治水工作。

24日　区委书记武延军、区长王焕清实地查看北京路208号违章建筑现场，并召开越秀区严查严控违法建设工作会议，部署下一步工作。

29日　南京市玄武区区委书记储永宏、代区长徐曙海带领党政考察团考察黄花岗科技园汇华园区、南方传媒文化创意产业园区。

12　月

2日　越秀区贸促会（区国际商会）在三寓宾馆会议中心召开2011年会员代表大会。

3日　国家统计局局长马建堂到越秀区专题调研开展统计“四大工程”（基本单位名录库、数据采集处理软件系统、联网直报系统、企业一套表制度）建设工作。

5日　杭州市市委常委朱金坤带领考察团考察东濠涌综合治理工作。

△越秀区被国家科技部评为“2009—2010年度全国科技进步考核先进县（市）”，这是越秀区连续第四次获得此称号。

6日　全国人大法工委副主任信春鹰到登峰街视察外国人员管理工作。

7~9日　越秀区委中心组举行专题学习研讨会。会议由区委书记武延军主持，区委中心组全体成员参加会议。

9日　副市长欧阳卫民到越秀区调研金融业进社区工作。

14日　“2011年越秀区建设创新型城区大会暨科技奖励大会”在区机关大楼礼堂召开。

21日　省委常委张广宁到越秀区黄花岗科技园调研，就加快构建“千人计划”南方中心工作提出工作要求。

22日　越秀区召开“春运暨流花地区整治工作现场会”。

30日　越秀区扶持建设的何仙姑文化旅游商业街交付增城市小楼镇使用。

△越秀区信息网在第十届（2011）中国政府网站绩效评估中位列全国451个区县政府网站中第15位，全市排名第1位。

31日　省委常委、省政法委书记、省公安厅厅长梁伟发视察越秀区广卫街综治信访维稳中心。

责任编辑　余俊峰

宋代西澳、东澳、西湖码头

宋代广州城区江岸南移，广州城子城两侧加建东城和西城，原内港码头已离开江岸，被包在城区之内。南濠在今海珠中路东面和南濠街；清水濠在今文德路东面的长塘街、大塘街。南濠和清水濠分别被称为西澳和东澳，是宋时广州最重要的内港码头区。

西澳在宋代是广州重要的对外贸易码头，有许多外国商船常停泊在此，附近一带还成为商业闹市，外国、我国中原以及广州的商人多聚集附近。西澳附近的大市街一带，成了外国商人的居住地，“蕃坊”、“象牙街”、“玛瑙巷”等由此得名。西澳附近还建设娱乐场所，澳边建筑的“共乐楼”，面临珠江，气势雄伟，反映了宋代广州城生意兴隆、歌舞升平的盛况。明代后，因城墙的扩展，加上泥沙淤塞，西澳码头的功能便荒废了。

东澳码头曾是广州的盐运码头。东澳在宋时长 104 丈，阔 10 丈余，水深可通舟楫。当时文溪的出口必经东澳流入珠江，盐船就由东澳溯溪而上，来往运盐，十分繁忙。如今的旧仓巷一带，就有许多盐仓。东澳码头功能在元代消失，由于文溪逐渐淤塞，东澳码头不再使用，后来成了一条排水渠。明嘉靖年后，因筑新城，清水濠逐渐浅窄闭塞。清代辟马路、设街沟，便填濠筑民居。

西湖码头是一片内港码头。宋至明初海珠湾已深演化为西湖，古西湖曾是广州天然湖泊之一，在今西湖路和广州起义路一带。其水北接文溪，东连东澳，汇流出珠江，可通舟楫。宋时在西湖建航海门，宋转运使司署也设在航海门内。北宋时广州就建有祀奉五仙人的寺院，南宋嘉定年间（1208—1224）寺观迁至西湖玉液池畔，即今西湖路附近，称奉真观。明洪武三年（1370），改奉真观为市“来远驿”，又称“五羊驿”，置屋舍数十座，以招徕诸国贡使。

越秀概貌

基本情况

【建置沿革】 1949年10月14日，广州解放。同年12月，广州市划分为西山区、德宣区、惠福区、靖海区、小北区、太平区、永汉区、东山区、大东区、前鉴区等28个区。

1950年6月，广州市28个区合并为越秀区、惠福区、太平区、永汉区、大东区等16个区。

1952年9月，广州市将原16个区重新调整，划分为东、南、西、北、中、郊和珠江7个区。其中，永汉区及惠福区、太平区的大部分合并为中区；大东区及白云区的小部分合并为东区；越秀区及永汉区的小部分和西华路、德坭路西段中间区域合并为北区。

1958年，珠江区的二沙头划归东区。

1960年7月，中区的8个行政街并入北区，北区改称为越秀区。东区改称为东山区。1961年8月，越秀区的5个行政街划入东山区。至90年代末，越秀区和东山区管辖地域仍有多次小幅调整。

2005年9月，广州市调整部分行政区划，东山区并入越秀区，白云区的矿泉行政街，天河区的登峰行政街及天河南行政街的杨箕和中山一路2个社区居委、沙东行政街的部分区域，荔湾区的人民路和西华路部分地段划归越秀区管辖。

【地理位置】 越秀区是广州市辖10个行政区之一，地处广州市中心城区。东起广州大道中，与天河区接壤；西至人民路、流花路、同德涌，与荔湾区、白云区相接；南抵珠江前航道中心线，与海珠区隔江相望；北达棠溪涌、矿泉北街、三元里大道、广园东路，与白云区为邻。

【面积与人口】 越秀区总面积33.8平方公里。2011年末，全区户籍人口117.12万人，35.49万户。其中，男性58.59万人，女性58.53万人，常住人口114.89万人。常住户籍人口出生率8.14‰，自然增长率1.83‰。居民以汉族居多，还有壮族、回族、满族等41个少数民族居民。

【行政区域】 2011年，越秀区辖流花、东风、洪桥、六榕、广卫、诗书、光塔、人民、北京、大新、东山、梅花村、农林、黄花岗、华乐、建设、大东、大塘、珠光、白云、矿泉、登峰22个行政街，设267个社区居民委员会。

【地方特点】 越秀区是广州市最古老的中心城区，因区内越秀山而得名。越秀区域北高南低，地势由北向南微度倾斜。北部为台（岗）地，越秀山向北逶迤连接白云山，南部为珠江冲积平原和洲岛。气候温和，雨量充沛，具有南亚热带海洋性季风气候特征，一年四季花常开、树常绿。

广州的发祥地 秦统一中国后，设南海郡，郡尉任嚣选中白云山与珠江之间一块负山阻海的地域（在今越秀区域内）作郡治，于公元前214年筑番禺城（番禺城的旧址就在越秀区内）。此后，沧海桑田，珠江江岸不断南移，内湖湮没，河涌淤塞，冲积平原不断扩大。番禺城在其后各个历史朝代亦不断扩展，如汉代西拓其城，宋代多次扩城，筑子城，东、西翼城和雁翅城，明初合宋代三城为一，其后加筑新城，形成新旧两城格局，以越秀山为屏障，筑北城墙于其上。清代扩城至珠江边。北起今日之北京路财厅，南至天字码头；北起越秀山，经中山纪念堂、市人民政府到海珠广场，都曾经分别是古代和近代广州的传统中轴线。由于这些地理和历史的原因，越秀从古到今，一直都是广州城的中心区域，是这个古老城市的政治、经济、文化中心，历史赋予了越秀区深厚的文化底蕴。

岭南的行政中心 自秦朝在此设南海郡治起，西汉南越王赵佗及五代南汉国在此建都。历朝自东吴设广州，唐置岭南道，宋改广南东路，元设中书行省，明、清改广东省，所设军事、行政中心均在越秀区域内。民国初期孙中山任非常大总统时，总统府设在越秀山南麓（位于今中山纪念堂前后）。中华人民共和国成立后，中共广东省委、省人大常委会、省政府、省政协，中共广州市委、市人大常委

会、市政府、市政协，广州军区司令部、政治部、联勤部以及广州军区空军司令部、后勤部等党政军首脑机关均云集于越秀区。

民主革命的摇篮　鸦片战争以后，康有为作为维新派的代表，在大塘街长兴里万木草堂等处开办学舍，宣传维新变法。1909年清廷设广东咨议局（即今中山三路的广东革命历史博物馆），效法西方议会民主政治。1911年4月27日，孙中山、黄兴等领导的震惊中外的广州“三·二九”起义，指挥部设于越华路小东营5号，此役牺牲的同盟会员有72烈士，遗骨安葬于今黄花岗。1921年5月5日，孙中山在广东咨议局宣誓就任非常大总统。1922年5月5～10日，中国社会主义青年团第一次全国代表大会在东园召开。1923年6月12～20日，中国共产党第三次全国代表大会在东山恤孤院路召开，讨论国共合作，建立革命统一战线的方针政策。“三大”前后，中共中央办公机关一度由上海迁到广州，办公地点就在东山。次年1月，孙中山在共产国际和中国共产党的帮助下，在文明路原中山大学钟楼礼堂主持召开中国国民党第一次全国代表大会，重新阐释三民主义，实现国共第一次合作，形成反帝反封建的革命统一战线。1924—1927年，国民党中央党部先后设于越秀南原惠州会馆和广东咨议局，国共两党不少领导人在此活动。20世纪20年代中期，农民运动讲习所、劳动学院、妇女运动讲习所、华侨运动讲习所都先后在越秀区内开办，为革命培育了大批骨干。1925年6月23日，广东军民在东较场集会，声援上海“五卅”运动。1925年的第二次全国劳动大会和1926年的第三次全国劳动大会，分别在文明路原中山大学、中山三路原广东咨议局召开。1925—1927年，中华全国总工会先后设于大德路和越秀南惠州会馆，领导全国工人运动。1925年6月，中国共产党领导的省港大罢工，总部设于东园横路的“红楼”。1926年7月9日，国民革命军在东较场誓师北伐。1927年12月11日，中国共产党在广州领导工人和革命士兵举行武装起义，建立广州苏维埃政府（位于起义路），诞生了中国城市第一个红色政权。

文化蕴含丰厚　三国时虞翻开堂讲学，魏晋南北朝大批海外高僧来华，译经传教，皆在光孝寺。唐代开科取士以来，这里成为省内读书人学习进修之地。1096年（宋绍圣三年），今文明路建有时称“岭南第一儒林”的广州府学宫。宋元时期，越秀区域已是广州的教育集中地。1370年（明洪武三年），在今中山四路建番禺学宫。1684年（清康熙二十三年），在今文明路承恩里重建广东贡院，供岭南数千学子应试。数百年中，此处成了南粤人弘扬儒家思想、传承民族文化的神圣殿堂。鸦片战争后，西方的文化科学开始传入中国。1864年，这里办起全国四大外语学校之一——广州府同文馆；1865年，设立全国第一所传授西洋医学的学校——博济医校。清末，西学兴起，越华书院改办为广州第一所中学“广府中学堂”，在越秀山南麓创办全省第一所女子师范学校，外国教会创办培正书院、培道女子中学等。1924年，孙中山在文明路创办广东大学（中山大学前身），许多文化名流在此活动和居住。现越秀区内还保留着众多古老的学宫、书院、学堂的遗迹旧址。辖内宗教文化浓郁，源远流长，有光孝寺、三元宫、怀圣寺、石室圣心堂、东山堂等佛教、道教、伊斯兰教、天主教、基督教五大宗教活动场所10多处。2011年末，区内有中山大学广州北校区、广东工业大学、广州医学院、广州大学（桂花岗校区）等9所全日制高等院校，有省、市图书馆和各类型博物馆（纪念馆）31家，有友谊剧院、星海音乐厅等大型影剧院。区内各级文物保护单位117处，其中，全国重点文物保护单位有南越国宫署遗址、南越文王墓、秦代造船遗址、南越国木构水闸遗址、怀圣寺光塔、六榕寺花塔、光孝寺、广州圣心大教堂、广东咨议局旧址、黄花岗七十二烈士墓、国民党“一大”旧址、中华全国总工会旧址、广州农民运动讲习所旧址、广州公社旧址、中山纪念堂、中山纪念碑共16处，省级文物保护单位20处，市级文物保护单位69处，区级文物保护单位12处。

人才荟萃　西汉，广东人张戊率“越骑”跟随刘邦，战功显赫；其子张买，文武兼备，尤精音律，享“开吾粤风雅之先”（清屈大均《广东新语·诗语》）之美誉，“父子双杰”名重南粤。南宋，官至龙图阁待制、吏部侍郎，晚年退隐今大塘街李家巷的南粤第一探花李昴英，铁骨铮铮，屡斗权奸，文章道德，名噪朝野。明初进士湛若水，官至南京吏、兵、礼三部尚书，晚年退居法政路湛家园讲学，以随处体察天理为宗，另辟心学新说，生平著作甚丰。明末，有“牡丹状元”美誉的黎遂球，生于濠弦（今豪贤路），扬州咏花，诗冠群英，名震南北，留下“壮士血如漆，气热吞九边”的绝命诗句。清代，有禁烟领袖、民族英雄林则徐继虎门销烟后，在今越秀区境内的东炮台前销毁鸦片和烟具，进一步遏制鸦片流毒，再次表明中华民族誓与毒品抗争到底的决心。近代，有被誉为“岭南三杰”，曾居住在二沙岛天凤楼、东山署前路的高剑父、高奇峰、陈树人，革新国画，以自然为师，堪称岭南画派之鼻祖。这里英才辈出，灿若繁星，有早年跟随孙中山讨贼救国的邓荫南、朱执信、邓仲元，功高业伟，影响遍及海内外；有投身工农运动、省港大罢工、东征北伐的热血青年张太雷、沈青、刘尔崧、陈延年等；有在红花岗刑场宣布结为革命伴侣的周文雍、陈铁军，他们俩举行“刑场上的婚礼”，被传为千古佳话。最为越秀人引以自豪的是孙中山、廖仲恺、李大钊、毛泽东、刘少奇、周恩来、叶剑英、鲁迅、郭沫若等历史风云人物，他们曾常年或多次在这方土地上从事惊天动地的革命活动，留下历史的声音和光辉足迹，给越秀人留下受之不尽、用之不竭的精神财富。

千年商都　早在汉代，古兰湖边（今东方宾馆一带）为珠江内港码头，是珠江流域和南方最大的商品集散中心。唐代，海外贸易频繁，珠江岸边成为宏大的交易市场，大批波斯人、阿拉伯人来华贸易，居住在今光塔路一带，每年都有数以千计的外国商船在光塔外码头泊岸交易，时称“番坊”、“番市”。宋代，东澳（今东濠涌口）、西澳（今南濠街一带）是广州最重要的内港和外贸码头。西澳有“百货之肆，五都之市”之称，市舶司（对外贸易管理机构）亦设于此。而“双门底”（今北京路）也发展成为商业闹市。明、清时期，濠畔街一带的秦楼楚馆、商铺商会，鳞次栉比。清末民初，形成多个专业商品集市，有濠畔街的皮革鞋料、状元坊一带的朱义盛仿金首饰和戏服、泰康路一带的竹木器、一德路的海味蔬菜食杂批发市场等，而高第街更是广州著名的商业街。20世纪30年代，长堤一带兴建了爱群大厦、永安堂大厦、东亚酒店等一大批欧陆式建筑，逐渐发展成广州繁华的商业区和金融中心。中华人民共和国成立后，区内商业、饮食业进一步发展。北京路、中山路商业区和人民南路长堤商业区是市内主要商业闹市区，区内有新大新公司、广州百货大厦、友谊商店、大学鞋业公司、健民医药商店、南粤糖烟酒食品商店、致美斋等知名商店商场，有全市最密集的各类书店，有大三元酒家、北园酒家、大同酒家、惠如楼、云香酒楼等知名酒家。改革开放后，这里的商贸业得到迅猛发展，逐步形成以总部经济为龙头，以服务业为主体，以创新为驱动，以“两大功能区”（越秀核心产业功能提升区、北京路广府文化商贸旅游区）为主导、“一带六区”（东风路高端商务带，环市东智力总部区、黄花岗创意及网络经济区、流花时尚品牌运营区、北京路广府文化商贸旅游区、沿江路金融商务区、东山口休闲商业区）的产业集聚发展新格局。

环境优美　越秀区依山傍水，景色宜人。宋、元、明、清历代，在境内曾入选羊城八景的有光孝菩提、珠江秋月（色）、粤台秋色、粤秀松涛、穗石洞天、番山云气、药洲春晓、琪林苏井、珠江静澜、象山樵歌、粤秀连峰、五仙霞洞、孤兀禺山、镇海层楼等。1963年和1986年，越秀远眺、珠海丹心、红陵旭日、东湖春晓、珠海晴波、黄花浩气、越秀层楼、流花玉宇被命名为羊城八景。2002年的黄花皓月、越秀新晖、珠水夜韵和2011年的珠水流光、越秀风华列入新世纪羊城八景。辖内有越秀公园、人民公园、流花湖公园、东山湖公园、黄花岗公园、广州起义烈士陵园、广州动物园、麓湖公园、东风公园、海珠广场、草暖公园、二沙岛体育公园等十多个纪念性、专业性和综合性公园，公园绿地面积约652公顷。优美的环境，成为人们向往的居住乐园和商家投资置业的热土。东山洋房别墅、省财政厅、爱群大厦、中国出口商品交易会、广州宾馆、花园酒店、广东国际大厦、华侨新村、五羊新城等曾成为各时期广州的标志性特色建筑。二沙岛上的高级住宅和星海音乐厅、广东美术馆等已成为珠江边上的一道亮丽的风景线。以迎亚运为契机，通过实施城市管理“大变”计划和环境综合整治，区域环境面貌得到全面改善。2011年，东濠涌中北段综合整治工程启动，积极推进麓湖生态功能区建设，城区形象和功能将整体提升。

【越秀区党政领导班子成员】
(2011年)

中国共产党广州市
越秀区委员会

书　记：武延军
副书记：杨雁文（任至7月）
　　　　庄悦群（任至7月）
　　　　王焕清（7月任）
　　　　刘　梅（女，9月任）
常　委：武延军
　　　　杨雁文（任至7月）
　　　　王焕清（7月任）
　　　　庄悦群（任至7月）
　　　　冯　军（任至6月）
　　　　路　瓯（任至9月）
　　　　李永超（任至9月）
　　　　钟俊鸣（任至9月）
　　　　聂贵新（8月任）
　　　　刘　梅(女)
　　　　黄仰辉（8月任）
　　　　何钧启
　　　　周文锐（任至8月）
　　　　王　宏
　　　　齐小平（9月任）
　　　　卞　勇（9月任）
　　　　陈晓丹（女，9月任）

广州市越秀区人民代表
大会常务委员会

主　任：武延军（3月任）
副主任：刘尚斯（3月任）
　　　　邱少民（11月任）
　　　　罗丽华（女，11月任）
　　　　吴茂珠（女）
　　　　郭英汉（11月任）
　　　　郑培钢
　　　　叶伟雄（任至11月）
　　　　凌卫祖（任至11月）
　　　　袁群英（女，任至11月）
　　　　朱健强（任至11月）

广州市越秀区人民政府

区　长：杨雁文（3～8月任）
　　　　王焕清（11月任）
代区长：杨雁文（任至3月）
　　　　王焕清（8～11月任）
副区长：卞　勇
　　　　于欣伟（女）
　　　　陈大跃
　　　　许作来（11月任）
　　　　赖志鸿（11月任）
　　　　段德海（11月任）
　　　　冯　军（任至8月）
　　　　齐小平（任至11月）
　　　　罗丽华（女，任至11月）
　　　　邱少民（任至11月）
　　　　陈晓丹（女，任至11月）

中国人民政治协商会议
广州市越秀区委员会

主　席：刘小骏（任至11月）
　　　　钟俊鸣（11月任）
副主席：叶新兰（女，3月任）
　　　　邵建明
　　　　陈晓觉（女）
　　　　郑秀炎（任至11月）
　　　　甘国锵（任至11月）
　　　　陆伟刚
　　　　周乔建
　　　　胡嗣明（11月任）

中国共产党广州市
越秀区纪律检查委员会

书　记：李永超（任至8月）
　　　　聂贵新（8月任）
副书记：胡嗣明（任至9月）
　　　　王　虹(女)
　　　　朱灵芝（女，9月任）

广州市越秀区人民法院

院　长：郭英汉（任至9月）
　　　　叶三方（11月任）
代院长：叶三方（9～11月任）

广州市越秀区人民检察院
检察长：何元秀（任至9月）
王雄飞（12月任）
代检察长：王雄飞（9～12月任）

经济和社会发展概述

【经济发展概况】 2011年，越秀区完成地区生产总值1897.16亿元，比上年增长9.6%；二、三产业结构为3.05∶96.95；万元生产总值能耗0.4645吨标准煤，比上年下降4.13%；财政一般预算收入38.95亿元，增长24.5%；税收收入339.15亿元，增长15.9%。

总部经济 2011年，总部企业实现增加值891.85亿元，增长10.1%，占全区生产总值的47.01%。在2011年举办的“新广州·新商机”系列推介会上，签约18个项目，总投资额达32.1亿元人民币和7762万美元。引入广东巴博斯汽车销售有限公司、务腾咨询有限公司等一批知名企业。

民营经济 2011年，越秀区民营经济实现增加值390.82亿元，增长9.5%，占全区生产总值的20.60%；实现税收收入105.59亿元，同比增长21.4%，占全区税收总额的31.13%，比上年增加1.4个百分点。

工业 全年实现工业总产值34.41亿元，比上年增长5.0%。其中规模以上工业企业实现总产值28.29亿元，增长4.8%。大中型工业企业实现工业总产值22.66亿元，下降1.0%，占规模以上工业企业总产值的80.09%。

商贸业 全年实现商品销售总额5689.40亿元，比上年增长30.7%；实现社会消费品零售总额979.36亿元，增长17.0%。其中，批发和零售业、住宿和餐饮业分别实现零售额830.51亿元和148.85亿元，增长16.0%和23.1%；百货业实现零售额126.01亿元，增长15.2%。

外经贸 全年实现外贸出口总值79.67亿美元，比上年增长18.6%。新签合同268个，增长22.9%；合同利用外资5.50亿美元，增长70.2%；实际利用外资3.24亿美元，增长7.5%。

现代服务业 全年现代服务业实现增加值1194.54亿元，比上年增长10.0%，占全区生产总值的62.96%，占第三产业增加值的64.95%。

创意产业 全年实现营业收入813.15亿元，比上年增长12.8%，占全区营业收入的9.75%，比上年同期提高0.32个百分点。黄花岗科技园实现技工贸总收入288.05亿元，增长25.0%；实现税收收入8.78亿元，增长25.3%。

房地产业 全年完成固定资产投资461.34亿元，比上年下降15.0%。房地产开发实现投资额186.77亿元，增长42.59%。商品房销售面积113.41万平方米，下降37.71%；商品房销售合同金额126.73亿元，下降43.14%。

【城市建设和管理概况】 2011年，越秀区以创建全国文明城市为契机，大力推进重点项目和基础设施建设，城市建设管理水平持续提高。

市政设施建设 投入3000万元维修改造内街和城中村道路、排水管网139条，其中道路改造16公里5.5万平方米，排水管改造6.5公里；投入1496万元进一步改善城区基础设施；投资8321万元开展中山一路、东泰路铁一中、寺右二横路东段、广园西御龙商城片区、矿泉街华泉片区、登峰街清水塘片区等6项排水改造工程，改善城区水浸街现象。启动东濠涌中北段综合整治工程。

园林绿化建设 投资925万元，新建绿地7.85万平方米，改造绿地8.7万平方米，新增绿道10.3公里，城区绿地面积达953公顷，绿地率28.37%；绿化覆盖面积1136公顷，绿化覆盖率33.82%，人均公园绿地面积5.62平方米。

城区环境综合整治 完成3087幢、110.99万平方米直管公房和18幢、2292平方米私房危房的修缮工作；珠光路北侧复建房、越秀南复建房项目稳步推进；杨箕村“城中村”改造完成签约99%，已拆除房屋1340幢，建筑面积约29万平方米，拆除率92%。全年整治乱摆乱卖2.05万宗，占道经营1.68万宗；清拆“两违”233宗、1.5万平方米；清理违章户外广告招牌351宗、面积6017平方米；查处市容环境违法案件3800余宗。创建“惠福美食花街餐饮环保综合监管示范街”。全区累计安装油烟在线监控设备1223台，监控1156家餐饮企业。全年创建4个市级绿色社区和7个区级绿色社区，绿色社区总数达249个（其中国家级3个，省级21个，市级43个）。空气中的二氧化硫、二氧化氮、可吸入颗粒物年均值分别为0.027毫克/米^3、0.065毫克/米^3、0.143毫克/米^3。

社会治安综合治理 全区刑事发案比上年下降1.0%，刑事立案（含毒品案）6512宗，下降1.0%，其中“两抢”案件下降23.7%，诈骗案件下降8.1%，入室盗窃案件下降1.5%。破获各类刑事案件4611宗，破案率为43.7%。全年新增14个省级“六好”平安和谐社区。

【社会事业发展概况】

科技 2011年安排区级科技三项费用1.01亿元，立项194个；获得国家、省、市科技资金1.2亿元，项目132项。新认定8家创新型科技企业、20家知识产权优势企业和10家企业工程技术研发中心。新培育出国家（省、市）级自主创新能力突出、示范带动效应显著的重点科技企业30家，其中“国家规划布局内重点软件企业”2家、“国家电子商务示范企业”2家、“广东省科技服务业100强企业”6家、“广州市创新型企业”3家。获国家、省、市级科技进步奖74项。全年专利申请量3095件，授权量2186件，分别比上年增长27.2%、6.1%。新建5个合作产业园区，总园区数达25个，经营面积逾70万平方米，成立全市首个移动互联网产业园。通过2011年全国科技进步考核并评为全国科技进步考核先进县（市）。

教育 全区有小学53所，学生57287人；普通中学24所，学生38283人；职业中学2所，学生3240人。高考重本率为11.37%、一本率为40.33%、二本率为63.71%、专A率为84.9%、专B率为96.59%，五项指标均居全市各区之首，创历史新高，九成七以上学生可上大学；中考七科总平均分超出广州市的总平均分49.26分。投入约1亿元，新建改建教学楼2.7万平方米，安全加固校舍2.9万平方米。被评为“广东省推进教育现代化先进区”。

文化 成功举办首届“广府庙会”、“广府文化旅游嘉年华”和“2011艺术广东·国际收藏品及艺术品博览会”，“广府庙会”参与人数超过350万人次。建成11个社区特色博物馆；举办演出、展览、电影、培训活动140场；为困难家庭和外来务工人员的子女免费提供1.27万人次文艺培训；为低收入困难家庭、贫困学生、外来务工人员、残疾人等赠送1万张图书读者卡。区图书馆总藏量62.01万册（件），全年接待读者136万多人次，外借书刊47万多册次。

体育 全年组织、协调、指导群众体育活动100多场次，新建30条、维修120条社区体育健身路径，全区体育人口占总人口的比重达64.80%。越秀区培养的运动员参加市级以上各项比赛共获得金牌275.75枚、银牌151.15枚、铜牌153枚，向上级体育部门输送26名优秀运动苗子。

卫生 全地区有卫生医疗机构305个，其中医院38间，妇幼保健院3间，疗养院1间。实有病床1.99万张，卫生技术人员3.06万人，执业（助理）医师9990人。完善社区医疗服务，为全区常住人口免费提供9项基本公共卫生服务，为5308名在册低保对象提供免费社区门诊服务，为513名男60周岁以上、女55周岁以上的低保对象免费提供健康体检。全区组成网格化团队100个，团队医务成员472人，平均每月深入社区服务工作日7天。洪桥街和光塔街社区卫生服务中心通过国家评估组的检查，获卫生部授予“全国示范社区卫生服务中心”称号。

劳动就业 2011年全区从业人员90.62万人，登记失业人员8.62万人，提供就业岗位6.58万个，实现再就业6.2万人，就业率为72%。建立创业服务指导中心和创业联谊俱乐部，创建11个市、

区创业（孵化）基地。全年开办失业人员技能培训班196期，为2.72万人次提供免费职业指导和技能培训，培训后就业率达76.9%以上；举办创业培训班16期，培训学员616人，培训后创业成功率35.6%。

社会保障　2011年分别为32.22万人和1.67万人办理城镇居民医疗保险和城镇老年居民养老保险；为14.19万名大中专学生办理医疗保险；解决了4.21万名早期下海人员养老保险问题。全年有1.64万人次享受生育保险待遇，金额达1.2亿元；2909人次享受工伤保险待遇，金额达1901万元；6.20万人次享受失业保险待遇，金额达6844万元。全区有15.25万名退休人员纳入社会化管理，上门探访孤寡、独居退休人员33万人次。全年办理老年人社保卡1.5万人次，为3920户60周岁以上的独居老人新开通平安宝服务，投入5043万元为11.57万名70周岁以上老人发放长寿保健金。全区在册低保对象4848户、9029人，纯低收入困难家庭1217户、3075人，累计发放低保金3613.53万元。基本医疗救助金支出达到516.1万元。发放实物救助2.4万份，折款184.47万元。解决3017户低收入家庭住房困难。

人民生活　2011年城镇居民人均可支配收入34901元，比上年增长12.3%。城镇居民人均消费性支出28371元，增长11.3%，其中服务性消费支出10403元，增长8.6%，占消费性支出比重为36.67%。交通和通信、食品、家庭设备用品及服务等项目支出增长较快，分别增长23.5%、12.9%和12.8%。城镇在岗职工年平均工资66889元，增长8.6%。

政党

中共越秀区委员会

【中共越秀区委十届十次全体会议】 于2011年1月21日召开。会议主题是深入学习贯彻党的十七届五中全会、中央经济工作会议和省委十届八次全会、市委九届十次全会精神，总结2010年全区工作，部署2011年主要工作任务。会上，区委书记、区人大常委会主任武延军代表区委常委会向全会报告工作。区委副书记、代区长杨雁文对全区2010年经济社会运行情况和2011年区政府的重点工作进行部署，并对《广州市越秀区国民经济和社会发展第十二个五年规划纲要（讨论稿）》起草情况作了说明。

会议明确2011年越秀区工作的总体要求：全面贯彻落实党的十七届五中全会、中央经济工作会议和省委、市委全会精神，围绕“依靠创新驱动、建设幸福越秀”核心，突出抓好经济发展、文化繁荣、社区建设和城市管理，加强和改进党的建设，以优异的成绩迎接中国共产党建党90周年，确保“十二五”发展开好局，起好步。

会议要求重点做好六方面工作：围绕建设国家中心城市核心区的总目标，突出建设“幸福越秀”的核心，实施“文化引领、提升总部、创新驱动、共建共享”四大发展战略，为“十二五”各项事业发展提供坚实的物质基础；提升区域经济发展质量，把加快转变经济发展方式落实到抓总部经济、抓投资促进、抓重大项目上，加快推进“三旧”改造，为建设“幸福越秀”打牢经济基础；大力推进广府文化源地建设，构建“大文化”发展格局，发展文博事业和文化创意产业，加快文化项目建设，完善文化惠民工程，为建设“幸福越秀”提供精神动力和智力支持；以迎接“创文大考”为重点，继续完善市政基础设施，提升城市管理精细化水平，提升“后亚运”城区宜居水平，使城市建设成果长久惠及于民；加快促进教育高质均衡发展，加大社会保障、救助资源整合和工作创新力度，提升社区卫生服务水平，抓好平安越秀建设，创新社会管理服务模式，全面保障和改善民生，不断提升辖区居民的幸福感；以建党90周年为契机，认真做好换届工作，固本强基、创先争优，进一步加强和改进党的建设，发挥好各级党组织的领导核心、人才支持和组织保证作用。

会议审议通过《中国共产党广州市越秀区第十届委员会第十次全体会议决议（草案）》。会议听取区委开展2010年度干部选拔任用工作情况报告，民主测评区委干部选拔任用工作和新提拔任用的区属单位党政主要领导干部，年度考核测评区党政领导班子和领导干部，初始提名推荐区正处级领导干部。

2011年1月21日在区机关办公大楼二楼多功能厅由区委书记武延军主持召开中共广州市越秀区委十届十次全体会议。 黄智丹 摄

【中共越秀区委十届十一次全体会议】 于2011年6月29日召开。会议主要议题是审议通过《关于召开中国共产党广州市越秀区第十一次代表大会的决议》，决定于2011年9月27日召开中国共产党广州市越秀区第十一次代表大会，并就有关各项工作作部署。

【中共越秀区委十届十二次全体会议】 于2011年7月29日召开。会议主题是高举中国特色社会主义伟大旗帜，以邓小平理论和“三个代表”重要思想为指导，深入贯彻落实科学发展观，认真学习贯彻党的十七大、十七届五中全会精神，胡锦涛在庆祝建党90周年大会上的重要讲话精神，以及省委十届九次全会、市委九届十一次全会精神，紧紧围绕率先加快转型升级，建设幸福越秀这一核心任务，以加强和创新社区服务管理为突破口，全面提高社会建设和管理科学化水平，不断开创越秀区推动科学发展、促进社会和谐的新局面，确保“十二五”规划的实施开好头、起好步。区委书记、区人大常委会主任武延军代表区委常委会向全会报告工作，全面部署下半年经济社会发展工作，强调要认真贯彻落实中央和省、市委的决策部署，进一步增强发展的创新意识，发扬干事创业的拼搏精神，确保顺利完成全年各项目标任务。会议审议通过《中国共产党广州市越秀区第十届委员会第十二次全体会议决议（草案）》和《中共越秀区委、越秀区人民政府关于全面推进深化创新基层社会服务管理试验区建设的意见》。

【中共越秀区委十届十三次全体会议】 于2011年9月15日召开。会议主要议题是审议区第十一次党代会报告和区纪委工作报告。会议审议通过十一届区委委员、候补委员和十一届区纪委委员候选人预备人选名单，审议通过区出席市第十次党代会代表候选人预备人选名单。

【中共越秀区第十一次代表大会】 于2011年9月27～30日召开，会议代表383人。区委书记、区人大常委会主任武延军代表十届区委作题为《立足新起点，实现新跨越，全面开创幸福越秀新局面》的报告；十届区纪委题为《以创新精神推进党风廉政建设和反腐败工作，为建设幸福越秀提供政治保障》的工作报告以书面形式提交各代表审议。会议审议通过关于十届区委报告的决议（草案）和关于十届区纪委工作报告的决议（草案）。选举产生第十一届区委委员55名、候补委员10名，区纪委委员25名，以及越秀区出席广州市第十次党代会代表50人。

会议确定今后五年全区工作的总体要求和主要目标。总体要求是：以中国特色社会主义理论体系为指导，以全面加快转型升级为主线，强化“广府文化源地、千年商都核心、公共服务中心”的区域定位，大力实施“文化引领、提升总部、创新驱动、共建共享”战略，突出抓好文化建设、环境建设和基层社会服务管理创新，大力发展核心产业，更加关注民生、保障民生、改善民生，全力推进民主法制建设和党的建设，努力建成经济发达、政治文明、文化繁荣、环境友好、和谐共融的幸福越秀。主要目标：经济总量和发展质量实现新提升，全区地区生产总值年均增长8%，现代服务业增加值占第三产业比重超过69%。适应国家中心城市核心区发展需求的城市基础设施更加完善，生态文明理念深入人心，整洁、有序、高效、安全的城市现代化管理格局基本形成。“广州市深化创新基层社会服务管理试验区”建设取得实质性成果，公共服务更为优质均衡，城镇居民家庭人均可支配收入实现较快增长，城镇登记失业率控制在3.5%以内。社会主义民主法制建设和精神文明建设深入推进，社会更加安定有序。各级党组织领导科学发展的能力明显增强，城区党的建设开创新局面。

【中共越秀区委十一届一次全体会议】 于2011年9月30日下午召开。会议选举武延军、王焕清、刘梅、聂贵新、何钧启、黄仰辉、王宏、齐小平、卞勇、陈晓丹为新一届区委常委。选举武延军为区委书记，王焕清、刘梅为区委副书记；批准新一届区纪委常委、书记、副书记人选。武延军代表新一届区委讲话，强调要自觉加强学习，做科学发展的践行者；共聚发展合力，做团结共事的楷模；牢记执政之本，做为民谋利的公仆；实践为政之道，做真抓实干的标兵；常怀律己之心，做廉洁从政的榜样。

【区委重大决策】 2011年3月16日，区委常委会议讨论并原则同意《区委2011年工作要点》和《越秀区关于落实市委2011年重点工作的分工方案》，提出重点抓好六方面工作：谋划好城区“十二五”发展；在促转变中谋发展，提升区域经济发展质量；以事业带产业，大力推进广府文化源地建设；强化品质、科学管理，提升“后亚运”城区宜居水平；以人为本、提升层次，全面改善和保障民生；固本强基、创先争优，加强和改进党的建设。要求区党政领导班子成员必须按照职责分工，统筹协调各相关职能部门抓好贯彻落实，确保完成市委、区委确定的各项工作任务，全力推进建设“幸福越秀”各项事业，以优异的成绩迎接建党90周年。

关于实施《珠江三角洲地区改革发展规划纲要（2008—2020年）》 4月15日，区委常委会议审议并原则同意《越秀区实施〈珠江三角洲地区改革发展规划纲要（2008—2020年）〉实现“四年大发展”工作方案》，提出必须积极转变经济发展方式，围绕建设国家中心城市核心区这一方向，坚持内生发展模式，强化核心产业的引领作用，提升区域竞争力；以两大功能区建设和“三旧”改造为抓手，加快城区更新和功能提升；加快机制体制创新，实现公共服务均等化，提高居民生活品质和幸福感，实现越秀综合竞争力的全面提升。要紧紧围绕规划纲要赋予广州的国家中心城市、综合性门户城市和区域文化教育中心的三大战略定位，以及建设全省“首善之区”、国际大都市和打造国际商贸中心、世界文化名城的发展目标，结合越秀区雄厚的产业基础和丰富的文化资源，进一步彰显“广府文化源地、千年商都核心、公共服务中心”的地位，努力建成经济发达、文化繁荣、环境友好、幸福祥和的国家中心城市核心区。要着重构建越秀特色现代产业体系、进一步优化产业空间布局、构建优质的民生保障体系、全力打造世界文化名城核心、不断提升基础教育中心的地位、加快推进基本医疗卫生服务均等化和城市改造更新进程，营造和谐乐居的城区环境。

关于党政领导班子建设 4月15日，区委常委会议审议并同意《关于贯彻〈2009—2013年全国党政领导班子建设规划纲要〉的实施意见》，明确区各级党政领导班子建设的目标任务：进一步提高思想政治素质，马克思主义理论水平有新的提高，贯彻落实科学发展观的自觉性和坚定性明显增强，党的意识、宗旨意识、执政意识、大局意识、责任意识明显增强，理想信念更加坚定。进一步增强推动科学发展的能力，始终坚持科学执政、民主执政、依法执政，提高“六个本领”（推动科学发展、促进社会和谐的本领，总揽工作全局、进行战略思维的本领，应对突发事件、驾驭复杂局面的本领，协调利益关系、服务人民群众的本领，引导舆论、运用新兴媒体促进工作的本领，管党治党、解决自身问题的本领）。进一步加强和改进作风，始终坚持马克思主义群众观点和党的群众路线，进一步弘扬求真务实、艰苦奋斗、勤俭节约、廉洁从政等优良作风，进一步解决作风方面存在的突出问题，领导班子更加团结和谐，党群、干群关系更加密切。进一步优化班子结构，优化领导班子配备，形成班子成员年龄、经历、专长、性格互补、老中青梯次配备、优势充分发挥、经验与活力俱备的合理结构，女干部、党外干部配备更加合理，班子整体功能明显增强。进一步健全制度机制，贯彻民主集中制的各项制度更加健全，工作机制更加完善，运转协调高效。进一步推进反腐倡廉建设，加快推进惩治和预防腐败体系建设，严格执行党风廉政建设责任制，形成拒腐防变教育长效机制、反腐倡廉制度体系和权力运行监控机制。

关于简政强区事权改革工作 5月20日，区委常委会议审议并原则同意《广州市越秀区简政强区事权改革工作方案（送审稿）》，着重抓好五项工作：创新用人机制，积极探索建立机关雇员管理和政府购买服务制度，解决因事权下放后承接部门人员不足的问题；完善财政保障机制，提高转移支付资金的使用效益，争取上级财政支持，调整完善资金分配方案，增强区政府保障基本公共服务的能力，使简政放权、市区共建的精神落到实处；改进行政管理和服务方式，做好区、街政务服务体系建设，继续深化行政审批制度改革，进一步依法清理行政审批事项，减少行政审批管理层级，缩短行政审批时间，优化整合行政审批流程，推行限时办结承诺制度；创新社会管理服务模式，按照上级部署加快转变政府职能，通过委托和政府购买服务等方式，将部分专业性、技术性和事务性工作依法交由社会组织承担；优化垂直（双重）管理部门的管理机制，建立健全与垂直（双重）管理部门的协调配合机制和工作衔接机制。

2011年中共越秀区委员会主要文件选目

文件号	文件名称
越字〔2011〕01号	中共广州市越秀区委印发《越秀区处级党政领导班子和领导干部落实科学发展观评价指标体系及考核评价办法（试行）》的通知
越字〔2011〕06号	中共越秀区委、越秀区人民政府关于印发《越秀区实施珠江三角洲地区改革发展规划纲要（2008—2020年）实现“四年大发展”工作方案》的通知
越字〔2011〕08号	中共广州市越秀区委关于印发《广州市越秀区依法治区第五个五年规划（2011—2015年）》的通知
越字〔2011〕17号	中共广州市越秀区委、区政府关于学习贯彻胡锦涛总书记在越秀区视察重要指示精神的意见

【政策调研情况】 2011年11～12月，区委、区政府组织开展“加快推进经济转型升级”、“重大项目建设”、“基层社会服务管理创新”、“促进文化事业和文化产业繁荣发展”、“加强和改进党的建设”五大专题调研活动，围绕“如何编制完善两个功能区建设规划”、“如何加快私募股权投资基金产业集聚园区和国家移动互联网产业园建设”、“如何推进海印、一德路、流花等专业市场改造”、“如何构建优势突出、各方联动的为企服务体系”、“如何加快推进书院街复建、东濠涌二期综合整治、区财政投资重点基建工程等项目建设”、“如何加快推进昌兴街、越秀上下街等街区改造”、“如何全面推进深化创新基层社会服务管理试验区建设”、“如何加快推进‘一队三中心’建设、社区治理工作和街道编外人员整合工作”、“如何加快推进规范化学校建设”、“如何营造更加安全和谐生活环境”、“如何擦亮广府文化品牌，加快文化越秀建设”、“区干部工作、基层党组织建设和廉政建设如何更好为中心工作任务服务”等问题开展调研。通过调研明确越秀区2012年和今后一个时期的工作思路、主要任务，为深入推进“幸福越秀”建设奠定基础。

【保密工作】 2011年，越秀区保密工作围绕区委、区政府中心工作，积极开展保密检查，完善网络管理，组织保密宣传教育，确保保密工作各项措施落到实处。配合上级部门做好专项保密检查，成立专项检查领导小组，制订方案，分类分片指导，组织人员到区属单位部门和街道进行专项检查和“回头看”督促指导。开展高考保密安全防范工作检查，对高考试卷保密室进行保密检查，对不符合保密要求的进行登记并限时整改；加强试卷保密人员的政审工作及考前保密教育培训，签订保密责任书。下发《关于进一步规范区机关公文制发和保密审查管理的通知》，严格执行政务信息公开保密审查制度，强化网络公文管理。启用“互联网门户网站检查系统”，加强对互联网门户网站的日常检查工作。制定

《越秀区“六五”保密法制宣传教育规划》，在纪律教育学习月活动中开展保密法纪宣传教育，在党校开设保密宣传教育课程，组织涉密重点单位领导和干部参观“全国窃密泄密案例警示教育展”，广泛开展保密宣传教育。

（区委办　林田）

中共越秀区纪律检查委员会（越秀区监察局）

【概况】　2011年，越秀区纪检监察机关全面贯彻反腐倡廉战略方针，坚持以人为本、执政为民，围绕中心、服务大局，认真抓好反腐倡廉各项任务落实，着力解决群众反映强烈的突出问题，党风廉政建设和反腐败工作取得新进展新成效，许多工作走在全市各区的前列，为区“加快转型升级、建设幸福越秀”发挥重要保障和促进作用。

【区纪委十届六次全体会议】　于2011年1月26日召开。区委书记武延军出席会议并作重要讲话。区委常委、区纪委书记李永超代表区纪委常委会作题为《深入推进党风廉政建设和反腐败工作，为建设幸福越秀提供坚强保障》的工作报告。区各套班子领导和全区副处级以上党员干部共600多人列席会议。

【区纪委十届七次全体会议】　于2011年9月8日召开。区委常委、区纪委书记聂贵新主持会议，23名纪委委员参加全会。全会审议、通过第十届区纪委向区第十一次党代表大会的工作报告，同时酝酿、通过第十一届区纪委委员候选人预备人选建议名单。

2011年1月26日上午在区机关办公大楼三楼礼堂召开中共广州市越秀区第十届纪律检查委员会第六次全体会议。　黄智丹　摄

【区纪委十一届一次全体会议】　于2011年9月30日召开。区委常委、区纪委书记聂贵新主持会议，25名纪委委员参加全会。会议选举聂贵新、王虹、朱灵芝、朱锦新、陈平龄、窦勤鸿、李汉峰为新一届区纪委常委。选举聂贵新为区纪委书记，王虹、朱灵芝为区纪委副书记。聂贵新代表新一届区纪委常委作讲话，强调要进一步增强纪检监察工作服务大局的意识，为建设幸福越秀提供纪律保障；进一步增强开拓创新精神，完善越秀特色的惩治和预防腐败体系，整体推进反腐倡廉建设各项工作；进一步增强以人为本、执政为民的意识，切实解决群众反映强烈的突出问题；进一步加强全区纪检监察干部队伍自身建设，主动适应形势和任务需要。

【监督检查】　2011年，区纪检监察机关认真履行职责，会同有关部门加强对中央和省、市、区重大决策部署和“十二五”规划贯彻落实情况的监督检查。重点开展加快转变经济发展方式的监督检查，对东濠涌二期综合整治、杨箕村改造、珠光北和越秀南复建房建设、创意大道等69个重大项目进行抽查和核查，对“十件民生实事”等30个重点项目实施效能监察，推动加快区经济发展、城市建设管理、文化建设和社会建设转型升级。会同有关部门加强“简政强区”事权下放、拆除违法建设、创建全国文明城市和亚运公共交通补贴发放、扶贫“双到”、流花地区环境整治等决策部署落实情况的监督检查，及时发现和纠正一些问题，促进政令畅通。严明党的政治纪律特别是换届工作纪律，加大对换届风气的监督检查力度，保证区换届工作顺利进行。

【作风建设】 2011年，区纪检监察机关着眼于解决反腐倡廉建设中群众反映强烈的突出问题，积极回应社会关切。深入开展教育乱收费专项治理，对34间学校进行收费检查。加强对医疗机构采购和用药监管，区属医疗单位完成药品网上采购金额2.43亿元，占入库量99.95%。深化“小金库”专项治理，重点对区21个单位进行检查，严肃查处个别学校的“小金库”问题。在区属28家医疗机构、10个行政执法部门及211个基层站所深入推进政风行风评议，首次开展招生政策、社会保障政策等在线访谈和网上评议活动。举办《沟通无界限》进社区访谈节目，加强政民沟通，及时解决民生问题。紧扣群众反映强烈的价格监管、行政执法、窗口服务等热点问题开展明查暗访，共处理行政效能投诉26件。贯彻执行市纪委的决定，运用现代信息技术加强和规范全区党政机关公车使用管理，遏制公车私用现象取得明显成效。

【反腐倡廉教育】 2011年，区纪检监察机关大力加强党性党风党纪教育，推动廉洁从政各项规定和监督制度落到实处。突出抓好以“以人为本、执政为民”为主题的纪律教育学习月活动，举办领导干部反腐倡廉专题学习会、换届以来区反腐倡廉建设创新成果展、廉政公益广告动漫作品征集、“岗位廉政风险警示语”创作评选等系列活动。推进廉政文化阵地建设，强化区两个廉政文化示范点的作用，广卫街都府社区被市命名为廉政文化示范点，以廉为荣、以贪为耻的社会氛围更加浓厚。认真执行党内监督制度，对64名新任处级领导干部进行集体廉政谈话。全区纪检监察机关负责人同下属单位主要负责人谈话210人（次），诫勉谈话9人（次）。深入贯彻《廉政准则》以及实施办法，领导干部廉洁自律意识明显增强，全区领导干部主动上交收受的现金、有价证券、支付凭证共计人民币13.5万多元。推进全区基层党组织党务公开，党内基层民主政治建设得到加强。会同有关部门监督检查政务公开工作，进一步健全权力公开透明运行和民主监督机制。

2011年9月30日，中共广州市越秀区第十一届纪律检查委员会第一次全体会议。

【源头治腐】 2011年，区纪检监察机关加强机制制度建设，源头治腐工作领域进一步拓展。全面排查各单位各部门落实区委建立健全惩防腐败体系《任务分工》情况，提前一年完成区惩防腐败体系阶段性建设各项任务。区委坚持把党风廉政建设责任制作为反腐倡廉建设的“龙头工程”来抓，继续开展党风廉政建设第一责任人述责活动，由区委主要领导进行点评，指出存在问题，督促整改落实，进一步增强领导干部的责任意识。加大对干部选拔任用的监督，严格执行《关于拟提拔的区管干部征求区纪委意见的处理办法（试行）》。规范党政机关职务消费行为，公务卡结算工作继续推进。深入推进工程建设领域突出问题专项治理，共排查工程建设项目386个，整改问题11个。东濠涌二期综合整治工程启动后，立即召开廉政建设工作会，与建设单位签订《廉政工程承诺书》，推动整治工程与反腐倡廉工作同部署、同推进、同落实。加强对工程建设招投标和政府采购法规制度执行情况的监督检查，全区完成建设工程招投标项目44项，招标中标价为4.44亿元，节约资金1900万元；全年政府采购金额2.31亿元，节约资金1470.6万元。督促有关部门进一步加强对国有集体资产的监管工作，促进国有集体资产保值增值。进一步推进电子纪检监察综合平台建设，将区9项联合预审事项、98项“网上服务大厅”的在线业务以及信访系统数据等纳入实时监察，促进行政效能进一步提升。

【查办案件】 2011年，全区纪检监察系统受理群众各类来信、来访、网络和电话举报等共517件（次），办结率96.4%。立案14宗14人，审结案件11件11人。给予党纪处分8人、政纪处分6人，其中，开除党籍3人，行政撤职2人，行政记大过1人，移送司法机关追究刑事责任4宗4人，通过办案挽回经济损失86万多元。通过调查核实，为127名党员干部澄清是非。深入推进治理商业贿赂专项工作，查处商业贿赂案件22件，涉及金额387.65万元。注重发挥区委反腐败协调小组作用，切实加强组织领导，办案工作合力明显增强；注重严格依纪依法、安全文明办案，加强案件审理和监督管理工作，办案质量和水平明显提高；注重以查促教、以查促管、以查促改，办案的治本功能明显强化。

【队伍建设】 2011年，区纪检监察机关深入开展创先争优活动，切实加强干部思想作风建设。推进学习型机关建设，突出抓好纪检监察系统领导干部培训和专项业务培训，纪检监察干部队伍整体素质进一步提高。结合换届工作选好配齐区纪检监察机关领导班子，加大干部公开选拔和交流力度，干部队伍结构和素质进一步优化。建立健全区纪检监察机关内部管理和业务工作制度，加强对干部的日常管理和监督，严肃政治纪律、工作纪律、办案纪律、保密纪律和廉政纪律。区纪委常委会切实加强领导班子自身建设，坚持集体领导、科学决策，坚持求真务实、严于律己，坚持党性原则，全面履行党章赋予的职责，不断增强领导班子的凝聚力和战斗力。

【纪检监察派驻工作】 2011年，越秀区全面推进纪检监察派驻机构统一管理，形成街道分片、部门分线、两院单设的纪检监察派驻工作体系。派驻纪检监察组切实加强对驻在单位党政领导班子落实“三重一大”情况的监督检查，协助派驻单位制定和完善各种制度80项，督促驻在单位和下属单位签订《党风廉政建设责任书》，处理信访投诉案件44件，及时处理和纠正存在的问题，保护干部干净干事的积极性。

（区纪委办　蓝芳）

党的建设

【概况】 2011年，中共越秀区委有直属党组织45个，其中党（工）委43个，党总支2个，另有党组19个。全区共有基层党组织2084个，其中党委173个，党总支144个，党支部1767个。全区22个街道社区居委会267个，建立党委173个，党总支144个，党支部1767个。全区党员49729名（含预备党员361名），其中：女党员23818名；年龄35岁以下的7254名，36～45岁的7123名，46～54岁的6971名，55～59岁的6272名，60岁及以上22109名；研究生学历780名，大学本科、专科学历23810名，中专学历5597名、高中学历8469名，初中及以下11073名；少数民族党员513名。全年发展新党员358名。

【区级班子换届】 2011年，越秀区把换届工作摆在重中之重的位置，做到思想认识到位、工作措施到位、行动落实到位，确保换届工作平稳有序推进，全面实现换届工作风清气正。新一届越秀区区级领导班子呈现3个新特点：年龄结构进一步优化，班子成员平均年龄从换届前的50.2岁下降到换届后的45.2岁，下降5岁。新老更替规模适度，区级班子换届中，继续提名16人，占48.5%，新提名17人，占51.5%。既补充新鲜血液，增添班子活力，又保留部分熟悉区情的上届班子成员，保持工作的连续性和稳定性。综合素质明显提高，新一届班子中硕士研究生以上学历或硕士以上学位17人，占51.5%，全部具有基层领导工作经历，其中具有街道主要领导工作经历的班子成员7人。

【领导班子和干部队伍建设】 2011年，越秀区坚持严格选拔标准和任职条件，始终注意既要看才，更要看德，努力把政治上靠得住、工作上有本事、作风上过得硬、人民群众信得过的干部选拔上来，不断提高全区干部选拔任用工作水平，优化领导班子配备结构，提高二级班子队伍的整体素质。全年选拔调配47名区属单位党政正职，其中提拔20名；在12个未设党委的区直机关设立党组，配备党组书记12名。是年，全区各单位党政正职平均年龄48.8岁。此外，协助市委组织部完成街道党政正职职级配备工作，街道党工委书记被提拔为市副局级干部2名。

【干部人事制度改革】 2011年，越秀区坚持民主、公开、竞争、择优原则，不断深化干部人事制度改革，着力提高选人用人公信度。制定《越秀区关于贯彻全国党政领导班子建设规划纲要的实施意见》、《越秀区开展创建“提高选人用人公信度示范县活动”实施方案》、《越秀区贯彻实施干部选拔任用工作四项监督制度的意见》、《越秀区干部监督联席会议制度》等文件，明确区各级党政领导班子今后一段时期建设的总体要求和目标任务。修订完善处级党政领导班子和领导干部考核评价办法，建立“奖优”机制、街道和部门考核评优比例联动及干部日常考察工作机制。基层一线选拔干部力度持续加大，新招录的31名公务员中，具有2年以上基层工作经历的9名，从基层生产一线工人中选拔公务员1名和事业单位职员1名。加大竞争性选拔干部力度，在全区首次启动实施公推公选副处级领导干部工作，选拔副处级领导10名，完善科级干部竞争上岗机制，全年竞争性选拔科级干部122人。

【创先争优活动】 2011年，越秀区各级党组织牢牢把握科学发展主题和加快转变经济发展方式主线，以“践行科学发展，争当越秀先锋”为主题，进一步丰富争创内容、创新争创形式、拓展争创领域、提高争创实效、健全争创机制，更好地为完成区委中心工作提供动力和保证。围绕“依靠创新驱动、建设幸福越秀”这一中心任务，积极推进经常性工作阶段化，动员和引导基层党组织及广大党员立足本职创先进、争优秀，结合年终考核、民主评议党员、民主生活会、走访慰问困难党员等活动，全区2042个党组织、48856名党员接受创先争优群众评议、党员互评、领导点评。坚持民生为重、民事先办，配合区委全面推进“十件民生实事”，着力在保障和改善民生，提升服务意识和服务质量上创先争优。坚持深入开展“三亮三比三评”活动，公开服务事项、工作流程、办结时限、服务标准，公布承诺内容，接受群众监督。“七一”前后，围绕“创先争优促发展、幸福越秀谱新篇”的主题，组织开展三大系列纪念活动，在全区掀起纪念建党90周年的热潮。举行“幸福花开红旗下——越秀区纪念中国共产党成立90周年大会”，表彰先进基层党组织40个、优秀共产党员125名和优秀党务工作者40名。

【干部教育培训工作】 2011年，越秀区加大对干部教育培训的统筹和规划，制定《关于适应加快转变经济发展方式要求大规模培训干部的实施方案》、《越秀区基层干部“科学发展主题培训行动计划”实施方案》，进一步提高领导干部加快转型升级、推动科学发展和促进社会和谐的能力。继续落实组织调训制度及各类培训班，采取组织调训方式，选送35名处级干部和96名科级后备干部参加区第九期处级领导干部进修班和科级公务员任职培训班。完善和推进新的培训模式，在处级领导干部进修班中采用“集中授课”结合“实地调研”的教学模式，在科级公务员任职培训班中采用“集中授课”结合“岗位锻炼”的教学模式，在初任公务员培训班中采用“集中授课”结合“跟班学习”的教学模式。

【人才队伍建设】　2011年，越秀区推动实施人才强区战略，整合人才工作资源，完善人才工作机制，优化人才发展环境，推进落实人才工程，不断巩固以高层次人才为重点的党管人才工作新格局。完成《越秀区加快吸引培养高层次人才的意见》和9个配套政策文件的起草及第一阶段的征求意见工作；出台《广州市越秀区专职社区工作者管理办法》。设立科技型中小企业创业创新专项基金200万元、科技金融和扶持企业上市专项基金500万元、省部产学研结合项目配套专项基金150万元。设立科技创新和创意产业发展专项资金1200万元，对每年原创创意作品获国内外奖项或首播给予奖励。将广州博士俱乐部作为重点引才项目，在广东区域汇聚4000多名博士（后）会员，与全国150多家高等院校及科研院所建立长期合作关系，以产学研、科技特派员、博士后工作站等形式，推动企业技术创新和科技服务资源有效流动与合理配置。

【基层党建工作】　2011年，越秀区各级党组织紧密围绕全区中心工作，研究基层党建工作面临的新情况、新问题，探索新载体、新方法和新途径。研究出台《越秀区关于以推进城市基层区域化党建工作引领社会服务管理创新的实施意见》，初步形成以区域化党建引领社会服务管理创新“一个核心、五大体系”的工作新思路。党代表任期制工作得到稳步推进，党员的参与权与监督权得到进一步扩大，在区直机关党委和区非公经济组织党工委各新建1个党代表工作室，同时，探索建立社区党员议事长效机制，努力营造大事党员先知、难事党员先议、实事党员先行的氛围。大力开展支部“双创”、党员人才“双培”工程，发挥非公经济组织和社会组织党工委统筹、协调和指导作用，确定“听有内容、看有形象、学有经验”的非公党建工作示范点24个，通过学习交流、总结表彰、宣传推广等形式，充分发挥先进典型的示范辐射作用，实现专职人员15人以上的社会组织有党员，30人以上的社会组织单独建立党组织的工作目标，全年新建非公经济组织和社会组织党组织16家。坚持“建管学用”并重，继续推进站点硬件配置工作，在原有的基础上，专门投入经费62.64万元为待配备的远教站点配置专用计算机135台和电视机9台，实现社区站点远教设备全覆盖，同时制作一部反映区在创先争优活动中取得明显成效的展示专题片——《创先争优结硕果，幸福越秀谱新篇》。

越秀区“为民之星”社区党组织书记“加强社会管理”主题示范培训班。

【"一家一站一中心"党建工作新平台】 越秀区坚持以改革创新的工作理念，破解大量"单位党员"变成"社会党员"后，社区党建资源不足及党员展现先进性平台缺乏等城区党建工作难题，围绕"关爱党员、增强党性"的目标，创建"一家一站一中心"（社区党员之家、街道党员服务站、区级党员管理中心）党建工作三级网络，不断拓展服务功能，率先建立"党员义工、网上组织生活、党内互助金、失业党员服务队"等四大品牌，初步实现党建工作的"五个提升"（党建资源从分割型向整合型提升、"两新"组织党建工作从组建型向覆盖型提升、关爱党员从阶段工作型向长效机制型提升、党员教育管理从单一型向分类管理型提升、服务群众工作从活动型向阵地型提升），基层党组织凝聚人心的功能进一步实现，有力地促进社区党建"三有一化"建设，为推动科学发展、建设幸福城区提供坚强的组织保障。2011 年，"一家一站一中心"党建工作新平台项目，作为全省唯一一个全票通过的项目，入选广东省首届组织工作"十大品牌"称号。

【社区"两委"换届】 2011 年，越秀区制定《关于做好 2011 年全区社区"两委"换届选举工作的通知》、《社区党组织换届选举工作流程》、《社区居委会换届选举工作流程》和《换届选举工作样本》，对社区换届选举工作提出要求并提供操作指南，确保社区换届选举做到依法、民主、公开、公正和公平。各街道党工委准确把握换届政策，细化操作措施，严格换届工作程序，全区 267 个社区以"三推一评一选"的方式选出一批德才兼备、业绩突出、群众信任、组织认可、热心社区工作的"两委"班子。以广东工业大学校长陈新（正厅级）高票当选黄花岗街菜寮社区居委会副主任为代表，担任社区党组织、社区居委会兼职委员的社会精英达 330 多名。经过换届，基层党组织得到进一步优化，领导班子的年龄、文化结构更趋合理，整体素质明显提高。班子成员平均年龄由换届前的 52 岁下降到 48.2 岁；大专以上文化程度 1957 名，占 58.6%，比上届提高 8%；社区党组织书记和社区居委会主任"一身兼"的比例达 97.4%。

【党史和党建学会工作】 2011 年，区委党史研究室举办越秀区纪念建党 90 周年图片展，开展专题征文活动，并送派优秀论文参加"广州市纪念中国共产党成立 90 周年理论研讨会"，通过一系列纪念活动使广大党员干部从中受到教育、得到启示，增强建设幸福越秀的信心和力量。原越秀和东山区的党史二卷在报市委党史研究室进行第二次审稿后，进行修改完善，并报送区委常委、原越秀区、东山区部分老领导审阅，于年底报市进行第三次审稿。召开越秀区党建学会第三届会员代表大会，总结过去五年的学会工作，产生新一届理事会。对全区基层党组织在党建学会 2010 年度征文活动中提交的 206 篇论文进行评选并表彰相关论文作者及单位。调研子课题《越秀区深入开展创先争优活动主题创新研究》申报市党建学会获二等奖，学会被评为先进单位。

（区委组织部 王 齐）

【党校教育阵地】 2011 年，越秀区委党校紧紧围绕"依靠创新驱动、建设幸福越秀"的工作大局，坚持"探索办学模式、创新培训方法、推进教研改革、完善管理机制、开创党校科学发展新局面"的目标，开展大规模培训干部和社区教育工作，积极开展区情调研服务、深入推进教研一体化，探索中心城区党校办学治校的理念、思路和方法，为开创幸福越秀新局面提供智力支持。

理论宣传教育 党校把党的各项方针政策宣传作为重要工作。选派教师到各机关、基层单位宣讲十七届六中全会精神、胡锦涛总书记在越秀区视察重要讲话精神等。开展社区教育系列教材进街道、社区的宣讲，推出如何做一个文明市民、邻里和睦、越秀和谐、广府文化源地千年商都核心知多少、健康知识讲座、身边的法律常识 5 门课程。分片举办街道社区党组织书记培训班，开设学习贯彻胡锦涛总书记重要讲话深化社会管理体制机制创新、社区群体性和突发事件的应急管理和预防、社区党建的形势和任务、当前社区党建的重点工作4门课。为社区“两委”换届党组织负责人培训班和社区工作者培训送教上门5次。

培训工作　按照区干部教育培训计划，大力开展干部教育培训。全年举办各级各类培训班45期，其中处级领导干部进修班1期、自主选学培训班10期、社区党组织书记培训班2期、社区党组织书记“加强社会管理”专题示范班1期、入党积极分子班4期、初任公务员培训班2期、科级公务员任职培训班3期以及与职能部门、街道合办的各类培训班22期，共培训学员2717人次。在主体班培训中推行“1+1”（1个月在党校系统培训，1个月带着课题回单位调研）的教学模式和“2+X”（2小时左右的理论辅导，不少于半小时提出问题引导学员互动讨论或面对面提问）的课堂教学模式，学习主动权交给学员，有效解决工学矛盾。

教研工作　参与由市委党校和区委、区政府共同组织的调研项目，为区委、区政府决策提供智力支持。全体教师参加2011年度全区重点工作专题调研，其中，《关于建立中央文化区的研究》由于起步早、针对性强等特点而受到区委领导的重视，指示党校要立项深化研究。组织教师与区政府办公室共同承担《越秀区建设“广州市深化创新基层社会服务管理试验区”实施方案》的调研和文件起草工作。全年完成科研成果29项。其中，完成省级、区级、校级课题各1项，在副省级以上刊物公开发表文章15篇。5篇论文入选“学习党的十七届六中全会精神、推动广州文化建设大发展大繁荣”理论研讨会暨2011年广州市中国特色社会主义理论体系研讨会年会。《关于推进基本公共服务均等化的思考》在广东省科学社会主义学会2011年学术年会论文评奖中获二等奖。

信息化工作　开展越秀区学习网（含党员干部培训网和社区教育网2个子网）的网站建设工作，全面实现教学培训、教学管理、信息资料共享的电子化。依托中央党校和省委党校两个远程教育平台，录制高层次专家在经济、政治、社会发展等方面课程，供主体班使用。为社区居民免费开办“网络与生活电脑技能培训班”。

函授教学　做好2009级省函公共管理本科班最后一个学期在籍学员的教学管理工作和期末考试、毕业论文指导、毕业论文答辩、毕业鉴定等各项工作，省函公共管理本科班41位学员均通过毕业论文答辩。

【社区教育】　2011年，区委党校以构建终身教育体系、满足居民多样化的学习需求、提升社区居民的整体素质、促进和谐社区建设为目标，积极开展社区教育工作。对22个街道分院进行专题调研和督导，指导各街道分院开展特色课程。围绕市民关心的问题，组织有关街道分院举办社区教育论坛，在广卫街举办“垃圾分类大家谈”，在矿泉街举办“创新基层社会服

越秀区委党校召开2011年越秀区社区教育学院一院社区教育调研工作汇报会。

务、提高居民素质、共建幸福社区”，在大塘街举办“家庭拒绝邪教”。组织申报第二批全国社区教育示范街道，推荐广卫街成功申报并获得“全国社区教育示范街道”称号。组织分院参与全国社区教育特色课程的申报工作，选送诗书街道分院的“诗书粤语讲古”与珠光街道分院的“广东音乐”参加评选。

【领导干部自主选学专题培训】 2011年，区委党校对区属副科级以上干部进行自主选学专题培训，举办培训班10期，培训1003人次。紧紧围绕“依靠创新驱动、建设幸福越秀”主题设置相关课程，涵盖经济建设、文化建设、社会建设、传统文化、心理健康、保健知识、热点问题等内容共计38门课程。努力提升领导干部抓好经济发展、文化繁荣、社区建设和城市管理的能力，优化师资配备，选聘中山大学、广东省委党校等优质教授专家授课。有力地促进区干部队伍素质和能力的提升，取得较好效果。

（区委党校 江秀丹）

【直属机关党的建设】 2011年，区直机关党委贯彻落实党的十七届六中全会精神和区第十一次党代会精神，带领机关党员干部积极投身创先争优主题实践活动，切实履行机关党组织的职能，发挥机关党支部的战斗堡垒作用和党员的先锋模范作用，在越秀区转型升级中作出应有贡献，为越秀经济社会发展提供坚强有力的政治、思想和组织保证。

创文迎国检工作 牵头组织全区机关干部职工参与文明交通志愿服务，坚持每天对交通路口、公交站点的志愿服务情况进行检查督导。在国检前向各党支部和全体党员发出《争当创文先锋，建设幸福越秀》的倡议书，号召机关全体党员把争当创建文明城市的“排头兵”作为深化创先争优活动的生动实践，在创文迎国检的组织工作中创先争优，在出色完成创文工作任务中创先争优，在践行和传播文明中创先争优。党员干部职工以良好的形象、热情的指引、规范的劝导成为展现越秀人文明形象的亮丽风景线，以自身的表率作用引导广大群众对文明创建的支持和参与。

创先争优活动 牵头举办越秀区纪念中国共产党成立90周年“红色传承90载，我为党旗添光彩”的党日活动，共200人参加。举办区直机关创先争优活动交流会，区纪委监察局、区委政法委、区人大常委会机关、区食品药品监管局、区残联等5个党支部作经验交流。继续开展“我推荐一本好书”活动，在区直机关文化长廊开设“好书推荐”栏目，为党员干部提供荐书、评书、交流的互动平台，共展出读书专栏5期。这项活动共推荐好书82本，提交读后感47篇。区委组织部等19个支部和47人受到奖励。

党务工作 切实抓好展组工作，严格把关，成熟一个发展一个。送区党校培训入党积极分子3人，全年发展新党员8人，转正9人。认真开展民主评议党员活动，机关党委35个支部，678名党员参加民主评议活动，102名党员评定为优秀档次。认真开展“七一”评先表彰活动，区政府办等9个党支部获评“越秀区直属机关先进基层党组织”，陈学明等12名同志获评“优秀党务工作者”，罗定夫等103名同志被评为“优秀共产党员”。组织开展“送温暖、聚党心”主题实践活动，组织各支部上门慰问区内89户社区困难党员家庭，送出慰问品、慰问金等共计3万多元。组队参加“越秀区纪念中国共产党成立90周年文艺汇演”，选送的舞蹈《山歌颂党情》获一等奖；组织全体党员干部1000多人观看电影《建党伟业》。为区直机关31位50年以上党龄的老党员颁发“南粤七一纪念奖章”。加强业务培训，对组织委员进行支部改选、党费缴交、党内统计等工作的业务培训。加强换届工作的指导，11个支部完成换届和补选工作。组织推荐出席中共广州市第十次代表大会候选人推荐人选24名、中共广东省第十一次代表大会候选人推荐人选75名和出席党的十八大代表候选人推荐人选68名等。组织并认真检查督促各支部切实开好民主生活会，避免走过场。

纪律教育月活动 开展纪律教育学习月活动，订购《暴风雨中的忏悔——皮黔生渎职受贿案警示录》、《欲盖弥彰——刘志华腐败警示录》、《工程建设领域腐败剖视录》等反面典型教育专题片，组织支部观看。召开党务公开工作座谈会，调查研究区直机关单位开展党务公开工作，大力推进党务公开，使党务公开工作逐步走上日常化、制度化、规范化的轨道，切实增强党务工作的透明度。

工、青、妇、关工委工作 区机关工会为3名有特殊困难的会员办理特急救济；53人参加安康互助保障计划，83人参加特种重病互助保障计划。区直机关团委开展区先进团支部、优秀团干部、优秀团员的评选活动，并积极开展优秀青年志愿者的评选推荐工作。4个团支部被评为区先进支部，4名团干部被评为区优秀团干部，4名团员被评为区优秀团员。广泛开展亚运、亚残运志愿者工作先进工作者、优秀志愿者的推荐工作，共推荐先进工作者和优秀志愿者19名。举办“纪念建团89周年红色之旅”活动，组织团员前往惠州参观叶挺将军故居和东江纵队纪念馆等。机关妇委会切实履行代表和维护妇女儿童权益的职责，结合机关实际开展工作。开展“三八”红旗手推荐工作，区直机关推荐出市“三八”红旗手1名。举办女职工“三八”登山活动和会员秋季登山活动、女领导干部瑜伽班、新年电影招待活动，组队参加区篮球比赛。与区妇联联合举办题为“成功路上与孩子同行”机关干部家庭教育专题讲座。重视关工委工作，组织区直机关干部职工及其子女100多人，以“颂党恩，继传统，当好接班人”为主题，参观广东省博物馆新馆，举办“欢乐童年·点亮梦想”少儿贺新春书画展览活动，征集40多幅作品，在区直机关文化长廊展出。坚持不懈抓好计生工作，为9人办理“独生子女父母光荣证”，落实独生子女父母一次性奖励金和独生子女保健费的发放工作。完成计划生育年度达标审核，确保计划内生育率100%，晚育率100%，应办独生子女证率100%。

（区直属机关党委　林羽明）

【老干部工作】 2011年，越秀区委老干部局扎实做好离退休干部服务管理，稳步推进离退休干部“四就近”工作，进一步加强离退休干部思想政治建设和党支部建设，不断丰富离退休干部精神文化生活，充分发挥离退休干部积极作用，推动区老干部工作健康发展。9月被中共中央组织部，人力资源和社会保障部评为“全国老干部工作先进集体”。

至年底，区委老干部局管理离退休干部总计1465人，其中区委老干部局直接管理的离退休干部共1293人，企业离休干部30人，区事业单位和易地代管离休干部142人。

党支部和党员思想建设 围绕迎接和纪念建党90周年的主题，结合创先争优活动，开展“夕阳生辉记党恩、创先争优展风采”主题实践活动，增强离退休干部党支部的凝聚力和战斗力。通过“颂歌献给党——越秀区老干部庆祝中国共产党成立90周年暨第三届老干部艺术节”系列活动、组织参观东濠涌和广州塔、走进社区感受宜居环境整治新成果、重温党史和入党誓词等活动，推动离退休干部党员思想水平的整体提高。发动离退休干部参加“广州市纪念中国共产党成立90周年理论研讨会”征文活动，共征集14篇论文，从历史与现实、理论与实践结合上深入研究阐释中国共产党90年的伟大成就和历史经验，以及中国特色社会主义在广州的探索和实践。其中4名离退休干部获邀参加广州市老干部庆祝中国共产党成立90周年暨全市离退休干部“创先争优促和谐”经验座谈会，1篇论文被推荐参加广州市思想政治工作研究会“庆祝建党90周年、推动思想政治工作创新”征文活动。与区委组织部、《老人报》联合出版的《越秀老干部风采专辑》，获《老人报》“优秀老干部工作文章评选”特等奖。

党员民主评议工作 组织离退休干部党员顺利完成2011年党员民主评议工作。通过该次评议，离退休党员干部进一步明确思想政治建设的方向，思想、信念、义务能

力和工作责任心得到升华和提高。同年，在区党代表大会代表选举活动中，民主产生包括5名离退休干部在内的7名党代表。

离退休干部的各项待遇　按照国家、省、市《关于提高离休干部生活补贴标准和扩大发放范围的通知》精神要求，共为162位离休干部增放一个月基本离休费作为生活补贴，离休干部生活待遇得到进一步提高。以人为本，抓好56名出国离退休干部生活待遇的落实，跟踪掌握他们的生存信息，及时对他们的生活待遇进行调整，为回国离退休干部恢复工资统发办理相关手续。2011年为2名离休干部办理住房货币补贴工作，提高生活不能自理的离休干部的护理费标准2名，调整离退休干部遗属生活补助标准3名，计发去世离退休干部家属抚恤金和丧葬费的20位，保障离退休干部“三个机制”运行规范有效。组织1045名局属离退休干部、企事业单位和异地代管离休干部进行健康体检，并针对体检结果，开展预防保健、体检报告分析等专题讲座，及时跟进体检指标异常的离退休干部身体状况，更新离退休干部健康档案。是年，办理特殊医疗仪器医疗审批近400人次，组织慰问住院离退休干部200余人次。开展3次大型走访慰问工作。春节前夕和国庆、中秋期间，共上门慰问长期卧床，患有重大疾病、行动不便的离退休干部和去世老干部遗属239人次。“七一”前夕，开展离休干部专项慰问工作，共走访慰问142名离休干部，并送上新增发的离休费。对于已去世离退休干部遗属，积极与其进行沟通慰问，尽量缓解其悲伤情绪，满足其合理要求。同时，注重加强联络员工作力度，通过日常走访及电话沟通，及时了解离退休干部的身体及家庭情况，征求他们的意见和建议，并做好反馈、跟踪和落实。

志愿者队伍发展迅速　与东山街党工委、办事处举办的“共创文明、老当益壮”——老干部（老年人）宣传创文主题活动正式启动，向广州市的老年人发出“严于律己做表率、教育晚辈身垂范、宣传创文做先锋、勇于监督担责任”的倡议，进一步扩大区老年志愿者队伍。在广州创建全国文明城市冲刺期间，离退休干部志愿者服务队通过丰富多彩的志愿服务，为促进和谐越秀建设再出一份力。老年志愿者在六榕路旧南海县社区广场的“城市志愿服务站”承担起宣传创文知识、提倡环保、社区文明引导等工作，提高市民对创建全国文明城市的关注。组织部分离退休干部全力配合东濠涌迎国检群众活动组织工作。

“两个阵地”建设　区老干部活动中心2011年接待离退休干部党支部会议189次。离退休干部艺术团与白云区老干部合唱团、广雅校友合唱团和省实校友合唱团共同举办音乐交流会，广东省、广州市老干部纪念中国共产党成立90周年大型歌会“永远跟党走”文艺演出，“唱响广州——第十四届广州老干部合唱节”合唱比赛等活动。中心各离退休干部活动队在参加各类竞赛活动中表现优异，其中，有2篇论文分别获得2011年广州地区老年教育理论研讨会二等奖和三等奖。老干部合唱队获第14届老干部合唱节“珠江杯”奖。门球队在市老年人文化杯、广州市

2011年5月28日，区关工委组织老少共庆建党90周年活动。

第15届区际“南沙杯”、广州市颐年园杯三个比赛中取得优异成绩。台球队参加广州市活动中心举办的“迎春杯”、“三八杯”和“青松杯”斯诺克比赛。全年老干部大学开设125个班，学员数3951人（科），办班数比2010年增加12个班，学员数增加326人（科），比上年增加9%。

书画摄影协会共有121幅作品参加“越秀春暖”书画摄影联展、纪念辛亥革命100周年博爱之光书画展、为党的90华诞喝彩——越秀区老干部书画摄影展等。

调研、信息交流工作　到全区22个街道开展离退休干部“四就近”服务调研工作，督促各街道、社区全面落实利用社区资源为离退休干部提供就近服务。共撰写27篇简报、8篇工作情况汇报和6篇调研分析文章，为进一步加强和改进离退休干部工作提供宝贵的经验财富。

【关心下一代工作】　2011年，区关工委向区委书记武延军汇报工作，得到区领导的高度重视，要求把关工工作做到“四纳入”：纳入全区党建和精神文明建设的总体工作部署；纳入区委常委会的议事内容；纳入区委全会的工作报告内容；纳入区委老干部局的工作保障。区关工委与区司法局、共青团越秀区委合作开展“三恩”教育活动，为广州市新穗学校29位“另类学生”提供思想、心理辅导，帮助“另类学生”健康成长。引导离退休干部主动担任“校园巡逻护卫队”和“义务网吧监督员”等志愿工作。由离退休干部组成的讲师团，全年撰写以纪念建党90周年、社会主义核心价值体系、维护青少年权益等8个课题，在全区中、小学为学生宣讲辅导课140场，听课人数1.8万人次。

区关工委结合庆祝建党90周年，继续深化“让孩子快乐成长”系列活动，与区文明办、团区委、区教育局和区少工委联合组织开展中小学生“在党旗下成长”书画摄影征文比赛暨“童心向党”歌咏比赛活动，与市关工委、人民街党工委联合主办“颂党恩　继传统　跟党走——老少共庆中国共产党成立90周年海珠广场文化活动”，与大塘街党工委、农讲所旧址纪念馆、军区联勤部东皋干休所联合主办“大塘地区纪念中国共产党成立90周年书画展”等。区委老干局配合区关工委，进一步加强区图书馆青少年素质教育阅读基地、区中小学生综合实践活动教育基地和社区青少年教育基地的建设，通过“红色经典阅读”暨创文明“四进社区”活动、“党旗飘飘”亲亲小读者活动、“九十华诞齐回顾 激情飞扬谋发展”——文化共享工程电影播放等活动和一系列考察调研，扩大区关工委特色品牌的影响力。

（区委老干部局　赵　玥）

宣传工作和精神文明建设

【概况】　2011年，越秀区宣传工作以中国特色社会主义理论体系为指导，紧扣建设幸福越秀主题，围绕中心，服务大局，提升水平，各项工作重点突出、整体推进、成效明显，为全区“十二五”工作开好局起好步作出贡献。

【理论学习和调研】　2011年，越秀区结合创建学习型党组织，完善和落实以中心组学习为龙头、以处级以上领导干部为重点的理论学习制度。分层次每月对全区干部理论学习作出安排，提出具体学习要求。每季度对区二级班子党委中心组集中学习情况进行汇总通报。编印《越秀区党委中心组学习秘书工作指引》，组织区二级班子党委中心组学习秘书培训。对区二级班子党委中心组2009—2010年度学习情况进行检查考核。落实党委中心组学习专项经费的安排和使用。区委中心组围绕“加快推进经济转型升级”、“重大项目建设”、“基层社会服务管理和公共服务创新”、“促进文化事业和文化产业繁荣发展”、“加强和改进党的建设”五个专题展开调研，形成调研文章25篇、近30万字。是年，越秀区委中心组在全市副局级以上单位2009—2010年度中心组学习检查考核中被评为“优秀”。广州市

《党委中心组学习简报》、《广东省建设学习型党组织工作简报》刊发推介越秀区建设学习型党组织工作的经验和做法。越秀区被确定为“全省学习型党组织建设示范联系点”。

利用信息网络和电子荧屏、宣传栏等宣传平台，开展中国特色社会主义理论体系、建党90周年、胡锦涛总书记“七一”重要讲话和视察广东、广州重要讲话精神等主题宣传，唱响共产党好、社会主义好、改革开放好的主旋律。服务全区工作大局，组织策划春运、花市、广府庙会、区“两会”、社区“两委”换届、区第十一次党代会、创先争优、创建全国文明城市、纪念辛亥革命100周年、征兵等专题宣传。开展广州亚运精神暨亚运先进事迹宣讲，弘扬“敢想会干为人民，和谐包容共分享”的广州亚运精神。

【新闻宣传】　2011年，越秀区各大平面媒体刊登关于越秀的新闻报道、评论2200余篇，电视台、电台播报新闻700余条。区新闻信息中心拍摄的新闻412条在珠江移动城市电视播出，在区信息网审核发布新闻8600篇。

结合胡锦涛总书记视察东濠涌和北京街盐运西社区，连续4天每天推出一个专题，及时宣传越秀区在创新社会服务管理方面取得的成效。结合羊城晚报、广州日报“羊城新八景”、“新广州好”百景评选活动，大力宣传推介后亚运时代新越秀。将新闻宣传与广府庙会、艺术广东、广府文化旅游嘉年华等重大文化活动安排同步策划组织，推出连续及深度报道，中新社、新华社等中央、省、市媒体参与报道，数十家网站进行外围报道及转载，形成较强的新闻影响力。与区法院、区房管分局、梅花村街、杨箕村委等单位密切协调配合，主动策划宣传报道，分阶段通报拆迁改造进展情况，营造良好社会舆论环境。

针对“东川路小学师生滞留埃及”、“东风西路自来水管道爆漏”等突发事件，及时协调组织有关单位和主流媒体发布正面信息，确保信息公开透明，维护社会面的稳定。针对“东山街豪门别墅围墙凌晨遭强拆”、“区中学统考涉嫌泄题”、“中非商贸城关门拆招牌”、“海珠桥‘拔钉’”等媒体监督报道，协调相关责任单位主动回应，降低负面影响。针对“择校费问题”、“文明路文德路天桥拆除”等敏感舆情，做好媒体沟通、服务，协调媒体审慎报道，做好居民群众关注的热点敏感问题的舆论引导。对“东濠涌水是自来水的传言”等网络负面舆情，及时协调主流媒体予以澄清，有效遏制谣言传播。

配合区纪委出台《越秀区处置敏感信息总体工作预案》，从工作原则、组织领导、工作流程及任务分工等方面，作出明确的规定和指引。健全全区新闻发言人队伍、新闻信息联络员队伍和兼职网评员队伍，制定对外宣传的工作指引和采访线，逐步实现“新闻发布归口统一，发布程序清晰明确，宣传效果有效保障”的目标。加大培训力度，全区各级领导干部和公务人员的新闻工作水平不断提高。完善舆情监测制度，依托专业力量，实施

2011年，越秀区宣传思想工作会议。

服务外包，委托金羊网、人民网定期对涉及区的新闻报道和网络舆情作出监测报告，提出对策建议。完善网络舆情监测与应对机制，建立从发现负面网络舆情到组织网评员引导网络舆论的工作流程。

【精神文明建设】 2011年，越秀区以创建全国文明城市为目标，扎实推进社会风尚、思想道德、公共文明、志愿服务等各项基础工作建设，深入开展街巷基础设施、市容环境卫生、食品药品安全、交通营运秩序、社会治安管理、窗口行业服务、校园周边环境等专项整治行动，城区创建工作始终保持较高水平，为广州市创文成功作出重要贡献。

迎“国检”工作 作为市迎“国检”主战场，受检任务占全市的42%。全区共有28个项目和4个社区分别接受中央文明办实地考察和入户调查，成绩优异，交出“创文大考”满意答卷。在全市11次区县考评中，越秀区总评优秀，排名全市第三、老城区第一。

“创文”主题宣传实践教育活动 开展“全民习礼仪、全民守秩序、全民齐清洁”、“我文明、我参与”社会志愿服务、“学道德模范，树文明新风”、“共创文明城——万人同唱文明歌”暨“爱国歌曲大家唱”群众歌咏活动等。举办“文明礼仪伴我行”、“告别陋习”、“做一个有道德的人”等大讨论。开展关爱空巢老人、帮扶残疾人、关爱农民工等主题志愿服务。实施文明交通行动计划和“文明礼让你很棒——大拇指行动”，推进文明示范路口、路段创建。开展“排队”、“让座”、“互助”等主题日和“诚信教育月”等主题月活动。围绕“倡导优雅言行、建立优良秩序、开展优质服务、创造优美环境”的“四优”目标，打造“公共文明示范区”。

越秀区召开南粤先贤馆建设领导小组工作会议。

未成年人思想道德教育 实施文化环境净化工程，开展净化网络、文化市场、校园周边环境整治。举办“越秀学子心向党，幸福成长大家唱”少年儿童庆祝建党90周年暨“六一”大型主题歌会。开展广州市首届“小道德模范”评选推荐工作，越秀区选送的4名中小学生均获广州市首届“小道德模范”称号。开展中小学生诵读中华经典活动，在市第二届“中小学生诵读中华经典美文”电视展示活动中取得优异成绩。

是年，越秀区被评为“广州市文明城区”和“广州市创建全国文明城市突出贡献单位”。广卫街被评为“广东省文明单位”，北京街获评“广州市精神文明建设红旗单位”，广卫街、六榕街被评为“广州市文明单位标兵”，区纪委机关等5个单位被评为“广州市文明单位”，区中医医院被评为“广州市文明窗口”，诗书街观绿社区等12个社区被评为“广州市文明社区”，区工商业联合会—广州军区广州总医院勤务汽车队等4个单位被评为“广州市军警民共建先进单位”，被评为“广州市精神文明建设先进工作者”5人。在“我推荐、我评议身边好人”活动中，越秀区有12人荣登“中国好人榜”。大东街青龙里社区、六榕街双井社区、白云街湖滨社区被确定为第六批“广州市文明社区示范点”。全区有区级及以上文明社区230个，占社区总数的86.1%。

【文化建设】 2011年，越秀区加快文化建设步伐，加大文化资源的挖掘、整合和利用力度，促进文化事业和文化产业融合发展，进一步擦亮“广府文化源地”品牌，文化惠民实效不断增强。

公共文化服务体系 健全区、街、社区三级公共文化服务网络，增强“10分钟文化圈”实效。区图书馆、文化馆、博物馆龙头作用进一步发挥，“平民大书吧”、“百姓文化大院”、“亲民博物馆”文化服务品牌日益响亮。文化惠民“十百千万”项目超额完成，建成11个社区特色博物馆；举办演出、展览、电影、培训活动140场；为困难家庭和外来务工人员的子女提供免费培训学位1000个，培训人数达12710人次；为低收入困难家庭、贫困学生、外来务工人员、残疾人等赠送1万张图书读者卡。推进“文化慈善、文化低保、文化自助”三大文化民生工程、“一街一品牌、一社区一特色”工作。举办“越秀越精彩”群众文艺大展演、纪念中国共产党成立90周年文艺汇演、纪念“三·二九”起义100周年系列活动等群众文化活动。区图书馆被评为“广东省三八红旗集体”、“广东省基层宣传文化工作先进单位”；大东街文化站站长被评为“广东省基层先进宣传文化工作者”。

打造“广府文化源地”品牌 完成第三次全国文物普查工作，建立越秀区文物数据库，为文物保护管理工作奠定良好基础。在区文化馆设立非物质文化遗产保护传承基地。争取广东省非物质文化遗产馆落户越秀区，与大小马站书院群复建项目统筹建设。南粤先贤馆建设顺利推进。继续指导、扶持万木草堂、东平大押、高剑父纪念馆、陈树人纪念馆等文化场馆推进社会化运作，免费为公众提供系列文化艺术活动。举办迎春花市、广府庙会、“粽”情端午、“中秋月圆”等广府民俗节庆系列活动及“艺术广东”国际收藏品和艺术品博览会。首届广府庙会一炮打响、盛况空前，取得民众参与度高、社会美誉度高、媒体聚焦度高的“三高”效果，参与人数逾350万人次。

文化产业发展 整合全区文化、商贸和旅游资源，促进旅游业发展。以纪念中国共产党成立90周年、纪念辛亥革命100周年为契机，串联区内4个全国红色经典旅游示范基地、12处辛亥革命史迹和19个爱国主义教育基地等旅游资源，与旅行社合作推出“辛亥百年·越秀峥嵘岁月寻迹一日游”、“红色经典越秀一日游”等5条红色旅游线路，开展“追寻红色足迹，解开幸福密码”越秀红色定向之旅，掀起红色旅游热潮，区内各红色旅游景点共接待游客546.5万人次。联合岭南集团举办2011越秀广府文化旅游嘉年华，推出“广府微博游”、“广府水城绿道游”等特色旅游线路，打造“广府文化源地”旅游品牌。创新文化市场监管、服务模式和手段，加快文化产业发展，动漫原创、文化传媒、出版展演、创意设计、创意衍生产品展贸市场等领域领先发展。全年文化产业实现增加值148亿元，同比增长11%，占全区GDP的8%，总量占全市的24%，保持全市第一。通过抓机制保障、抓产业规划、抓政策扶持、抓服务平台、抓重点项目，促进创意产业取得突破性发展，全年创意产业实现营业收入813.15亿元，同比增长12.8%。

（区委宣传部 王班）

编制工作

【概况】 2011年，越秀区机构编制工作以简政强区事权管理体制改革和事业单位分类改革工作为重点，通过强化机构编制管理，推进政府职能转变，行政管理体制改革继续深化，各项工作得到上级编制部门的肯定，被省编办评为“广东省机构编制工作先进集体”。

全年印发越编字文件40份、越编办文件53份；管理、更新在编人员名录17000余人；办理实名入编428人次、出编318人次；办理议事协调（临时）机构审核15个；会办人大建议、政协提案13件。

【行政单位机构编制调整】 2011年，区纪委增加机关后勤服务人员数3名；区委组织部内设机构参照管理科更名为干部监督科，加挂干部信息科牌子；区综治办的流动人员与出租屋管理科更名为流动人员和出租屋管理科，加挂广州市越秀区流动人员和出租屋管理工作领导小组办公室牌子；区人大机关增加动态管理行政编制3名，区人大工作委员会增加动态管理专职副主任领导职数3名；区府办内设机构调整为：秘书科、综合科、督查科、行政科、街道科（区转制社区集体经济组织管理办公室）、法制科（区打击走私综合治理办公室）、行政复议科（区政务公开办公室）、应急管理办公室（区应急指挥中心）；在区经贸局内设的区食盐和酒类专卖稽查队更名为区商务综合行政执法队；区食品药品监管局增加行政执法专项编制24名、内设机构4个（每个内设机构配领导职数2名）、副局长领导职数1名、机关后勤服务人员数1名；城管综合执法越秀分局内设机构调整为：办公室、行政执法一科、行政执法二科、政工科、政策法规（培训）科、指挥中心（区城市管理投诉服务中心），设立女子特勤中队，正科级，配行政执法专项编制10名（所需编制在局机关和直属中队内部调剂解决），配中队长1名、副中队长1名，教导员1名；区人民政府东湖街道办事处更名为区人民政府东山街道办事处，东湖街道残疾人联合会更名为东山街道残疾人联合会，广州市城市管理综合执法局越秀分局东湖中队更名为广州市城市管理综合执法局越秀分局东山中队，区司法局东湖司法所更名为区司法局东山司法所，广州市公安局越秀区分局东湖派出所更名为广州市公安局越秀区分局东山派出所；区公安分局的看守所和拘留所核定炊事员人数76名；区检察院单独设置监察室，配正科级领导职数1名，副科级领导职数1名；区法院执行局增设执行四庭，配政法专项编制16名（所需人员编制在院内部调剂解决），配正科级领导职数1名、副科级领导职数2名。

【事业单位机构编制调整】 2011年，区机关行政事务管理办公室更名为区机关事务管理局，机构规格由副处级调整为正处级；区重点项目拆迁办增加领导职数2名；区建设工程质量安全监督站加挂区水务工程质量安全监督站牌子；区卫生监督所核减事业编制20名、领导职数1名；区疾病预防控制中心加挂区食品药品检验检测中心牌子，增加事业编制2名；明确流花、东风、洪桥、六榕、广卫、光塔、人民、北京、大新、梅花村、黄花岗、华乐、大东、大塘、珠光、白云、东山、农林、诗书等街19家社区卫生服务中心由区政府举办，为公益一类事业单位，共配事业编制911名，领导职数正职19名、副职42名；广州市越秀外国语学校和广州大学实验中学合并，名称为广州市越秀外国语学校；广州市贸易职业高级中学和广州市财经职业高级中学合并，名称为广州市贸易职业高级中学；广州市越秀区八旗二马路小学和广州市越秀区北京南小学合并，名称为广州市越秀区八旗二马路小学；广州市第十三中学和广州市第二十五中学合并，名称为广州市第十三中学；广州市第十六中学和广州市第七十九中学合并，名称为广州市第十六中学；广州市越秀区铁一小学和广州市越秀区梅花村小学合并，名称为广州市越秀区铁一小学；广州市回民小学和广州市越秀区吉祥小学合并，名称为广州市回民小学；东湖街道社区服务中心（挂东湖街道劳动和社会保障服务中心牌子）更名为东山街道社区服务中心（挂东山街道劳动和社会保障服务中心牌子）；东湖街道文化站更名为东山街道文化站；全区各街道出租屋管理服务中心更名为街流动人员和出租屋管理服务中心。

【简政强区事权管理体制改革】 2011年，区对简政强区事权改革工作高度重视，制定《广州市越秀区简政强区事权改革工作方案》，成立简政强区事权改革工作领导小组，将领导小组办公室设在区编办，具体负责简政强区工作。本次简政强区事权改革下放的事权包括项目投资、国土房管、城市管理、市政管养、民生事业等方面，涉及发改、城管、环保、国土房管等19个部门共59项事权。19个承接部门中，区政府工作部门16个，市垂直管理部门3个；59项事权中，属于审批审核类40项，属于执法类2项，属于经办或管养事权17项。年底，下放的各项事权已明确承接部门，各承接部门已实际履行或已签署交接协议。

【事业单位分类改革】 2011年9月正式启动事业单位分类改革工作。以区委办、区府办名义印发《广州市越秀区事业单位分类改革实施方案》，同时印发《关于制订事业单位分类改革方案需要把握和注意的问题》，11月1日召集各有关单位召开事业单位分类改革工作会议进行部署和业务培训。会后，各主管部门按照改革要求制订分类方案，按时报区编办审核。经统计，年底完成全区288个事业单位的初步分类。

【事业单位登记管理】 2011年，完成2010年度297个事业单位年检，年检率100%。2011年办理事业单位法人登记业务108宗：名称变更登记30宗、法定代表人变更登记48宗、住所变更登记10宗、开办资金变更登记4宗、举办单位变更登记7宗、设立登记2宗、注销登记7宗。受理依申请公开的法人登记信息共20宗。

（区编委办 徐慧敏）

统一战线

【概况】 2011年，越秀区统战工作紧紧围绕“依靠创新驱动、建设幸福越秀”这一核心，充分发挥统一战线的独特优势，广泛调动一切积极因素，为加快越秀国家中心城市核心区建设，为“十二五”规划开好局、起好步凝聚智慧、汇聚力量作出积极贡献。

【政治协商制度化、规范化、程序化建设】 2011年，越秀区深入贯彻落实《中共越秀区委政治协商规程（试行）》的各项规定。邀请各民主党派、工商联负责人和无党派代表人士参加区政府全体（扩大）会议，区人大代表、政协委员、民主党派、政府顾问座谈会，民主协商会，征求意见会，双月座谈会等12次。向民主党派、无党派人士通报区委工作情况、全区统战工作情况等重要工作。就区委全会报告、区政府工作报告、区2010年国民经济和社会发展计划执行情况与2011年计划草案、区2010年财政预算执行情况和2011年预算草案、区文化发展第十二个五年规划、《中共越秀区委、越秀区人民政府关于进一步加快文化发展的决定》等重要文件和决策，以及区级领导班子建议人选、市人大代表候选人推荐工作等重大人问题征求各民主党派、无党派人士的意见建议，与他们充分沟通、民主协商、达成共识，使民主党派、无党派人士知情问政的作用得以充分发挥。

【党外代表人士队伍建设】 2011年，越秀区以各民主党派换届为契机，实现党外代表人士的新老交替和政治交接，把一批优秀的民主党派成员选拔到领导岗位上，使新一届民主党派领导班子结构进一步优化。选送优秀党外代表人士参加省、市举办的进修班、读书班等各类培训，不断提高党外代表人士的政治把握能力、组织协调能力、参

2011年1月13日，区委召开越秀区民主党派和党外人士代表座谈会。

政议政能力和合作共事能力。注重实践锻炼，大力培养和大胆使用优秀党外干部。新提拔1名党外干部担任政府部门正职；1名党外干部为正处级干部并担任区扶贫开发“双到”工作领导小组办公室常务副主任；1名党外干部担任区环保局副局长。是年，全区担任副处以上的非中共人士25名，其中进入区级班子5名、在政府职能部门任实职11名（其中，正职2名）、任街道办事处副主任2名、任政协专委会主任2名、任人民团体负责人2名。

【港澳和海外统战工作】 2011年，越秀区加强与港澳地区在经贸、科技、文化、教育、卫生、旅游等领域的交流合作，实现互惠共赢。与香港各区工商联、香港鞋业协会、香港体育协会、香港餐饮业协会、香港国际联青社、沙田乡事委员会、澳门中小企业促进会、澳门中小型餐饮业协会等10多个友好社团建立互访机制。全年组织“走出去”33批75人次，“请进来”35批628人次。为适应形势的发展，以港澳新生代为重点，先后邀请以年轻一代为主体的“全港各区工商联新晋商会会长代表团”一行17人、“香港培领社会服务会和九龙城警区少年警讯领袖广州市交流团”一行40人、“香港国际联青社访问团”一行23人等访问越秀。交流领域由以往的传统工商业向现代服务业拓展，还注意把交友的层面扩大至草根阶层，发展与乡事会、同乡会等乡亲社团的交流交往。巩固与老朋友的情谊，举办越秀海外联谊会“看广州新貌、品广府文化”系列活动，邀请港澳理事及家属140多人登广州塔、游珠江夜景，共同感受广州成功举办亚运会后的新风貌。

【无党派知识分子工作】 2011年，以越秀区各界知识分子联谊会为载体，组织开展主题鲜明、内容丰富、形式多样的活动，寓教育引导于各项活动之中，举办“新广州好”主题一日游活动，组织联谊会全体会员参观广州原点、城隍庙、东濠涌、广州塔等著名景点。组织联谊会会员到新丰县开展“智力帮扶”活动。开办越秀区各界知识分子联谊会网站，定期在网站发布有关信息，为他们交流思想、增强互动提供平台。

【“我为幸福越秀献一策”活动】 2011年，在全区统一战线开展“我为幸福越秀献一策”活动。组织各民主党派、工商联和无党派代表人士深入基层、深入社区、深入群众开展调研活动，撰写研讨文章19篇，举办专题座谈会、研讨会、论坛、讲座等，积极为越秀区加快转变经济发展方式、建设幸福越秀建言献策。

【纪念中国共产党成立90周年系列活动】 2011年，越秀区统战部邀请民主党派成员观看《建党伟业》，重温中国共产党与各民主党派团结合作、同舟共济的光辉历程。召开统一战线纪念中国共产党建党90周年的“重温历史，同心同行”座谈会，共同回顾各民主党派60多年来和中国共产党风雨同舟、同心同德、同心同向、同心同行的光荣历史，体现各民主党派对统一战线本质规律的科学把握，揭示统一战线成员鲜明的价值追求。

（区委统战部　冯悦怡）

涉台事务

【概况】 2011年，越秀区台湾工作牢牢把握两岸关系和平发展的主题，紧密围绕“依靠创新驱动、建设幸福越秀”这个核心，深化两岸文教宣传交流，扩大两岸各界往来。加强台商与区经济社会发展融合，做好台商服务工作，切实保障台商合法权益。指导台商协会做好组织建设和各项会务工作，实现互动双赢，有效推进对台工作开展。

【涉台宣传】 2011年，区台办组织全区干部职工深入学习胡锦涛总书记“12·31”重要讲话及在纪念辛亥革命100周年大会上的讲话精神。组织各单位征订《台湾工作通讯》、《两岸关系》（以下简称“两刊”）等对台宣传资料。协助市台办开展纪念辛亥革命100周年有关纪念活动，接待台湾有种电影事业股份有限公司《辛亥百年广州行》等3批媒体以及国台办《重走辛亥路》两岸媒体广州考察团。组织区属职能部门、街道分管对台工作的领导和干部参观、考察世界500强台资企业国泰保险公司广东分公司。是年，区台办连续第六年被中央台办评为征订“两刊”对台宣传工作先进单位。

【文化交流】 2011年，区台办联合区教育局组织东川小学和育才、培正2所中学赴台参加“两岸暨港澳精英管乐交流与观摩”管乐主题交流演出，走访台湾友好中学。随后台湾大圆中学管乐团、台湾嘉义县立东石中学回访，参观市第七中学、培正中学和区少年宫。6月，组织“城市垃圾处理与分类”环境管理主题赴台交流团，参观5家环保企业。12月，组织“社区建设和民俗文化”主题交流团，相关职能部门和街道负责人参访台北大安社区、台南金华社区等。是年，全区组织赴台交流11批243人次，接待台湾考察回访团8批167人次。越秀区开展的对台交流主题鲜明、内容广泛、成效显著，受到上级台办的肯定。区台办分别于1月、7月在全国和市的宣传交流工作会议上介绍经验。

【对台经济】 2011年，区台办围绕“十二五”规划的实施，推动台资企业转型升级。6月，区台办与市台协越秀分会组织台湾金令投资顾问有限公司与区科技局开展关于电子商务座谈会，使台商了解电子商务市场需求，发现商机。7月，组织区台资企业参加广州台湾名品博览会，组织志愿者40人，参展台企40家，参观商家近1000人。9月，与区经贸局、流花服装节组委会组织台资服装企业参与2011年中国流花国际服装节活动，成功举办主题为“台风·吹”——2012年春夏台湾服装品牌发布会。广州市台资企业协会越秀分会的群生金夫人、魔婕、意匠魏3个台资服装品牌代表台湾服装行业参与本次发布会展示活动，这是流花服装节首次迎来台湾服装品牌。本次台湾品牌服饰的首次亮相，成为本次服装节的亮点，充分展示两岸服饰文化发展新动态，推动台湾服饰文化的交流。

【台胞台属工作】 2011年，区台办组织区台属联谊会开展各类主题活动，增强台属交流与联络。开展“迎中秋、贺国庆、话发展”主题活动，组织台属联谊会理事到花都区参观台资企业石头记矿物园、广州民俗博物馆等景点。利用中秋、春节等重大节日，慰问区辖内重点、困难和患病台胞台属16户。推荐台胞台属参选区人大代表和政协委员候选人，其中当选区第14届人大代表的台胞1名，当选区第14届政协委员的台胞2名和台属1名。及时协调相关部门处理台胞台商各类、投诉、纠纷，求助等，切实保障台胞合法权益。是年，解决台商来信来访10宗，为台胞子女出具入学证明13份。

（区台办 邬翠峰）

民主党派

【概况】 2011年，区各民主党派坚持中国共产党领导的多党合作和政治协商制度，贯彻执行上级领导机关的各项工作部署，组织成员认真学习中共十七届四中、五中全会精神，深入学习贯彻科学发展观，践行社会主义核心价值体系。以换届选举为契机加强领导班子建设，在“参政议政、建言献策、服务社会、队伍建设”等方面都取得令人满意的成绩，充分发挥参政党应有作用。

【组织情况】 2011年末，越秀区8个民主党派组织共有成员1496人。

民革越秀区工作委员会（主委为陆伟刚），下属6个支部共173人。

民盟越秀区基层委员会（主委为张远木），下属15个支部共235人。

民建越秀区基层委员会（主委为张正彪），下属12个支部共238人。

民进越秀区总支部委员会（主委为周乔建），下属33个支部共429人。

农工党越秀区基层委员会（主

委为曾楚华），下属2个总支6个支部共147人。

致公党越秀区基层委员会（主委为郭葱葱），下属9个支部共140人。

九三学社越秀委员会（主委为陈杰文），下属6个支社共112人。

台盟越秀支部（主委为刘进贤），成员共22人。

【参政议政】 2011年，各民主党派紧密围绕区委、区政府的中心工作和群众关心的热点、难点问题，通过提案和其他方式提出意见和建议，积极履行民主党派参政议政职能。民建的《广州市“城中村”改造模式选择及政策建议》的课题，转化为市政协提案，并被转刊于“穗府信息”，得到市领导阅批，这是广州市民建有史以来参政议政成果转化级别最高的一次。民进总支向区政协上交《推行小班化教学，促进越秀教育优质均衡发展》的集体提案，在全会上作大会发言。九三学社的《充分利用亚运场馆，造福广州市民的几点建议》获得市政协的优秀提案奖。台盟越秀支部主委被评为政协第十三届越秀区委员会优秀委员，副主委成为越秀区第十四届人大代表中提案、建议最多的代表。

【服务社会】 2011年，各民主党派发动广大会员在立足本职工作岗位基础上参加社会公益服务活动，切实为群众办实事。民进越秀总支根据学生家长的需求，9月利用星期天组织近30名教育专家在市七中举办一次大型的“中小学衔接教育咨询活动”；民盟越秀区基层委员会联合民盟广州大学基层委员会一行30多人，前往梅州地区兴宁市新圩镇开展支教扶贫活动；九三学社越秀委员会制定《九三学社越秀委员会对口广卫街困难学生帮扶方案》，确定帮扶对象15人，并落实每个支社负责联系2～3名困难学生；致公党越秀区基层委员会会员踊跃参加各种扶贫助困活动，各项捐助合计超过100万元；台盟越秀支部向四川省威州困难群众捐资助学。

（区委统战部　刘全满）

责任编辑　邓小敏

政权·政务·政协

广州市越秀区人民代表大会

【越秀区第十四届人民代表大会第八次会议】 于2011年3月8～10日召开，出席会议的区人大代表350名。会议听取代区长杨雁文作《政府工作报告》、区人大常委会副主任朱健强作《广州市越秀区人大常委会工作报告》、区人民法院院长郭英汉作《广州市越秀区人民法院工作报告》和区人民检察院检察长何元秀作《广州市越秀区人民检察院工作报告》，审议并通过相应的决议。会议审查和批准越秀区国民经济和社会发展第十二个五年规划纲要（2011—2015）、越秀区2010年国民经济和社会发展计划执行情况与2011年计划草案的报告、越秀区2010年财政预算执行情况和2011年财政预算草案的报告，批准越秀区2011年国民经济和社会发展计划和越秀区2011年预算。

会议经过无记名投票，选举武延军为越秀区第十四届人民代表大会常务委员会主任，刘尚斯为越秀区第十四届人民代表大会常务委员会副主任，杨雁文为越秀区人民政府区长。

大会期间，收到代表议案20件，建议、批评和意见10件。大会将第1号议案《关于营造宽松的政策政务环境，促进民营经济发展壮大的议案》和第2号议案《关于推动越秀区民营经济进一步发展的议案》合并为《关于营造宽松的政策政务环境，促进民营经济发展壮大的议案》，授权越秀区人大常委会审议。其余28件建议、意见转交有关部门处理。

【越秀区第十五届人民代表大会第一次会议】 于2011年11月8～11日召开，出席会议的区人大代表350名。会议听取代区长王焕清作《政府工作报告》、区人大常委会副主任刘尚斯作《越秀区第十四届人民代表大会常务委员会工作报告》、区人民法院代理院长叶三方作《越秀区人民法院2006至2010年工作报告》、区人民检察院代理检察长王雄飞作《越秀区人民检察院工作报告》。

会议经过无记名投票，选举武延军为区第十五届人民代表大会常务委员会主任，刘尚斯、邱少民、罗丽华、吴茂珠、郭英汉、郑培钢为区第十五届人民代表大会常务委员会副主任，马聪等28人为区第十五届人民代表大会常务委员会委员；王焕清为越秀区人民政府区长，卞勇、于欣伟、许作来、陈大跃、赖志鸿、段德海为副区长；叶三方为越秀区人民法院院长，王雄飞为越秀区人民检察院检察长。会议选举产生广州市第十四届人民代表大会代表74名。

会议期间收到代表建议、批评和意见18件，全部转有关部门办理。

【监督工作】 2011年，区人大常委会坚持依法监督，紧紧围绕全区中心工作，涉及改革发展稳定和科学发展观的重大问题，以及人民群众普遍关注的热点、难点问题，突出监督重点，丰富监督手段，改进监督方式，切实提高监督实效。先

2011年3月8日，越秀区第十四届人民代表大会第八次会议开幕式。

后听取和审议“一府两院”专项工作报告4项，听取和审议计划、预算和审计工作报告5项，开展执法检查1项、视察20余次，有效推动“一府两院”依法行政、公正司法。

听取和审议越秀区2011年上半年国民经济和社会发展计划执行情况的报告、区2010年财政决算（草案）的报告、区2010年度财政预算执行和其他财政收支情况的审计工作报告并作出决议，审议区政府2011年上半年预算执行情况的报告、区政府关于2011年新增财力安排的报告，批准新增财力安排方案。以“转方式、调结构”为监督重点，听取和审议区政府《关于营造宽松的政策政务环境，促进民营经济发展壮大的议案》实施方案的情况报告，跟踪督促区政府有针对性地扶持区民营企业转型升级，促进区宏观经济健康发展。

开展对区城市管理工作的实地视察，开展《广州市控制吸烟条例》执法检查，视察基督教锡安堂、天主教石室圣心大教堂等宗教场所等，加强对后亚运时期和创建全国文明城市攻坚阶段城市建设管理工作的监督，推动人居环境不断优化。

开展食品安全专题视察，督促政府完善食品安全监管机制，落实监管责任，加大执法力度，强化源头保障。通过组织代表实地视察、听取汇报等方式，推动后亚运时期全民健身和群众体育事业的发展，推动区医疗卫生服务水平不断提高，促进区教育全面均衡协调发展，推动创建民族团结进步模范社区活动的深入开展。认真贯彻落实扶贫开发“规划到户，责任到人”的重大战略部署，对口帮扶的信宜市北界镇红光村扶贫开发工作成效显著，被评为“2011年广州市扶贫开发‘双到’工作示范村”，并被提名推荐为“广东省整村推进幸福安居工程示范村”。

认真听取和审议区政府关于公安队伍建设情况的报告，提出积极的意见和建议，组织听取区法院、区检察院工作情况的报告，要求“两院”强化大局意识，充分发挥审判、检察作用，不断提高司法公信力。对《越秀区政府关于公布保留取消调整行政审批备案事项的决定》等5份规范性文件进行合法性审查备案，完成《广州市募捐条例（草案）》、《广州市建筑废弃物处置管理条例（草案）》等6部法案的征求意见工作。深入开展以“弘扬法治精神、建设幸福越秀”为主题的系列法治越秀宣传教育活动，积极推动基层依法治理和民主法制建设。

【讨论决定重大事项】 2011年，越秀区第十四届人大常委会举行15次会议，审议议题47项。审议内容包括“一府两院”有关经济和其他重大事项的报告，如：听取《关于越秀区2010年新增财力安排的报告》、《关于越秀核心产业功能提升区建设情况的报告》、《广州市越秀区人民政府2010年度依法行政工作报告》、《关于办理〈关于推进社区管理服务先行先试，满足群众多元化社区服务需求的议案〉的情况报告》、《关于办理〈关于营造宽松的政策政务环境，促进民营经济发展壮大的议案〉实施方案的报告》、《关于越秀区开展民族团结进步工作的报告》、《关于越秀区公安队伍建设工作的情况报告》等。通过常委会会议审议，作出相应的决议、决定，交由有关部门贯彻实施。

越秀区第十五届人大常委会举行2次会议，审议议题4项，审议内容包括“一府两院”有关经济和其他重大事项的报告，如《关于越秀区2011年新增财力安排的报告》等。

【议案督办工作】 2011年，区十四届人大常委会第55次会议听取和审议区政府关于办理区十四届人大七次会议《关于推进社区管理服务改革先行先试，满足群众多元化社区服务需求的议案》的情况报告，常委会认为该议案办理取得明显成效，试点先行有序推进逐步落实，通过整合资源以及购买服务，实现管理效能最大化，满足社区服务专业化、多元化的需求。根据区十四届人大八次会议主席团授权，常委会第59次会议听取和审议区政府《关于办理〈关于营造宽松的政策政务环境，促进民营经济发展壮大的议案〉实施方案的报告》，并作出决议，常委会组成人员和代表通过视察、检查等方式，加强跟踪监督，提出整改意见和建议，促进议案实施方案的落实，使该议案办理工作取得阶段性的明显成效。

【代表工作】 2011年，区人大常委会全年办理建议46件（含议案转建议和闭会期间建议），区十四届人大八次会议提出的28件建议已全部办复，区十五届人大一次会议提出的18件建议继续跟踪督办。全年邀请60名代表列席常委会会议、30名代表参加执法检查；举办全体代表任职培训和履职培训班，新当选的350名区第十五届人大代表参加。继续扩大代表对常委会工作的参与，改进视察方式，进一步完善代表公示、接访选民、联系选民制度，探索创新代表教育、约束和监督机制，完善代表会议、代表活动考勤通报制度，有效提高代表履职的自觉性，增强闭会期间代表工作实效性。一年来，组织市、区人大代表800多人次参加闭会期间活动，围绕产业转型升级、旧城区改造、历史文化名城建设、后亚运城市管理、垃圾分类、食品安全、职业高中教育、基层医疗卫生状况、托老养老机构建设、公安队伍建设、社区公建配套设施移交、全民体育健身运动推进情况、宗教场所整治现状、民族团结进步模范社区建设、区内控烟情况等专题，组织代表开展集中视察、调研和执法检查，高度重视并采纳代表的合理意见，更好地发挥代表在常委会各项工作中的作用，推动全区中心工作的贯彻落实。进一步拓展代表活动领域，组织部分代表参加区委、区政府及区有关部门举办的征求意见会、座谈会和干部民主测评等活动，广泛参与社会事务。区第十四届人大常委会第67次会议听取6名市人大代表的履职情况报告。做好保障代表依法履职各项服务，一年两次将“一府两院”工作情况，以及各次常委会上审议的材料，作出的决定、决议等及时向代表通报，相关信息在越秀区人大网同步发布，切实保障代表的知情权。加强对街道人大代表工作室的指导，健全代表工作室工作人员培训制度和沟通联系机制。加强代表履职的规范化管理，在代表大会期间实行电子签到和会议考勤通报等刚性措施。区人大常委会通过组织专题视察、专题调研、听取办理情况报告等方式，落实本届历次代表议案的跟踪落实和监督检查，确保办理质量。

【人事任免和换届选举】 2011年，越秀区人大常委会依法任命本会及“一府两院”国家机关工作人员共115名、免职27名，聘任新一届常委会各工作委员会委员72名，保障各工委顺利开展工作，为加强地方政权建设、确保人民当家作主提供组织保障。

2011年9月8日，越秀区第十五届人大代表进行换届选举，依法选举产生区第十五届人大代表350名，参加投票的选民数为615688人，占选民总数的89.93%。

【信访工作】 2011年，区人大常委会共受理人民群众来信、来访、来电144件（次），均按照人大信访工作有关规定，依法、依规、依时进行“转办、交办、督办”，办结率达到100%。

（区人大办　谭绮云）

越秀区人民政府

【政府决策会议】 2011年，越秀区人民政府共召开常务会议23次，区长办公会议82次。

2011年越秀区政府常务会议议题

会次	会议议题
第123次	研究审议越秀区人民政府2010年度依法行政工作报告等事项
第124次	研究审议越秀区加强招商引资工作的若干意见等事项

（续表）

会 次	会 议 议 题
第125次	研究审议越秀区学前教育三年行动计划（2011—2013）等事项
第126次	研究审议《政府工作报告（送审稿）》等事项
第127次	研究审议越秀区2010年度人口计划执行情况等事项
第128次	研究审议2010年越秀区重点建设项目进展情况等事项
第129次	研究审议区科技工作情况等事项
第130次	研究审议区简政强区事权改革工作方案等事项
第131次	研究审议越秀区进一步加强康园工疗机构建设工作的实施意见等事项
第133次	研究审议越秀区2010年财政决算（草案）报告等事项
第134次	研究审议整治越秀区区属中小学校园噪音等事项
第135次	研究审议加大对茂名信宜市帮扶资金投入等事项
第136次	研究审议越秀区2011年1~9月份安全生产工作情况等事项
第137次	研究审议中共广州市越秀区第十一次党代会所需经费等事项
第138次	研究政府领导分工等事项
第139次	研究审议东濠涌及其周边地区配套设施与环境管理养护年度经费等事项
第140次	研究审议增城小楼镇帮扶建设项目相关问题等事项
第1次（第十五届）	研究审议扶持百威公司发展建议等事项
第2次（第十五届）	研究审议区食品药品检验检测中心首期建设经费等事项
第3次（第十五届）	研究审议越秀区2012年度对外友好交流与合作工作计划等事项
第4次（第十五届）	研究审议实施“团一大”纪念广场周边环境综合整治等事项
第5次（第十五届）	研究审议道路保洁承包经费补充协议等事项。

2011年越秀区区长办公会议议题

时 间	主 要 议 题
1月12日	专题研究教育综合改造拆迁工程问题
1月17日	专题研究我区教育改革创新以及专业技术人员聘任等问题
1月24日	专题研究应元路嘉洲翠庭信访问题
1月26日	专题研究重点项目拆迁工作相关事宜
1月28日	专题研究《越秀区学前教育三年行动计划》编写工作相关事宜
3月1日	专题研究文德路大塘小区永电建设有关工作问题
3月2日	专题研究区教育人事工作相关事宜
3月3日	专题研究餐饮服务监管体制改革工作相关事宜
3月4日	专题研究有关我区公安辅警队伍整合工作的有关问题
3月11日	专题研究我区推进义务教育规范化学校建设相关事宜
3月14日	专题部署第一季度安全生产工作
3月25日	专题研究下塘西路一巷15号西侧下部挡土墙抢险加固工程问题
3月25日	专题研究创意大道项目建设相关工作事项

（续表）

时间	主要议题
4月14日	专题研究东濠涌二期综合整治及安置地块征收工作
4月18日	专题研究区属幼儿园部分退休工勤人员信访维稳工作相关事宜
4月20日	专题研究书坊街地块物业有关问题
4月20日	专题研究区科技三项费用预算安排相关事宜
4月26日	专题研究区教育人事工作相关事宜
5月9日	专题研究创意大道项目建设相关工作事项
5月18日	专题研究康王北路车博士汽车维修店经营整改问题
5月19日	专题研究中山一院东山院区移交问题后续工作相关事宜
5月19日	专题部署第二季度安全生产工作
6月3日	专题研究惠福美食花街经费问题
6月7日	专题研究杨箕村“城中村”改造及维稳工作相关事宜
6月9日	专题研究创意大道项目建设相关工作事项
6月9日	专题研究区规划研究信息中心收费处理相关问题
6月10日	专题研究查处杨箕村违法建设问题
6月14日	专题研究黄华路43号地块建筑物使用性质问题
6月21日	专题研究重点项目征拆工作相关事宜
6月29日	专题研究禺山路美食街公房问题
7月13日	专题研究火车站广场整治工作相关事宜
7月14日	专题研究书坊街环境整治工程建设有关问题
7月18日	专题研究杨箕村“城中村”改造及维稳工作相关事宜
7月22日	专题研究学校噪音整治和教育用地问题
7月27日	专题部署第三季度安全生产工作
8月15日	专题研究购买东湖厂厂房的有关问题
8月22日	专题研究惠福美食花街西段（教育路—起义路）整饰改造工作相关事宜
8月30日	专题研究杨箕村“城中村”改造工作相关事宜
9月1日	专题研究杨箕村“城中村”改造及维稳工作相关事宜
9月7日	专题研究依法拆除杨箕村违法建设相关前期工作
9月8日	专题研究追加城市道路保洁服务经费有关问题
9月9日	专题研究依法拆除杨箕村违法建设的相关问题
9月22日	专题研究海珠广场恒基地块违法建设问题
9月23日	专题研究区科技三项费用第一批项目使用安排相关事宜

（续表）

时间	主要议题
9月23日	专题研究延长广州华鸿房地产开发有限公司经营期限问题
9月29日	专题研究湖景华厦办公场地改造问题
10月8日	专题研究张广宁书记一行来我区召开信息化现场会前期筹备工作相关事宜
10月8日	专题研究保慧敏户口、居住、上学和生活照顾等相关问题
10月8日	专题研究解决署前一街1号之二火灾受灾家庭救助问题
10月9日	研究部署依法推进杨箕村更新改造的相关工作
10月9日	专题研究与市人大置换办公场地涉及单位办公用房分配相关事宜
10月9日	专题部署第四季度安全生产工作
10月18日	专题研究部署永福变电站进场施工期间的安保应急工作措施
10月19日	专题研究机关办公大楼东侧绿地建设地下停车场和华宁里原市民政局物业进行改造问题
10月20日	专题研究十六中本部拆迁地块、云山小学运动场地块续租、狮带岗地块和海月西街地块（四十中旁地块）等问题
10月21日	专题研究东濠涌二期综合整治项目各项工作
10月25日	专题研究永福变电站项目施工期间的安保应急工作相关事宜
10月25日	专题研究东濠涌二期综合整治工程立项问题
10月25日	专题研究伊斯兰教“古尔邦”节会礼活动相关事宜
10月26日	专题研究协调中环广场验收和配套教育用地扩征等工作
10月27日	专题研究中环广场验收和建设大马路小学扩征用地问题
10月28日	专题研究烈士陵园等公园事权下放问题
11月1日	专题研究南粤先贤馆一期工程配置人防工程等有关问题
11月9日	专题研究建设大马路小学扩征用地问题
11月10日	专题研究华宁里46、48号办公用房改造的问题
11月15日	专题研究东濠涌二期综合整治工程各项工作
11月15日	专题研究越秀区社区人居和道路环境综合整治项目两个五年（2011—2015）实施计划相关工作
11月18日	专题研究依法强制拆除北京路208—218号房屋西侧新建违法建设的问题
11月21日	专题研究东濠涌二期综合整治工程各项工作
11月24日	专题研究协调花市期间广百车辆出入问题
11月30日	专题研究2012年春运前期相关工作事宜
12月2日	专题研究2012年迎春花市工作相关事宜

（续表）

时间	主要议题
12月2日	专题研究二沙岛体育公园建设相关问题
12月2日	专题协调解决加快杨箕村“三旧”改造动迁工作相关问题
12月2日	专题协调“团一大”纪念广场建设有关问题
12月6日	专题研究部署2012年越秀区春运工作暨广州火车站广场整治工作
12月6日	专题研究海月西街地块、建设大马路小学扩征、登峰派出所及其东侧地块置换和云山小学运动场等地块问题
12月12日	专题研究广州大佛寺、无着庵扩建拆迁工程推进问题
12月19日	专题研究遴选越秀区第二家小额贷款公司问题
12月22日	专题研究加快推进民间金融街建设工作
12月31日	专题研究流花地区暨火车站广场报刊亭建设相关事宜
12月31日	专题研究加快推进民间金融街建设工作问题

2011年越秀区人民政府颁发的文件选目

文件号	文件名称
越府〔2011〕2号	广州市越秀区人民政府关于公布保留取消调整行政审批备案事项的决定
越府〔2011〕6号	关于调整区政府领导分工的通知
越府〔2011〕9号	关于印发落实区政协委员对政府工作建议的分工方案的通知
越府〔2011〕10号	关于印发越秀区2011年政府重点工作责任分工的通知
越府〔2011〕13号	关于火车站广场乱摆卖情况的通报
越府〔2011〕18号	关于印发广州市越秀区国民经济和社会发展第十二个五年规划纲要的通知
越府〔2011〕26号	关于印发王焕清代区长在区政府全体（扩大）会议讲话的通知
越府〔2011〕27号	关于印发王焕清代区长在越秀区创建全国文明城市工作指挥部工作会议上的讲话的通知
越府〔2011〕30号	关于为中国移动通信集团广东有限公司等企业颁发绿色通道服务卡的决定
越府〔2011〕31号	关于认定越秀区第四批名校长、名教师的通报
越府〔2011〕39号	2011年冬季征兵工作通告
越府〔2011〕46号	关于区长、副区长分工的通知
越府〔2011〕47号	关于命名越秀区第二批名中医的通报
越府〔2011〕48号	关于授予2009—2010年度越秀区科学技术奖的通报
越府〔2011〕49号	印发《越秀区政协十四届一次会议期间政协委员对政府工作建议的分工落实方案》的通知

【办理人大代表议案、建议和政协委员提案】 2011年，越秀区人民政府办理人大代表议案、建议和政协委员提案共168件。其中省人大建议1件；市人大建议6件、市政协提案13件；区人大建议31件，区政协提案96件、提案转意见21件。办复率、满意率（含基本满意）均为100%，为群众解决不少热点、难点问题。

【友好交流】 2011年，越秀区政府与沈阳市铁西区、大连市西岗区、乌鲁木齐市克拉玛依区、襄阳市樊城区、杭州市上城区、南京市浦口区、无锡市滨湖区等21个城区进行友好交流。

【重大活动】 2011年，越秀区政府办公室办理的重大活动有18项：越秀区人民政府与广州大学签订战略合作框架协议暨流花街社区卫生服务中心新址建设工程奠基仪式；2011年越秀区各界人士迎春文艺演出；越秀区残疾人康复中心大楼揭牌仪式；2011年越秀“迎春花市”开市仪式及慰问花市工作人员活动；首届“广府庙会”的启动仪式、民俗文化巡游活动和闭幕仪式；越秀区投资促进服务中心揭牌仪式；越秀区长者综合服务中心揭牌仪式；“幸福越秀·书香万家”——2011年越秀区全民阅读暨“十百千万”文化惠民工程启动仪式；第二届越秀区社区健康节启动仪式；越秀区诚信主题教育暨“创文”八大主题实践活动启动仪式；“幸福越秀”广府民俗节庆系列活动之“粽”情端午主会场活动；市第十五届运动会越秀区体育代表团成立大会；纪念中国共产党成立90周年表彰先进大会暨“创先争优”文艺汇演；2011中国流花国际服装节暨广东时装周；艺术广东·国际收藏品及艺术品博览会；广州移动互联网（越秀）产业园揭牌仪式；2011广府文化旅游嘉年华开幕式；越秀区贸促会（区国际商会）2011年会员代表大会。

【政务公开】 2011年，越秀区政务公开工作以“加强诚信政府建设，提高行政效率，提升群众对政府工作满意度”为主线，不断完善工作体制机制，大力推进政务公开规范化，政府信息制作精细化，政府服务人性化，在推动法治政府、阳光政府、责任政府、服务型政府建设方面取得新成效，被全国政务公开领导小组确定为“全国依托电子政务平台加强政务公开和政务服务试点区”，是广东省4个试点区（县）之一。完善政务公开规章制度，先后制定《越秀区政务信息网站管理办法》、《越秀区行政机关公文信息公开审核办法》、《越秀区政务公开考评办法》等文件，完善政府信息发布协调、保密审查、依申请公开、监督检查等各项制度，及时更新政府信息公开指南、政府信息公开目录和信息，主动公开各种无密级的通告、通知、通报、意见等政府信息。加强政务信息网建设，深入推进越秀号信息服务直通车建设，完善网上服务大厅，提供37类769项在线办理服务，实现居民群众“足不出户，享受服务”；在全国区县网站绩效评估中，越秀区信息网在全国451个区县中位列第15位，在广州市12个区（县级市）中排名第一，搭建政民互通平台，创新开展网上调查、开设越秀论坛、举办在线访谈、开通“越秀信箱”，畅通政民互动渠道，及时回应群众关注；全年开展10期网上调查，“越秀信箱”受理、处理群众信件5218件。主动公开政府信息，重点推进政府重大决策制定过程及执行情况、财政性和社会公共资金和与政府管理相关等三方面的政府信息公开，全年主动公开政府信息9138条，全文电子化率达97.3%，其中，政策法规类的信息271条，规划计划类的信息211条，业务类信息8656条，涉及人权、事权、财权、机构设置、统计公报、办事指南等事项，内容基本涵盖政府所有职能；受理信息公开申请92件，全部依法妥善答复。

政府法制

【概况】 2011年，越秀区政府法制工作围绕建设国家中心城区核心区的目标和“加快转型升级，建设幸福越秀”的核心任务，结合经济社会发展新形势，完善政府法制规划，加强制度建设，规范行政审批，加强行政监督、行政复议、规范性文件管理和政府法律事务等工作，努力建设服务型法治政府，为区经济社会各项事业转型升级提供良好的法制保障。

【制度建设】 2011年，越秀区出台《越秀区依法治区第五个五年规划》和《越秀区2011年依法治区工作要点》，明确今后五年以及2011年依法治区和“六五”普法工作的工作目标和工作任务，要求区各执法部门落实行政执法主要领导负责制，明确本单位依法行政工作的责任分工，确保各项依法行政工作规范到位。修订《越秀区人民政府工作规则》，要求区政府及各组成部门严格落实重大行政决策的各项程序规定，不断健全和优化决策规则，建立健全公众参与、专家咨询、政府决策相结合的决策机制，实行依法决策、科学决策和民主决策。

【行政审批】 2011年，越秀区扎实推进简政强区事权改革工作，全区19个部门完成上级59项审批事权的承接工作。深化行政审批制度改革，行政审批事项精简52.6%。加强联合预审，建立区联合预审审批制度和联合预审平台，工商、环保、卫生、房管等8个部门通过平台共享互认审批信息，大幅提高行政审批效率。加强电子监察，大力推进行政审批过程和结果公开透明，将全区23个行政审批部门共152项行政审批事项、22个街道共1314个政务服务事项全部纳入电子监察系统进行实时监察；在全市率先将区联合预审信息发布平台接入区电子纪检监察系统实时监控。

【行政监督】 2011年，越秀区政府自觉接受区人大及其常委会的法律监督、工作监督和区政协的民主监督；建立区政府领导联系区人大代表、政协委员制度，坚持及时向区人大报告、向区政协通报情况，先后向区人大报送《越秀区实施〈广州市控制吸烟条例〉情况的报告》、《越秀区贯彻〈广州市养犬管理条例〉工作情况汇报》等专项法律法规实施情况的报告。坚持涉及重大公共利益和群众切身利益密切相关的重大决策事项实行听证和公示制度，自觉接受社会监督和舆论监督。加强廉政效能监察，对区政府33项重点工作和东濠涌二期综合整治等重大项目进行效能监察；严格执行党政领导干部问责暂行办法和领导干部任期经济责任审计有关制度，强化行政问责和审计监督。

【行政复议】 2011年，越秀区坚持依法受理、依法审查和依法决定，严把立案关、证据关、法律关、公平公正关和文书关，力求法律效果、政治效果和社会效果的统一。全年共受理37件行政复议申请，案由主要集中在公安、劳动、城管等方面，全部办结，其中维持35件，当事人撤回申请2件。从行政复议结果看，区行政执法质量明显提高，未出现一件行政执法行为被确认违法或无效的情况。

【规范性文件管理】 2011年，越秀区按照《广州市行政规范性文件管理规定》的有关要求，先后下发开展征地拆迁、涉企规章和规范性文件清理工作及开展有关行政强制规定清理工作的通知，对不符合法律、法规、规章规定，或者相互抵触、依据缺失以及不适应当前形势的规范性文件，坚决予以修改或者废止。扎实推进规范性文件清理常规性工作，全年废止3份、修订1份，新制定区政府规范性文件《越秀区小额贷款公司监督管理办法》等6份，并上报区人大常委会和市法制部门备案。

【政府法律事务】 2011年，越秀区政府法制部门发挥专业优势，主动参与区政府的重大决策活动。全年完成区领导交办的各类事项70余件；办理各街道、各部门有关法律问题的征求意见50余件，为区领导决策提供良好的法律支持。

（区政府办 张万春）

信 访

【概况】 2011年，越秀区信访局

以事要解决为目的，以创建全国文明城市为契机，以维护区社会和谐稳定为主线，以畅民意、解民难、促民安、顺民心为抓手，不断完善工作机制，创新信访工作举措，全力做好重要时期的信访维稳工作，圆满完成各项信访工作任务。

全年受理区本级信访事项5030件，其中：来信894件，区长信箱邮件1311件，区长专线电话1492件，来访1333批2589人次，其中集体访64批628人次。全年未发生涉及区群众进京上访被省、市通报的情况。群众诉求的内容主要集中在旧城改造、治水工程、拆迁安置、劳动社保、民政救济、部分迎亚运人居整饰工程质量和收尾不完善等方面的问题。

【三大举措推进创先争优活动】 2011年，越秀区信访局以创先争优活动为契机，结合区域实际，突出实践特色，发挥典型示范作用，使创先争优活动走进岗位、融入实践：通过明确职责标准、完善对外形象、开展岗位练兵、组织学习培训四大方式，切实提升信访干部素质，完善“能办事、会办事、办成事”的信访工作队伍。通过“畅通信访渠道，热心便民”、“主动排忧解难，真诚为民”、“化解多年积案、诚心惠民”、“深入服务群众，真心安民”，全面提高为民服务质量。专门组织局领导班子和各线负责人深入到各个行政街道开展调研活动，专题讨论交流信访热点难点问题，充分听取街道工作建议，为进一步完善区信访工作的长效机制奠定基础。

【推广三级市民意见办理系统】 2011年，越秀区在全市率先建立并完善市民意见办理中心，全面连通信访信息网络，形成纵向到省、市，横向到区、街和社区的三级市民意见办理系统。通过建立运行制度、开展全面培训、深入回访调研，形势随时接访、全区受理、集中分派、首问首办、代接代访、全程监督的工作格局，开拓出搭建一个信访工作新平台，形成一个信访工作新网络，建立一个网上接访新大厅的信访工作崭新模式。6月，全省信访网上接访大厅现场会和市民意见办理中心推介会分别在越秀区召开，省委副秘书长、省信访局局长陈山地，市信访局党组书记陈彦华等领导对区的网上接访大厅和市民意见办理系统建设及现场接访大厅，予以充分肯定。12月，市再次在越秀区召开“广州市信访信息系统推广应用会议”。

【形成信访维稳考核制度】 2011年，越秀区信访局起草具有越秀区域特色的信访维稳考核制度并经区委常委会通过，将信访工作作为各级领导班子和领导干部责任考核的重要内容，把48个职能部门（街道）纳入信访维稳考核范围，建立各个行政街道和社区、各个职能部门的信访工作协调和督办机制，形成目标考核制度，确保工作落到实处，进一步提高信访工作绩效。

【开展市、区领导大接访活动】 2011年8月，越秀区开展2次市、区领导公开大接访活动。11日，区领导公开接访活动共接访群众185宗，其中区中心会场区领导接访群众来访事项52宗，交办52宗，区中心会场群众来访事项133宗，交办133宗。31日，市领导分类大接访中交办越秀区办理群众来访事项12宗，交办12宗。每次接访活动结束后，区信访局对群众来访的诉求内容进行严格的梳理、研判、归类，按照“属地管理、分级负责”和“谁主管、谁负责”的原则，划分主责单位和协办单位，在三个工作日内全部交办到位，并要求各有关的责任单位在规定的时限内答复信访人，同时抄送区信访局。在规定的办复时限前，又对各信访事项的主责单位进行督查督办，明确《信访条例》的有关规定和市、区领导的工作要求，积极查找问题症结，寻求解决办法，促进群众反映事项的全面解决。到年底，大接访期间的有关案件都基本办复。

【领导包案】 2011年，越秀区信访局在广泛开展隐患排查的基础上，筛选出21宗突出信访案件和市交办的8宗疑难信访案件，实行区、街道（职能部门）领导包案，加大领导办案力度，优化力量配置，全面推行“一个问题、一名领导、一支队伍、一抓到底”的办理模式。针对每一宗重点信访问题，建立专门台账，逐案登记问题的发生原因、处理情况、责任单位和下一阶段的工作措施、解决期限，做到情况清、措施明、督办准，积极主动地化解大部分的重点信访问题。

【复查复核信访案件】 2011年，越秀区信访局根据复查复核案件时间跨度大、历史问题多、涉法涉诉多的特点从三大方面突破信访复查复核工作：按照《信访条例》的相关规定，严把信访复查案件的入口关，积极引导群众依法维权。对符合受理条件的复查案件不回避、不上推、不下交，坚持查清事实、找准问题症结，依照政策法规严格予以处理。通过区领导、信访督查专员和特邀顾问对案件的处理思路和处置方案进行分析研判，通过各层面、全方位的讨论和分析，辨明办案方向、理清办案重点、提升办案质量、澄清模糊认识，统一答复口径。形成工作合力，推动事要解决，调动职能部门的积极性，形成社区调解、行政调解、司法调解的工作合力，建立健全解决信访问题的工作基础平台。

清理积案 全面开展化解信访百日积案行动，加大解决民生问题的工作力度。以抓住合理诉求为息诉罢访的切入点，按照“一案一策”的处理原则，集中力量抓协调、抓落实、抓推动，力争案结事了。成功解决大塘小区永久水电、甘某某房屋纠纷、胡某某信访案件等一大批重案要案，得到信访群众的充分肯定。

【健全应急劝返机制】 2011年，越秀区健全完善信访应急劝返机制，确保全区社会环境的和谐稳定。健全区劝返应急小分队，各个街道成立由处级领导带队，4名专业干部组成的信访劝返小分队，不分节假日，24小时随时候命，及时开展劝返接回工作，全面掌握区群众的上访动态，准确搜寻、接回、稳控、劝返区上访人员。该劝返应急小分队的健全，保障区处置越级上访工作的及时有效。充分履行工作职责，保障区各个时期社会面的和谐稳定。在区第十一届党代会召开期间，由一名副处级以上领导带队的劝返应急小组，派驻在区机关大院，对出现群众上访的行为开展及时有效的教育疏导和劝返接回工作。

【开展四访活动】 越秀区信访局草拟《关于2011年越秀区区级领导、街道（职能部门）开展基层信访日活动方案》，开展区级领导、街道（职能部门）的领导干部公开接访、带案下访、进门探访、基层巡访活动，把解决问题作为落脚点，有效化解社会矛盾，不断提高工作质量。把接访过程变成联系群众、了解社情、疏导民绪、解决难题的过程，创新接访方式、提升接访能力、提高接访质量。

【全面排查矛盾纠纷隐患】 2011年，越秀区信访局分别在春节、各级“两会”、清明节、八一、国检、国庆等重点时期的前后设立重要时点特别防护期，特别是建党90周年和深圳世界大学生运动会期间，牵头开展多次横向到边、纵向到底的拉网式专项大排查，着力解决群众的合理诉求，把矛盾纠纷化解在基层，把信访问题解决在当地。通过排查隐患、提前介入、主动下访，把工作重心从事后处理转移到事前排查化解上来。成功将大量的信访问题化解在基层、化解在萌芽状态，从源头预防、源头治理、源头稳定抓起，确保各重大时期的社会稳定。努力做到小事不出街、大事不出区，矛盾不上交，真正发挥信访部门在维护社会和谐稳定中的重要作用。

（区信访局　谭凯明）

人　　事

【概况】 2011年，区人事人才工作紧紧围绕“加快转型升级，建设幸福越秀”这一核心，深入贯彻落实国家、省、市人事人才工作要求，以人为本，开拓创新，积极深化人事制度改革创新，提高人事工作科学化水平，狠抓人才服务机制建设，推进人才队伍培育壮大，为促进全区经济社会的协调可持续发展提供人事保障和人才智力支撑。

【规范公务员管理和培训工作】 2011年，区人力资源和社会保障局做好区属9个事业单位申报参照公务员管理审核工作。完成科级以下公务员年度考核及奖励工作，全区政府序列单位科级以下公务员参加考核总人数为5184人，评为优秀等次占15.20%，符合给予嘉奖奖励的695人。规范科级干部选拔任用工作。全区政府序列（不含公安）开展科级干部竞争上岗的单位48个，晋升科级职务108人；区公安系统全年提拔科级领导职务45人，提拔科级非领导职务494人。进一步加大从基层考录公务员的力度。公开招录公务员37名，其中3名分别从外来务工人员、村街企事业人员及生产一线优秀工人农民中选拔。首次将全区科级公务员任职培训经费全部纳入统筹范围，实现培训对象“全覆盖”、培训费用“全减免”、培训课程“全优化”。将区属公务员继续教育专项经费由50万元提高到100万元，共发放学历资助近90万元，惠及167人。

【推进事业单位人事制度改革工作】 2011年，区人力资源和社会保障局指导全区各单位组织实施首次岗位设置及人员聘用工作，保证人员聘用及工资兑现工作的顺利完成。是年，完成岗位设置方案批复251个，完成率99%；完成首次岗位设置人员聘用审核247个，完成率97%。制定《越秀区社区卫生服务机构工作人员竞聘上岗及分流安置实施方案》，对社区卫生服务机构在岗人员共737人进行任用或竞聘上岗工作，实行定编定岗不定人和全员聘用、合同管理。指导区属事业单位做好科级领导职位的选拔工作，通过竞争上岗聘任科级领导干部11人。继续贯彻事业单位新聘人员逢进必考制度，共聘用82人。做好引进人才工作，为区教育系统引进人才3名，区中医院引进人才1名。

【高层次人才和专业技术人员的服务工作】 2011年，区人力资源和社会保障局组织区内8名享受国务院特殊津贴专家参加2010年度考核。新增“广州市优秀专家”2名。完成全区事业单位专业技术岗位职数审核，重点对教育系统事业单位进行工作指导和政策解释，指导区卫生系统开展事业单位公开招聘工作人员的相关工作。做好职称评定工作，全年办理中级专业技术资格认定19人，核发初级资格证书72人；审核申报评审职称786人；确认省外专业技术人员资格51人。协助做好2011年度全国会计资格考试（初级）越秀考场考务工作，在越秀区报名考试1903人。做好区专业技术人员继续教育公修课网络远程教育的服务工作，全年共审核申报评审高级专业技术资格继续教育1080人。

【人力资源服务事权承接工作】 2011年，广州市人力资源与社会保障局将人力资源中介服务许可、变更、撤销、年检及监管、执法工作下放至越秀区办理。为确保下放事权“接得住、管得实、干得好”，区人力资源和社会保障局通过加大宣传力度，强化人员培训，严把准入关，现场查核与网上审批相结合的方法，审慎查验企业的申报材料、开办资金、从业人员资质、办公场地条件等情况，确保辖区内人力资源市场规范有序发展。全年依法作出行政许可决定并核发人力资源服务许可证的人力资源中介机构3家，进行监管的人力资源服务机构159家。

【工资福利待遇及业务审核】 2011年，越秀区人力资源和社会保障局规范机关工作人员特殊岗位津贴，重新理顺工资管理系统中各类扣减标准的计算公式。制定下发《越秀区公共卫生与基层医疗卫生事业单位绩效工资实施办法》，做好数据测算工作。完成2011年机关在职人员正常晋升级别或档次工资720人，职务变动晋升工资236人，新进人员套改工资152人；事业单位在职人员正常晋升薪级工资10516人，职务变动晋升工资108人；办理退休手续276人；机关事业单位人员病故一次性发放抚恤金与丧葬费166人，符合条件享受遗属生活困难补助12人；机关事业单位工作人员因公受伤7人；清理规范机关事业单位在职和退休人员执行省、市部分特殊岗位津贴5850人。

【军转干部及随军家属安置】 2011年，区人力资源和社会保障局顺利完成2010年度59名计划分配军转干部和29名随军家属的安置任务以及18名自主择业军转干部的接收安置工作。落实自主择业军转干部的维稳解困工作，全年审核确定符合领取困难补贴条件的企业军转干部34人，其中市属企业18人，省属企业16人。办理自主择业军转干部住房货币补贴的发放，第一批50人，总额727137元。

（区人社局　卢萃屏）

侨　务

【概况】 2011年，越秀区侨务和外事办公室围绕区委、区政府中心工作，全面落实科学发展观，依法维侨护侨助侨，发挥侨力，涵养侨力资源，全面推进侨务工作，高标准完成各项任务。

是年，越秀区侨务和外事办公室被评为“2008—2011年度广州市侨务系统信访工作先进集体”；华乐街华侨新村社区被评为“全国社区侨务工作明星社区”；荣誉市民陈怀德当选为“2011年度南方慈善人物”，在中山纪念堂“2011南方华人慈善盛典”颁奖晚会上受到省领导的表彰。

是年，信访总量（含咨询）共261件次，其中：来信13件，来访118批204人次，来电44个。办结信访总量258件次，办结率98.7%。领导接访8批12人次，办结率100%。收到侨胞锦旗一面、表扬信3封。

【推进“侨心工程”】 2011年，区侨务和外事办在春节、中秋前召开“越秀区归侨侨眷茶话会”。端午节前，上门慰问困难侨眷。广州市荣誉市民、区侨商会常务副会长陈怀德再次到东山福利院慰问，送上价值36万元节日礼物和慰问金。4月，到区对口扶贫点信宜市合水镇石硖村实地考察和慰问贫困户，出席由区侨商会捐助信宜市合水镇石硖村“越秀桥”落成剪彩仪式。6月，“越秀区侨商会侨爱基金”正式成立，建立区困难归侨侨眷在生活、医疗、教育等方面帮扶的长效机制，基金已向大新街困难侨眷梁家健捐赠2万元；组织部分困难归侨侨眷及其家属观看“富迪杯”香港明星足球慈善比赛。8月，连续第三年开展助学活动，资助8名在读侨生3.2万元。

【纪念辛亥革命100周年系列活动】 2011年4～10月，区侨务和外事办举办纪念辛亥革命100周年活动，组织在职干部、退休侨务工作者及街道侨务干部，参观省华侨博物馆“辛亥革命华侨丰碑”和百年辛亥革命文物精品展览、广东辛亥革命纪念馆。举办以“弘扬华侨爱国精神，建设幸福越秀”为主题的《华侨与辛亥革命》图片在区政府机关大楼、区图书馆、黄花岗街等地巡回展览。

【华侨人文景观宣传保护工作】 2011年，区侨务和外事办，实地考察珠光街侨商街，与区文广新局、区地方志办、区国土房管局等有关部门沟通，掌握侨商街的相关材料，为保护、开发和利用华侨史迹、华侨人文景观作出贡献。利用市侨办到华乐街调研社区侨务的契机，宣传报道华侨新村标志石、惠侨栈道、华侨新村微型博物馆等华侨人文景观。

外　事

【概况】 2011年，越秀区侨务和外事办公室继续依托友城平台，深挖国际交往的资源，紧紧围绕区的中心工作，积极推动教育、经贸和商业的国际交流与合作。因公出访管理工作得到加强和规范，友城开拓工作取得实质性进展，同时为区各职能部门开展国际交流、学习国外先进国家在社会管理方面的成功经验提供优质服务。

【外事管理】 2011年，区侨务和外事办加强与财政部门、组织和人事部门、纪检监察部门联动，完善因公出访计划报批和联动审核工作，联合财政部门规范区因公出访任务计划制订、财政经费预算审批、签证审核、专项经费使用核报销等工作，建立较为完善和合理的因公出访审批审核机制，从制度上确保因公出访工作的健康和顺利开展。做好因公出访的总结和汇报工作，收集各出访团组的考察报告并上报广州市外办，了解和落实因公出访任务的执行情况，确保团组按照计划和出访任务出行。是年，全区办理因公出访117批304人次（含港澳出境）。区组织的因公出国团组都能按照原定计划和目标出行，达到预期目标。

【友好城区交往】　2011年，越秀区与美国新泽西州大西洋城埃格港市正式建立友好交流关系，埃格港市成为越秀区在国际上建立的第十二个友好城区。美国新泽西州亚裔事务委员会主席冯淦华多次访问越秀区，了解越秀区与新泽西州埃格港市签订友好交流协议书后项目执行情况，双方就共同促进两地商家的对口交流合作、开展短期教育培训等内容进行协商。2月，应邀对大西洋郡和埃格港市进行友好访问。5月，参加马来西亚诗巫广惠肇公会会长汤永鸿任职中华总商会会长典礼，表达今后要进一步加强合作交流意向。6月，加拿大蒙特利尔市（玛丽区）中心地区委员会主任安德烈·普兰以及项目经理余昌涛应邀对越秀区进行友好访问，实地考察亚运后的越秀，并与区协商开展商业以及贸易投资环境的事宜。7月25～26日，韩国光州东区区厅长刘泰明和议长洪起月应邀组团对越秀区进行友好访问；通过与韩国光州东区在光州举办“忠壮路庆典”这一平台在传统民族歌舞方面进行交流；与法国巴黎第八区在中小学教育领域进行交流合作。

【联谊联络工作】　2011年，区侨务和外事办做好突尼斯复兴运动干部考察团、塞内加尔市长协会代表团、缅甸联邦巩固与发展党干部考察团、香港创价学会教师代表团、孟加拉孟中人民友协代表团、日本兵库县青年洋上大学海外研修先遣组、黎巴嫩中国友好合作联合会代表团、孟加拉和斯里兰卡左翼政党代表团等接待工作。加强与港澳地区友好社团和重点人士的联络，重点联络香港穗郊同乡会、香港国际联青社、香港新界西联青社、区侨商会香港地区会员等组织，配合做好港澳联络工作。7月，香港穗郊同乡会代表团理事长颜尊辉一行60人访问越秀区。配合省侨办做好2011年美国华裔青少年“中国寻根之旅”中外名校学生交流夏令营。8月，香港地区总监吴汉澄带领香港联青社文化代表团一行25人访问越秀区，开展青年夏令营文化交流活动。

（区侨务和外事办）

档　案

【概况】　2011年，越秀区档案局以服务民生为主线，着力加强幸福档案资源体系建设、基础业务建设、法制建设、信息化建设和干部队伍建设，以深入学习实践科学发展观为契机，进一步解放思想，加大档案执法力度，加强档案公共服务，创新开展全方位档案公共服务，推动全区档案事业健康发展。

区档案馆的馆藏面积约为1000平方米，其中馆库用房面积约583平方米。馆藏192个全宗档案，有文书、基建、设备、会计、审计、已故人员、声像、婚姻、案件、普查、公证、律师、名人、实物、环保、教学、仲裁、地名等20个门类的档案，共252643卷，10945件。

全区有128个单位档案综合管理达标，其中特级81个，省一级36个，省二级11个。

【档案管理】　2011年，越秀区档案局制定《越秀区档案馆工作实施细则》、《越秀区档案局（馆）档案管理制度》、《越秀区档案局（馆）资料库房管理制度》、《越秀区档案局（馆）档案、资料保密制度》、《越秀区档案局（馆）关于查阅、利用档案、资料的规定》、《越秀区档案局（馆）档案资料统计与检查工作的规定》、《越秀区档案局（馆）安全保卫保密责任制》、《越秀区档案馆灾害应急预案》等。

是年，区档案局接收3项市档案局下放到区（县级市）局的档案审批、备案事项，包括成立档案中介服务机构的备案；公民建立个人档案馆的备案以及对携带、运输、邮寄出境的属于国家所有的和非国家所有但应当保密的档案或者其复制件出境的审批；按照《广州市行政备案管理办法》的要求对新下放的行政备案事项实施有效的行政管理。

2011年度新增接收进馆档案：全宗17个，文书档案472卷，1277件，人员档案8457卷（其中已故人员档案7195卷，无头人员档案1191卷），合计排架长度50.4米。

对库存档案进行全面的检查修复工作，共检查库藏档案5000多卷，整理修复1507卷，修复页数6000多页。

【信息化建设】 2011年，越秀区档案局实现婚姻档案和文书档案的数字化应用，并在区安监局和经贸局进行试用和推广。完成重点全宗单位的文书档案全文数字化，区1.5万卷馆藏文书档案数字化工程完工并通过质检和验收。完成80个全宗126.7万多页的数字化扫描，并对数据进行审核和合库。与区电子政务办沟通，将局的档案信息网站统一纳入区网站建设规划中。实现区大事记、现行文件、开放档案、网上展览图片、视频等信息公布。

【基层档案工作】 2011年，越秀区档案局制定《越秀区档案室设施建设要求》并下发区属各单位。现场指导区房管局、区残联、人民街等单位装修或搬迁办公楼，要求按照档案库房设施建设的相关规定进行建设。指导区教育局后勤产业服务中心完成档案综合管理达省一级任务。对档案达标升级满5年的区工商联、光塔街、朝天小学、八一实验学校、东山实验小学等11个单位的复评。制定《越秀区经贸局外资业务档案管理制度》，协助区经贸局对外资业务档案进行规范化、标准化、体系化的管理。指导区人社局规范整理2010年以前的社保档案，并协助开展社保档案数字化工程。对2005年机构改革后成立的区城管局、信访局、园林局、安监局等7个区属单位的档案工作。检查新成立和合并单位的档案室库房、档案工作机构及人员情况、归档整理、保管利用等档案综合管理工作。

是年，区档案局执法检查（督查）50个单位，其中区内机关事业单位38个，中小学幼儿园12个；检查场次达64次。对受检查单位提出整改意见420个，落实已改进意见385个。

【档案公共服务与开发利用】 2011年，越秀区档案局参加区重大活动拍摄工作，拍摄照片4704张，归档照片469张。为区各单位提供照片1249张。其中，为北京街提供2003年胡锦涛总书记视察

2011年8月2日上午，区档案局一行到六榕寺赠送《人文广州——千年文脉看越秀》一书。图为六榕寺如觉法师在翻阅《人文广州——千年文脉看越秀》。

北京路照片3张；为佛山科学技术学院文学院编著省委宣传部文化遗产项目《行花街》一书配图提供照片41张。参与“创文”拍摄任务5次，拍摄照片278张，归档照片32张。

是年，开放档案47219条，4526卷。接待查阅档案2885人次，4305卷次，115件次。通过区信息网解答档案咨询业务共20人次。新增现行文件69件，并分别在网上发布、在区现行文件阅览室提供阅览服务。

新编纂并公开出版《水润花城》，共25万字，图片465张；编纂和出版《越秀区商贸业老字号史料》、《越秀区亚运大事记》、《历代对东濠的整治》等。同时，持续做好基础数字汇编和文件汇编等续编工作。在广东省编研成果评比中，与城建档案馆等单位合编的《图说城市文脉—广州古今地图集》获一等奖，参与市档案局编辑的《春来南国花如绣—广州迎春花市》获优秀奖。

（区档案局　华　越）

电子政务

【概况】　2011年，越秀区率先在全国探索实践“条块结合”电子政务模式，以社区信息化推广应用为突破口，区电子政务应用水平已处于全国同等城区先进水平，并成为广州市两个信息化综合示范区试点之一、广州市智慧社区建设试点区、全国“依托电子政务，加强政府政务公开和政务服务试点区”。越秀区信息网在2011年全国451个区县政府网站排15位，位居广州市12区县首位。

【完善基础建设】　2011年，越秀区成为广州市首个建立市、区、街、社区四级光纤网络的城区；建立超过1亿条数据的区数据中心，包括193万自然人信息的基础数据库、5万法人信息的基础数据库，32366个覆盖全区重要路段和治安黑点的视频监控资源以及6563个文件的政务信息公开数据库；建立并贯彻实施区电子政务专项资金统筹管理、技术审核、验收考核、安全管理、应急处置、宣传培训等40多个管理制度。

【推进社区信息化】　2011年，越秀区着力推进社区平台建设，在全区22个街道和267个社区居委会全面推广应用，有效解决以往市民只能在指定时间指定窗口办理业务的问题，街道已实现同一窗口综合受理8个部门89项业务。居民在网上能申请街道受理的126项业务，实现“足不出户，享受服务”。在22个街道设立服务自助区，市民可通过市民网页自助查询水费、电费、社保金及业务申办结果等信息。基于系统的自动分析，通过越秀信息短信平台，主动提醒符合条件的居民办理老年证、注射疫苗、报名参军等。是年，发送短信500多万条。

【应用推广自动化系统】　2011年，越秀区在用系统150个，其中国家、省下发21个，市下发79个，区自行开发系统50个；全区64个部门、22个街道和267个居委会全部应用信息化手段开展政府管理和服务；应用人员从区一级领导到居委会干部共5500多人；通过办公自动化系统（OA）办文已成为各级人员的工作习惯，人均日处理电子公文4份。整合社区平台及各应用系统资源，建立“越秀号”信息服务直通车平台，“越秀号”作为区统一的服务形象和载体，各街道、居委和职能部门服务窗口建立80多个实体“越秀号”服务站。区网上服务大厅整合各类业务769项，本地居民、流动人员和企业通过“越秀号”服务站及网上服务大厅能方便、快捷获得政府各项服务。2010年开通至2011年底，访问量达71278次，其中本区的在线办理量有1.5万件。

【启动行政审批联合预审平台二期建设】　区电子政务办牵头启动行政审批联合预审平台二期建设。2011年，通过平台审批739个业务，减少企业办理证照来回“跑”的次数50%，缩短办证时间约30%。平均办结时间由原来的13个工作日缩短至7.42个工作日，提前办结率由75%提高到89%。将工商、房管、经贸等8个部门涉及前置审批的80%业务全部纳入电子纪检监察范围，使联合预审业务由人为协调变为系统管控。

（区发改局　唐蔚）

机关事务管理

【概况】　2011年，越秀区机关事务局紧紧围绕建设“幸福越秀”这一主题，服务于区中心工作大局，不断创新思路，规范内部管理，圆满地完成年度各项任务。

4月，根据越编字〔2011〕18号文关于区机关行政事务管理办公室调整机构规格及更名的通知精神，广州市越秀区机关行政事务管理办公室更名为广州市越秀区机关事务管理局，机构由副处级调整为正处级。

【完善财务管理制度】　越秀区机关事务管理局承担区机关28个部门财务管理工作，鉴于往年各部门存在资金混用、专项经费明细不分等账务问题，从2011年起按照工作要求，将28个部门账目进行拆分，实行分账管理，使各部门账目清晰化，预算、决算工作条理化，进一步完善各部门财务管理。继续发挥会计的监督功能，管好各部门的资金，提前上报每季度用款计划；每月做好与银行存款余额对账工作，保证账实相符；加强公务车辆加油户银行余额网上对账及各单位公积金汇储业务；完成年末零余额资金对账、结转及编制2012年度预算工作。

【公务车专项整治】　2011年，越秀区贯彻执行中央、省、市关于小汽车定编最新规定，做好区属机关、事业单位及辖区内企业小汽车定编、核编报省、市审批工作。并根据中央、省、市的部署，按照区公车治理办关于开展公务用车问题专项治理工作的要求，完成公务用车车载终端设备安装。同时对区属82个行政事业单位的872辆定编车进行统计和汇总，为区公务用车情况核查、清退编外车辆和安装车载终端设备提供准确的数据依据。

【多方协调解决历史遗留问题】2011年，越秀区机关事务管理局与市国土房管局、市房地产交易中心和市冶金公司进行多次沟通和协调，解决毕公巷住户30多年的房屋产权问题，9月把产权证办好交到住户手中。并与市冶金供销公司签订补充协议，将毕公巷前、后座国土证分割，以明确责任，避免历史遗留问题纠纷的再次发生。

【稳步推进办公用房置换工作】2011年7月，按照市政府办公厅《市长办公会议纪要》精神，在区委、区政府的直接领导下和有关部门的协调配合下，越秀区机关事务管理局启动市人大与区置换办公场地工作，完成吉祥路111号办公楼的产权移交和东华南路“湖景华厦”、华宁里46号与48号后座办公场地划拨越秀区的手续；稳步推进用于置换办公场地的改造立项和招标工作。

（区事务局　颜云朗）

扶贫开发

【概况】　2011年，为深入贯彻落实中央、省、市关于统筹城乡发展和强化扶贫帮困工作的决策精神，结合越秀区对口帮扶茂名信宜市12个贫困村、增城市小楼镇11个贫困村及小楼镇部分城镇基础建设项目的实际，经区委、区政府研究，中共广州市越秀区委办公室、越秀区政府办公室于2011年4月下发《越秀区关于进一步加强扶贫开发“规划到户、责任到人”工作的通知》，调整越秀区扶贫开发“规划到户、责任到人”工作领导小组，组建越秀区扶贫开发“双到”工作领导小组办公室。

是年，区对口帮扶的红光村、扶曹村被评为“广州市推进扶贫开发规划到户责任到人示范村”，红光村、石屏村被定为省扶持整村推进幸福安居示范村；区教育局、区公安分局和区人社局驻村干部分别被广州市“双到”办评为2010年度广州市扶贫开发“双到”工作表扬单位和个人；区委办公室驻村干部周培全被广东省扶贫开发领导小组评为扶贫使者；香港佐丹奴国际有限公司执行董事兼中国区业务总裁马灼安被评为扶贫爱心人士；越秀区侨商会被评为扶贫爱心企业。

【帮扶小楼镇】 2011年，越秀区结合小楼镇实际，与富力地产联手，实施涉及商业、文化、教育、卫生、旅游、养老、交通等7个领域、总投资约1.36亿元的7大重点项目。其中，仙姑文化广场、何仙姑景区文化旅游商业街、仙藤园景观改造、小楼镇中心幼儿园改扩建和整饰工程、小楼卫生院改扩建工程（旧楼）、东西境旅游示范村建设主体工程已完成，何仙姑景区文化旅游仿古商业街已交付使用。小楼卫生院改扩建工程（新楼及安置房）、小楼敬老院预计2012年完成。

越秀区直接对口帮扶增城市小楼镇11条贫困村，并对市直机关帮扶6条贫困村进行归口管理，共有贫困户701户1827人。越秀区坚持“靶向疗法”，着力在思想观念、重点项目、经济发展、村级设施和民生保障扶贫上下功夫，初步实现“输血”与“造血”相结合、“帮村”与“帮户”相统一，切实做到扶真贫、真扶贫。至2011年底，小楼镇17个贫困村集体收入达10万元以上，其中东境、河洞、青迳、约场、江坳、九益6个村达20万元以上；全部贫困户年人均收入达5000元以上，其中扶贫类贫困户人均增收7463元，全部提前达到脱贫标准。

【帮扶信宜市】 越秀区27个单位共同对口帮扶茂名信宜市12个贫困村，各帮扶单位整合资源，齐心协力共同帮扶，确保“双到”任务顺利完成。区通过财政拨付、社会捐助、招商引资等多渠道筹集7600多万元（其中区财政投入和各单位自行筹集1700万元）投入帮扶建设；完成低收入住房困难户住房改建任务1068户；至2011年底，贫困户人均收入为8005元，1630户贫困户100%脱贫；村集体收入平均为14.4万元，12个贫困村集体收入均可超过3万元的脱贫标准，可以全部脱贫。

【扶贫开发项目启动仪式】 2011年5月5日下午，越秀区、富力地产公司和增城市帮扶小楼镇23个扶贫开发项目启动仪式在增城市小楼镇何仙姑家庙广场举行，正式拉开小楼镇扶贫开发23个项目加快建设的帷幕。省委常委、广州市委书记张广宁出席启动仪式，越秀区区长杨雁文，富力地产公司董事长、总裁张力向小楼镇17个贫困村捐赠商铺钥匙。

（区扶贫开发“双到”办 张春荣）

中国人民政治协商会议广州市越秀区委员会

【政协第十三届广州市越秀区委员会第六次会议】 于2011年3月7～9日召开，出席会议的政协委员357人，列席人员39人，港澳特约委员56人。

会议听取并审议通过区政协副主席陈晓觉代表第十三届越秀区政协常务委员会所作的工作报告；听取和审议通过区政协副主席周乔建关于第十三届五次会议以来提案工作情况的报告；列席区第十四届人民代表大会第八次会议，听取并讨论政府工作报告及其他报告；增选叶新兰为政协第十三届广州市越秀区委员会副主席；审议通过区政协十三届六次会议决议；审议通过提案委员会关于区政协十三届六次会议提案审查情况的报告。

本次大会形成各界别、党派、委员活动小组及有关团体的大会发言材料20份；征集提案108件（其中民主党派、工商联提案17件），立案95件，立案率为87.96%。未予立案转作委员意见送有关部门研究处理的13件。大会发言和提案内容广泛、重点突出，紧紧围绕“依靠创新驱动、建设幸福越秀”的核心，紧扣越秀经济建设、社会发展和社会民生等各个方面的热点，如《利用我区点线面的文博优势，打造开放式广府文化客厅》、《发挥创意大道的引擎作用，做强做大我区文化创意产业》等。

【政协第十四届广州市越秀区委员会第一次会议】 于2011年11月7～9日在区机关办公大楼召开。出席会议的政协委员345人，列席人员36人，港澳特约委员65人。

会议听取并审议通过区政协常委会工作报告和关于提案工作情况

的报告；以无记名投票方式选举钟俊鸣为十四届区政协主席，叶新兰、邵建明、陈晓觉、陆伟刚、周乔建、胡嗣明为十四届区政协副主席，张岩为十四届区政协秘书长，马光华等63人为十四届区政协常务委员；通过区政协十四届一次会议决议。

新一届常委会产生后，区政协从规范化、制度化建设的需要出发，按照政协章程的规定，开展组织架构和委员活动小组的设置工作。十四届一次常委会议在主席会议研究、提名的基础上，决定新一届政协设置提案委员会、经济科学技术委员会、教文卫体委员会、港澳台侨委员会5个专门委员会，并任命5名专委会主任和2名区政协兼职副秘书长。主席会议确定345名委员和65名特约委员分别编为14个委员活动小组，并确定组长人选，同时通过提案委员会组成人员名单，提高委员履职活动的组织程度，圆满完成换届工作。

【履行政协职能】 2011年，区政协围绕区“十二五”时期的目标任务，积极开展调研视察，组织委员就解放南路商圈的发展现状和困境、出路开展调研，广泛听取各界人士和相关职能部门意见，召开常委会议专题协商，最后形成“抓住‘三旧’改造机遇，建设解放南路新商圈”调研报告，被区委、区政府及有关部门采纳；就“如何化解社会矛盾纠纷，开展人民调解工作”进行专题视察并形成报告，报送给区委、区政府参考。为帮助区委、区政府及时掌握社情民意，做好化解矛盾、维护稳定的工作，全年收集社情民意信息63件。

【提案工作】 2011年，区政协十三届六次会议和大会闭会后，共征集提案112件，立案98件，立案率为87.5%，已全部办复。委员对提案办理结果反馈的满意率和基本满意率达99%。

2011年11月30日，越秀区政协十四届一次常委会议。

区政协紧紧围绕实施“建设国家中心城市核心区”发展战略，切实在提高提案质量和办理实效上着手，抓好征集、立案、督办3个环节。努力为委员撰写提案创造条件，激发委员撰写提案热情，紧扣区委、区政府工作中心，着眼于社会普遍关心的热点问题和群众较为关注的利益诉求，力求做到提案数量不减，质量不降，做到有情况、有分析、有具体建议，成为党政部门重要的决策参考和改进工作的推动力量。对收集的提案梳理、分析严把关，提高立案提案的质量。对于由主席、副主席领衔督办的重点提案，通过召开专题视察、座谈、电话协商等形式加强与提案者的联系和沟通，做到先协商后答复，沟通情况，深化建议，使提案的办理落到实处。全年督办重点提案5件。

【宣传信息和理论研究工作】 2011年，在越秀区政协网及市、区媒体和内部刊物刊发信息92余篇，编印《越秀政协》简报15期，编辑出版《履职掠影》画册，回顾十三届政协积极履行政治协商、民主监督、参政议政职能的成果，展示委员的才艺风采。区政协理论研究分会围绕“配合区政协换届和深入贯彻落实中共广州市委、越秀区委《政治协商规程（试行)》的新形势，研讨如何加强人民政协的‘三大职能’建设及政协委员的队伍建设”主题开展理论研讨，选送7篇论文参加广州市政协理论研究会相关主题的理论研讨。

【帮扶工作】 2011年，区政协坚持广泛发动政协委员参与扶贫济困、爱心帮扶等公益事业。经济界委员和港澳地区委员、特约委员积极捐资出力，分别赴增城市小楼镇、贵州镇远羊场镇龙洞小学等地开展扶贫助学活动和慰问贫困家庭，派发助学金及书籍、书包等文具用品，捐建校舍等。落实省扶贫开发“双到”任务，根据对口帮扶点信宜市合水镇排垌村的实际情况，区政协领导亲自带队深入调研，制定帮扶措施，积极寻求政协委员及海印集团、香港佐丹奴国际有限公司、香港汇丰银行广州分行和狮子会等企业、社团支持，捐资建成排垌佐丹奴希望小学、排垌长田水坝等，改善当地教育条件、水利设施，为该村脱贫致富提供有力帮助。一年来，区政协委员为区内外慈善事业捐款、捐物总额达90多万元。

（区政协办　李密）

责任编辑　邓小敏

秦时古兰湖码头

兰湖码头是广州最早的码头。秦时的兰湖面积很大，今象岗山下的双井街，即为当时的湖岸。因有白云山、越秀山为屏障，兰湖港避风条件好，南越王赵佗在象岗山上建有朝汉台。从兰湖流出的驷马涌向西注入珠江，驷马涌一直到清代以及民国时期，仍是一条进城的重要水道。据《水经注·泿水》记载，东汉末年，东吴大将步骘顺西江而下抵广州。估计步骘在兰湖码头靠岸，登上象岗山朝汉台。“骘到南海，登高远望，睹巨海（珠江宽阔的水面）之浩茫，观原薮（广州城西广布的西关沼泽）之殷阜，乃曰‘斯诚海岛膏腴之地，宜为都邑’。”

驷马涌这条重要水道，由佛山、北江、西江来广州的旅客，有很多在此登陆。因其离城较近，故兰湖码头是广州西侧一个重要的水陆码头。南海县署从隋代至宋代，都设在这里，到了元代才搬走。宋社稷坛也建在湖上，可见兰湖码头地位之重要。另外这里因靠近象岗山，是船舶避风之地。唐刺使李玭建“余慕亭”，“使客舟楫避风雨者皆泊此”。这里是唐宋两代广州的水上要地。明代以后兰湖才开始淤浅，到清代仍有埠头存在，观音山称“高码头”。

群众团体

越秀区总工会

【概况】 2011年，越秀区总工会深入学习落实科学发展观，认真贯彻“组织起来，切实维权”的工作方针，全面履行工会职能，团结带领各级工会和广大职工开拓创新、真抓实干、建功立业，进一步推动工会工作的科学发展。

是年，越秀区总工会被评为2011年度工会工作目标考核模范标兵单位、2007—2010年度广州市群众体育先进单位、2011年度越秀区就业工作目标责任制考核达标单位，获得2011年度广州市工会工作“五一”创新奖、2011年度工会经审工作考核特等奖、广州市2011年度组建工会和发展会员工作特等奖、2011年度工会经费收缴工作竞赛特殊贡献奖。

越秀区总工会下属2340家基层工会，其中独立基层工会2005家，联合基层工会335家，基层工会涵盖单位工会21812家，工会会员255093人。

【工会组织建设】 2011年，在越秀区组建成立广州市第一家肉菜市场行业工会联合会，涵盖肉菜市场56家，覆盖职工4300人。是年，全区新增基层工会249家，基层工会涵盖单位工会1424家；外商投资企业工会23家，重点组建世界500强等跨国公司工会3家。新发展会员45280人；新发展建筑工地工会3家，新发展会员167人，在大型企业中组建会员，1000人以上的基层工会1家。加强工会规范化建设，评出“合格职工之家”企业1673家，合格率为81%。

2011年3月2日，越秀区召开《关于进一步加强工会工作 发挥工会组织作用的意见》工作会议。

【维护职工的合法权益】 2011年，越秀区总工会参与涉及劳动者合法权益等事项的研究和职工权益问题的相关会议和调研等；依法开展劳动法律监督和劳动争议调处工作，参加区“农民工工资支付专项检查活动”、“人民调解、排查调处工作法律咨询日”、“安全生产月宣传咨询活动”、“妇女权益保障咨询活动”、“工会劳动法律监督检查”等；加强与政府及其有关部门的联系与配合，在区属各级工会建立劳动关系预警网络，了解掌握劳动关系相对不稳定的重点企业情况，及时上报预警信息；参与和配合政府有关部门进行安全生产专项检查，参与2宗生产安全事故分析调查。

推进建立集体协商和签订集体合同制度。是年，越秀区工资集体协商机制覆盖率达到72%，覆盖企业15842家，覆盖职工146251人；已签集体合同119份，覆盖企业19815家，覆盖职工182485人。

企业厂务公开，事业单位、国有及其控股企业、集体及其控股企业职代会建制率和厂务公开率均达到100%；非公有制企业职代会建制率80%，实行厂务公开民主管理的基层工会1959家，覆盖企业19368家，覆盖职工223568人，公开率85%。

【为职工排忧解难】 2011年，区

总工会继续开展广州市“三个互助保障计划”工作，区58名职工申领患病补助金86.4万元；在2011年越秀区困难职工“送温暖”活动中，走访困难职工280户次，送出慰问金11.2万元；2011年越秀区归档立册中困难职工280户；发动越秀区肉菜市场行业工会联合会捐资1万元慰问环卫行业困难职工41人，向30多名特困环卫工人送上慰问金约15万元，为60多名困难环卫工人送上棉被和大衣；开展高温慰问活动，为一线环卫工人送上清凉饮料1000箱；开展2011年“春雨助学行动”，为26名辖内贫困、低保家庭女学生申请到高中阶段的学费补助；共发“越秀区职工解困济难基金”与“越秀区特急救济专项资金”救济资金27.82万元，惠及困难职工232户。是年，信访11件，接待来访6批/26人次，来电7件，办结率100%。

【女职工各项工作】 2011年，越秀区总工会做好市妇女发展规划纲要实施情况验收工作；指导和帮助广州顺丰速运有限公司完成市总工会劳动法律监督和女职工工作迎检任务，该公司获评“2011年广州市工会女职工工作监督检查模范企业”。发动有关单位参加广州市女职工创造发明和技能技巧成果展览活动；为近500名女职工提供免费妇检，增强女职工疾病的预防意识；在“六一”儿童节前夕，组织特困、单亲困难家庭、外来务工人员家庭子女开展“参观新广州活动”，并联同区教育局、民政局、团区委、妇联、残联，为残疾少年儿童送上深切的关怀。开展企业女职工专项集体合同的签订工作，119家企业已签合同，在集体合同中有女职工权益专项条款的企业有19815家，覆盖女职工182485人。

【提高干部职工素质】 2011年，区总工会组织各基层工会干部职工参加工会业务培训班学习，全面提高工会干部的理论水平和实践工作能力。执行《广州市职工素质建设工程五年规划目标指引（2011—2015年）》，组织基层职工参加市总工会主办的广州职工教育网的各项学习课程；配合区禁毒办在全区职工中开展宣传教育活动，组织区内职工参观广州市禁毒教育馆；制定《越秀区工会关于在职工中开展法制宣传教育的第六个五年规划》、《越秀区工会2011年普法工作要点》；配合区内单位在全国科普周期间开展科普、劳动法律法规宣传教育活动，发放职工维权指引和节能宣传册等各种宣传资料；协助省总工会、市总工会举办“《社会保险法》工会宣传日活动”，开展包括《社会保险法》、劳动法规政策及职工互助保障计划等内容的现场服务，近千名职工群众参加。组织各级工会深入开展群众性劳动竞赛活动，把职工职业技能竞赛、职工经济技术创新与创建工人先锋号活动相结合；加强“安康杯”竞赛工作，加强班组安全建设，开展全员安全生产知识培训，开展安全文化活动和比赛。

【越秀区第一届外来务工人员运动会】 2011年，越秀区总工会、体育局联合举办越秀区第一届外来务工人员运动会，开广州市先河设趣味运动、拔河、乒乓球、羽毛球、三人篮球、室外五人足球、登

2011年6月30日和7月4日，区总工会开展慰问越秀区困难职工活动。

山等7个比赛项目。越秀区22个街道总工会中的68个非公有制企业代表团、3000多名运动员参加各项目的比赛。

【外来务工人员宣教服务】 2011年，越秀区总工会在外来务工人员中开展以政策法规、职业素养、操作技能、文化生活等为主要内容的宣教活动。组织外来务工人员参加广州劳工大学堂，通过上网学习、举办讲座和联谊活动等形式，免费为外来务工人员提供各类文化教育服务。与区图书馆联合举办“如歌岁月　铭记党恩”—进城务工人员纪念建党90周年征文活动及外来务工人员“幸福越秀、书香万家”、“享受阅读、成就梦想”等阅读系列活动；组织建筑工人和环卫工人观看市总工会主办的各种专场演出。将工地工会“外来员工居住环境标准”作为创文统筹检查项目之一，要求全区各个职能部门和街道按照标准督促相关工地落实执行，努力提升外来务工人员居住环境标准。在工地大力推行“金雁职工之家”心理调适活动；推广矿泉皮具建筑工地农民工业余学校。对施工人员进行三级安全教育，定期举行消防演练，做到抓重点，严把现场实物关。

【开展帮扶工作主题活动】 2011年，越秀区总工会在区属各单位工会中对广州市户籍法定劳动年龄范围内，有就业能力和培训需求的在职职工，开展以“学技能、促稳定”为主题的职业技能培训活动，这些职工在参加职业技能培训后，经审核符合补贴条件的，享受财政分类定额补贴，按规定减免培训或鉴定费用。

（区总工会　田媛）

中国共产主义青年团广州市越秀区委员会

【概况】 2011年，共青团广州市越秀区委员会坚持以“勇当转型升级先锋，青春奉献幸福越秀”为工作主线，充分利用团的组织优势，牢牢把握时代脉搏，紧密团结全区团员青年，以志愿服务和团的基础建设这两项重点工作为依托，推动越秀区志愿服务事业和共青团工作实现新的发展。

全区有基层团委65个，团总支36个，团支部894个。其中：直属团委40个，直属团支部7个，非直属基层团委25个，非直属团总支36个，非直属基层团支部887个，其中“两新”团组织292个。截止2012年4月底，35岁以下青年18万人，在册团员1.65万人，少先队员12万人，全区现有专（兼）职团干463人。

【思想政治教育】 2011年，团区委以纪念建党九十周年、建团八十九周年暨“五四”运动九十二周年为契机，开展“年轻的心向着党——爱党爱团 幸福共创”系列活动、“年轻的心向着党——青年风采展飞扬”系列活动、“年轻的心向着党——党旗下的成长”庆祝展示活动及演讲比赛。动员和引导广大团员青年以勤于学习、善于创造、甘于奉献的实际行动为党献礼，进一步解放思想，施展越秀青年的杰出才华，展现新时代越秀青年的良好风貌，为建设幸福越秀贡献青春力量。

10月18日，根据团市委的统一部署，承担全市“‘青春·誓言’——2011年成人宣誓仪式”主会场的承办任务；组织全区年满18周岁的青年学生参加宣誓。结合纪念建党90周年、辛亥革命100周年，以严密的组织、高度的责任感出色完成主会场的组织工作，取得良好的社会效果。

【青年志愿者工作】 2011年，全区有324支志愿者队伍，超过10万名志愿者。全年出动志愿者超过15万人次，服务总时间近50万小时。其中，创文迎国检出动10500人次，服务总时间6.3万小时；春运志愿服务出动志愿者5600人次，服务总时间3.16万小时，提供路线咨询服务44.54万次，提供导乘引路服务36.13万次，提供电话服务20.02万次，派发春运宣传单11.15万张、雨具9.95万包，提供爱心茶水服务12.35万次，接送特殊人群（孕、残、老、幼）203次，派发春联1200份，福字帖

6000 张。

是年，配合区委、区政府做好创文工作，团区委先后组织志愿者深入 176 个社区，清扫街道 182 公里，清除牛皮癣 7985 处，清理卫生死角 42 处，清理垃圾 27 吨；在全区设置文明公交车站 127 个、文明交通路口 21 个、志愿驿站 25 个，日均出动志愿者近 700 人次，覆盖全区各主要干道、重要路口；利用“春节”、“元旦”两大节日在区 22 个街道慰问帮扶困难家庭学生；组织各街道团工委摸查辖内空巢老人情况，并在社区倡导“邻里互助，结对帮扶”，物色自愿而又有能力的退休人员、党员等参加自管互助服务活动，形成各社区辖内空巢老人自管互助服务网络。以志愿驿站为载体，面向全市各重要广场、景区、路段，结合本单位实际开展文明创建宣传及实践活动，以设摊服务、图片展览、文艺演出、知识问答、互动游戏等方式，在志愿驿站开展公共服务信息宣传和现场咨询活动，为市民及游客提供行路咨询、语言翻译、卫生急救、文明宣传、维稳监督等城市公共领域志愿服务。超过 4 万名青少年、共青团员、志愿者参与到该项活动中。

4 月，团区委在北京街盐运西社区建立“幸福越秀志愿服务站”试点，充分调动社会资源，以“社区综合服务中心”为依托，组建稳定的志愿者队伍，以社工 + 志愿者队伍的模式，以常态化的项目运作为抓手，开辟“4 点半成长空间”、“健康同行”、“快乐舞台”、“爱心牵手”、“青年沙龙”等志愿服务项目，为社区居民提供丰富的志愿服务。在全市设立的 11 个市级幸福社区志愿服务试点街道中，3 个街道（北京街、矿泉街、建设街）成功申报市级幸福社区志愿服务试点，占全市试点计划的 27.3%。

【团员青年培训】 2011 年，团区委充分利用“青年夜校”的学习平台，每逢周一就组织团干部、优秀青年骨干到团区委集中学习，给青年、团员搭建学习平台，全年组织 35 期“青年夜校”培训班，培训青年团员 2458 名。同时，团区委紧扣中共越秀区委打造“广府文化源地，千年商都核心”的战略任务，引领广大青年树立“文化繁荣是发展的最高目标”的理念，与区地方志办公室、区图书馆、区文化馆等部门一道，积极推动“识名城，建设幸福广州——《人文广州》图片巡展”的启动，并分 6 批次组织 300 多名青年前往学习、参观。

【服务青少年】 2011 年，团区委法律援助工作站和青少年维权岗不断加大社会宣传力度，在区法律援助处的协助下，编印《越秀区法律援助指引》、《越秀区法律援助典型案例》等宣传资料，会同区民政、区妇联等部门举办“法制宣传日”大型法律咨询活动。团区委主动走访、接触青少年群体，广泛了解青少年群体的法律需求，并向广大青少年派发法律援助资料和联系卡，扩大社会影响，基本建立起“全覆盖”工作格局，尽最大限度预防青少年犯罪。

8 月，团区委在广泛宣传 12355 青少年维权热线的基础上，分别在团区委办公室、区司法局团委、区法院团委、区检察院团委、区公安分局团委新增建设 5 个青少年维权岗。团区委法律援助工作站

春运首日，志愿者上岗现场。

和区司法局法律援助处把法律援助作为“上为政府分忧、下为青年解愁”的法治实践，作为“改善民生、共享改革开放成果”的民心工程，作为促进公平正义、维护社会和谐稳定的重要基础来抓，在解决青少年打官司难的问题上下工夫，在建立涉法利益表达诉求机制上做文章，为青少年群体守住最后一道法律屏障。

是年，团区委与市青少年发展基金会联合开展福彩大学生助学活动，资助2011年考上大学的本科生48名，共24万元，大专生29名，共8.7万元。其中8名学生因证件不齐备等原因本不符合福彩助学文件要求，但鉴于他们品学兼优且家庭确实困难，团区委指引他们提出特别申请，并对他们进行个案跟进，最终让他们顺利获得爱心资助。

【“两新”组织团建】 2011年，团市委下达任务：要求越秀区非公企业团建完成数262个，新社会组织团建完成28个，共计新建“两新”组织290个。是年，越秀区新建非公企业团建263个，新社会组织团建28个，新建农民工聚集地团组织1个，共计292个。在全市12个市区中第一个提前超额完成任务。这些“两新”组织共覆盖35岁以下青年人数为3679人，覆盖团员人数为1980人。利建企业集团、广州市大可以企业发展有限公司、广州市水电建设工程有限公司、广州雄鹰学校等4个单位被评为“广州市‘两新’组织团建示范单位”。

【街道团组织格局创新】 2011年，团区委联系区委组织部，成立“越秀区街道团的组织格局创新和‘两新’组织团建工作领导小组”，由区委组织部副部长和团区委书记担任组长，大力推进街道团组织格局创新工作。8月31日前，全区22个街道全部完成街道团工委的班子调整和充实工作，配齐配强编制外的团委副书记、委员（均由各街道党工委发文任命，各街道团工委也将任职原件报送到团区委），其中还任命“圆梦计划 北大100”的一名优秀学员为东山街编制外团工委委员。调整和充实后，有编制内书记、副书记19人，编内团干10人，编制外副书记45人；委员中，编制内16人，编制外100人；各街团工委编外委员占街道团工委委员数目1/3以上。

团区委开展“微文明”志愿服务活动。

【志愿驿站服务】 2011年，团区委多方协调，顺利转化亚运志愿服务的成果，在全区保留25个志愿驿站。为提高志愿驿站志愿服务水平，团区委通过22个街道团工委，对志愿者进行岗位实训，各街道分别绘制岗位地图、岗位城市信息表等志愿者上岗必备资料，对辖内岗位的全体志愿者进行详细的街情、岗情培训，不断地提高志愿者的服务能力，将志愿驿站打造为城市信息咨询和便民服务的窗口。此外还制定《越秀地区幸福广州志愿服务站管理办法》、《越秀区志愿者行为规范》，明确志愿者上岗的服务要求、队伍架构、站点开放流程等，对志愿者的着装、道具、仪容仪表等作出明确的规定，对志愿者整体形象进行明确的规范。

团区委把志愿驿站融入创文工作的全局当中，结合创文工作的要点，设计与创文工作紧密关联的志愿服务内容，坚持每月在志愿驿站中开展紧贴创文工作内容的活动。4～12月，先后开展“爱心助老”志愿服务月、“微文明”志愿服务月、“扶贫济困”志愿服务月、“电梯安全”志愿服务月、“邻里互助”志愿服务月、集中开展志愿者服务行动、迎国检志愿服务、“文明出行”志愿服务月、“友爱互助”志愿服务月。

（团区委　符玉君）

越秀区妇女联合会

【概况】　2011年，越秀区妇联发挥密切联系群众的优势，以团结动员、教育引导、代表维护、服务妇女为根本任务，积极开展工作，并着力在创建文明城市、维护妇女儿童权益和优化妇女儿童发展环境等方面下工夫，制定《越秀区妇女儿童发展规划（2011—2020年）编制工作方案》，并着手开展新一轮妇女儿童发展规划的编制工作。

区妇联下属妇女组织包括：街道妇联22个，社区妇代会265个，区直机关事业单位妇委会6个，新经济新社会组织妇委会36个，妇女联谊会1个 。

是年，换届后全区267个社区妇女进“两委”人数达2418人次，占两委总人数的73%，其中女书记235名，女主任232名，妇代会主任进“两委”比例达100%。全区22个街道妇联全部配备主席和副主席，而且全部实现主席由副处级女领导干部兼任、副主席享受街道中层正职待遇。

【维护妇女权益】　2011年3月16日上午，区妇联与诗书街联合举办“三八”妇女维权周宣传服务活动，区公安分局、区人社局、区司法局、区计生局、区妇联等单位领导和工作人员现场为广大妇女提供优质维权咨询服务。广缘家政公司现场招聘“4050”下岗女工，区中医院的中医师为群众提供中医治未病咨询和免费量血压服务，有大批的群众参与。健全妇联维权网络和信访工作制度，区、街、社区妇女维权站点100%纳入各级综治信访维稳中心，是年，区妇联共接待妇女群众来访、来电、来信142宗，其中“38613861”来电91宗，来信5宗，来访46宗。诗书街发生一未成年少女被强奸案，区妇联第一时间介入，全力做好各方面的协调工作，最终妥善解决该少女的户口、读书和安置等问题。并为其提供一对一爱心帮扶服务，从而维护未成年人的合法权益，及时平息事件，化解社会矛盾。

【妇女综合素质】　2011年，区妇联按照分层次、抓重点、抓实效的原则，11月中旬举办3期女领导干部形象造型知识培训班，邀请具有国际化妆师资格证书及多年教学经验的专业形象设计师为全区近160名副处级以上女领导干部授课。举办基层妇干业务培训班，全区360多名妇女工作者参加，邀请妇女理论和维权知名专家教授授课。选派2名女干部参加广州市女干部北京大学公共管理高级研修

2011年8月26日，越秀区妇联举办“览广府文化　寻红色踪迹”——2011年青少年“幸福越秀游”暨摄影大赛活动。

班，组织230多人次参加“广州妇女大学堂”。定期召开街道妇联工作总结交流会，由各街妇联代表汇报工作情况，并对工作中遇到的热点难点问题进行讨论，为大家提供相互学习、相互比较、相互促进的机会。

【儿童工作】 2011年，区妇联开展羊城“小市长”越秀赛区评选活动。全区57所小学、27所中学全部开展海选，参与学生超过500人。4月，举办越秀赛区决赛，最终有10名中小学生脱颖而出，并代表越秀区参加广州市竞选。最后东风西路小学黄钰、中星小学冷若萌和吴子旭表现出色，摘取第八届羊城“小市长”小学组冠、亚、季军，培正中学刘贝儿摘取中学组冠军。5月，举办小学生“在党旗下成长”书画摄影征文比赛暨“童心向党”歌咏活动；举办越秀区少年儿童庆祝中国共产党建党90周年暨“六一”大型主题歌会。暑期组织100个家庭开展越秀区青少年广府文化寻迹之旅暨摄影大赛，并与广州医学院志愿者组织200名单亲困难家庭学生开展“爱心组合”定向越野活动。10月，邀请全国著名家庭教育专家曹颖举办规模达500多人参加的家庭教育讲座；11月，举办题为“成功路上与孩子同行”的机关干部家庭教育专题讲座，800人参加。检查全区各社区家长学校挂牌及上墙制度，巩固基层家教工作阵地。组织好社区类优秀家长学校的检查、推荐、评选工作，黄花岗街、六榕街的社区家长学校，海珠中路小学、雅荷塘小学、华侨外国语学校的家长学校被评为“2011年度广州市优秀家长学校”。做好重症儿童救治、困难女高中生春雨助学行动、一对一爱心助养、“爱慕希望女孩”助学、单亲特困母亲爱心结对等工作。是年，帮扶困境妇女、儿童130名，帮扶资金合计约11万元。

区妇联牵头率先在对口扶贫的信宜市钱排镇北内村小学设立“越秀扶贫助学奖学金”。到2011年底，已经奖励优秀学生60名，发放奖金1.2万元。

【推进妇女参政议政】 2011年是区各套班子换届选举之年，区妇联及时发掘和推荐优秀女干部，促进区党代表、人大代表、政协委员，以及党政工作部门班子成员中女性比例的提高。据统计，在第十次党代会代表中的女性比例达38.4%，新一届区人大代表和区政协委员中的女性比例为24.1%和30.1%。换届后区级领导班子中的女性比例达到25.6%。区妇联领导班子成员进入区委委员、区人大常委、区政协常委的队伍，为区妇联参与区的重大决策和参政议政提供平台。

【开展幸福家庭评选表彰活动】 2011年“三八”妇女节前，区妇联在区辖内的家庭中广泛开展幸福家庭评选表彰活动，评选出“好夫妻之家”、“好婆媳之家”、“好父母之家”、“好儿女之家”各22户。3月2日上午，在广州大厦召开主题为“幸福的越秀，幸福的家”的越秀区纪念“三八”国际劳动妇女节101周年暨幸福家庭表彰大会，对以上88户幸福家庭进行表彰。大会号召全区广大家庭向受表彰的家庭学习，积极提高家庭成员整体素质，以家庭和谐促进社会和谐，为在全社会形成人人相互关爱、家家幸福安康、社会和谐发展的良好局面贡献力量。

【推进社区“妇女之家”建设】 2011年，区妇联按照“先挂牌建立、后健全完善、再丰富提高”的方针，迅速部署，统筹协调，实现区“妇女之家”建设全覆盖，全区267个社区初步建成“妇女之家”。据统计，在已建立的“妇女之家”中，利用社区党员之家建立“妇女之家”的有134个，占51%；利用社区居委会建立“妇女之家”的有72个，占27%；利用星光老人之家建立“妇女之家”的有53个，占20%。按照创建标准认真选好试点，是年梅花村街的共和西社区“妇女之家”已被确定为广东省“妇女之家”示范点。

【参与文明和谐建设】 2011年，区妇联召开创文动员大会，对区妇联系统牵头负责的创文指标任务进行解读和部署，并成立工作督查小

2011年7月28日，由广州市妇联和广州市文明办主办，越秀区文明办、越秀区妇联、东山街党工委、东山街办事处协办的广州市“六进我家”活动启动仪式在越秀区五羊南社区广场举行。

组，对重点区域进行材料审核、实地考察，及时查漏补缺，确保国检期间各项目指标全部落实到位。开展“爱羊城、讲文明、颂美德”千场家庭美德和科学教子宣传活动。区承办由市妇联、市文明办主办的广州市“六进我家”活动启动仪式，全区妇联系统先后组织267场“六进我家”、家庭美德和科学教子宣传活动。组建“巾帼文明宣传队”，开展“爱我家园”巾帼文明志愿服务。组建一支以区、街、社区妇女干部和妇女志愿者为骨干的“巾帼文明宣传队”，深入到社区、家庭、机关、企业宣传创文知识。组织巾帼志愿者和文明家庭开展“美家园、讲文明”清洁行动志愿服务，参与社区公共环境卫生整治。巾帼志愿者们在国检期间全面上岗，手持“大拇指”牌和交通指引旗，在区内的交通要道开展“文明出行”志愿服务。

（区妇联　陈淑明）

越秀区工商业联合会

【概况】　2011年，越秀区工商联紧紧围绕区经济发展中心工作，以加快建设幸福越秀为主线，团结民企，凝聚力量，重点加强对会员和行业商会的指导，充分发挥政府管理非公有制经济的助手作用，引导区民营经济健康发展，为“十二五”期间工商联工作开好局、起好步打下基础。

越秀区工商联新接纳越秀区环境保护协会作为团体会员，越秀区钟表行业商会申请成立广州市钟表行业商会。该会联系指导的商会达到26个，其中区级行业商会20个，市级行业商会5个，省级行业商会1个，会员总数3797人。

是年，区政协副主席、区工商联主席邵建明在中央文明办主办的“我推荐、我评议身边好人”的活动中被评为“诚实守信好人”，并被广州市慈善会授予“羊城慈善先进个人慈善之星”。区工商联副主席黄健生被广州市慈善会授予“羊城慈善服务先进个人”。区工商联联系和指导的广州市海味干果行业商会荣获“羊城慈善先进集体优秀组织奖”。区工商联获评“越秀区广州亚运会亚残运会工作优秀集体”，区非公党工委书记孙英锐获评“越秀区广州亚运会亚残运会工作优秀个人”。

【区工商联第十二次会员代表大会】　2011年8月30日，区工商联十二届会员代表大会、区总商会第一届理事会在珠江宾馆召开。区各行各业非公经济代表人士约300人出席会议。会议选举产生第十二届执委会执委、常委、主席、副主席、秘书长。本届区工商联执委会设执委200人，常委100人，比上届略有增加。区工商联第十二届执委班子设主席1人，副主席23人，秘书长1人。主席邵建明，驻会副主席祝时舜、张志强、黄韶岚3人，另设不驻会副主席20人，由区内非公经济代表人士担任。设党组书记1人，由区委统战部副部长祝时舜兼任；副书记1人，由副主席张志强兼任。

【非公党组织建设】 2011 年，区工商联结合中国共产党成立 90 周年纪念活动，区非公党工委积极开展党组织建设，探索党建新方法，对区级非公有制经济组织党建工作示范点进行验收表彰。2 月，区非公党工委召开“探索新形势下加强非公有制企业党建工作座谈会”，康采恩医药集团有限公司等 6 个非公企业党组织负责人介绍各自的经验和体会。6 月，区非公党工委召开“越秀区民营企业中共党员迎接建党 90 周年大会”，表彰 24 个区级非公有制经济组织党建工作示范点。10 ~ 12 月，区非公党工委举办“加强非公党建，推进社会管理创新”系列培训班，通过组织观看影片学习先进模范精神，还组织党工委负责人赴革命圣地延安学习考察等。

【会员参政议政】 2011 年，以会刊《越秀商会》为平台，广泛宣传省、市、区的政策文件精神和工作动态，引导企业家关注区域经济社会文化各项事业的发展。重视收集民声民意，积极撰写提案议案，为区委、区政府提供有益的建议和意见。为充分发挥行业商会的作用，区工商联撰写区政协大会工商联组发言材料《建立健全行政相关决策前充分听取有关行业协会商会意见的制度》，开展“关于在越秀区行业协会商会中深入推进委托授权机制”的专题调研并撰写调研报告。

【搭建各类融资平台】 区工商联针对民营企业发展中遇到的融资难问题，鼓励海印小额贷款公司各项业务的开展。公司自成立以来累计发放贷款 15 亿多元，投放贷款 541 笔，2011 年上半年发放贷款 2 亿多元，投放贷款 79 笔，业务量比上年同期增长 19.03%。1 月，澳门中小企业协进会理事长、汇业财经集团主席区宗杰来访并参观海印小额贷款股份有限公司，就如何为区民营企业提供融资服务提出初步合作建议。同时，区工商联鼓励区各行业商会通过与各银行建立合作关系，形成对会员企业的融资平台，改善中小企业融资难的问题，如区食品商会与邮政储蓄银行开展针对商会会员短期资金缺口的信用贷款，得到商会会员的一致好评。

【开展对外交流】 2011 年 1 月，区政协和区工商联组织企业家 20 多人参观四川五粮液酒厂，考察学习企业“创新求进”的成功发展之路。5 月 29 日，区工商联接待全港各区工商联参观考察团一行 17 人，互相交流两地民营经济发展的情况和工商联工作的经验、体会。6 月，联合区酒类行业协会组织企业家 30 人参观考察郎酒集团。11 月，应湖北荆州市工商联邀请参加该会第四届换届大会，到该地参观学习团结和发展异地商会组织的经验。

【行业协会商会建设】 2011 年，区工商联坚持对行业商会的业务指导，不断完善行业商会会员登记制度，探索组织发展激励制度，加强行业商会的组织建设。

协助开展区内行业商会等级评定工作。配合区民政部门指导 8 家区级行业商会按照评定标准规范完善各项制度，申报的 8 家行业商会

2011 年 12 月 29 日，区工商联、区总商会联合主办“龙腾幸福越秀 利泽千年商都——越秀区工商业联合会第十二届执委会、越秀区总商会第一届理事会就职典礼暨迎新年晚会”。图为区领导与区总商会负责人在会上合影。

2011年12月29日，在“龙腾幸福越秀　利泽千年商都——越秀区工商业联合会第十二届执委会、越秀区总商会第一届理事会就职典礼暨迎新年晚会”现场。

获得3A以上的等级，其中3家获得4A等级。

继续推动行业协会商会承接政府的社会公共事务委托。区酒类协会承办培训委托工作，组织200多名会员企业参加学习培训；区饮食商会在区经贸局指导下参与幸运楼酒家参评国家级特级酒家的评选工作；区眼镜商会在市质量协会的指导下开展质量诚信宣传活动，有近80家企业公开承诺质量诚信，还开展针对会员的质量诚信培训讲座；区饮食商会承接区2012年广府庙会的部分筹备工作，发动区食品商会和饮食商会的会员积极参与广府庙会活动。

推进商会党建和工会建设。4月，区服装商会召开工会联合会第一届第三次会议，进行委员和主席的选举替补工作。5月，区肉菜市场商会成立区肉菜市场行业工会联合会，召开第一届第一次全体委员大会。6月，区皮革鞋业商会成立商会党支部。

【参与各类社会慈善事业】　2011年，区工商联认真做好扶贫开发“双到”工作。9月止，所在的第十二扶贫工作小组对北内村累计投入帮扶资金377.25万元，使村内有劳动能力的贫困户（40户）实现脱贫，脱贫率95%，村集体经济由2009年的年收入0.61万元提升为17.178万元。被评为“广州市对口帮扶梅州、阳江、茂名三市扶贫开发‘规划到户责任到人’工作先进单位”；还发动区内行业商会参与区对口扶贫地区农产品的供销对接，向钱排镇北内村采购生姜1万多斤，三华李5000多斤，发动区饮食商会协助区对口扶贫的增城市小楼镇举办菜心节系列活动；发动区饮食商会、区肉菜市场商会实现对市内10家知名酒家与肉菜市场的迟菜心和其他农产品的专供对接。积极引导商会和民营企业家开展各类慈善活动，年初区政协副主席、区工商联主席邵建明捐出善款25万元慰问白云街近200户孤老、特困户、助养助学人员。3月，市海味干果行业商会于成立6周年志庆之际向广州市越秀区残疾人联合会捐出10万元。5月，区纺织品商会向梅州丰顺汤坑镇吉坪村特困学生捐款。6月，区百货业商会第八届理事会在就职典礼活动中邀请信宜市钱排镇北内村小学20多名学生代表到广州参观，并捐赠励志奖学金20万元，其中该会会长、区工商联副主席丘育华捐款10万元。10月，区民营商会发动会员为从化良口镇六二经济社捐款10万元。广州扶贫济困日活动邵建明以公司名义向市慈善会捐款110万元。再以其个人名义捐款10万元，此外据不完全统计，其他各行业商会共计捐款近40万元。12月，在工商联第十二届执委会、总商会第一届理事会就职典礼暨迎新年晚会上，向扶贫开发“双到”定点地区——信宜市北内村和区困难群众捐款262.8万元。

（区工商联　李铭）

越秀区科学技术协会

【概况】　2011年，越秀区科协及下属各科技团体认真贯彻《中华人民共和国科学普及法》和大力实施《全民科学素质行动计划纲要》，以迎接创建全国科普示范城区检查验收为契机，以社区科普益民计划试点工作为抓手，以重点人群素质工作为突破口，全面推进科普及科学素质工作，并结合创建全国文明城市工作，在工作中抓重点、抓亮点、重实效，为“加快转型升级，建设幸福越秀”，全面推进国家中心城市核心区和“首善之区”典范建设作出贡献。

是年，越秀区科协被中组部、中宣部、中国科协等中央九部委联合评为“《全民科学素质行动计划纲要》实施工作先进集体”；被国家人力资源和社会保障部、中国科协联合评为“全国科协系统先进集体”。

越秀区科协基层科技团体34个，其中街道地区科协22个，专业学会、协会11个，企业科协1个。

【创建2011～2015年度全国科普示范区】 2011年3月17日，广东省科协创建2011～2015年度全国科普示范区检查组，受中国科协委托，对越秀区创建全国科普示范区工作进行检查验收。通过实地考察、观看汇报片、听取汇报、查阅档案资料等一系列检查，省科协检查组认为越秀区创建工作能做到“领导重视，形成合力”、“加大投入，保障有力”、“思路清晰，措施得力”、“工作扎实，效果显著”。根据中国科协创建2011～2015年度全国科普示范区测评指标，越秀区基本指标达到满分93分，特色指标达到19分，总分为112分（满分113分），高分达标，位列全省所有创建城区第一名，成功创建全国科普示范区，同时也成为2011～2015年度广东省科普示范区。

【科普进社区活动】 2011年，区科协及下属各科技团体开展各项科普进社区活动。9月17日，区科协联合广东省科协在越秀区人民公园启动“广东省2011年全国科普日”活动。5月19日，区科协联合广州市科协举办“创新支撑智慧广州，科技引领幸福生活”全国科技活动周科普大篷车进社区活动。7月15日，区科协、团区委在广州市第七中学举行“2011年越秀区‘高举团旗跟党走，青春奉献创文明’——青春社区行大学生暑期志愿服务启动仪式”，是年参与志愿服务活动的各高校大学生350人。8月，区科协在肇庆市星湖绿道及九龙湖风景区举办2011年越秀区青少年青山绿水科普夏令营活动，区属有关单位、街道干部职工和子女近50人参加。

各科技团体开展各项科普进社区活动。华乐街开展科普大课堂系列活动，有中老年健康知识、生活小常识、节水（节电）、保护环境等；黄花岗街联合越秀区科普健康咨询服务中心举办“提高应急处理能力、创造绿色健康新生活”紧急救护知识公益讲座；白云街举办“建设创新型社区、共享健康新生活”青春健康进市场互动科普活动，对流动人口未婚青年进行青春健康知识系列教育；东山街与南方电视台、南方都市报合办“垃圾分类、绿色环保”广场宣传活动；广卫街举办“垃圾分类·文明有我——广州志愿者参与垃圾分类文明宣传首次集中行动”；区环保学会联合各街道全覆盖开展以“低碳你我知，创文齐参与”为主题的系列宣传活动；梅花村街与省气象局联合举办“防灾减灾”暨“科技活动周”宣传咨询活动；人民街举办世界无烟日“拒绝烟草，减少疾病，控烟从我做起”宣传活动；区卫生局各学会开展“健康生活、幸福越秀”第二届社区健康节活动；区园林学会举办“爱绿护绿齐参与、共建文明广州城”的绿化抚育活动；大新街举办以“宣传低碳绿色理念、科技引领幸福生活”为主题的科技活动周大型宣传活动；光塔街举办“健康素养科普讲座进社区”活动，通过电教、现场宣教等形式为广大社区居民进行科普教育；建设街以“环境清洁千家万户巡访”为主题开展环境清洁宣传教育行动；六榕街举办“放飞幸福梦想，拥抱和谐家园”六榕地区第五届青少年科普动漫文化周活动；农林街开展“空调消毒1+1”全国九城市联合科普活动等。

【建家交友工作】 区科协坚持以科技工作者为本，竭诚为科技工作者服务。2011年1月13日，举行越秀地区科普教育基地工作座谈会，越秀区辖内的省科学馆、省科技图书馆、省微生物研究所标本馆、市图书馆、市青少年科技馆、区图书馆等10多个省、市、区级科普教育基地的20多名负责人参加。1月14日，举行“2010年越秀区科普工作表彰大会暨科技工作者迎春茶话会”，中科院院士张景中、教授苏宜香等10名越秀区科普之星以及越秀区科协系统先进集体、先进工作者受到表彰；9月，举办越秀区科技工作者贺中秋迎国庆茶话会。区科协的歌伴舞节目《阳光路上》以9.4分的成绩获广州市科协组织全市各区县科协、市属各科技团体举办的“广州市科协系统庆祝建党90周年文艺汇演”三等奖。

（区科协　邝俊华）

越秀区文学艺术界联合会

【概况】　2011年，越秀区文学艺术界联合会（下简称“区文联”）下属有文学、美术、书法、篆刻、摄影、曲艺、音乐、管乐、舞蹈、动漫、集邮、灯谜等文艺社团19个；有街道地区文联6个（白云、农林、登峰、诗书、人民、东山）。联聚辖区内国家级、省级文艺界、社科界名人200多名。区文联坚持做好协会规范管理工作，除指导协会做好会员登记、造册、依时换届和财务管理外，还着重对协会举办的文艺活动进行业务指导，保证各协会活动有内容、有特色、有亮点。

是年，区文联委员和下属各文艺协会获全国、省、市级各艺术门类奖项共58个。其中，区文联委员雷哲隽作曲的《羊城高歌》《我的红土地》《长白落月》分获国家级3项大奖，作者本人获广东省音乐家协会颁发的“2011年度广东省优秀音乐家奖”。涌现出一批中青年文艺人才：区文联兼职副主席刘晶当选为广东省舞蹈家协会第八届副主席，区文联主席李咏祥、区文联委员夏光明和海日书画研究会会长曾嵘当选广东省美术家协会第八届理事，区文联兼职副主席黄克胜当选广东省管乐学会第二届常务理事，区文联委员郑德强当选广东省曲艺家协会第八届理事、广州市曲艺家协会第三届副主席兼秘书长。

【开展文艺活动】　2011年，文学创作方面：组织专家编撰出版反映广府文化核心地的《广州越秀古街巷（第四集）》和编辑出版文学杂志《都市风》。书画创作方面：组织中青年美术家廖伟彪和书法家张华安创作以辛亥革命为题材的美术、书法作品23幅，编辑出版YACA动漫杂志《漫人迷》创刊号和出版《庆祝中国共产党成立90周年、纪念辛亥革命100周年暨海日书画研究会成立30周年书法美术作品集》。楹联创作方面：区文联提供的孙幼明、乔中兴的2011年区迎春花市牌楼楹联作品，分别悬挂在西湖路和东湖路花市。承办“文学创作与本土文化——广州市青年文学创作研讨会”，与海日书画研究会联合举办“庆祝中国共产党成立90周年、纪念辛亥革命100周年暨海日书画研究会成立30周年书法、美术作品展览”。

【地区文联以及各协会活动】　2011年，区文联坚持“以文化人、以文惠民”的理念，指导和支持文艺协会和地区文联，开展有品位、有质量、有影响的文艺活动，

2011年2月15日，区文联举行“2011年越秀地区文艺界名人新春茶话会”。

活跃社区文化。

诗书地区文联在伦文叙纪念广场举行《诗书福地》首发式，承办诗书地区首届“颐高杯”青少年才艺大赛；白云地区文联举办“广州好”集邮作品展，协助策划“献给党的生日——吴海清、梁慧党史系列剪纸作品展”并出版《吴海清、梁慧党史系列剪纸作品选》；农林地区文联举办“纪念辛亥革命100周年”书画展，与广州电视台经济频道开展社区嘉年华——农林路专场活动；登峰地区文联举办地区老干部书画作品展，组织登峰新乐民乐团参加建党九十周年红歌会比赛获得银奖；人民地区文联举办以“颂党恩、继传统、跟党走”为主题的老少共庆建党90周年广场文化活动，开展“共创文明城——万人同唱文明歌”庆祝建党90周年红歌赛活动；东山地区文联举办“倡导低碳环保健康生活、开展后亚运时代新辉煌”——2011年东山地区文艺演出暨东山地区文联书画家书画展挥毫活动，东山地区文联艺术团参加区举办“万人同唱文明歌”合唱比赛获优秀组织奖。

动漫画协会举办三场不同主题的动漫展，承办首届万达杯“万达缤纷动漫赏”广州赛区比赛，并赴香港参与三次动漫画交流活动；集邮协会走进社区举办《辉煌九十年，祝福献给党——庆祝中国共产党成立90周年邮展》；珠江摄影学会举办“珠江摄影学会26周年年会庆典暨‘红酒佳人’摄影活动”；侨艺书画会举办“纪念辛亥革命100周年——陈名流大型画展”；管乐协会参与越秀区教育局举办的“喜迎金钟，乐飘羊城”活动；佗城篆刻家协会参与中山市翠亨村孙中山故居举办“纪念辛亥革命100周年书画挥毫活动”；曲艺家协会承办“纪念何世荣诞辰80周年曲艺演唱会”；岭南诗书画联谊会举办“岭南和煦——纪念辛亥革命100周年会员作品展”；客家山歌协会参与“放歌越秀山越唱越响亮”山歌邀请赛；墨趣书画研究会举办“迎‘五一’扇面书画展”；国际社交舞艺术协会举办“第十届‘岭南杯’国标舞、拉丁舞公开赛”；梅花港诗书画社举办“庆祝中国共产党成立90周年和辛亥革命100周年书画展”；南越古琴社举办“广州市古琴研究会成立10周年暨南越琴社成立8周年大型古琴演奏活动”；越秀书画家协会举办“忘年之交——老同志与小学生书画爱好者联谊活动”；灯谜学会举办“粤剧灯谜秀”活动；作家协会举行第4次会员大会，顺利进行换届工作。

【交流活动】 2011年，区文联组织部分艺术顾问、越秀文化发展咨询委员会委员陈中秋、苏华、李醒韬、邓超华、连登、林星、方锦龙、杨光治、叶春生和张玉娥等一行12人赴广西平果县进行文化艺术交流活动。作家协会与花都区作家协会开展两区作家的文学交流活动；岭南艺术研究会赴台湾参加“两岸四地公务员合唱节暨音缘聚会两岸情音乐会”合唱艺术交流活动；老演员合唱团先后与花都区检察院合唱团、珠江钢琴厂合唱团、香港警官合唱团进行交流演出。

【广州市越秀文化发展咨询委员会】 2011年，区文联认真履行咨询委员会办公室的职责，把咨询委员会工作作为重要任务去抓，充分发挥促进越秀区文化事业的作用。委员方治齐、李权时、陈中秋、岑桑、叶春生、许钦松、卢延光、陈泽泓、李明华、顾涧清、黄淼章等专家出席和书面采函完善《广州市越秀区文化发展第十二个五年规划》、《中共越秀区委、越秀区人民政府关于进一步加快文化发展的决定》的征求意见座谈会及专题调研活动；委员张磊、连登、方锦龙、杨光治、刘斯翰、李醒韬、冯丹峰、张小平和文史专家龚伯洪等参与首届“广府庙会”、“广府庙会大家谈”、“艺术广东·国际收藏品及艺术品博览会”和“2011广府文化旅游嘉年华”等活动；编撰出版第1～7期《简报》。各位委员通过参与活动，及时了解越秀文化动态，对越秀文化发展的思路、定位、目标等问题提出相关意见和建议，同时以《简报》为平台，加强区委、区政府与专家的信息交流。

【“百年辛亥——廖伟彪、张华安专题作品联展”】 2011年9月23日上午，由越秀区委宣传部、越秀区文联主办的“百年辛亥——廖伟彪、张华安专题作品联展”开幕式在广东画院举行。广州市文联巡视员方治齐、专职副主席倪惠英，越秀区政府、区政协、广州市美术家协会领导和100多位书画界的朋友们参加开幕仪式。本次联展活动展出《先驱系列》画作10幅、书法作品13幅。

【越秀地区文艺界名人新春茶话会暨越秀地区书画名家新春雅集】 2011年2月15日上午，举行“2011年越秀地区文艺界名人新春茶话会暨越秀地区书画名家新春雅集”。省、市、区领导和美术、书法、文学（文史）、社科、戏剧、杂技、音乐、舞蹈、摄影、电视、收藏、民间工艺等12个门类名家名人代表约100多人出席本次活动。

在雅集现场，省文联主席刘斯奋即席挥毫“春华秋实”。省文联党组副书记廖曙辉书写“福至越秀”。卢延光、潘嘉俊、李醒韬、伍启中、招炽挺、汤集祥、廖宗怡、张小平、梁培龙等多位著名画家共同创作国画《百花齐放》。

在茶话会上，著名相声演员黄俊英和何宝文作相声表演。国际魔术师协会中国分会副主席翁达智表演魔术。著名舞蹈家、广东省舞蹈家协会副主席、越秀区文联副主席刘晶表演舞蹈《珠江水》，董百振、吴光光、吴瑾、李敬良4位著名书法家分别创作“舞”、“动感美”、“飞”、“声情并茂”书法作品为这段舞蹈做注脚。在中国画作品《百花齐放》的感染下，著名歌唱家郑湘娟、唐彪、安李、廖百威以歌抒情高歌一曲。广东省工艺美术大师、广东省非物质文化遗产宫灯承传人罗昭亮还在现场向各位领导嘉宾展示具有广府文化元素的木雕工艺术作品《越秀之门》。

（区文联　李莹晖）

越秀区归国华侨联合会

【概况】 2010年越秀区侨联发挥侨联组织自身的优势和特点，积极开展联侨、助侨、为基层服务、为侨资企业服务、为侨胞群众服务，凝聚侨心，汇集侨智，发挥侨力，为区经济建设、政治建设、文化建设、社会建设协调发展作贡献。

全区有基层侨联会26个，其中街道侨联会22个，局侨联会2个，地区侨联会2个（华乐地区侨联会、广州华侨新村归国华侨联谊会）；有侨联小组400个，其中局侨联小组1个，香港联谊小组1个，澳门联谊小组1个，基层侨联小组397个。下设越秀区侨界青年联合会，有会员82人；越秀区侨联义工队，有义工40人。

是年，新增区侨联委员3人，区侨联顾问1人。推荐新一届越秀区侨界人大代表2人，新一届越秀区侨界政协委员9人；推荐新一届广州市人大代表1人。区侨联推荐侨联香港委员、香港城川有限公司副董事长兼副总经理何敏清任广州市侨联香港联谊会第二届理事会副会长。区侨联推荐的广州市众家设计有限公司总经理张强，获第二届广州新侨创业杰出贡献奖；广州市商道咨询有限公司董事长兼总经理李志坚、广东百泰科技有限公司总经理黄若浩、广州金园聚合物挤出成型科技有限公司总经理邓辉舫，获第二届广州新侨创业贡献奖。华乐街获得国务院侨办授予“侨之家——全国社区侨务工作明星社区”。

全年受理来信来电来访20多宗。

【参政议政】 2011年“两会”期间，越秀区侨界的人大代表、政协委员履行职责，积极参政议政，踊跃提交议案、提案，为建设平安和谐新越秀提出意见和建议，共提出议案1个，提案13件（占本次政协会议提案总数的12%）。其中《关于加快推进东濠涌沿线城市更新改造工作的建议》等2个提案，获越秀区政协“优秀提案奖”。

区侨联重视发挥信息工作的服务和引导作用，全年有40多条信息分别被区、市、省和全国网络媒体采用。

【为特困归侨侨眷送温暖活动】 2011年，区侨联组织发动侨界企业家和热心人士捐资捐物，区“六侨单位”（即人大侨工委、侨办、政协侨台委、侨联、致公党越秀基层委员会、侨商会）联合举办迎春、中秋座谈会，帮扶区内困难归侨侨眷及其子女，慰问党支部帮扶对象、孤儿，送上慰问品、慰问金、助学金和治病补助金等。6月，组织发动侨界热心人士和企业负责人，参与“2011年广东扶贫济困日暨广州慈善日”社会捐赠活动，捐款6万多元，交由越秀区慈善会，定向捐赠给中共越秀区委组织部结对帮扶点——广东省信宜市北界镇罗汉村。12月，参与广州市侨联对口扶贫点——梅县地区丰顺县建桥镇三社村帮扶活动，以越秀区侨青会的名义捐款5000元。年内区侨联、区侨青委、区侨联义工队、区侨联香港联谊会以及侨界热心人士积极开展救灾、扶贫、助医、助学等活动20多次，捐赠款物20多万元。苏豪路易士·嘉玛形象设计机构义工队提供支援和义工协调，并已形成制度，坚持不懈地定期到区启智、培智学校为智障学生服务，不定期地开展助学活动，先后捐赠书本文具和助学金3万多元。爱心义工队的老归侨们长年累月倾心助养孤儿。

【深化为侨服务】 2011年4月，区侨联邀请区领导在侨联全委扩大会议上介绍越秀区在城市更新改造中招商引资的项目计划和方式方法，引导和鼓励侨属企业和海归人员来区投资创业。区侨联牵头组织涉侨涉台、区经贸、区国际贸促会等有关部门联合举办涉侨招商引资专题协商会议，为涉侨招商引资创造有利的环境和条件。6月，越秀区政协侨台组委员20多人，前往萝岗区广州中一药业有限公司、保利香雪山会所，考察企业创新转型情况。7月，召开海外回国创业人员代表座谈会，海外回国创业人员先后介绍各自企业的创新和发展状况；中山大学岭南学院、广州市商道咨询有限公司联合举行“实习基地”签约授牌仪式。

【海内外联谊】 2011年，区侨联根据地域和侨情的特点，组织开展形式多样的活动，以拓展海内联谊。

捐献文物 2月，广东华侨博物馆、越秀区侨联联合在二沙岛广东华侨博物馆广场举行华侨文物捐献仪式。广东华侨博物馆、区侨联领导，华侨前辈、著名民主人士萧根性的亲属代表、印尼归侨萧凯书（亲侄儿）、萧建书（亲侄儿）以及华侨新村老归侨代表、区教育局归侨代表20多人参加。萧根性捐献的物件于1938年（民国廿七年）向中国共产党领导的八路军捐款，有廖承志签名的收条；1955年向广州华侨小学捐款的收据；1956年向广州市归国华侨联合会（前称广州归国华侨联谊会）会所捐款的收据。9月，在华侨新村社区居委会举行“华侨新村侨胞捐献华侨历史文物”活动，参与捐献华侨历史文献资料的侨胞共30多人，华侨历史文献资料22件。其中有印尼归侨萧根性于1978年10月，作为广东省政协赴京考察团侨界代表，受到时任中共中央副主席叶剑英亲切接见时的合影；印尼归侨卓学真于1991年获中华全国归国华侨联合会颁发的先进个人《荣誉证书》；越南归侨陈宗钰在1967年，参加抗美援越战争时，收到的由越南国家领导人胡志明主席亲笔签名的贺年卡等，这些物件存放在华侨新村纪念馆展示厅。

宣传华侨历史文化的纪念活动 3月，区侨联与广州市华侨外国语学校举行“传承、发展、联谊、共进——55周年庆典活动”。广东省教育厅、广东省侨联、广州市教育局、广州市侨办、侨联、越秀区委、区政府、教育局、侨办、侨联等领导，历届老教师、校友共1800多人到会祝贺。并参加“《何香凝铜像》落成典礼暨华侨新村华侨历史露天博物馆启动仪式”，校友张明敏（香港知名歌手），演唱歌曲《我的中国心》。6月，越秀区侨联代表队《山歌颂党情》歌舞在广州市侨联“百年辛亥情，永远跟党走”文艺汇演中获二等奖。11月，区侨联组织归侨侨眷80多人，参加广东省侨联、广州市侨联主办的第四届（广州）华人文化艺术节庆典活动、粤剧荟萃演出欣赏会。

创文活动和弘扬广府文化相结合　8月，聘请香港著名粤语词曲作家韦然为越秀区创作歌曲《小明游越秀》，并在华侨外国语学校音乐课上排练演唱；11月，与区教育局侨联、音乐教研室联合举办《韦然——粤语童谣专题讲座》。

对外交往　4月，接待台湾同胞云天智及亲属（加拿大华侨）一行8人；5月，应马来西亚华侨商社团邀请参加沙拉越中国贸易进出口商会第28届理事就职典礼，并共同出席由中国对外贸易中心主办、沙拉越中国贸易进出口商会协办，以“机遇、合作、共进、发展”为主题的第110届中国广交会说明会，各行业客商和知名侨领80多人出席。

【修葺旧金山华侨千人墓】　2011年4月，广州市胸科医院、越秀区归国华侨联合会、越秀区侨联青年委员会联合在广州市胸科医院举行“旧金山华侨千人墓修葺工程完工暨《亲情》纪念雕塑落成仪式”。广州市胸科医院、市侨联、区委、区政协、区委统战部等领导、区侨联委员、侨青会委员、香港委员、澳门委员、街道侨联干部、教育局侨联委员以及广东省理工职业技术学院学生代表80多人参加。这次墓园的修葺工程由越秀区侨联发起，区侨联常委、中国广州美国商会副会长陈恩安出资10万元，并亲任施工监理。区侨联委员何少敏出资3000元，越秀区侨界青年联合会为制作雕塑出资8万多元。《亲情》纪念雕塑创意和策划是越秀区侨联主席罗仲哲；艺术监制是越秀区侨联艺术顾问、广州读书院教授曾宇平；雕塑题字是澳大利亚华侨书法家王悦耀。这个具有120多年历史的华侨千人墓，是海外华侨乡土情深、热爱祖国的标志物。修建华侨千人墓，完成旅美先侨落叶归根的遗愿，体现海外侨团和国内慈善团体守望相助的精神，充分展现中华民族伟大的凝聚力和向心力。

（区侨联　王志光）

越秀区残疾人联合会

【概况】　2011年越秀区残联紧紧围绕保障和改善民生、建设幸福越秀这一主题，正确履行“代表、服务、管理”职能，坚持以残疾人为本，锐意进取，勇于创新，同心协力实现越秀区残疾人事业“十二五”规划的良好开局，使残疾人事业得到长足发展，残疾人得到更多的实惠，为建设“幸福越秀”做出重要贡献。

是年，越秀区被省政府残工委评为“广东省残疾人工作先进单位”。

是年，区聋协参加区委组织部、区委宣传部、区文广新局举办“红色经典——越秀区纪念中国共产党成立90周年文艺汇演”演出的《红旗飘飘》、《竹林深处》节目获三等奖；越秀区获“2011年广州市残疾人游泳锦标赛”团体三等奖，8人取得个人名次。

全区累计办理第二代残疾人证的残疾人16178人，占全区户籍人数的1.5%；其中：肢体残疾6105人，智力残疾2480人，精神残疾4481人，视力残疾1620人，听力残疾1081人，言语残疾105人，多重残疾人306人。全区建有23个康园工疗站，每天有近700名学员进工疗站接受工疗。

【残疾人康复】　2011年，区为肢体残疾患者提供康复服务500人次，提供上门服务180人，服务惠及180个家庭。同时，审批0～6周岁儿童申请残疾儿童康复救助14名；向市残联辅助用具中心转介申请63件辅助用品用具51人；贫困残疾儿童申报中国残联贫困残疾儿童抢救性康复项目11名；全年审批精神免费门诊治疗救助申请2314人次，治疗经费17.12万元；全面实施《广州市康复经费管理办法》，下半年审核审批各类康复资助申请91人，合计24.54万元。

【残疾人就业工作】　2011年，区残联进一步依法推进按比例安排残疾人就业年审工作，全年派出年审通知8139份；办理年审单位3541个，安置残疾人就业558人，区财政实收残保金1620万元，三项分别比上年增长19%、25%、11%；办理失业证394个，推荐残疾人见工173人次，成功就业153人；在就业援助月为区失业残疾人发放补助金1.09万元，对符合条件的个体从业残疾人发放社保资助4.66万元。20名个体从业残疾人申请获得社会保险补贴11.99万元。

加强残疾人专用机动车特约维修站日常管理。全年特约维修机动车3378人次（含上门服务1360人次），其中免费服务重度残疾人270人、轻度残疾人80人。按时完成2009年、2010年度在册残疾人机动车驾驶员发放燃油补贴40.26万元，受惠2013人次。

【扶残助学】 2011年，区残联做好残疾人学生扶残助学项目审核上报，全年审核符合条件的贫困残疾学生及残疾人子女共535名，其中义务教育阶段学生178名，中等教育阶段学生200名，高等教育阶段学生157名，获扶残助学经费资助金额31.68万元；为已取得高等教育学历的6名残疾人申请一次性奖励1.8万元。

【扶残救助】 2011年，区残联组织“幸福越秀，爱传百家”活动。广州海味商会捐赠10万元，慰问100户单亲残疾人家庭和22个街道重度残疾人困难户。“中秋”、“助残日”等通过集中慰问和街道慰问等形式，共慰问区内困难残疾人360名，发放慰问金12.2万元。及时足额发放专项补助金，全年审核发放残疾人专项补助金3747人，发放金额674.2万元；审批申请特殊困难救助6名，救助金额2.2万元。全年新办免费乘车卡4003张，其中一、二级残疾人车卡913张，三、四级残疾人车卡3090张。办理慢性病救助低保低收入证的残疾人86名。全年受理残疾人来信、来访、来电342件，做到事事有回音，件件有落实。

2011年越秀区被省政府残工委授予“广东省残疾人工作先进单位”的荣誉。

【居家照顾服务】 2011年《“阳光家庭”计划》是区政府“十件民生”实事之一，该计划以残疾人家庭为对象，以政府购买服务（每年投入460万元）的形式，由残疾人亲属（监护人）和专业机构开展，让智力、精神和重度残疾人获得居家照顾服务，每户家庭每月享受政府资助300元护理费和提供康复、家政、社工专业服务。是年，全区有988个符合条件的家庭享受到居家照顾服务。“阳光家园”计划的实施，改善和提高残疾人家庭的生活质量，让居家的残疾人家庭更具有体面和尊严。在2010年、2011年政府委托第三方机构评估中，该项目均获优秀成绩，收到残疾人家庭满意、社会满意、政府满意的效果。

【机构托养】 2011年10月越秀区以委托民办托养机构（白云侨颐养老院和白云精神康复医院）的方式，按照轻重缓急，轮候轮换的原则，将有托养需求的部分精神、智力及重度残疾人交由社会服务机构实施集中托养，提供专业化的生活照料、日常护理、康复养护等托养服务。政府投入80万元，根据托养人生活自理程度不同，每月为托养人支付1300～1800元经费给托养机构，已有31人入院托养。集中托养服务工作给残疾人带来福音，为有特殊困难需求的残疾人家庭带来希望。

【无障碍改造覆盖到有需求家庭】 2011年，越秀区以亚运会、亚残运会无障碍进家庭改造项目为契机，每年安排40万元开展此项工作，建立长效机制，凡是有改造意愿和能施工的残疾人家庭均实施家庭无障碍改造；主要是为残疾人家庭安装折叠坐厕椅、闪光门铃、抓杆扶手，改造洗手间、门槛过道和厨房，简易的房间整修，室内电线整理。为残疾人配备生活型轮椅、坐面电动升降轮椅、自推型冲凉坐厕轮椅、振动闹钟、矫形鞋、电脑读屏软件、助听器，安装脊柱矫形器。

【创立"家康社会工作服务中心"】 2011年，为创新残疾人社会管理和服务，区残联创立专业的残疾人社会管理和服务的社工组织——家康社会工作服务中心。中心聘请7名专职社工开展社区残疾人解困帮扶，服务内容有上门探访、精神慰藉，家庭陪伴、生活照料，康复指导、心理辅导，以及居家护理知识讲座、小组讨论、个案分析指导，组织户外活动等，并根据需求提供其他服务。

（区残联　程玉霞）

越秀区个私劳动者协会、私营企业协会

【概况】 2011年，越秀区个体私营企业协会围绕中心，服务大局，以开展创建"组织基础好，作用发挥好，工作业绩好，形象树立好，自身建设好"的"五好"协会为主线，不断加强规范化建设，切实提升协会服务能力和水平，各项工作取得新成效。

是年，区个私协会被省个私协会评为"全省个私协会服务工作先进单位"；被中国个体劳动者协会《光彩》杂志评为宣传工作先进单位；被市工商局、市个私协会评为"2011年广东省扶贫济困日暨广州市慈善日活动组织捐献突出贡献单位"。

【为会员服务】 2011年，区个私协会各分会宣传工商部门惠民措施，为会员提供免费代办便民服务，在协会下属57个会员小组配合下，在各分会会员服务窗口及各大专业市场设立现场办公服务点，帮助会员验照、年审，解决会员疑难问题，形成横向到边、纵向到底的协会服务网络。为会员免费办理工商登记650户，企业年检、个体验照35000户，协助会员解决消费投诉45宗。此外，协会及各分会充分利用协会网站、老板报、宣传栏等平台，及时发布生产经营信息，传递政府及工商部门的新政策法规、便民措施等信息。

加大协会"两金"的宣传力度和深入走访，开展"献爱心，送温暖"会员活动，为患有癌症、白血病、遭受意外伤害及死亡的会员发放会员住院手术补助及抚恤金共1.8万元；慰问困难会员352户，发放价值9.2万元的慰问品；为获"三好学生"的会员子女发放教育奖励金5000元。精鸿数码手机城发生导致经营者重伤1人、轻伤1人的纵火案后，白云分会及时组织探望慰问，蔡汉标会长带头募捐并倡议商场募捐，当天就筹得善款4

2011年7月26日，越秀区个私协会会长佟宝侣率领理事会成员到广州军区政治部汽车勤务队慰问部队官兵。

万多元，解决伤者燃眉之急。

【学习教育】　2011 年，区个私协会大力引导会员文明诚信经营，配合工商部门开展“守合同重信用企业”和“诚信商户”推荐评选活动，引导会员树立“诚信立身、信誉兴业”的经营理念。全区获评“守合同重信用企业”264 家、“诚信商户”150 户。

做好“六五”普法启动工作，充分利用“3·15”消费者权益日、“4·26”世界知识产权日等主题宣传及义务咨询活动，加大对会员“学法、知法、用法”的宣传教育。根据会员企业的需求，免费发放《老板周刊》2200 份、《光彩》杂志 350 本、普法学习资料 2 万本，举办普法教育讲座 23 场，参加人次 2800 人；举办台上台下互动形式的普法学习班 1 期，参加会员 150 人；为会员企业提供维权服务 22 次，挽回经济损失 11.2 万元。白云分会根据会员需求举办经济研讨会。

【公益事业】　2011 年，区协会引导会员广泛参与扶贫济困工作。发动下属 22 个分会会员参与扶贫济困活动，全区 421 名会员参加募捐，共筹得善款 83 万元。矿泉、人民、白云、大新、登峰、流花、黄花、大东分会到辖区市场开展募捐活动；建设、大东分会在会长的发动下，积极参与越秀区帮扶信宜市北界镇罗汉村小学贫困学生的助学活动。其中，建设分会筹集 15 万元，大东分会筹集 10 万元，全部资助罗汉村小学 144 名贫困学生；西湖分会联合北京街党工委举办“百叟宴”敬老活动，慰问辖区 100 位长者；流花分会联合街道党工委举办新春送温暖活动，为辖区 100 多户贫困居民送上价值 3.5 万元的爱心礼品；人民分会捐款 5000 元为街道贫困居民送温暖。协会应邀参加“2011 年广东扶贫济困日暨广州慈善日”电视募捐晚会，现场捐赠爱心善款 83 万元；组织 10 位热心社会公益事业的民营企业代表参加“民营企业家积极参与广东扶贫济困日活动座谈会”，当场认捐 10 万元。

【提供经贸交流融资服务】　2011 年，区协会积极参与政府部门组织的招商洽谈活动，为会员寻找项目提供便利。大力开展会员之间的经济往来与合作，推荐会员到美国、俄罗斯、南非、菲律宾等地进行商务洽谈和实地考察，已签约项目投资额 2500 多万美元；推荐会员去四川、湖北、广西等地商务考察；组织 300 多名会员参加“2011 广东（广州）台湾名品博览会”；组织 5 家会员企业参加“时尚香港广州展览会”现场商贸配对活动，与港方来穗的 30 家对口企业洽谈，达成初步合作意向。积极与银行、担保公司等机构合作，为会员企业融资牵线搭桥；与海印小额贷款公司建立合作关系，为会员搭建信贷服务平台，组织融资洽谈会 5 场，帮助会员企业申请贷款 5.9 亿元，受惠会员企业 650 户。

【参与创文迎国检工作】　2011 年，区协会及各分会主动配合政府和工商等职能部门开展创文活动。共召开动员会 52 场次，参与政府部门举办的宣传活动 15 场次，提供上门咨询服务 30 场次，向会员派发《广州市市民礼仪手册》5000 本、《食品安全手册》1 万本、创文宣传资料 2 万份，为会员免费提供营业执照镜框 8000 个。协会团员青年志愿者到专业市场设点宣传 10 场次，向经营业户派发《守法经营告知书》、《打击传销》等各类宣传资料 2.5 万张。人民分会以一德路食品经营市场为宣传重点，多次组织召开市场开办方及经营业户创文动员会，指导会员企业落实食品安全工作；流花、白云、大新、矿泉、登峰、西湖、大东、梅花、农林等分会对辖区专业市场进行广泛动员，特别是对大型超市、农贸市场的食品经营户进行逐户宣传，营造良好的创文氛围；东山、黄花、建设、光塔、东风、诗书、六榕、洪桥、华乐、广卫、珠光、大塘等分会加大对辖区农贸市场的宣传力度，协助有关部门做好市场清洁卫生和经营秩序的整治规范。

（区个私协会　周丽芬）

责任编辑　邓小敏

政法

政法工作综述

【概况】 2011年，越秀区政法工作紧紧围绕建设幸福越秀这一主题，认真履行第一责任，主动服务第一要务，为区委、区政府促转型、抓创新、强文化、惠民生、保稳定的工作大局保驾护航，取得显著成效。开展“争先创优”活动，涌现出一批受到中央和省市表彰的单位和个人。

社会治安持续好转。全区共立刑事案件6512宗，同比下降1%，降幅居全市第二，连续第六年保持下降。公安机关破获各类刑事案件4611宗，同比上升3.7%。先后侦破“5·11”双命案、“6·1”向阳大街杀人案，以及省公安厅督办的“1·31”涉疆案等一批大案要案，连续两年实现命案必破目标。深挖黑恶势力，成功打掉5个涉恶团伙；开展“清网行动”，抓获在逃人员203名。组建治安联防队135支，招录辅警队员1660人，发动楼院值班员2300多人，进一步织牢以公安力量为中坚、各类社会力量共同参与的治安防控“地网”。建设和整合治安视频监控点3.2366万个，进一步构牢“天网”，有效提升城区治安防控的智能化水平。大力普及人防、技防、物防和基本物业管理“四种防范模式”，进一步夯实物防。重新启动社会面整体防控，有效地扭转治安严峻形势。

社会大局和谐稳定。逐步实现工作理念从“被动维稳”向“主动创稳”转变。大力推进重大事项稳定风险评估，区维稳工作领导小组各成员单位共提交重大事项社会稳定风险评估报告59批次，为及早处置永福高压变电站工程建设引发居民聚集等事件，防止事态扩大失控打牢基础。全区综治信访维稳三级平台在排查调处矛盾纠纷中的基础性作用进一步凸显，全年共排查调处矛盾纠纷6427宗，调处成功6287宗，成功率达97.8%；妥善处置各类群体性事件1001起，同比下降20.4%，涉及人员35321人次，同比下降25.4%。成功挫败一批境内外敌对势力企图滋事、扰乱的事件、没有发生震动社会面或影响恶劣的群体性事件。

【廉洁执法有新气象】 2011年，越秀区审判、检察和司法行政工作成效明显。区法院全年受理案件26035件，结案24510件，法定审限内结案率94.15%，收结案数量均居全市基层法院第一；审结各类民商事案件11158件。在广州市两级法院排头兵达标竞赛中，区法院有14项指标达标，达标率77.78%。区检察机关对违法犯罪实行快捕、快诉，全年共受理公安机关提请批准逮捕案件1351件1690人，批准逮捕1190件1453人，受理移送审查起诉1466件1901人，提起公诉1311件1679人。司法部门共受理各类法律援助案件470宗，同比增长28%，挽回损失6600多万元。民政部门共发放低保金3613.53万元，发放实物救助22200多份，救助各类流浪乞讨人员2022人次。全区各政法部门扎实开展涉法涉诉信访积案化解工作，共办理涉法涉诉信访案件706件，办结率100%。

【创新管理新举措】 2011年，越秀区全面取消征收治安联防费，通过大力开展“四实”（实有、实时、实惠、实考）行动进一步提升流动人员与出租屋服务管理水平。全区共登记纳管出租屋21万套、流动人员33万人，继续保持“五升”、“两降”、“两无”的良好态势。特殊人群服务管理水平进一步提升，全区3605名重点人员、660名监外罪犯，列管率达到100%；全区879名刑释解教人员和259名社区矫正对象帮教率达100%，安置率达98%。大力开展道路交通秩序综合整治，查扣非法营运“五类车”4704辆；组织清剿火患战役，监督整改火灾隐患2.9万多处，全区火灾警情同比下降29.8%。深入开展无证照经营整治、清剿制假售假等专项行动，进一步净化市场环境。实现诉前联调工作与综治信访维稳三级平台顺利对接，区医患纠纷诉前联调工作经验被省市推广。在2月底召开的全省政法工作会议上，区委政法委作为发言单位之一，介绍区加强基层基础建设工作的经验做法，得到省委常委、政法委书记梁伟发的好评。

【队伍建设有新面貌】　2011 年，越秀区政法各部门扎实开展“发扬传统、坚定信念、执法为民”主题教育实践活动，通过采取参观革命遗址、唱红歌、看电影、办展览等多种方式，结合庆祝建党 90 周年活动，广泛深入宣讲中国特色社会主义理想信念。分别组织政法干警到韶山、井冈山、西柏坡等革命圣地，缅怀革命先烈，进一步体验传统、感念党恩、牢记使命、坚定信念。区公安分局发动 3000 多名干警开展“大走访”开门评警活动，走访群众 5.9 万户，推出便民服务措施 179 项，为群众办好事 3500 余件。全区各政法机关领导力量得到充实加强，领导班子结构更加优化。各政法机关不断加大人员培训力度，队伍整体素质得到提升。

（区政法委　温文学）

公　安

【概况】　2011 年，越秀区公安分局针对后亚运时期区的治安特点和动态，提早谋划，切实加强全区社会面整体防控和打击破案力度，巩固来之不易的“亚运成果”，取得“警情案件同比下降，打击处理同比上升”的可喜成绩。是年，越秀区案件类警情同比下降 0.2%，是全市 12 个区、县级市中唯一下降的区。区公安工作和队伍建设经受住后亚运时期治安形势反弹的考验，全力推动全区治安大局继续向好，促使社会更加和谐稳定、治安形势更加好转。

在国家统计局广东调查总队 2011 年对广州市各区县公众安全感和公安工作满意度民意调查中，越秀区均列全市第一。

【打击刑事、经济犯罪活动】　2011 年，越秀区公安分局立足“四快机制”，保持对命案、涉黑恶、绑架、勒索等严重暴力犯罪的高压打击态势。先后破获各类刑事案件 4000 余宗，破案率 43.7%，命案破案率达到 100%，先后打掉李某某、张某某等 5 个涉恶团伙，攻破“5・11”双命案、“6・1”向阳大街杀人案、“8・22”沙涌南故意杀人案、“色情床照”勒索系列案等大要案件一批。特别是在侦破“5・13”全国专案中，局刑侦部门发挥积极作用，一举抓获犯罪嫌疑人 20 多名，受到公安部、省厅和市局的一致好评。在公安部全国部署的“清网”行动中，采取规劝与追捕相结合的方式，落实局领导挂片负责制，抓获一大批在逃人员，提前和超额完成上级下达的工作任务。

打击毒品犯罪活动。以集中打击街面零包吸贩毒活动为载体，针对区涉毒重点地区、场所及人群进行严打、严防、严管、严控，最大限度地压减区涉毒违法犯罪活动空间。累计破获毒品案 400 余宗，抓获涉案人员 500 多人，摧毁制毒窝点 4 个，缴获各类毒品 33.58 千克。

打击经济犯罪活动。大力清剿假冒知名皮具、衣服、汽车配件、手表等品牌的侵犯知识产权案件，重拳打击电信网络诈骗违法犯罪行为，破获各类经济犯罪案件 145 宗，涉案金额折合人民币约 7 亿元。同时还发挥专业队优势，加强对电信诈骗犯罪的研判分析和打击工作，全年破获电信诈骗案件 164 宗，成功侦破王某特大电信诈骗团伙案和“5・13”特大电信网络诈骗专案等一批重大案件，为群众挽回经济损失 960 万元，有力打击信息网络诈骗犯罪的嚣张气焰。

【预审与监所管理】　2011 年，越秀区公安分局通过积极开辟侦查破案“第二战场”，主动介入重大案件的审讯和侦破工作，成功破获“3・21”入屋盗窃督办案、杨某等人盗取信息系统数据案等。坚持“预审是侦查的继续”的工作思路，抓住疑点、深挖线索，通过审讯扩破案件 102 宗。监管部门以监所安全为中心，认真开展监管执法专项检查工作，不断完善监所基础设施，积极构筑监管安全防范体系。大力开展以法律、政策、道德为主要内容的专项教育，促使在押人员主动交代余罪，检举他人违法犯罪行为。坚持以人为本，在全市监所中首创《在押人员管理档案》，加大医疗保障投入，设置心理咨询室，依法保障在押人员合法权益。

【治安管理】 2011年，越秀区公安分局固化亚运时期社会面整体防控工作经验，以迎“大运”安保工作为契机，进一步加大社会管理力度，严格落实重点场所管理和重点行业管理制度。检查歌舞娱乐场所727间次，桑拿沐足按摩场所285间次，旅馆业452间次，旧货二手市场和废旧金属收购业等易销赃行业133间次，组织行业管理会议和培训8场。认真组织开展“粤安”、“风雷”及打击“黄赌毒”专项行动，保持对娱乐场所和重点地区“黄赌毒”丑恶现象的高压打击态势。特别针对群众反映强烈的站街招嫖、派卡招嫖、公共场所聚赌等热点治安问题开展滚动式打击，大力扫除区内“黄赌毒”丑恶现象，有效地净化社会风气。在社会治安治理方面，按照“整治重点、覆盖区域”理念，加大对重点地区、突出问题的整治力度。深入排查，从每个街道选取1～2个警情突出、治安复杂的社区作为整治重点，抽调警力加大对易滋生违法犯罪活动及藏污纳垢重点行业和部位的整治力度，先后在大流花地区及重点街区开展“红棉”、“春雷”等一系列整治专项行动，联合禁毒、治安和人口等职能部门在环市路、火车站周边开展“黄赌毒”专项治理行动，大流花地区刑事立案同比下降0.5%，重点整治街登峰街案件类原始警情同比下降4.9%，流花火车站地区“黄赌毒”警情同比下降10.3%，大流花地区的治安环境持续向好。

【交通管理】 2011年，越秀区公安分局着眼交通安全，在积极配合交警部门做好维持主次干道、主要交通路口交通秩序的同时，主动开展联合执法行动。会同区交通局清理占道停车泊位，依法取缔非法占道停车场，清查区内临时停车场66个，查处超范围经营的停车公司2间；加大对社区街巷违章停放处理力度，累计发出《违法停车告知单》632份；促请完善学校门前道路和部分路段交通标志，重新划设铁一小学、红火炬小学、育才幼儿园等学校周边咪表停车位，一德路、建设六马路、驷马涌社区等往日交通秩序混乱情况大为改观。专门抽调警力，联合区交通局、区综治办、城管中队和各交警大队，成立流花地区和一德路地区交通整治专业队，加大对长期困扰区交通要点非法营运、上路“五类车”的整治力度，全年累计查扣“五类车”4704辆。深入开展交通安全宣传“五进”活动，积极推进交通安全宣传社会化，通过“小手拉大手、交通安全进学校”、“全省文明交通主题宣传日”等系列主题活动，进学校、进社区、进有车单位开展交通安全宣传156场次，发放各类宣传单1万多份，拉挂交通安全宣传横额102条，切实提高广大交通参与者的交通安全意识。

【消防管理】 2011年，越秀区公安分局强化重大火灾隐患地区的整治力度，深入推进“防火墙”工程和消防安全“五大”活动，夯实社会单位消防安全“四个能力”建设，全面组织开展“清剿火患”战役，正式启动2011年全市火灾隐患重点地区玉带濠专业街火灾隐患整改工程，有效改善区消防安全环境。监督整改火灾隐患2.9万多处，办结消防行政处罚案件576宗，责令停产停业69家，行政拘留7人，对存在突出火灾隐患的10间场所采取临时查封强制措施。派发各类消防资料25万余份，组织举办消防宣传培训讲座、防火演练144次，火灾警情同比下降26.92%、直接经济损失同比下降45%，未发生较大以上火灾和群死群伤事故。

【实有人口管理】 2011年，越秀区公安分局不断创新工作思路，深入开展窗口单位“为民服务创先争优”活动，积极推进领导坐班、户政业务“一网办”和户籍纠纷前期调解等便民利民措施。办理出生登记9442人次，死亡注销7415人次，迁入45617人次，迁出45513次，项目变更21.6万人次，受理二代身份证70751万张，清理档案29.3088万人。认真落实身份证重号纠正工作，“同名同号”清理率达100%，累计纠正身份证重号276人，纠正率达99.2%，通过户政信息平台抓获在逃人员23名，成效凸显。开展居住证登记办理，流动人员、出租屋管理“四实”专项行动，顺利完成出租屋管理工作量化考核工作。新登记流动人员21.73万人、出租屋2.5万套，注销流动人员26.2万人、出租屋3371套，审核受理居住证办理申请12万人，顺利完成区推行居住证工作任务。强化后亚运时期外国人管理服务理念，将工作重点倾斜到矿泉、登峰、建设和华乐等外国人较为聚集的区域，深入开展“飓风11”等专项行动，加大“三非”外国人清理、外籍站街女和外籍吸贩毒清查整治力度，营造宜居宜商涉外治安环境。

【社区警务】 2011年，越秀区公安分局针对老城区社区开放度高、防范措施薄弱的特点，着力从人防、技防、物防入手，组织社区居民主动落实社区治安防范建设，全面推行以“社区居民自防自治”、“物业管理公司综合管理”、“IC卡门禁和视频监控结合”和“城中村治保会主导”为代表的“四种防范”治安防范模式，已覆盖全区95%以上的社区。全区“三类”可防性案件同比继续下降，并涌现出以雅荷塘、都府、华侨新村、瑶台和东湖新村等社区为代表的一批先进防范社区。充分发挥治安警务室前沿阵地的作用，依托场所保卫部门，大力建设公共场所治安警务室，整合场所内保力量，切实加强商贸市场、医院、学校和车站等人财物高度密集场所的治安管控，将以往的内部防范扩大到场所周边防控，已建立治安警务室45间，基本覆盖全区各大公共场所，有效压减周边区域警情案件的发生。推行信息化建设，应用遍布区内监控视频进行治安防范取得显著成效，2011年全年通过社会治安视频监控系统破获刑事案件280宗，抓获嫌疑人397人；破获治安案件177宗，抓获嫌疑人261人；提供有价值线索1000余条；预防案事件319宗；为其他部门服务300余宗（次）。抓好群防群治队伍的建设和管理工作，已建立治保会组织269个，组建治安联防队135支1600多人，发动楼院值班员2300多人。完成辅警队伍的组建和整合，计划招录的1660名辅警队员将全部投入到社会面治安管控。据统计，区辅警和联防队伍协助公安分局破获刑事案件308宗，治安案件186宗，抓获违法嫌疑人1117人，协助扑救火灾事故2起，19名辅警队员受到市见义勇为基金会慰问表彰。

【落实各项创建工作措施】 2011年是中央文明办对广州市申报第二批全国文明城市“大考之年”，越秀区公安分局紧密围绕公安机关在创建工作中的职责、目标和任务，全局动员，集全警之智，举全警之力，进一步加大创建工作力度，全面落实各项创建工作措施，全面提升公安职能项目创建水平。重点加强路面停车和流花火车站地区等交通要点“五类车”等交通秩序整治；加大力度打击街面“黄赌毒”治安问题；配合街道加强社区视频监控工作，全面提升社区“四防”建设水平；狠抓校园环境治理，继续实行“一校一警车”校园保卫工作；严格规范全区网吧经营秩序。组织全体民警职工参与“微笑服务月”、“诚信教育月”、“文明出行月”等创建全国文明城市主题教育实践活动。突破以往单一被动宣传形式，将宣传工作通过多种渠道延伸，先后印制创文宣传单50万份、海报3万张、环保袋4万个，由各派出所向居民派发；结合公安工作，在人民公园和建设街文化广场，召开大型防诈骗现场宣传活动2场。办结上级创建部门交办事项36宗，整改区内交通、治安、消防等影响市创文面貌的问题和隐患57件（处）。创文“国检”期间，深入社区全面驻守各重点迎检点，以有效的工作措施投入到区创建项目临检前整改工作，确保区创建项目顺利通过“国检组”实地考核工作。在做好创建任务同时，进一步加强社会面治安管控工作，二次启动社会面整体防控二级勤务响应，迎检期间全区案件类警情环比下降4.8%，其中刑事警情环比下降10.1%，治安警情下降1.9%，盗窃警情环比下降8.5%，确保“国检组”安全顺利在市开展各项测评工作。

【“为民服务创先争优”活动】 2011年，越秀区公安分局在下属窗口单位开展“为民服务创先争优”活动，将此作为创新社会管理、提高人民群众幸福感的重要措施之一，并以此为抓手，不断改进政风行风，树立越秀公安良好形象。活动开展以来，分局各窗口单位积极推进“三亮、三比、三评”（“三亮”即“亮标准、亮身份、亮承诺”，公开身份和工作流程，公布服务承诺，主动接受监督；“三比”即“比技能、比作风、比业绩”，发挥“一网考”积极作用，评选“每周之星”，发挥模范先锋作用；“三评”即“群众评议、党员互评、领导点评”，围绕日常工作开展多种形式评议，激励力争上游良好氛围）的做法，进一步创新活动载体，优化服务措施。结合业务内容，采取“户政业务一网办”、“消防业务六个e”、上门服务、电话回访等一系列有特色的便民措施。窗口单位将“为民服务”向社区不断深化，想群众所想、排群众所难，强化社区“四防”建设，化解社区矛盾纠纷，切实为民办实事，真正确保创先争优活动成为群众满意工程，得到媒体和市民群众的好评。

【“大走访”开门评警活动】 2011年1～6月，越秀区公安分局在全局组织深入开展“大走访”开门评警活动。活动紧密围绕“广大民警受教育、人民群众得实惠，公安工作上水平、警民关系更和谐”的总体目标，通过“请进来、走出去、网上网下”多种形式，开展十一项特色主题活动，提高群众的关注度和民警的认同感。同时，全面实施走访与打防管控相融合的一体化战略，通过走访与治安形势变化和突出问题挂钩联动，使打防管控工作有的放矢、切中要害，推进治安秩序的全面改善，从而达到人民群众安全感和满意度明显增强、公安机关执法公信力和作风形象明显提升的效果。1～6月出动民警5.4万余人次，走访群众5.9万户次，推出便民服务措施121个，网上便民措施57个，为群众办好事3500余件，极大地促进警民关系。同时，在大走访带动下，全区治安工作保持“刑事警情案件”和“突出侵财类案件”实现同比下降良好态势。活动期间，全区受理案件类警情20924起，同比下降10.9%，原始刑事警情7087起、同比下降7.6%。其中，“两抢”警情下降27.3%、入屋盗窃警情下降21.6%、诈骗警情下降3%；立刑事案件3166宗（含毒品案），同比下降4%。

【网上追逃专项督察“清网”行动】 2011年越秀区公安分局深入开展网上追逃专项督察“清网”行动，重点围绕命案、涉爆、涉枪、涉毒、涉黑、涉拐、涉假、严重暴力犯罪等八类重点逃犯和严重经济犯罪、疑难信访案件等民愤较大、危害严重的逃犯开展缉捕工作，并将“清网”行动作为全年工作重点之一。行动期间，严密部署、全面梳理排查在册逃犯262名，加强信息研判，创新追逃工作措施，落实“一人、一档、一责任民警、一责任领导、一追逃方案”要求，不断深入、扎实开展各阶段追逃工作。加大劝投宣传力度，对罪责较轻的在逃人员，逐一上门做动员规劝、教育感化；对负重案在逃人员，由分局领导分片包案督办并带队外出追逃。一批行动前重特大要案逃犯先后落网归案。截止行动结束，到案逃犯214名（其中部督逃犯1名，命案逃犯8名），清网下降率达81.68%（剔除检、法院逃犯和潜逃境外逃犯，清网下降率为85.26%），挽回单位和个人经济损失人民币480多万元，提前圆满完成上级公安机关下达的“清网”行动任务。

【典型案例】

发起并参与侦破震惊全国的“5·13”特大电信诈骗案　2011年上半年，越秀区公安分局根据工作中掌握的线索，一伙由台湾人组成、涉及多起案件且涉案金额巨大，犯罪区域跨越大陆、台湾及东南亚等多个国家和地区的特大跨省、跨国电信网络诈骗团伙渐渐浮出水面。该案引起公安部的高度重视。9月28日，按照公安部、广东省公安厅的统一部署，越秀区公安分局在有关兄弟单位的大力协助下，先后出动130名警力、各类车辆25辆，转战千里，分成5个小组分别对在厦门、漳州、福州、三明、龙岩以及江西赣州的“5·13”专案犯罪嫌疑人实施统一收网抓捕，成功抓获26名犯罪嫌疑人，一举摧毁这一涉案金额达1.2亿，涉及诈骗案件200余宗的特大跨省、跨国的电信网络诈骗犯罪团伙在福建、江西等地的窝点，缴获犯罪嫌疑人作案用的电话卡、银行卡、存折以及电脑、电话机、手机、U盾等物品一大批，有力打击犯罪分子的嚣张气焰。

“猎鲨八号”专项行动　2011年9月29日，越秀区公安分局根据前期缜密侦查掌握的证据线索，在公安部经侦局、省厅经侦局、市局经侦支队的指导和技术支持下，组织多部门多警种超过130名警力，对广州市站西路多个假冒世界名表制售窝点，开展代号“猎鲨八号”的收网统一行动。一举打掉以江某、阮某等人为首8个犯罪团伙，抓获犯罪嫌疑人38名，连续捣毁22个制售窝点，查获仿冒江诗丹顿等13种世界品牌的名表5万多块，案值超过5亿元。

（区公安分局　陈永雄）

检　察

【概况】　2011年，越秀区检察院坚持以服务加快经济发展方式转变为主线，强化法律监督、强化自身监督、强化高素质检察队伍建设，着力深化社会矛盾化解、社会管理创新、公正廉洁执法三项重点工作，各项检察工作取得新进展。“四个转变”、“四轮驱动”、“四项措施”等被纳入广州市检察机关第二届“法律监督杰出成果”之“服务转型升级十大举措”。

2011年3月23日，区检察院与广州市粮食集团签订岭南穗粮储备加工中心项目工程同步预防职务犯罪协议。

【刑事犯罪检察】　2011年，越秀区检察院充分发挥刑事检控职能，切实保障区内社会安定有序和人民群众生命财产安全。全年受理公安机关提请批准逮捕案件1351件1690人，同比上升4.65%和2.05%；批准逮捕1190件1474人。受理公安机关移送审查起诉案件1466件1901人，同比上升3.82%和0.26%；提起公诉1311件1679人。严厉打击严重暴力犯罪、多发性侵财犯罪和毒品犯罪等危害人民群众人身及财产安全的犯罪活动。依法批准逮捕黑恶势力犯罪以及故意杀人、严重伤害、绑架等严重暴力犯罪案件103件120人，提起公诉107件133人；批准逮捕抢劫、抢夺、盗窃案件504件625人，提起公诉541件711人；批准逮捕毒品犯罪案件295件307人，起诉278件293人。突出打击黑恶势力犯罪；关注社会热点，集中优势力量办理社会影响较大的重大敏感案件；注重保障和促进总部经济发展，打击侵犯知识产权、非法经营、集资诈骗等阻碍区域经济发展的犯罪。

【职务犯罪检察】　2011年，越秀

区检察院坚持“一要坚决、二要慎重、务必搞准”的原则，科学整合开发侦查资源，提高发现犯罪、侦破案件的能力。全年立案侦查职务犯罪案件32件34人，涉案金额人民币2700多万元。其中，立案侦查贪污贿赂案件30件30人，均为大案；渎职侵权犯罪案件2件4人；副处级以上要案8件8人，同比增长100%。查办一批涉及民生的职务犯罪大案要案，查处某公共传媒行业商业贿赂案件8件8人、供水系统工程建设审批过程中的贿赂案件3件3人，遏制相关行业的不正之风。

【职务犯罪预防工作】 2011年，越秀区检察院突出围绕东濠涌整治工程、岭南穗粮储备加工中心项目、省中医院基建工程、区“三旧”改造等重大建设项目开展专项预防。在职务犯罪易发、多发行业深入开展行业预防，针对诱发职务犯罪的原因和规律开展预防调研，为案发单位查缺补漏发出有针对性的检察建议36份。通过全院各部门齐动、与区相关职能部门联动、预防措施多轮驱动等方式，推进职务犯罪预防工作的有效开展。健全市场信用体系，全年开展行贿档案查询500多次，为建设、医疗卫生、政府采购等多个行业的招投标工程提供行贿犯罪档案查询服务，对协助企业建立市场廉洁准入制度，预防和遏制商业贿赂犯罪滋生蔓延起积极作用。

【控告申诉检察】 2011年，越秀区检察院进一步完善并认真落实案件风险评估预警机制、矛盾化解首办责任制、领导和部门包案责任制等社会矛盾化解机制。与公安、法院、劳动、信访等相关职能部门密切协作，统筹解决人民群众反映强烈的突出问题。全年受理群众来信来访200件。坚持把维护群众权益贯穿到执法办案之中，畅通信访渠道，落实视频接访、联合接访、带案下访等便民惠民措施，切实解决群众信访问题。结合办理复查申诉案件稳步推进刑事被害人救助及困难帮扶工作。

【刑事诉讼监督】 2011年，越秀区检察院坚持打击犯罪与保障人权并重，努力做到严格依法、客观公正。落实行政执法与刑事司法相衔接工作机制，注意在办案中发现立案监督线索。全年监督公安机关立案16人，综合运用多种手段开展侦查监督。对应当起诉而未移送的，追加起诉漏罪14宗；对依法不应当追究刑事责任或证据不足的，决定不（予）批准逮捕124件184人，不起诉4件7人；对侦查活动中执法行为不当发出纠正违法通知书23份、检察建议25份。加强审判监督，全面推行职务犯罪案件同步审查判决及量刑规范化建设工作。全年对由区法院提起公诉的自侦案件同步报请市检院审查法院刑事判决29件；向法院提出书面量刑建议464件，被采纳446件。对确有错误的刑事判决依法提出抗诉3件3人，获得市检察院支持抗诉2件。检察长列席区法院审判委员会会议10次，参与重大疑难案件的讨论23件，进一步加强检法两家的相互配合、相互制约。

【民事行政诉讼监督】 2011年，越秀区检察院准确把握职能定位，坚持依法监督、居中监督、有限监督、事后监督，积极探索运用多种监督方式。依法、规范地开展虚假诉讼的监督工作。对3宗涉嫌虚假诉讼的民事申诉案件提请抗诉，全部获得市检院支持。积极探索对不服调解的申诉进行监督的方式。全年受理各类民事、行政申诉案件191件，同比上升50.4%，立案审查160件，审查息诉129件，成功促成和解29件。对认为确有错误的民事、行政裁判，依法建议提请或提请抗诉34件，法院再审改判8件。向法院及有关部门发出检察建议8件，建议法院再审2件。

【监所检察】 2011年，越秀区检察院切实加强刑罚执行和监管活动法律监督。坚持在押人员权利告知和约见检察官制度，落实同步跟踪监督在押人员诉讼进度工作机制，杜绝超期羁押，切实维护在押人员合法权益。加大监管场所监督力度，针对区看守所监管工作存在的执法及安全隐患，发出检察建议11份，口头建议50余次。开展保外就医专项检察活动，防止脱管漏管。依法办理监外执行罪犯再犯罪28件，针对该类案件激增的情况，及时向区司法行政部门发出检察建议23份，要求对全区社区服刑人员进行全面核查，防止该类人员重新犯罪。

【“四个转变”推动医疗卫生系统预防职务犯罪转型升级】　2011年，越秀区检察院结合辖区内医疗卫生单位集中的实际，以促进社会管理创新为着力点，不断探索医疗卫生系统预防职务犯罪工作的新模式。

科学谋划，变分散预防为统筹预防。针对辖区“三甲”医院汇集、医疗服务功能发达的特点，积极推动医疗卫生系统预防职务犯罪工作统筹协调发展，使预防工作由分散状态转变为集中管理。

综合施策，变平面预防为立体预防。通过上级监控、同级监控等多方监控，构建道德、司法等多种控制模式，综合采取教育、监督等标本兼治措施，形成全方位预防体系。

注重实效，变单向灌输为双向交流。积极创新廉政教育载体，让广大医务人员通过参加廉政教育讲座，真正受感动、受触动，得到深刻的教育和警示，在医疗卫生系统营造廉洁办事的良好氛围。

创新创优，变经验管理为信息管理。适应智能化、隐蔽化和高端化的职务犯罪新态势，以信息化建设为突破点，建立预防职务犯罪信息库，加强对预防职务犯罪信息的收集、管理和运用。

【“四轮驱动”助推两法衔接工作】　2011年，越秀区检察院着力加强行政执法与刑事司法的协作配合，促进公正、严格执法，取得初步成效。

加强交流互动，实现资源共享。通过定期召开联席会、座谈会的形式，与工商、税务等行政执法部门开展交流，建立经常性的信息沟通平台。

加强司法协助，畅通移送渠道。积极联系公安、法院，协调相关行政执法部门，共同研究涉嫌犯罪的案件，提出收集、固定证据的意见。

加强内部联动，实施整体监督。加强内设部门之间的联动配合，由侦查监督部门会同反渎职侵权部门，针对在案件移送过程中容易发生渎职犯罪的环节，发挥法律监督整体职能。

借助专项活动，推动机制建设。抓住开展对行政执法机关移送各项渎职侵权犯罪专项工作的契机，加强与公安、法院和各行政执法部门之间的沟通协调，建立完善联席会议、信息通报等制度。

【“四项措施”促进东濠涌综合治水工程取得新成效】　2011年，越秀区检察院与区纪委、区监察局等部门密切配合，对治水工程开展预防职务犯罪工作，通过及早规划、强化教育等措施，取得较好的成效。

落实问责机制，形成廉洁合力。与区建设和水务局共同成立预防职务犯罪工作小组，科学制定并落实分工，对建设方、施工方等建设各方落实问责制度。

强化教育机制，筑牢思想防线。配合有关部门加大宣传力度，通过召开预防职务犯罪宣教大会、专题讲座等形式开展警示宣讲教育，把党风廉政建设的各项任务落到实处。

科学监控机制，确保质量安全。在市检察院、市建设和水务局等单位的领导和指导下，配合市、区有关部门，加强对治水工程项目资金管理进行专项检查，确保政府投资安全。

创新监察机制，实时电子化防腐。建设“治水工程效能监察系统”，将参与治水工程的7个单位32项重点项目建设任务全部纳入监控范围，对工程进度、资金使用中出现的异常情况实施预警纠错、跟踪处理，及时遏制苗头性、潜在性的违规现象。

【典型案例】

案例一　2009年年中至2010年5月，被告人曹某某等24人逐步形成黑社会性质组织，通过不断吸收组织成员、积极购置作案车辆、租赁违法犯罪活动场所、私自藏匿枪支弹药、建立违法网站等方式壮大组织力量，有组织地实施抢劫、非法拘禁、诈骗、介绍卖淫、非法持有枪支、非法索债、摆场示威等违法犯罪活动以获取经济利益。对广州市天河区、越秀区的部分娱乐场所和“涉黄”、“索债”等行业形成非法控制，在广州市天河区、越秀区等区域造成恶劣影响，严重破坏当地的经济和社会管理秩序。该案经区检察院提起公诉，24名被告人全部获判有期徒刑。

该案的成功宣判是越秀区检察院打击黑社会性质组织犯罪的一大重要战果，有助于在全市范围内形成扫黑的打击合力，为净化越秀区的治安环境提供更加有力的保障。

案例二　2011年初，广东某工程公司因不服广州市原东山区人民法院（2003）东法民一初字第2817～2845号民事调解书，对欠张某某等29人的工资调解提出异议，向越秀区检察院提出申诉。经查证，本案是一宗因拖欠工程款而导致的欠薪案件。从服务保障民生的角度出发，区检察院着力进行执行和解，帮助当事人正确认识案件事实和分清责任，同时结合案件特点选准矛盾转化的交叉点，分别对申诉人某工程公司和被申诉人的委托代理人张某某分析双方所应承担的法律责任，抓住其曾在2010年12月12日达成初步和解协议的有利条件，最终促成双方于2011年3月1日签订执行和解协议，越秀区人民法院执行庭于次日向涉案的29名农民工发还拖欠8年的工资，共计48.15万元。广东某工程公司向检察院提出撤销原申诉案件的请求。29件欠薪8年的案件终得执行发还。

（区检察院　陈容钦）

审　判

【概况】　2011年，越秀区人民法院新收各类案件24702件，结案24510件，收、结案件数量均继续位居全市基层法院第一；法官人均结案152.24件，审限内结案率99.65%。在全省法院排头兵达标竞赛活动中，主要质效指标继续向好，14项指标达标。

【刑事审判】　2011年，越秀区人民法院全年审结各类刑事案件1323件。严惩黑恶势力犯罪及危害公共安全犯罪，增强群众安全感。依法审结曹某某等24人组织、领导、参加黑社会性质组织案，吴某某地铁纵火案。严厉打击破坏社会主义市场经济秩序犯罪，依法惩处涉案金额高达6.5亿多元的谢某某等9人经营地下钱庄的非法经营犯罪，黄某某等18人信用卡诈骗、伪造金融票证犯罪。依法打击危险驾驶犯罪，全年审结46案46人；成功审结广州醉驾第一案。举行打击毒品、危险驾驶犯罪专项宣判会，强化司法裁判对社会公众的指引效果。

【民商事审判】　2011年，越秀区人民法院审结各类民商事案件13593件，解决标的金额19.27亿元。注重保护妇女、儿童和老人合法权益，维护家庭和睦，审结婚姻家庭和继承案件1116件。规范金融秩序，维护金融安全，审结金融借贷、保险、信用卡等金融纠纷3779件。加强破产案件审理，注重多方利益协调，促进产业转型升级。审理356件区房管所诉直管公房承租户案件，依法清退不符合条件的租户，大力支持住房保障工程。积极开展知识产权宣传月系列活动，举办音像著作权司法保护专题研讨会，开展知识产权典型案件集中公开宣判活动，制裁知识产权侵权行为，保护产业自主创新的积极性。成立专门涉军合议庭审结各类涉军案件，充分维护国防利益和涉军权益，被省委政法委评为“广东省维护国防利益和军人军属合法权益工作先进单位”，是广州市唯一获此殊荣单位。

【行政审判】　2011年，越秀区人民法院全年审结涉及省、市、区职能部门各类行政案件480件。妥善处理车辆年票制案、违规“五类车”整治案、广州市首宗政府网上信息公开案，以及五仙观、大佛寺扩建，地铁六号线建设等案件。针对《国有土地上房屋征收与补偿条例》公布实施后可能遇到的问题，迅速组织专题调研，为政府开展征收与补偿工作提出富有建设性意见。作为省法院指定试点法院，积极开展适用简易程序审理行政诉讼案件改革，提高审理效率，总结推广经验。

【少年审判】 2011年，越秀区人民法院受理各类涉少年案件274件，全年涉少年案件结案率95.74%。未成年人非监禁刑适用率高达48.62%，高出“排头兵指标”值近一倍。转变庭前社会调查模式，与区司法局召开专题座谈会，完成对62名未成年被告人庭前社会调查工作。对尚处缓刑考验期内的78名未成年缓刑人员跟踪回访，回访人数居历年之最，受到家长广泛好评。成功处理缓刑少年李某某帮教案，发出《司法建议函》，与区教育局沟通，消除李某某高考报名障碍，保障缓刑少年接受高等教育权利。成功帮助智障缓刑少年蔡某某，协助区教育局安排转入越秀区启智学校就读获得专业教育和治疗。坚持法制教育进校园工作，选派优秀法官担任法制副校长，深入区11所中小学校讲授法制教育课25场，全年受教育学生达3.7万人次。积极参与区“法在心中·伴我成长”青少年法制宣传教育品牌创建工作。正式开展判后社区矫正司法建议工作，全年发出判后社区矫正司法建议书25份。继续推进司法社工试点项目和未成年人案件心理测评干预机制，全年涉案未成年人接受社工服务46名。

【执行工作】 2011年，越秀区人民法院全年执结各类案件9107件，执结标的金额12.47亿元。加强执行监督，推进执行威慑机制建设，限制出境14人，拘留11人，罚款1.1万元，有力震慑赖债者及妨碍执行、暴力抗法人员。以全省法院开展执行款专项整治活动为契机，集中清理积压执行款案件1507件，发放执行款1.09亿元。高度重视涉民生案件执行，大力提高劳动争议案件执行到位率，执结劳动争议案件704件，执行到位率高达90%。成功执结涉案金额巨大的金某某案件，为国有商业银行挽回巨额损失。成功促使扬言点煤气瓶的被执行人达成和解协议，有力推进整个珠光北地块开发建设进程。成功执结杨箕村宅基地纠纷4件，坚持“以执促谈，以执促调”促成多名杨箕村民达成执行和解，为推动杨箕村改造工程提供有力司法保障。

【建立诉前联调机制】 2011年，越秀区人民法院在与区综治委共同制定《越秀区诉前联调工作实施细则（试行）》基础上，打造具有越秀区特色的诉前联调工作机制，形成诉前联调与诉讼调解相结合、司法与行政联动、审判与调解相得益彰的多功能、立体式发展机制。分别与广东和谐医患纠纷人民调解委员会、中国贸促会中国国际商会广东调解中心、区内4个交警大队、越秀区人力资源和社会保障局建立诉前联调联动机制，进一步提高专业化调解水平。在2011年度全省诉前联调工作经验交流会上，区法院院长介绍越秀区医患纠纷联调机制工作经验，受到广泛好评。

【司法为民】 2011年，越秀区人民法院坚持以人为本、一心为民，

2011年11月22日，区法院走访中国人民财产保险股份有限公司广州市分公司，就如何加强保险纠纷调解联动机制建设进行座谈。

将司法的人民性落实到具体审判执行工作之中，营造公平正义法治环境。深入推进司法公开，全力打造“阳光司法”。完善工作机制，自觉接受监督，主动邀请人大代表旁听庭审、参与调解、见证执行，积极争取对法院工作的理解和支持。深入街道社区走访人大代表，求征意见建议，及时改进工作。定期寄送法院动态工作汇编，方便代表及时了解工作情况。全年邀请人大代表、政协委员参与“百案释法答疑”、“百场征求意见”活动37次。按时办理人大转办信访案件57件，办结人大代表意见建议2件，政协委员提案2件。加强“网上法院”建设，在全市两级法院率先开通网上预约查档服务，避免当事人因证件材料不全、档案不存库等原因来回奔波，得到当事人好评。逐步开展网上立案工作，通过网络预立案受理案件16件。推进司法公开，加强法制宣传，率先在全市两级法院开通官方微博。深入做好司法救助和帮扶工作，拓宽为民利民渠道。加大司法救助力度，为确有困难的当事人缓、减、免交诉讼费38.64万元，协助申领司法救助金20万元。依法保障刑事案件被告人诉讼权利，为114名被告人指定辩护人。

【法院文化建设】 2011年，越秀区人民法院重点加强法院文化建设，制定《越秀法院文化建设五年规划》并逐一细化落实。建立篮球、足球、羽毛球、乒乓球、游泳等8个文体协会，在2011年越秀区3人篮球赛18个比赛单位中获得亚军。深入帮扶梅州市五华县法院，被评为全省法院“结对帮扶”工作先进集体。打造调研信息宣传文化品牌，分别获评2011年度全市法院调研、信息、宣传工作先进单位。取得越秀区法院史上调研工作最好成绩，在全国法院系统第二十三届学术讨论会上，取得一等奖1篇、二等奖和三等奖各2篇，位列全国基层法院第一，蝉联组织工作先进奖。宣传工作到位，2011年度被最高法院政治部、人民法院报社评为宣传工作先进单位。信息工作出色，多篇信息获上级领导批示。完成院图书馆建设，营造浓厚学习氛围。精心组织，刻苦排练，选送节目歌舞《妻子》参加广州法院庆祝建党90周年文艺汇演获一等奖和最佳风采奖。

【典型案例】

案例一：广州醉驾第一案一审判决缓刑 2011年6月24日，越秀区人民法院对广州首宗醉驾案作出一审判决，被告人周某某以危险驾驶罪被判处拘役一个月，缓刑两个月，并处罚金1500元。该案属《刑法修正案八》“醉驾入刑”后广州市查获的第一宗醉驾案，也是广东首宗醉驾判决缓刑案。社会各界对此普遍关注，广州市人大代表和省市各大媒体亲临庭审现场旁听和报道。

被告人周某某于2011年5月1日凌晨1时许喝醉酒后驾驶朋友车辆途经广州市环市中路广州电视台对出路段时被公安人员查获，经司法鉴定，周某某静脉血酒精含量为129.8mg/100ml，其行为构成危险驾驶罪。鉴于被告人危险驾驶行为尚未造成人员伤亡和财产损失等后果，认罪态度较好，案发之前也无醉驾记录，区法院对其酌情从轻判处缓刑。

随着全国范围内醉驾案件“快侦快诉快审快判”形势发展，社会各界对醉驾行为定罪量刑引发热烈讨论。此次醉驾缓刑宣判是对醉驾入刑以来的一次大胆尝试。区法院本着慎重稳妥的态度结合当前案多人少矛盾和社会矛盾尖锐化特点，严格适用罪刑法定原则和人性化量刑要求，醉驾缓刑判决符合刑法宽严相济和谦抑性原则。法院宣判后，被告人对判决结果表示无异议，案件审判实现法律效果与社会效果有机统一。

案例二：杨箕村“城中村”改造纠纷16件案件一审集中宣判 2011年12月2日上午，越秀区人民法院对杨箕村改造的16件宅基地纠纷案件进行集中公开宣判，在16宗案件中，均判令被告村民在判决生效之日起3日内，将房屋腾空交给原告杨箕股份合作经济联社，同时搬迁到原告提供的过渡房。杨箕村系2010年广州市政府纳入重点改造的9个“城中村”之一。由于部分村民与杨箕股份合作经济联社之间分歧较大，双方分别向法院提出过不同类型的民事诉讼和行政诉讼，以寻求司法解决。

在杨箕股份合作经济联社状告部分村民宅基地纠纷案中，杨箕股份合作经济联社方面认为，杨箕股份合作经济联社对杨箕村整体改造工程具有合法管理的权利，此次旧村改造系惠及全体村民的重大事项，涉及全体村民切身利益和公共利益，部分村民耽误回迁时间，对广大村民合法权利造成消极影响。涉案村民则认为杨箕股份合作经济联社拆迁和补偿程序不合法。

区法院根据《中华人民共和国土地管理法》和《中华人民共和国村民委员会组织法》规定认定，农民集体所有的土地由本村村民委员会进行管理。原广州市杨箕村村民委员会于1999年8月17日经批准撤销，由杨箕股份合作经济联社承继权利义务，杨箕股份合作经济联社对杨箕村改造动迁享有合法的管理权。杨箕村范围内的宅基地属杨箕村集体经济组织所有，杨箕村民对涉讼土地上的房屋享有所有权，但对所占用的宅基地仅享有使用权。杨箕股份合作经济联社有权要求依照法律规定收回集体土地，是合法的诉讼主体。杨箕村召开股东代表大会对整体改造方案包括补偿安置方案进行表决通过，符合《广东省农村集体资产管理条例》关于集体资产产权处分必须经合作经济组织成员大会或成员代表会议审议通过的规定，程序上并无不当。杨箕股份合作经济联社要求收回房屋占用的集体所有的宅基地符合法律规定，因土地与房屋不可分割，涉讼宅基地使用权被收回后，根据房地一体主义，村民的房屋亦应一并交给杨箕股份合作经济联社。

判决后，区法院积极督促杨箕股份合作经济联社主动与村民协商安置补偿的相关细节，要求按照《杨箕村城中村改造房屋拆迁补偿安置方案》规定的补偿标准做好安置补偿工作。法院通过执行程序，促成多名杨箕村民达成执行和解，4件案件执结完毕，取得重大阶段性成果。

（区法院　刘洪国）

2011年9月6日，区法院依法对杨箕村宅基地纠纷涉案户主实施强制搬迁执行。

司法行政

【概况】　2011年，越秀区司法行政工作紧紧围绕“依靠创新驱动、建设幸福越秀”这个核心任务，突出“全面提升司法行政水平，积极推动幸福越秀建设”这个主题，继续推进“社会矛盾化解、社会管理创新、公正廉洁执法”三项重点工作，较好地完成调解调处、法制宣传、矫正安帮、法律服务等各项工作任务，进一步提高司法行政服务大局、服务中心的能力。

全年调解矛盾纠纷3535宗，调解成功率为98.9%；累计接收社区服刑人员405名，成功解矫143名，目前在册262人；在册刑释解教人员795名，实现在册刑释解教人员安置率92%，帮教率99%；全年接待法律咨询1300多人次，受理审批各类法律援助案件563宗，同比增加29%，其中涉及农民工案件292件。

【排查调处】　2011年，越秀区司法局以贯彻落实《人民调解法》为契机，积极主动地开展社会矛盾纠纷排查化解，完成“深圳大运会”、换届选举和创文迎国检等敏感时期的调处任务。成功调处杨箕村旧城改造纠纷、省妇幼、中山一院、省人民医院医患纠纷，大塘街上海城手机市场租赁纠纷，光塔街辖内建业大厦复建纠纷，广百集团与关联企业股东分红问题，东风街水管爆裂水浸车辆赔偿纠纷等。全年调处重大、群体性纠纷94宗，调处成功80宗，调处成功率85.1%。

【社区矫正和安置帮教】 2011年，越秀区司法局通过身份信息核查、集中排查评估、考核表彰等形式，加强对全区社区服刑人员、刑释解教人员的教育管控，确保三类人员“应收尽收、见人见档”，严防脱管、漏管。加强对重点人员的管控，顺利启动对首批重点社区服刑人员共计15人的手机实时定位监控。制定实施《越秀区社区服刑和安置帮教部门配合做好“大运安保”工作方案》，实现大运会期间“三类人员”零发案。是年，继续以合约外包形式与广州市社工组织开展试点合作，由清源社工服务中心对越秀区18个街道的100名社区服刑人员实施有针对性的个案辅导、小组活动、心理矫治、法制教育、公益劳动等专业化矫正服务，所有矫正对象思想稳定，表现良好。同时，进一步做好“深度帮教”品牌工作，继续扩大对生活困难多、潜在隐患深、思想波动大、回归不彻底的刑释解教人员进行重点帮扶，将原来每个街的2~3名重点帮教对象扩大至4名，总体数量增加至121名。与区民政、人社等单位协调配合，搭建就业桥梁。11月，联合区人社局为辖内有就业意向的42名释解人员举办两场就业推荐会。组建帮教团到市第三强制隔离戒毒所、省坪石监狱对越秀籍服刑在教人员开展帮教活动，将帮教工作拓展到“高墙”内，形成“高墙内外资源共享、监所社会双向互动”的工作局面。针对“三类人员”中无生活来源、无业可就、无房可居的“三无”人员在获得民政救助前生活无着落的情况，积极探索短期救助措施，如人民司法所正积极协调筹备安置帮教基金，对“三无”人员进行帮扶救助。

【法制宣传】 2011年，越秀区司法局深化普法依法治理工作，以启动“六五”普法、创建全国文明城市为主线，将法制宣传教育与“创文”测评要求相结合，广泛开展法律进机关、进学校、进乡村、进社区、进企业、进单位“法律六进”活动，强化对公务员、青少年、社区居民、外来务工人员、企业经营管理人员和企业员工以及特殊群体的法制宣传教育。全年印发各类法制宣传图片、宣传单20万张，举办各类学法培训班、讲座570次，举办各类法制宣传活动500多场次，制作法制宣传橱窗（栏）6300期，完成“创文”普法的目标任务。继续紧抓“法在心中·伴我成长”越秀区中小学法制教育品牌建设工作，发挥22个依法治校先进单位的示范、辐射作用。积极探索针对境外来穗人员的普法教育工作，对境外来穗人员比较集中的登峰街、洪桥街开展摸底调查，制定宣传资料，拟定《越秀区内外国人普法宣传教育工作方案》等。9月，越秀区被评为省“五五”普法先进集体，3人被评为省“五五”普法先进工作者；14个单位被评为广州市“五五”普法先进，31名个人被评为先进工作者。

【律师公证】 2011年，越秀区司法局深化法律服务行业的管理引导工作，努力提升法律服务水平，严把律师所年审关和公证、司法鉴定质量关，完成辖内170多家律师事务所的信息采集、执业年度考核工作，完成越秀办证处2010年公证文书质量检查，对辖内16家司法鉴定机构的规范执业专项检查。在巩固律师所、司法所“所所结对”的基础上，组建高素质律师法律服务团队，积极开展律师服务进社区、进学校活动，引导社会律师参与法制宣传和矛盾纠纷调解调处工作。在社会媒体高度关注的东风西路爆水管水浸车辆事件中，3名律师驻点解答群众咨询，为避免事态激化、顺利解决群众诉求创造有利条件。与人民司法所结对的广东金鹏律师所，在街道综治信访维稳中心设立“律师党员服务岗”，积极探索社会管理创新，以公益法律服务回报社会。全年办理律师业务249宗（其中：律师转所业务133宗、律师申请执业63宗、律师省外调档申请19宗、律师所申请增加派驻律师11宗、律师所申请增加合伙人10宗，申请设立律师事务所5宗、律师所变更负责人8宗），为260名通过国家司法考试的人员颁发法律职业资格证书及办理年度备案。着重围绕区重大建设项目、重点工作的推进和区行政管理中遇到的涉法涉诉重点、热点问题，充分发挥公职律师和社会律师的专业作用，开展专题调研，积极提供法律服务，指派公职律师为杨箕村旧城改造工程出具大量法律意见，指派公证人员为东濠涌整治工程房屋征收拆迁提供证据保全。

【法律援助】　2011年，越秀区法律援助工作以深化建设弱势群体利益诉求表达机制的工作重点，成立区法律服务中心，积极协调整合律师、公证、基层法律服务及高校法律援助等法律资源，将中心打造成面向一般群众尤其是困难群众的综合性法律服务平台。继续实施法律援助全覆盖工作，规范街道法律援助工作站建设，协调居委社工，把法律援助延伸到社区、延伸到困难家庭，进一步健全农民工法律援助绿色通道，理顺申请渠道，简化审批程序，严把承办法律援助案件质量关，规范法律援助档案，并提高法律援助办案补贴，把刑事案件补贴从以前的每宗600元提高到800元，民事、行政案件每宗从800元提高到1200元，调动承办律师的积极性，提高办案质量。

【基层司法行政】　2011年，越秀区司法局积极推进基层基础建设，以《人民调解法》颁布实施为契机，重新印发人民调解委员会“四簿一册”，指导规范社区调委会选举和各项工作，有针对性地组织多场业务技能培训。按照司法所规范化建设目标，继续在司法所硬件设施建设、业务制度建设、档案管理等方面强化司法所规范化管理。着重在党风廉政建设、政风行风建设、学习型组织建设三个方面下工夫，通过加强思想教育和业务培训，不断提升干部履职能力。结合区纪委工作部署，在全区25个基层司法站所开展政风行风评议活动，面向社会和群众，广泛宣传，敞开监督，接受评议；结合先进司法所评比，在基层掀起一轮比能力、比服务的新高潮。开展以“践行科学发展，争当越秀先锋”为主题的纪念建党90周年系列活动，组织开展亚运安保先进事迹宣讲，评出先进集体1个、先进个人3人、优秀党员义工12名、优秀党员14人。

【诉调衔接】　2011年，越秀区司法局与区法院协商，共同建立法官挂点联系司法所制度。区法院立案庭的4位副庭长、调解组3名法官，分工挂点联系司法所，互通纠纷动态情况，协调处置纠纷个案。人民调解促进司法调解，司法确认强化人民调解，法院诉讼与人民调解在程序上相互衔接、功能上相互促进、成效上相互融合的联动工作局面基本形成，效果显现。华泰宾馆军地租赁纠纷、杨箕村征地拆迁纠纷、信江眼镜城租赁纠纷中，区法院立案庭与区调处办相互配合，形成联调工作合力，为纠纷的解决创造有利条件。

【公职人员学法】　2011年，越秀区司法局积极探索公职人员学法新方式，学习广州市公务员网络培训经验，在“越秀司法行政网”开设学法考试专栏，变以往的纸质考试为网上考试，使一年一度的干部学法考试更加高效快捷。年底，全区98%的公职人员通过网上考试专栏进行考试，参加人数1万余人次，合格率100%。

【产学研一体化】　2011年，越秀区司法局积极推进社会管理创新，积极探索发挥司法行政区域优势，与广东工业大学法学科研资源“产学研”相结合借力创新的新方法、新路径，在社区矫正、安置帮教、法律援助、学生实习、业务调研和人员培训等方面深度合作。与广东工业大学法学院签订共建协议，通过资源共享与合作，力争突破阻碍司法行政工作进一步开展的瓶颈。建立学生实习基地，广东工业大学法学院四年级学生可按双方协定在越秀区司法局各业务科室及司法所对口实习。年底，越秀区司法局已接待近200名四年级学生进行实习。

（区司法局　古定辉）

责任编辑　邓小敏

军事

综 述

【概况】 2011年，区人武部坚持以科学发展为主题，以加快转变战斗力生成模式为主线，按照“固牢根本、聚焦能力、强化核心、建强基层、确保稳定”的基本思路和“理论武装有新成果、打赢能力有新提升、科学发展有新成效、开拓创新有新举措”的工作目标，大力加强思想政治建设，狠抓战备工作落实，全面建设呈现出科学发展、安全发展的良好势头。

是年，越秀区委被省委、省政府、省军区评为“党管武装工作先进单位”。区人武部被省军区评为“先进党委”、“先进人武部”，“优秀党委书记”1人；被警备区评为“优秀人武干部”1人，立三等功1人。

【党委建设】 区人武部围绕党委班子“团结和谐、风清气正、坚强有力、奋发有为”的建设目标，大力创建“学习型、创新型、和谐型”党组织，突出抓党委班子能力建设和思想作风建设。以开展“创建培育”活动为载体，组织开展支部书记培训和党建理论研讨等活动，提高党委班子依法决策、民主决策、科学决策的具体能力。按照《中央军委关于进一步加强军队高中级干部作风建设的意见》统一思想，把党委班子作风建设上升到政治原则的高度来认识，着力在抓好实事求是的思想作风，艰苦奋斗的工作作风和清正廉洁的生活作风下工夫见成效。把调查研究作为改进作风、推动末端落实的重要抓手。2011年，党委“一班人”9次到基层，与基层干部交心、交思想，共求切合实际的工作思路和方法。做到每项工作有部署、有检查、有反馈、有讲评，形成抓落实的闭合回路，不搞半截子工程。坚持经常抓、抓具体，着力在入脑入心、见人见事、立言立行上出成效；坚持依法指导和开展工作，建立和维护正规有序的抓落实机制，推动各项工作实现平稳发展。

【思想政治教育】 全年紧密结合形势任务，深入开展六个专题的党委中心组理论学习和干部理论轮训，重点开展“创建和培育”活动、“科学发展引领我成长”主题活动，围绕坚定政治信念、忠实履行使命，深入开展培育当代革命军人核心价值观主题教育活动；多次组织收听收看省军区“理论学习论坛”专家授课；结合庆祝建党90周年，抓好党史军史教育和“学习党史、感党恩跟党走”等系列实践活动。通过教育使大家立足岗位实践，自觉改造思想，端正价值取向，纯洁思想道德，进一步增强高举旗帜、听党指挥、履行使命的自觉性坚定性，确保区人武部全年实现高度安全稳定，各项工作稳步推进。

【军事训练】 2011年，区人武部按照军区“长沙会议”精神，突出抓指挥技能、动员业务的基础训练。2月，参加警备区组织的指挥军官与动员业务骨干集训。6～10月，指导区辖38个武装工作单位完成年度军事训练任务。7月，组织47人参加省军区在中山国防教育训练基地组织的预备役船艇运输大队集训；8月，选派参谋人员参加省军区组织的“北斗”卫星系统指挥和用户机操作使用培训；9月，组织民兵、预备役部队参加省军区组织的无线电台通信演练；10月，参加省军区组织的密码保障综合演练。深入抓好战备物资器材配套建设，确保各类物资器材齐全配套。全年先后组织各类集训10余期，共集训民兵2549人，完成年度民兵训练任务。

【双拥共建】 2011年，区人武部以广州争创全国双拥模范城“七连冠”为己任，倾力参与和谐越秀建设，充分发扬拥政爱民光荣传统，双拥共建工作在完成重点工作、文明城市创建、生态环境建设、扶贫帮困、抢险救灾、维护社会稳定等方面取得新的成绩。继续坚持军地互访联络制度，区委、区政府与驻区部队在春节、八一等节日，广泛开展慰问驻军及拥军优属活动，邀请驻军单位参加新春文艺招待会以及中秋、国庆茶话会，召开驻军部队立功受奖官兵表彰大会等。妥善处理军警民纠纷和涉军维权案件。

一年来，区人武部配合区综治维稳部门化解12起军警民纠纷和复转退军人聚集上访事件，同时启动维权机制，协调和妥善处理4起军人军属涉法矛盾和纠纷。人武部被区评为“维稳工作先进个人”1人，“综治工作先进个人”1人，“创文工作先进个人”6人。全年接待省军区基层营连主官疗养团、成都军区师旅团干部疗养团和其他各项接待任务共计11批，约369人次。主动配合抓好全民国防教育，坚持把国防教育作为双拥工作的基础性工程和精神文明建设的主要内容来抓，纳入全民教育体系，列入宣传、教育、文化等职能部门的年度计划。定期有针对性地组织过好“军事日”、学生军训等活动，强化全民国防观念。

民兵、预备役部队建设

【民兵预备役建设】　2011年，区人武部按照“突出重点、提高质量、改革创新、稳步推进”的思路，进一步加强国防动员和后备力量建设。科学筹划国防动员建设，加强后备力量组织整顿，着眼遂行多样化军事任务需要，拓展民兵组织职能，优化结构布局，合理调整9000多名基干民兵的组织布局，理顺与人防、交战等国防专业队伍的关系，全区共编配落实国防后备力量1.6万名，基本避免“一兵多编、交叉重叠”的问题。巩固历年整组成果，突出抓民兵编组的规范化。按照上级下发的编制表，对全区民兵专业技术分队、对口专业分队、民兵应急分队、步兵分队进行适当调整，按一兵一职落实人员，切实把退伍军人和与军事专业对口的各类技术人才编入民兵组织，完成年度整组任务。

2011年5月，广州警备区开展主题教育组织全体干部到北京街道盐运西社区参观学习。

【武器装备管理】　2011年，区人武部在民兵武器仓库正规化建设和报废危险品销毁处理工作中，围绕完成上级赋予的试点建设任务，及时对本区民兵武器库房进行全面清查。对仓库进行升级改造，对库存武器装备进行等级维护保养和倒垛分类，更新添置视频监控系统、指纹门禁系统等配套设施设备，推动人武部民兵武器仓库的正规化建设。在上级组织的民兵武器仓库正规化建设现场观摩会上，上级部门和与会代表给予充分肯定和高度评价。

【“四个基本”达标建设】　2011年，区人武部按照广东省“三期八年”工程规划，对照《广东省民兵营连（分队）“四个基本”建设实施细则》和《越秀区民兵营连（分队）“四个基本”建设考评细则》，确立“因地制宜、全面抓建、突出重点、统一实施”抓建思路，采取先硬件后软件、先建设后完善的方法分步推进，到年底如期实现区“四个基本”100%达标的建设目标。由区人武部统一印制民兵营（连）、分队和库室标志牌、职责制度牌、旗帜及登统计本等；集中购置文件资料盒、报纸夹等必需设备；调整配备桌椅、电脑、电话、打印机、传真机等办公设备；

2011年12月，军委总部、两级军区和警备区首长到越秀区人民武装部民兵武器装备仓库检查指导工作。

挑选居委会成员中政治素质好、熟悉军事工作的干部担任营（连）长；规范统一营连（分队）部办公秩序。在每个街道挑选1个条件相对比较好的居委会作为重点抓建单位，投入必要的物力财力，并实施强有力的指导。由区辖各基层单位，对照《广东省民兵预备役营（连）“四个基本”建设实施细则》和警备区“8·27”主官会议提出的具体要求，进一步完善基本设施，逐步配齐民兵战备、训练、学习和生活所需装备设备，逐步建立和完善基本教育、基本队伍和基本制度各项内容，确保民兵预备役营（连）“四个基本”建设按时间节点完成。

兵　役

【征兵工作】　2011年，区人武部在征兵期间，针对征兵工作社会环境持续变化、征集主体标准提高的现实，采取多种措施从宣传、征集、优抚、培训、安置等各个环节完善综合保障措施，共编发《征兵工作简报》6期，印发《给适龄青年的一封信》5000多份，张贴征兵布告2300多份、宣传标语4000多条，宣传提纲8000多份，出墙报58期，撰写新闻报道16篇，营造良好的征兵工作氛围。是年，完成全区222名新兵的征集任务，新兵高中以上文化程度达100%，大专以上学历达30%。多年没有出现“责任退兵”等重大问题，保证兵员质量。区人武部连续29年被广州市评为“征兵工作全优单位”。

（区人武部　徐光荣）

人民防空

【概况】　2011年越秀区民防工作认真落实第六次全国人防工作会议、全市人防工作会议精神，紧紧围绕区委、区政府“依靠创新驱动、建设幸福越秀”这个核心，立足民防实际，开拓创新、务实发展，组织指挥、通信警报、工程建管、法制宣传等人防各项工作取得显著成绩，较好地完成年度各项工作任务。

是年，区民防办被市民防办评为“人防工程普查先进单位”、“人防工程防汛先进单位”和“人防宣传工作先进单位”。

【应急准备基础设施建设】　2011年，区民防办投入1万多元对辖区内警报器进行全面维护，全区81台警报器控制形式实现单一无线控制向有线、无线联合控制的转变；进行警器的更新换代，全年更换电声警报器27台，新装2台。从6月开始，组织通信站工作人员分3个小组对全区81台警报器全面检测、保养和维修。组织全区街道武装部和警报器管理单位进行警报试鸣业务培训，保证警报器的完好率100%，确保警报试鸣期间，警报鸣响率达100%。

注重做好地下空间的平时检查，将人防工程普查与防汛工作紧密结合起来，在人防普查的同时检查各人防工程汛前制度的落实，确保雨季安全度汛。10月13日广州下特大暴雨，区民防办立即启动防汛应急预案，民防应急抢险队受命做好应急准备，对已出现水淹危情的竹丝岗四马路和太和岗人防坑道，立即组织抢险队伍进行强排和排险。

【人防组织指挥体系建设】 2011年，区民防办坚持有力、有序地推进人防地上、地下、机动“三位一体”的人防指挥信息体系建设，按照技战术要求，强化地面指挥所内部设施的配套建设，进一步提高综合化、自动化、智能化水平。完善机动应急通信系统建设，充分发挥其在应急指挥中的作用，加强与政府应急管理部门的协作，参与搭建政府应急救援指挥平台建设。根据实际情况重新调整选址，拟在越华路区政府旁绿地开发建设。4月，召集相关单位、街道工作人员，召开“人防专业队整组会议”，对专业队整组提出新要求，布置新任务。重新编组7个人防专业队伍，建立650人的区属人防专业队、660人的街道级人防专业队。“广州越秀从化田心人口疏散基地”挂牌，标志着“越秀区战时人口疏散”和“从化市战时人口接收方案”得到落实。7月，分管副区长带队到从化人口疏散基地进行实地调研，考察从化疏散基地指挥体系建设和基地建设。

【人防工程建设管理】 2011年，区民防办协调解决景兴公司在工程建设中所遇到的实际问题，召开北京路地下商贸走廊人防工程质量控制会议，提出工程质量、安全控制要求。基坑开挖工程中碰到的涉及各方利益的问题已全面解决，使工程顺利开工。根据市人防2012—2020年人防建设规划，对一德路东段人防工程周边建设、车流、人流、环境、地下交通进行调研，积极调整和优化规划，将地下空间面积调整为2～2.5万平方米。按市民防办人防工程普查的统一部署，组成领导小组，专门召开人防工程普查会议，布置任务。在各街道人武部和有关单位的大力支持下，高标准地完成区辖内531个人防工程(129.93万平方米)、280个普通地下室（总面积约108.9万平方米）的全面普查工作。

【法规宣传教育】 2011年，区民防办通过在演习前发放演习通告、演习信息，组织群众参与、观摩演习等方式开展人防宣传。结合人防工程普查工作，发放“人防工程主要功能布局及防护设施图例简介”手册、《居安思危 平战结合》防空防灾知识手册和《人防工程防护设备维护保养手册》VCD等宣传资料，把人防演习和人防宣传有机结合。10月25～28日与农林街道联合在竹丝村举办“人防宣传进社区活动”。制作“人防知识知多少”人防宣传栏，摆放人防法律法规、人防知识、战时技能知识等展板，向竹丝村居民发放防空防灾知识手册。大大提高民防的社会知名度，营造全社会理解、关心、支持民防建设的良好氛围。10月，和区教育局联合组织区内初中学生开展“我眼中的人民防空”征文比赛。经过初选后收回的68份稿件通过专家评审，有17篇文章获得表彰奖励，并将其编印成册出版。

在加强全方位做好人防宣传的同时，充分利用人防网、人防宣传栏、人防杂志等途径适时开展人防宣传，各单位和部门撰写简讯、文章，在省、市人防杂志发表29篇。

（区民防办　赵玫）

责任编辑　邓小敏

晋代坡山（古渡）码头

在广州五仙观（今惠福西路坡山巷）内“岭南第一楼”的后面，至今还有一块“坡山古渡”的刻碑。据称，此处原为广州宋城内一座山岗——坡山所在地，在晋代（265—420）是珠江北岸的一个渡口，故有“坡山古渡”之称。清代屈大均《广东新语·山语》云：“坡山向在江干，称‘坡山古渡头’”。渡口现距珠江北岸已有1000多米。

在远古，“坡山”与“番山”、“禺山”同为古城广州3座著名的红岩低丘。坡山海拔高度20米左右，至今此地仍高出4米，故有“坡山古渡”之称。汉初（911—942）将它凿成培楼，上设丹灶，以炼丹药。

“坡山古渡”在隋唐时期是广州最大的码头。从波斯湾远道而来的船只大多在此靠岸。那些异域商人上了岸，便就近驻扎下来。古书记载这些侨民“多流寓海滨湾泊之地，筑石联城，以长子孙”。天长日久，渡口附近的外国人越来越多。唐开元二十九年（741），朝廷在这里设置专供外国人（主要是阿拉伯人和波斯人）侨居的社区——“蕃坊”。随着珠江河道的泥沙沉积，江岸逐渐南移。到了五代十国，为扩大市区，南汉王刘龑命人将坡山凿平。宋代以后，坡山仍可俯瞰当时热闹的“大市”街，所谓“大市”，即大集市，当时惠福路是一条繁华的商业街。宋时建在坡山上的五仙观，是当时一道独特的景观。

第二、三产业

经济综述

【概况】 2011年，越秀区以科学发展观统领全局，紧紧围绕“依靠创新驱动、建设幸福越秀”这个核心，以加快转变经济发展方式为主线，以推动产业转型升级为重点，区域经济平稳、健康发展。全年实现地区生产总值（GDP）1897.16亿元。按可比价格计算，比上年同期增长（下简称同比增长）9.6%。其中，第二产业实现增加值57.85亿元，同比增加4.0%；第三产业实现增加值1839.31亿元，同比增长9.8%，对经济增长的贡献率为98.75%。第二、第三次产业结构为3.05:96.95。

工业 全区实现工业总产值34.41亿元，同比增长5.0%。其中，规模以上工业企业实现总产值28.29亿元，同比增加4.8%；大中型企业4家，实现工业总产值22.66亿元，同比下降1.0%，占规模以上工业总产值的80.09%。两大支柱产业完成工业总产值23.61亿元，增长3.4%，占全区规模以上工业总产值的83.45%。

商贸业 全年实现商品销售总额5689.40亿元，同比增长30.7%，高于全市增速3个百分点。超亿元单位344家，实现销售额3897.90亿元，同比增长46.6%，有力拉动全区商品销售额的增长。全年实现社会消费品零售总额979.36亿元，同比增长17.0%。

外经贸 实现外贸出口总值79.67亿美元，同比增长18.6%。全年新签合同268个，同比增长22.9%；合同利用外资5.50亿美元，同比增长70.2%；实际利用外资3.24亿美元，同比增长7.5%。

固定资产投资 全年完成固定资产投资461.34亿元，同比下降15.0%。其中，基本建设和更新改造完成投资额274.57亿元，同比下降33.3%；房地产开发完成投资额186.77亿元，同比增长42.59%。按项目所在地统计，越秀区完成在地固定资产投资150.58亿元，同比下降30.1%。全年商品房销售面积113.41万平方米，同比下降37.71%；实现商品房销售合同金额126.73亿元，同比下降43.14%。

现代服务业 全年现代服务业实现增加值1194.54亿元，同比增长10.0%，占GDP比重62.96%，占第三产业增加值的比重为64.95%。其中，租赁和商务服务业、广播电视电影和影音业、计算机服务及软件业增长势头较好，交通运输仓储和邮政业、金融业增速较为平缓。金融业、租赁和商务服务业两大行业继续发挥领头羊作用，合计实现增加值713.58亿元，占现代服务业增加值的比重为59.74%。信息服务业增速有所加快，实现增加值56.54亿元，同比增长11.8%，占GDP的比重为2.98%。

文化创意产业 创意产业实现营业收入813.15亿元，同比增长12.8%，占全区营业收入的9.75%，比重比上年同期提高0.32个百分点，11家创意企业被认定为“广州市重点软件和动漫企业”。黄花岗科技园依托高端新兴产业集聚优势，积极推动智慧产业发展，全年实现技工贸总收入288.05亿元，同比增长25.0%；实现税收收入8.78亿元，同比增长25.3%，其中文化创意产业发展迅猛，占比重21%，比上年同期提高12个百分点。创意产业发展载体的建设工作进展顺利，南方文化传媒创意产业园一期工程顺利完成。有广东文化产权交易所、中山大学创业投资公司等21家企业进驻；“创意大道”主体工程全面完成，东方文德广场完成商业裙楼部分建设。成功举办第四届中国国际漫画节和第八届华语动漫金龙奖，活动规模和影响力进一步扩大，成为越秀区引聚动漫产业资源，引进优秀原创动漫企业和人才的优质平台。

【推动产业转型升级】 2011年，越秀区把加快发展现代服务业作为推进产业转型升级的重要内容，初步建立起以现代服务业为主导，以商贸业、金融业、物流业、商务服务业、文化创意产业、信息服务业、公共服务业等七大核心产业为重点的现代产业体系，现代服务业的辐射带动效应日益显现。越秀区明确以建设广州市现代服务业核心功能区为定位，以建设华南地区总部经济聚集地和现代服务业的产业高地为目标，实施“总部带动”战略，大力发展现代服务业。并整合利用辖内甲级写字楼资源，建立6个区域“总部经济发展基地”。经过多年探索和实践，总部经济已成为推动区经济增长的强力引擎和支撑。在推进产业转型升级的过程中，越秀区立足区的实际，创新服务手段，切实做好企业服务工作，擦亮“越秀服务”品牌，不断优化提升招商引资软环境。完善服务平台，筹建越秀区政务中心。成立越秀区招商引资工作领导小组和投资促进服务中心；加强规划和政策引导，制定《服务业十二五规划》，出台《越秀区加快经济发展方式转变的若干意见及配套实施办法》、《越秀区促进核心产业企业发展奖励办法》等政策措施；优化体制机制，提高审批效率和服务水平，加强政务公开，积极宣传推广“网上服务大厅”。

工　业

【概况】　全区工业总产值34.41亿元，同比增长5.0%，其中，规模以上工业企业实现总产值28.29亿元，同比增长4.8%。大中型工业企业实现工业总产值22.66亿元，同比下降1.0%，占规模以上工业总产值的80.09%。水的生产和供应业、印刷业两大支柱行业完成工业总产值23.61亿元，同比增长3.4%，占全区规模以上工业总产值的83.45%。

【提升工业企业竞争力】　2011年越秀区经贸局及时掌握工业经济运行情况，加强工业重点行业、重点企业和市场情况的动态分析，定期走访企业、召开座谈会，及时掌握生产、销售、投资等企业情况，加强重点企业经济运行监控，结合节能降耗、清洁生产、低碳减排等工作，及时为企业排忧解难。

切实抓好工业企业扭亏增盈。解决企业用电难的问题，有效执行全区错峰用电方案，优化电气运行调控，保障支柱产业和优质企业生产用电，确保规模以上企业用电需求。组织企业参加各类招商和推介活动，实施“走出去”战略，拓展国内外市场。落实国家、省、市的相关扶持政策和资金，大力支持符合越秀区产业发展导向、成长性强、税收贡献大的企业发展。

提升企业自主创新能力。加大研发投入，促进产业高端化、高新化发展；加强产学研资源的整合，形成以优势企业为主体、科研院所和大专院校紧密协作的产学研体系，建立企业自主创新的长效机制；在产品研发设计、生产过程控制、企业管理、市场营销等多个环节，加大信息化投入力度，提高工业生产全流程的信息化水平。

转变经济发展方式。加快推进结构调整和产业转型升级，加强企业技术改造，加快淘汰落后产能，促进企业兼并重组，提升工业企业综合竞争力。

【节能工作】　2011年3～4月，区经贸局会同市经贸委、节能专家组，对广州燃气集团有限公司和广州市自来水公司节能目标和节能措施落实情况进行现场评估考核。经考核，燃气集团公司2010年实际节能为4455吨标煤，“十一五”期间累计完成节能量为74401吨标煤，累计完成既定节能目标33830吨标煤的219%，考核等级为完成。自来水公司2010年实际节能量为157.83吨标煤，是计划年节能量163.03吨标煤的96.81%；“十一五”期间累计完成节能量为2591.54吨标煤，为既定节能目标1805.17吨标煤的143.6%，考核等级为超额完成。

建筑业和房地产业

【概况】　2011年，越秀区建筑业保持平稳发展。全区资质内建筑企业188家，全年新签合同金额594.47亿元，完成建筑业总产值397.17亿元，同比增长11.4%，占全市的25.33%。装备及技术人员的加强促进劳动生产率的提高，达到33.43万元/人。

全年完成固定资产投资461.34亿元，同比下降15.0%。

其中，基本建设和更新改造完成投资额 274.57 亿元，同比下降 33.3%；房地产开发完成投资额 186.77 亿元，同比增长 42.59%。

【安全生产管理】 2011 年，越秀区建设和水务局重点检查工程项目施工现场各方责任主体人员到位和履责的情况，加强对重大危险源（如：深基坑、人工挖孔桩、高支模以及垂直运输机械设备）的监控，杜绝群死群伤事故发生。强化对特种作业人员配备和持证上岗情况的检查，针对施工现场及监管过程中发现的安全隐患，及时发出抽查通知书、整改通知书，责令限期整改，对存在较大安全问题和隐患的工程项目，采取局部停工整改或停工整顿的措施，督促落实整改。2011 年累计发出《抽查通知书》1126 份、《行政执法责令（限期）整改通知书》203 份，并跟踪落实整改措施，确保越秀辖区建筑施工安全生产处于受控状态。

【建筑工程管理】 2011 年，越秀区建设和水务局认真办理各项审批案件 176 宗，其中办理审批建筑工程施工类许可证、复函 48 宗，建筑面积 201831.27 平方米，工程造价 72272.18 万元；迎亚运环境整治施工复函 12 个，工程造价 5705.13 万元；办理施工图审查备案 36 宗；办理竣工验收备案 5 宗，验收备案建筑面积 11.0883 万平方米。工程造价 17170.49 万元；办理建筑工程夜间延长施工证明 49 宗（其中涉水项目 6 宗），办理房地产开发项目手册年检 80 宗。年内未发生行政复议和诉讼的案件。

【工程质量管理】 2011 年，区建设和水务局结合《中华人民共和国建筑法》、《建设工程质量管理条例》等法律法规，对辖区 75 个在监工地的进场材料、实体结构、钢筋抗拉强度的检测进行监督抽检。全年累计抽检 356 次，一旦发现存在工程质量问题，即责令相关施工单位立即整改，确保建设工程质量安全。

【停建闲置工地管理整治】 2011 年，越秀区建设和水务局要求名盛广场塔楼工程续建 A、B、C 座，东华西路 79 – 95 号商住楼，广州市第三中学四合院（办公楼）抗震加固工程及东山台上居住宅楼等 4 个越秀区停建闲置工地的业主、施工单位，保持基坑监测频次，防止意外发生。同时，督促建设和施工单位建立门卫值班制度，不准闲杂人等进入上述 4 个停建工地；督促停工工地监理单位定期对建筑物临边、安全网进行系统检查，如遇问题及时上报。

【建筑工程招投标管理】 2011 年，越秀区建设和水务局要求备案的建设工程招投标项目共计 44 项，完成招标项目 35 项。

【烂尾楼环境整治】 2011 年，越秀区建设和水务局积极推进中山一路业丰大厦、京东源等 23 宗“烂尾楼”外立面环境整治，督促建设、施工单位建立门卫值班制度，做好工地保洁、环境整治、安全检查等工作，改善周边环境面貌。

【房中房查处】 2011 年，越秀区建设和水务局加大房中房查处力度，按照越秀区整治“房中房”的工作流程及职责分工，收到涉嫌房屋改建的群众投诉 97 项，其中属小型工程管理 24 项，涉嫌房中房投诉 45 项，不属于房中房整治范围的 28 项，发出《责令限期整改通知书》1 份。

【农民工业余学校管理】 2011 年，越秀区建设和水务局积极配合广州市建委推进农民工业余学校的创建，加大创建建筑工地农民工业余学校的工作力度。越秀辖区有建筑工地农民工业余学校 17 所，在校学员约 2000 人，其中新增广隆大厦项目、广东省社会主义学院教学楼、学员宿舍项目、广州市幼儿园项目、珠岛 09 号工程—文体中心项目、广东华侨中学教学综合楼项目、大佛寺项目先贤馆一期、警卫指挥中心项目等 8 个农民工业余学校。

商贸服务业

【概况】 2011 年越秀区实现商品

销售总额5689.40亿元，同比增长30.7%。其中，限额以上单位实现商品销售总额4118.09亿元，同比增长41.8%，占全区商品销售总额的72.38%。超亿元单位344家，实现销售额3897.90亿元，同比增长46.6%，有力拉动全区商品销售额的增长。全年实现社会消费品零售总额979.36亿元，同比增长17.0%。其中，批发和零售业、住宿和餐饮业分别实现零售额830.51亿元和148.58亿元，同比分别增长16.0%和23.1%。百货业实现零售额126.01亿元，同比增长15.2%。

【2011中国流花国际服装节】 2011年开始，中国流花国际服装节分春秋两季举办。4月8日举办主题为“春舞流花　精彩越秀”的“2011中国流花·春季广东时装周”，第十届广东十佳服装设计师获得者新品发布会和以“资本·渠道·融合”为主题的“‘十二五’广东服装产业转型升级战略论坛”；来自美国、韩国以及国内的近20个服装品牌举办多场发布会和订货会。

9月16～25日，越秀区与省经信委、市经贸委、广百集团及省、市服装协会共同主办“2011中国流花国际服装节暨秋季广东时装周”活动。服装节以“幸福流花、时尚年华、越秀越精彩”为主题，活动总场次达到60余场，直接参与产业集群2个，纺织、服装、服饰品牌企业逾100家，吸引来自法国、美国、韩国及香港、澳门、台湾和广东本土设计师及品牌在流花区域举行潮流趋势发布、新品发布和服装订货会。同期还开展广州市越秀区金秋国庆欢乐购活动。提升流花区域品牌国际影响力、带动引领大众消费、引导服装产业转型升级和自主品牌提升发展。

【申报广东流花服装国际采购中心】 2011年9月，区经贸局以流花矿泉服装市场集群为基础，以流花矿泉服装专业市场园区统筹发展委员会为主题，全面开展广东流花服装国际采购中心的申报工作。区经贸局对流花商圈专业市场进行实地考察和调研，了解服装行业发展态势和方向；积极争取上级部门的支持，为广东流花服装国际采购中心的申报创造良好的政策环境；统筹、协调各专业市场，共同努力确保广东流花服装国际采购中心申报成功；做好申报筹备工作，并委托专家撰写《广东流花服装国际采购中心实施方案》，对流花专业市场集群的创建基础和可行性条件进行科学评估。广东流花服装国际采购中心项目先后通过专家组答辩和实地考察评审，获得领导和专家组的高度肯定，公示期满后成为广州唯一一个省级商品国际采购中心。

【涉非贸易整治】 2011年，越秀区紧紧把握全国“双打”契机，一方面整顿辖内市场经营秩序，另一方面通过对中非商贸城开展专业市场标准化管理的试点工作，建立健全市场整治长效机制，为升级改造专业市场提供制度保证。2月，牵头对中非商贸城等涉非场所开展持续数月的专项整治行动，严厉打击侵犯知识产权和制售假冒伪劣商品违法行为，净化市场环境，整顿经营秩序。整治过程中，越秀区总结经验、结合实践，制定《越秀区专业市场规范管理指导》，并与场内各经营者签订《不经销假冒伪劣和侵犯注册商标专用权商品承诺书》和《铺位租赁合同守法经营补充协议》，建立健全市场准入制度、退场制度、索票索证制度和进销台账制度，对专业市场进行标准化、规范化管理。此举受到商务部领导的充分肯定，并被中央电视台新闻联播等宣传报道。

【肉菜市场升级改造】 2011年，越秀区关注民生、协调维稳，推进肉菜市场再升级改造。做好福今、东山肉菜市场新旧开办方的移交协调工作，做到顺利交接、平稳过渡，将不稳定因素降到最低。做好肉菜市场的维稳综治工作，协调处理大东市场的上访问题，解决久拖未决的珠光市场回迁户的安置问题。继续推进惠福新街市、福今市场等肉菜市场的再升级改造工作，不断完善肉菜市场的设施和功能，为广大市民营造安全放心的消费经营环境。

【广州白马服装市场】　广州白马服装市场位于素有中国服装名城之称的广州流花商贸会展区核心地带，毗邻广州火车站、广东省汽车站、广州市汽车站，地铁二号线、五号线交汇处，交通极其便利，经营面积达6万平方米，为国内第一家现代化大型服装专业市场。广州白马服装市场是中国十大服装专业市场之一，是首批“中国服装品牌孵化基地”。市场经营商户逾1100户，产品辐射全国及欧美70多个国家和地区，日均客流量达数万人，年交易额超百亿元，素有“白马大厦，服装天下”之美誉。广州白马服装市场紧紧把握电子商务的发展趋势，2008年开通的白马服装网（www.baima.com），以有形市场为依托，集信息资讯与电子商务于一体，打造现代服装专业市场电子商务平台，帮助广大业户在未来的市场竞争中占领先机。

2011年9月16日，中国流花国际服装节秋季广东时装周在流花展馆举行。

2011年4月8日，越秀区举办“十二五”广东服装产业转型升级战略论坛。

【广东流花服装国际采购中心】　广东流花服装国际采购中心以流花—矿泉服装市场集群为基础进行升级构建，目前共有服装专业批发市场49个，经营商户约2万户，经营面积75万平方米，从业人员超过5万人。主要国际采购商来自40多个国家与地区。市场群内交易系统日趋完善，电子商务应用普及率超过75%，日交易量超过1亿元。依托于广州市发达的现代服务业体系，市场集群拥有领先全省乃至全国的优质、高效的现代服务业系统；园区内重点服装市场均组建现代管理服务团队，通过ISO9001管理体系认证，逐步构建先进、规范的现代管理系统。打造流花服装国际采购中心，是推动广东服装向品牌化、国际化方向发展，全面提升广东服装综合竞争力的重要举措。流花矿泉服装市场集群集成了服装设计、研发、生产、营销、检测、物流、策划、传播、信用、展示等在内的服装产业链资源和市场网络，其展示交易、电子商务、物流配送、研发设计、商品检测、国际贸易服务、营销推广和配套服务功能成熟完备，具备建设国际采购中心的坚实基础。流花国际服装采购中心重点建设内容包括现代交易系统、现代服务系统、现代管理系统、创新支持系统和时尚文化系统等。为推动流花矿泉服装专业市场群建设，越秀区牵头成立“流花—矿泉服装专业市场园区统筹发展委员会”，每年举办1~2届中国流花国际服装节、广东服装周等服装盛会，搭建中国流花服装商圈网等网络平台，向国家工商总局申报“中国流花”集体商标。2008年，越秀区成为中国首批服装商贸名城之一。2010年，流花服装商圈的服装类交易额为330亿元。

对外经济贸易

【概况】 2011年，区经贸局积极应对后金融危机下国内外经济形势，采取切实措施抓好外经贸工作。围绕区加快转变经济发展方式服务于建设“首善之区”典范和国家中心城市核心区发展目标，重点发展总部经济和现代服务业，努力提高外商投资的质量和水平，取得较好成效。积极参与“新广州、新商机”系列推介，共签约14个项目，总投资额达31.67亿元人民币和7762万美元。全区新批外商投资项目268个，同比增长22.94%；合同外资5.5亿美元，同比增长70.21%。全年实际利用外资3.24亿美元，同比增长7.47%。

【进出口贸易】 2011年，越秀区实现外贸进口总额43.81亿元；出口总值79.67亿美元，同比增长18.6%。其中，一般贸易出口75.90亿美元，同比增长22.1%，占出口总值的95.27%；加工贸易出口3.66亿美元，同比下降24.6%，占出口总值的4.06%。从出口商品类别看，纺织原料及纺织制品、机电音像设备及其零件、杂项制品所占比重较大，出口额分别为28.16亿美元、12.46亿美元和10.19亿美元，分别同比增长30.5%、18.5%和14.2%。从出口目的地来看，前四位分别是欧盟、亚洲其他国家（地区）、东盟和美国，出口额分别为15.48亿美元、11.30亿美元、10.93亿美元和10.78亿美元，同比分别增长16.6%、27.3%、15.7%和16.6%。

【外资项目】 2011年，越秀区新签合同268个，同比增长22.9%；合同利用外资5.50亿美元，同比增长70.2%；实际利用外资3.24亿美元，同比增长7.5%。成功引进新粤（中国）投资有限公司、元亨燃气有限公司、捷成集团旗下的捷成饮料（中国）有限公司和广东盈通融资租赁有限公司等16个投资总额超500万美元的大项目。

【招商引资】 2011年区经贸局充分与区贸促会、区投资促进服务中心联动，利用各方资源，推动区外经贸工作基本完成市的预定任务。

加大招商引资力度。稳定和扩大商贸企业和商务服务企业项目，引进投资金额大、带动能力强的项目落户，如是年新落户的捷成饮料（中国）有限公司，外资金额834万美元，广州元亨燃气有限公司并购项目，外资金额2亿元人民币等。

努力寻找新突破口。重点围绕引进投资性公司、融资租赁和担保等金融相关企业、科技类公司、外币并购项目加大招商引资力度，将其培育为外资增长的新亮点。如新粤（广州）投资有限公司，外资金额3000万美元；盈通融资租赁公司，外资金额1978美元；盛通融资租赁公司，外资金额1184万元人民币。推动原有外商投资企业增资，如广州富葆龙贸易有限公司增资1500万元人民币、广东赛壹便利店有限公司增资3250万港币、广州嘉利高糖业有限公司增资3000万港币等。

重大项目服务工作。充分发挥政府部门、商会、楼宇业主、招商中介机构、街道以及企业的作用，分别召开招商引资领导小组联络员座谈会、各街道座谈会，加强合作，为企业提供个案化、个性化解决方案，增强企业设立后的服务工作，加强重点企业在越秀区的凝聚力和归属感。此外，做好基础性工作，狠抓实际吸收外资进度；做好外贸企业的扶持工作，引导和支持企业稳定进出口业务；加强政策宣传和登门拜访，推动服务外包企业注册登记。

【投资促进服务】 2011年4月越秀区投资促进服务中心成立，本着"高起点、高标准、优服务"的原则，积极拓展招商引资渠道和领域，努力构建便捷高效的投资促进服务体系。顺应越秀区打造高端知识密集型服务产业，构建现代服务业为增长点的战略要求，促进七大核心产业项目落户越秀。始终坚持以引进大项目、好项目为核心，以积极的态度、优质的服务通过多种渠道资源整合引入内外资大型项目落户，推进越秀区经济发展。至年末，以珠光国际大厦和华以泰国际大厦等A级写字楼为主要载体，引进贵州茅台财富酒华南劳动中心、捷成饮料（中国）有限公司、务腾国际咨询有限公司、屈臣氏华南区总部、华泰人寿保险股份有限公司、新东方教育科技集团华南区总部、广州南方电力建设集团电力设计有限公司、礼客隆有限公司等重点项目先后入驻越秀区。

【广东广合电力有限公司】 公司由原广东省电力局投资60%（现已划拨给广东省粤电集团有限公司），香港合和实业有限公司投资40%（1997年转售给美国迈朗公司，2002年12月美国迈朗公司将所持股份转售给香港华润电力公司），合作创建于1992年，是广东省"八五"计划重点能源建设项目之一。在广东省东莞市虎门镇兴建装机总容量为1980兆瓦的火力发电厂——沙角发电C厂。

沙角发电C厂建设总投资16.4亿美元，引进外资金额约12亿美元，于1993年1月正式动工，全套引进国外发电设备，由GEC—ALSTHOM公司采用"交钥匙"方式承包兴建，1996年6月3台机组正式移交商业运行。作为中外合作的沙角C电厂项目由港方负责承包电厂建设，由中方负责营运电厂及保证购电。电厂总装机容量为1980兆瓦，年发电能力达130亿千瓦时。截至2011年底，累计发电1847.366亿千瓦时。

广合电力有限公司及沙角C电厂积极致力于环境保护。电厂的废水处理设备与机组同时投产，后期再投资380多万元建设的工业废水"零排放"系统，于2004年7月投入使用。

广合公司积极响应国家环保要求，投资约6亿元建设沙角发电C厂3台机组的烟气脱硫装置，各脱硫装置分别于2005年、2006年相继投入运行，并通过省环保局竣工验收。

按照省环保局要求，广合公司投资约3.2亿元建设沙角发电C厂脱硝工程，2012年开始投产。2011年公司营业额约为48.56亿元，税收总额2.8043亿元，区库税收1789万元，累计向国家缴纳相关税金约79.46亿元，成功跻身广东省纳税百强之列，并在全国发电企业百强中名列前茅。

2011年越秀区外贸出口商品结构一览表

序　号	名称	金额(万美元)
1	纺织原料及纺织制品	281579.53
2	机电、音像设备及其零件、附件	124643.2
3	杂项制品	101850.54
4	车辆、航空器、船舶及运输设备	54723.79
5	贱金属及其制品	68453.46
6	革、毛皮及制品；箱包；肠线制品	28517.44
7	鞋帽伞等；羽毛品；人造花；人发品	24234.24
8	化学工业及其相关工业的产品	29227.98
9	矿产品	15476.42

（续表）

序　号	名称	金额（万美元）
10	塑料及其制品；橡胶及其制品	17548.69
11	矿物材料制品；陶瓷品；玻璃及制品	13489.2
12	光学、医疗等仪器；钟表；乐器	11161.52
13	活动物；动物产品	8319.58
14	木及制品；木炭；软木；编结品	5259.12
15	木浆等；废纸；纸、纸板及其制品	4879.6
16	食品；饮料、酒及醋；烟草及制品	3157.44
17	植物产品	2235.83
18	动植物油、酯、蜡；精制食用油脂	1079.85
19	珠宝、贵金属及制品；仿首饰；硬币	837.49
20	特殊交易品及未分类商品	17.98
21	艺术品、收藏器及古物	2.17
22	武器、弹药及其零件、附件	0
合计		796713.02

2011年出口产品输入国家、地区构成一览表

序　号	名　称	金额（万美元）
1	欧盟	154769.89
2	东盟	109314.52
3	美国	107801.18
4	亚洲其他国家（地区）	113015.92
5	中国香港	40765.53
6	拉丁美洲	72774.05
7	非洲	50150.43
8	欧洲其他地区（国家）	25769.90
9	日本	27647.01
10	大洋洲	19851.86
11	俄罗斯联邦	14530.17
12	北美洲其他地区（国家）	13783.91
13	中国台湾	9319.5
14	韩国	6517.22
合　计		796011.08

（区经贸局　吴岳军）

信息服务业

【概况】　2011年，越秀区以数据通信、系统集成、软件应用、网络增值、数字内容为主导的信息服务业规模迅速发展，实力日益增强，对区域经济增长的贡献不断加大。全年信息服务业实现增加值56.54亿元，同比增长11.8%，占全区GDP的2.98%。黄花岗科技园坚持以信息技术及其服务业为主导产业，信息服务业企业实现技工贸总收入和税收分别为138.11亿元和4.52亿元，约占园区总量的47.95%和48.4%，税收超过100万元的园区规模企业中，信息服务业企业占47.2%。培育出用友软件、友邦资讯、从兴电子等信息服务领域的领军或知名企业20多家，形成以大型通信运营企业为中心，分别从事网络设备供应、内容提供、服务提供、系统集成、软件开发等业务的现代信息服务产业链集群。

【服务外包业】　2011年，越秀区已形成以信息技术外包（ITO）和业务流程外包（BPO）为主的服务外包发展格局，业务类型包括软件开发、测试和产品支持、物流交通、财务管理及数据处理、呼叫中心等。海外发包市场主要是欧美、日韩以及国内的港澳台等国家和地区。是年，全区服务外包实现合同金额9.07亿美元，同比增长147.40%，占全市总量的26.18%；执行额4.58亿美元，同比增长55.76%，占全市总量的22.66%。共19家服务外包企业被认定为技术先进型服务企业，占全市总数的35.19%。有广东汇丰环球客户服务（广东）有限公司、广州国泰航空信息处理有限公司、广州友邦资讯科技有限公司等著名龙头企业。

【无线互联网产业】　2011年，越秀区内大量手机音乐、手机阅读、手机游戏、手机系统和手机商务等方面内容的运营商、技术商和渠道商都迅速聚集发展，拓展产业发展的前景，涌现出如全国最大的移动互联网公司久邦数码，从事手机游戏开发的摩讯计算机，以移动媒体和移动通信增值服务为主营方向的东虹移动，手机动漫行业的佼佼者咏声文化，广东南方广播影视传媒集团（SMC）旗下以移动视听、移动微博等新媒体业务为主的南广文化传播，3G网络跨平台运营公司澳嘉数字传媒等一批领军型、规模型企业。形成以大型通信运营企业为中心，以终端设备、内容生成、网络媒体、移动互联网平台建设等为主要业务的移动互联网产业链。

【电子商务业】　2011年，越秀区以广州建设国家电子商务示范城市为契机，打造“三区一带”的电子商务产业发展格局，进一步实现电子商务产业的优化发展，通过引导企业电子商务模式创新和推广应用为着力点，挖掘优势电子商务项目并加以培育，不断完善电子商务发展环境，先后培育和引进大型电子商务平台阿里巴巴华南运营中心、广州市久邦数码科技有限公司（3G门户网站）、广东益民旅游休闲服务有限公司（国民旅游休闲卡）等，成为华南地区具有较大影响力的电子商务集聚区。2011年，越秀区辖内的广东新环球汽车用品有限公司、广州市广百股份有限公司被国家商务部评为电子商务示范企业，占广州市的50%。越秀区累计有电子商务企业超过110多家，建成涵盖建材、化工、医药、家电等行业的各类电子商务网站50多个。

【广州国泰信息处理有限公司】位于广州市流花路109号之九达宝广场，成立于1992年9月，现有员工人数400人，是香港国泰航空公司全资在中国内地成立的信息处理及客户服务中心。经过18年的不断发展，公司的业务范围由最初单纯为香港国泰航空公司处理客运及货运信息，逐步扩展至为其他航空公司及与空运业有关的公司提供服务。2009年，公司获得ISO27001信息安全管理认证，2010年获评为全国百家成长型服务外包企业之一，并在年底获广州市认定为技术先进型服务企业。2011年公司数据服务营业额达4650万元。

【广州蓝弧文化传播有限公司】 位于广州市人民北路686号广东广播中心，成立于2003年，是一家专注于出品原创动画作品的专业公司，致力开发自主知识产权的高品质三维动画片及其衍生产品。动漫制作团队达350人，与暨南大学、广州大学等建立实习基地关系，并与岭南职业技术学院共同组建动画专业学科，直接把蓝弧的培训教材植入其教学系统之中。

蓝弧制作包括《钢铁飞龙》、《果宝特攻2》、《超兽武装》、《迪比狗》、《果宝特攻》、《百变机兽》等深受观众欢迎的电视系列动画片，在包括中央电视台、上海炫动、金鹰卡通、南方少儿台在内的全国多家省、市电视台热播。2011年制作完成动画片3500分钟，累计超过18000分钟。

2008年12月被广东省广电总局授权成为省级动画产业基地，2010年12月被认定为国家动漫企业，2010年10月被越秀区知识产权局授予知识产权优势企业，2010年接受海汇投资的风险投资资金。2011年8月被广州市软件和动漫产业发展小组评为广州市重点动漫企业。

交通运输业

【概况】 越秀区是广州市交通中心枢纽。区内既有与市外联系的重要交通集散地——火车站、省汽车总站、市汽车总站、越秀南汽车站，又有多条市级交通主干道，如环市路、东风路、中山路、沿江路、人民路、解放路等。地铁一号线、二号线、五号线、六号线（在建）贯穿全区且在区内交汇。辖区共有货物运输企业4337家（包括非专业）；管辖营运车辆10699辆；机动车维修企业174家；驾驶员培训企业（总部）6家；停车场706家，泊车位58278个。

【行政审批】 2011年，区交通局做好事权下放相关接收工作，从3月至年底共接收市交委下放的货运企业128家，其中货运代理企业10家，营运车辆1053辆，维修企业11家（已接收3家）。共办理货运、维修、驾培、停车场企业各类行政许可3.8万余宗。完善办证大厅的软、硬件设施，将单位门面与办证大厅修葺一新，办证大厅设立叫号机和咨询服务便民点，营造良好的服务环境。在全市交通系统首创DMS邮政寄递许可证件服务，提高行政效能和服务水平，降低行政成本。加强行政审批权力运行规范和监督，建立电子监察系统，提高许可时效性。2011年初，局服务窗口评为“市级巾帼文明岗”。

【车辆维修和驾培管理】 2011年，区交通局充分发挥维修驾培行业协会、运输行业协会、停车场行业协会的桥梁纽带作用，以片区为单位，切实抓好行业片区企业规范自律管理建设。与协会一起圆满完成2010年度机动车维修企业、驾驶培训机构和运输企业质量信誉考评工作。同时，在对辖区企业日常安全检查、隐患排查治理以及“创文”等工作中，与协会一起分片部署检查，取得事半功倍的效果。

【道路交通秩序整治】 2011年3月，在区综治委的统筹部署下，区交通局切实履行区整治道路交通秩序办公室职责，充分发挥打击非法营运主力军的作用，联合公安、交警、物价、城管、工商等部门以及属地街道，在辖区内开展大规模交通秩序整治行动。紧紧围绕创文大局，在巩固已有的交通秩序整治成果的同时，进一步突出工作重点，狠抓薄弱环节，按照“属地管理、分片包干、蹲点督导、严防死守、确保过关”的工作思路，以流花地区、一德路地区、矿泉地区为重点，大力开展打击非法营运行为，切实维护辖区良好的道路交通营运秩序。截至12月，共出动执法人员3061人次，查处非法营运车辆676台，查扣“五类车”2428余部，处罚交通违章车辆千余台，驱赶可疑车辆千余台，辖区道路交通秩序得到明显改善。

【安全生产管理】 2011年初，区交通局与辖区专业运输企业、维修企业、驾培企业以及停车场企业签订《2011年度安全生产目标管理责任书》，确保安全生产责任制层级落实。切实做好辖区交通运输企业经常性安全检查，并建立规范的安全检查台账。同时，将运输车队的安全生产摆在重中之重，加强与交警、公安交防以及安监部门联动，整合力量，形成部门齐抓共管良好局面。切实抓好运输企业负责人及驾驶员安全行车和文明行车教育培训，开展安全宣传咨询活动，深入运输企业开展安全生产隐患排查，营造安全生产人人参与的良好氛围。区道路运输行业持续保持安全有序的良好发展态势。

【停车场管理】 2011年，区交通局实行停车场网络化管理，落实街道属地管理责任，将停车场管理工作与"人屋车场"综合治理结合起来，切实加强停车场行业日常监管。牵头组织区公安、交警、市政、物价等相关职能部门，重点针对媒体曝光违法停车场、路内临时停车场、重点商业区停车场进行查处及回头查，关闭5家无证经营停车场。扎实开展城市道路占道停车泊位清理整治工作，查处路内临时停车场非法经营、超范围经营、不按核定标准收费等各类非法违规经营行为。对辖区咪表路段及泊位进行逐一核查，统一编号，切实加强规范管理。查处违规经营占道停车路段4个，清理违规占道停车泊位125个。撤销二沙岛体育公园2条咪表路段，准许前来休闲观光市民免费停车。

【春运持久战】 春运期间，区交通局扎实做好各项保障工作和应急准备工作，派出执法人员每天对省、市客运站以及越秀南客运站3个场站进行巡查，严厉查处周边非法拉客现象，取缔未经批准私设的长途汽车售票点和长途客车上下站点，维护场站秩序，实现安全春运、祥和春运的目标。同时，与越秀区团委联系，与志愿者一起在省汽车客运站开展微笑服务，为旅客送温暖，充分展现区交通局文明执法形象。

【交通创文迎国检】 2011年，区交通局牢固树立"主战场"决战决胜意识，由主要领导挂帅，分管领导具体负责，深入一线，靠前指挥，全体交通执法人员全力以赴，确保圆满完成交通系统创文迎检工作。按照《全国文明城市测评体系》标准和市交通行业创文迎国检工作要求，以"无非法营运"以及"交通行业规范经营和创建达标"为工作目标，制定具体创文迎检工作方案，将创建职责明晰到组、细化到人，充分调动一切可以动员的力量做好创建冲刺迎检工作，确保创建迎国检期间"不被扣分，不拖后腿"。区交通局全员上阵，协同作战，拧成一股绳；外部充分整合公安、交警、城管等相关职能部门以及属地街道和行业协会的力量，联动搞好道路交通秩序整治、交通行业整治及规范管理，形成交通行业创建工作整体一盘棋，有效推动工作开展。

【交通物流改善试点】 2011年，区交通局组织协调各相关部门和属地街道，以一德路商圈为交通物流改善试点，通过对区域内货代点实行清理整顿，提高准入标准等方式，促进批发市场物流货代点有序发展。通过在一德路、海珠路设置交通护栏，安装完善相关路段违法监控装置，对一德路及周边区域实行货车限时段通行等方式监督和管理区域内交通物流秩序。通过组织协调区交通、城管、公安、交警等部门，对一德路、仁济路、海珠南路进行多次专项交通秩序整治行动，解决货车白天停靠和装卸、晚上超时装卸等群众投诉集中的问题。在一德路、解放路专业市场周边路段设置路边咪表泊位，并加强管理，禁止货车利用咪表泊位装卸转运。通过联合审批，加快路内临时停车场的审批进程，切实解决专业市场周边路段停车难问题，有效规范批发市场物流秩序。

旅　游　业

【概况】 2011年，越秀区旅游局认真贯彻落实国务院关于加快发展旅游业的意见精神，加大旅游规划、旅游品牌和商品开发以及管理工作力度，较好完成各项目标任务，推动越秀区旅游事业健康、协调、可持续发展。

截至2011年末，越秀区辖内有星级酒店60家、旅行社及分社147家。

是年推荐的骨雕作品“越秀越精彩”、中国灯笼茶具“喜气洋洋”及镀金浮雕“广州市新电视塔”等3件极具地域特色的旅游手工艺品，参加6月中国旅游商品大赛，作为广东省旅游商品入选。

【旅游规划】 2011年，区旅游局积极推进区内珠江游深度开发工作，力争将东濠涌水文化片区、沿江路等多个珠江沿线路段的旅游、市政配套设施及二沙岛游艇码头建设等项目与市内项目对接。积极争取把北京路广府文化商贸旅游区的建设工作纳入《广州市旅游业十二五规划》中，并作为2011年全市重点工作项目之一。

【旅游宣传】 2011年，区旅游局以旅游服务问询中心为平台，拓展区内宣传。问询中心以政府管理为主导，引入多个社会力量支持，开展旅游组团及旅游纪念品展示等多功能化服务。作为市内旅游服务问询工作的示范单位，北京路旅游服务问询中心多次接待各省市的交流团，年内接待人数达到6万多人次。

利用“旅游品牌营销”思路，首次引入“2011环球旅游小姐国际大赛中国总决赛”品牌旅游项目，让旅游小姐作为越秀旅游大使，利用国际性大赛的平台，对外展示越秀旅游整体形象。参加山东、山西两地的旅游专场推介会及“2011广州旅游展销会”等大型展销会，推出《越秀精彩自由行》、《越秀红色旅游胜地》等手绘旅游地图。与新闻媒体合作，推出越秀红色之旅、微型博物馆及主题博物馆等旅游资源的旅游专版；编印图文并茂的《广州越秀旅游导览》，推介越秀特色旅游资源。

【实施备案管理制度】 2010年起，市旅游局把设立旅行社分社和服务网点备案工作移交到区，区旅游局严格按照《旅行社条例》和《旅行社条例实施细则》的要求，建立和实施相关制度，严把行政备案关，完善档案管理，通过手机短信平台等方式，迅速组建辖内旅游企业的通讯网络，强化信息化管理新机制。

【旅游企业管理】 根据2011年1月新颁布的《旅游饭店的星级划分与评定》标准，区旅游局开展星级旅游饭店复查工作，要求越秀区辖内旅游饭店严格执行相应的服务质量和运营规范，努力提升星级标准，年内越秀区新评四星饭店1家、三星饭店2家。积极争取在五仙观、东濠涌水文化片区及北京路广府文化商贸旅游区增加旅游大巴的停放点。加大辖内星级旅游饭店、旅行社的食品安全、消防、无障碍设施、控烟工作、旅游包车安全、旅游投诉处理机制等的检查力度，开展“安全生产月宣传咨询日活动”。

对区辖内62家星级饭店进行地毯式检查，重点对省检团、国检团先后入住的越秀宾馆和湖滨宾馆进行认真细致的督查和指导工作。向国检团入住宾馆的客人免费赠阅有关越秀区旅游资讯的宣传册，在保证接待质量的同时，有效推广越秀旅游。编印《实施文化惠民工程创建全国文明城市》的宣传资料，采用邮局直邮方式直接派发到区内居民家中，让市民了解越秀区文化惠民工程等有关资讯。

【第三届广府文化旅游嘉年华】

2011年10月，第三届广府文化旅游嘉年华在北京路盛大举行。一连十日的精彩盛会，打响“精彩越秀非常岭南”的越秀旅游品牌，吸引超过400万市民和游客，其中外国宾客多达3万人。本届嘉年华围绕“吃住行游购娱”六大旅游主题，用文化创意和时尚旅游的理念，在传统的广府文化基础上，融合本土潮流文化元素。省城巴士记忆展——全广州仅存的一部20世纪80年代广州牌铰接通道巴士引起全城老广的怀旧热捧。原创广府活动吉祥物、手绘旅游地图、书籍、明信片、纪念版T恤等一系列广府文化旅游手信，广府BMW节能低碳游，广府越秀区黄金旅游线路，《品味越秀》文化旅游展，越食越精彩，广府老字号及本土自主品牌展览……掀动一浪又一浪的旅游高潮，让市民和国内外游客全方位了解最地道的广府风土文情，同享一场欢乐连连的广府文化旅游盛宴。活动期间，80多家新闻媒体及网络媒体形成密集而立体的新闻网，天天为市民抢先播报活动最新动态，使本届嘉年华成为大众参与度高、社会美誉度高、传媒关注度高的文化旅游活动。广府文化旅游嘉年华是越秀区最早打造的一年一度的广府文化旅游品牌，已成为广东省国际旅游文化节的一项子活动。2011年，越秀区与岭南国际集团签订战略合作协议，双方开展为期五年合作，共同携手打响广府文化旅游嘉年华品牌。

【越秀区红色旅游品牌】 2011年，越秀区旅游局深入挖掘和整合越秀区内红色旅游景点，融入都市生态绿道、历史文化等多样化的旅游主题，与旅行社联手推出“辛亥百年·越秀峥嵘岁月寻迹一日游”、“红色经典越秀一日游”等5条精彩的红色旅游线路，吸引省内外5万多名游客火热参加。开展全民参与的“追寻红色足迹，解开幸福密码——越秀红色定向之旅”活动，首次与媒体合作，组织百人的南方都市报读者团游红色旅游景点，组织越秀区内盲人、学生和“模范红一连”战士等不同社会群体游红色景点，掀起红色旅游热潮，区内各红色旅游景点共接待游客546.5万多人次。创新市场推广思路，倡导“BMW”都市红色休闲旅游，将越秀区内红色旅游资源用公交车、自行车、地铁等便捷的出行方式串联，推动全民休闲旅游活动普及化。广东省旅游局对越秀区打造红色休闲旅游品牌的方法予以肯定，广东省国民休闲计划简报设置专版推介越秀区经验。

【“广府微博游”旅游品牌】 2011年越秀区辖内小型博物馆分布密度高，各具特色。在开展大量摸查的基础上，精心筛选北京街考试博物馆、广府文化会馆等微型博物馆、万木草堂、东濠涌博物馆、广州市典当博物馆等主题博物馆，让其进行高度整合，同时推出主题博物馆和微型博物馆两个专题的“广府微博游”旅游线路，将越秀区丰富的文博资源与旅游相结合，并利用暑期启动学生团同游南越王宫博物馆、广州美术馆等主题博物馆。

【“广府水城绿道游”旅游品牌】 2011年，区旅游局首次推出“广府水城绿道游”主题线路，把体现广州旧时水城风貌历史文化景点与城市景观相结合，用绿道将麓湖生态文化旅游区、东濠涌水文化片区、二沙岛文化风情区等一批亚运期间新的旅游资源串联成网。借助媒体的力量，组织南方都市报读者团游东濠涌绿道；广交会和省国际旅游文化节期间，组织外国志愿者和市民同游广府水城绿道，宣传越秀区绿道之美。在区内开展社区居民骑游绿道活动，打造区内休闲旅游新方向。整合市、区力量，于首个“中国旅游日”在二沙岛举办“读万卷书行万里路——5·19中国旅游日广州绿道行”首发式，推出“二沙岛艺术体验游”等5条广州绿道游线路，形成越秀区绿道游的多方宣传效应。结合省旅游局推出“广东绿道旅游护照”活动，将越秀区的绿道旅游与吃住行等旅游资源融合，并推荐区内一批特色景点及餐饮企业，完善越秀区绿道旅游。

（区旅游局　黄俊岚）

2011年越秀区辖内旅行社一览表

序号	旅行社名称	经营地址	联系电话
1	广东国旅国际旅行社股份有限公司	广州市越秀区解放北路618－620号15楼	22013307
2	广东省中国旅行社股份有限公司	广州市越秀区沿江中路195－197号沿江大厦	83336888
3	广东省中国青年旅行社	广州市越秀区八旗二马路48号主楼12楼全层	38865093

（续表）

序号	旅行社名称	经营地址	联系电话
4	广东铁青国际旅行社有限责任公司	广州市越秀区中山一路94号	61251119
5	广州东方国际旅行社有限公司	广州市越秀区流花路120号	86669900－2103
6	港中旅（广东）国际旅行社有限公司	广州市越秀区中山五路219号中旅商业城23楼3单元2302房，4单元2301、2302房，5单元2301房	83279799
7	广东省香江旅游公司	广州市越秀区环市西路183号	86664029
8	广东熊猫国际旅游有限公司	广州市越秀区东风中路363号国信大厦六楼01－02室	83557913
9	广东粤侨国际旅行社有限公司	广州市越秀区越秀北路87－89号4楼、5楼、8楼	83862690
10	广州交易会国际旅行社有限公司	广州市越秀区流花路117号交易大厦4楼	26082105
11	广东省天马国际旅行社有限公司	广州市越秀区东风中路501－507号东部18层1828房	83550999
12	广州市丽景国际旅行社	广州市越秀区环市东路华侨新村爱国路1号地下	83579977
13	广东中信国际旅行社有限公司	广州市越秀区竹丝岗二马路39号之一1号楼801－805、1001房	87301540
14	广东南湖国际旅行社有限责任公司	广州市越秀区广卫路18号1～8层	83179117
15	中青旅广州国际旅行社有限公司	广州市越秀区中山一路57号5楼	61281175
16	广东羊城之旅国际旅行社有限公司	广州市越秀中路159号首层	83839840
17	广州花园国际旅行社有限公司	广州市越秀区环市东路368号	83338989－3178
18	广东风光国际旅行社有限公司	广州市越秀区沿江中路195－197号2302房	83331538
19	广州康辉国际旅行社有限公司	广州市越秀区沿江中路313号康富来国际大厦504－506房	83653385
20	广州市领航国际旅行社有限公司	广州市越秀区环市东路326号之一广东亚洲国际大酒店1406A室	61206989
21	广州国之旅国际旅行社有限公司	广州市越秀区北校场路19号主楼1913房	83020858
22	广州教育国际旅行社有限公司	广州市越秀区中山四路172号地下	83340799
23	广州美联国际商务旅行社有限公司	广州市越秀区原道路44号之一首层	37589330
24	广东南方传媒国际旅行社有限公司	广州市越秀区人民北路686号广东广播中心大楼一楼104室	26184890
25	广州市汇粤国际旅行社有限公司	广州市越秀区东风中路268号1904单元	83199248
26	广东天天假期国际旅行社有限公司	广州市越秀区恒福路288号之36楼	83587326
27	广州市澳信国际旅行社有限公司	广州市越秀区环市东路417号东方广场5楼L室	22813168
28	广州天马国际旅行社有限公司	广州市越秀区环市东路371－375号北塔2501A房	22371880

（续表）

序号	旅行社名称	经营地址	联系电话
29	广东省三茂铁路国际旅行社	广州市环市东路374号三茂大酒店首层	83818921
30	广州岭南国际旅行社有限公司	广州市越秀区东风东路767号东宝大厦601、602	28820111
31	广东省珠江国际旅行社	广州市越秀区沿江中路沿江大厦首层、二层	83308592
32	广州阳光假日国际旅行社有限公司	广州市越秀区广卫路2号之一自编6楼整层	87654731
33	广州市黄金假日国际旅行社有限公司	广州市越秀南路185号创举商务大厦703室	83869496
34	广州康泰国际旅行社有限公司	广州市越秀区环市东路496号120铺	87608833
35	广东永安国际旅行社有限公司	广州市越秀区西湖路99号民政大厦3楼303室	83184883
36	捷旅假期（广州）有限公司	广州市越秀区先烈中路102号北2907房	38104463
37	广州新游力旅行社有限公司	广州市越秀区先烈中路83号凯城华庭410室	37662041
38	美丽华旅行社（广州）有限公司	广州市越秀区东风中路445号2407室	83888175
39	港龙假期旅行社（广州）有限公司	广州市越秀区流花路109号之九达宝广场405室	
40	广东省从化温泉中国国际旅行社	广州市越秀区解放北路603号广东迎宾馆中门右侧	83378946
41	广东粤新国际旅行社有限公司	广州市越秀区环市东路329号粤新大酒店四楼	83574192
42	广州大都市国际旅行社有限公司	广州市越秀区广卫路2号之一自编1216房	83370787
43	广东省广弘中旅国际旅行社有限公司	广州市越秀区先烈南路33号401、405、407、408、413、415室	87610199
44	广州市职工国际旅行社	广州市越秀区东风西路230号	83323779
45	广州市环宇国际旅行社有限公司	广州市越秀区豪贤路172号豪贤商务大楼A座7层706、708室	83389342
46	广州艳阳天旅行社有限公司	广州市越秀区西湖路100号首层	83332932
47	广州市广视旅行社有限公司	广州市越秀区西湖路99号民政大厦305室	83183975
48	广东省口岸旅行社有限公司	广州市越秀区农林下路40号王府井大楼9楼1909房	87624230
49	广东省中科旅行社	广州市越秀区连新路171号广东科学馆205室	83562289
50	广州远景国际旅行社有限公司	广州市越秀区西华路525号1611、1612房	81072529
51	广东华侨友谊国际旅行社有限公司	广州市越秀区东风中路363号国信大厦三楼313、314房	83557479
52	广东省广梅汕铁路旅行社	广州市越秀区梅花路18号首层	61320098
53	广州海明旅行社	广州市越秀区广卫路23号首层铺位之二	83364236
54	广州三人行旅行社有限公司	广州市越秀区先烈中路80号616房	38114886

（续表）

序号	旅行社名称	经营地址	联系电话
55	广州林海旅行社有限责任公司	广州市越秀区建设大马路13号陶然酒店301室	83875498
56	广州市假日通旅行社有限公司	广州市越秀区文明路65号	83393789
57	广州春秋假日旅行社有限公司	广州市越秀区起义路173号302房	83362470
58	广州春之旅旅行社有限公司	广州市越秀区天河路47号	37604925
59	广州运通国际旅行社有限公司	广州市越秀区东风西路158号2楼C05房	81088890
60	广州信途国际旅行社有限公司	广州市越秀区中山二路3号5楼D室	37620509
61	广州领前旅行社有限公司	广州市越秀区东风中路363号909房	83562640
62	广东友好国际旅行社有限公司	广州市越秀区东风中路501－507号东建大厦西座第7层南面701、703、705号	83554584
63	广州市纵横国际旅行社有限公司	广州市越秀区先烈中路80号601房	66855018
64	广州市中国旅行社	广州市广园中路211号A2栋	86382165
65	广州市华龙国际旅行社有限公司	广州市沿江东路421号东城大厦B座1508A、A室	83872900
66	广州市广厦旅行社	广州市越秀区北京路374号广州大厦8号楼3306室	83189888－3335
67	广州云景国际旅行社有限公司	广州市越秀区环市东路367号白云宾馆2楼B3	83310841
68	广州市贵豪旅行社有限公司	广州市越秀区小东园自编79号408房	61283855
69	广州永乐国际旅行社有限公司	广州市越秀区环市东路368号花园大厦746、752房	83860197
70	广州市金马国际旅行社有限公司	广州市越秀区起义路173号701D	83186485
71	广州大新华运通国际旅行社有限公司	广州市越秀区盘福路79号4层413、414自编之一房	86372023
72	广州成顺国际旅行社有限公司	广州市越秀区环市东路417号5楼C房	22813082
73	广州市槐乡旅行社有限公司	广州市越秀区三元里大道山西大厦1309、1310室	22293488
74	广州凤凰国际旅行社有限公司	广州市越秀区新河浦路86号之62楼	37653337
75	广州畅游国际旅行社有限公司	广州市越秀区大南路2号19层自编1901房	83725220
76	广州新途旅行社有限公司	广州市越秀区沿江中路195－197号沿江大厦1910－1912室	83360698
77	广州长晖国际旅行社有限公司	广州市越秀区广九大马路31号富力宜居1号商铺	83788113
78	广州市恒安旅行社有限公司	广州市越秀区流花路120号东方宾馆3号楼3109、3110室	86669900－3102
79	广州市四季风旅行社有限公司	广州市越秀区瑶台瑶池大街22号3楼	86252565
80	广州市千适旅行社有限公司	广州市荔湾区中山八路46号516房	86663415
81	广东中旅假日国际旅行社有限公司	广州市越秀区东风中路300号之一自编11楼A1房	83193605
82	广州市浪程国际旅行社有限公司	广州市越秀区东湖路33号4楼自编438室	87671360、87671062
83	广州市全球风行国际旅行社有限公司	广州市越秀区寺右新马路108号25A－1房	83873229
84	广州泛海旅行社有限公司	广州市越秀区广州大道中611号917房	28937963

（续表）

序号	旅行社名称	经营地址	联系电话
85	广州众汇国际旅行社有限公司	广州市越秀区盘福路朱紫后街1号431－432室	81217936
86	广州市乐游旅行社有限公司	广州市越秀区寺右新马路108号丰伟大厦12楼D单元	37663472
87	广州中洋国际旅行社有限公司	广州市越秀区沿江中路299号25楼	61222666
88	广州市创游国际旅行社有限责任公司	广州市越秀区中山一路25号316房	87359028
89	广州市翔游旅行社有限公司	广州市越秀区东风中路501号东部三层303、306A室	83542099
90	广东澳青国际旅行社有限公司	广州市越秀区沿江中路313号707房	83837510
91	广东省职工国际旅行社	广州市越秀南东园横路3号	83842752
92	广州鹅潭旅行社	广州市越秀区沿江东路406号	83050809 83050058
93	广东好时光旅行社有限公司	广州市越秀区建设大马路4号709房	37650472
94	广州市白云山旅行社有限公司	广州市越秀区德政北路401－409号华兴大厦610室	83262558
95	广东国航假期旅行社有限公司	广州市越秀区农林东路30号	37653831
96	广州市环球国际旅行社有限公司	广州市越秀区环市中路300号天秀大厦B1908单元	83229194
97	广州市星宸国际旅行社有限公司	广州市越秀区麓苑路41号之一8号楼1楼自编A002房	83488844
98	广州中游国际旅行社有限公司	广州市越秀区麓景路7号老干中心综合楼1809房	83589222
99	广州华龄美旅行社有限公司	广州市越秀区东风东路840号711－713房	88265251 87615141
100	广州市易达旅行社有限公司	广州市越秀区沿江中路195－197号1909房	83336333
101	广州一马旅行社有限公司	广州市越秀区合群西路7号4568、4569室	86640855
102	广州市太易旅行社有限公司	广州市越秀区署前路33号2号楼4楼403、405房	87781415 87787187
103	广州一起飞国际旅行社有限公司	广州市越秀区华乐路53号15楼C室	22813785
104	广州市无国界旅行社有限公司	广州市越秀区环市东路486号801房	86678009
105	广州巨邦旅行社有限公司	广州市越秀区解放北路899号9805房	36183429
106	广州芒果网国际旅行社有限公司	广州市越秀区中山五路219号中旅商业城22楼5单元2202房	13560005182 22816289
107	广州天下若比邻旅行社有限公司	广州市越秀区环市东路367号白云宾馆主楼426房	83312843
108	广州常青藤国际旅行社有限公司	广州市越秀区中山一路57号1405室	61330075
109	广州市心友汇国际旅行社有限公司	广州市越秀区越秀南路185号1901－C房	87303760
110	广州亚洲国际旅行社有限公司	广州市越秀区沿江中路298号中区3002室	28293288
111	广州市航程旅行社有限公司	广州市越秀区先烈中路76号10楼F单元	83806232
112	广州市旭日国际旅游有限公司	广州市越秀区大南路108号1009房	61131833

（续表）

序号	旅行社名称	经营地址	联系电话
113	广州市捷达假期旅行社有限公司	广州市越秀区中山三路33号中华国际中心B座4923	83777939
114	广州华星假日国际旅行社有限公司	广州市越秀区麓景路狮带岗西1号首层自编101和102室	83571345
115	广州市生生国际旅行社有限公司	广州市越秀区沿江中路195－197号818室	83332366
116	广州可乐旅行社有限公司	广州市越秀区越秀北路87－89号越豪大厦500房	62729926
117	广州市新阳假期旅行社有限公司	广州市文德北路67号19楼C房	88571366
118	广州夏日旅行社有限公司	广州市三元里大道1233号8楼8168	62690148
119	广州市寰亚国际旅行社有限公司	广州市越秀区环市东路461号自编5号楼603室	37617720
120	广州优翔国际旅行社有限责任公司	广州市越秀区环市东路362－366号好世界1504	22373566
121	广州市汇景国际旅行社有限公司	广州市越秀区中山二路3号15楼A	37620368
122	广州青之旅国际旅行社有限公司	广州市越秀区白云路38号401A、401B、403B、404A、404B、406、411房	83860029
123	广州新天地国际旅行社有限公司	广州市越秀区执信南路3号301房	87300222
124	广州市德迈国际旅行社有限公司	广州市越秀区先烈中路76号15E	87320956
125	广州乐天国际旅行社有限公司	广州市越秀区环市东路417号7楼G房	37614283
126	广州同游国际旅行社有限公司	广州市越秀区越秀北路222号1005室	83642816
127	广州班敦国际旅行社有限公司	广州市越秀区德政北路538号达信大厦905室	83838110
128	广州粤运国际旅行社有限公司	广州市越秀区中山五路193号百汇广场1305B	83649299
129	广州汇锦泰国际旅行社有限公司	广州市越秀区中山四路246号1201、1203房	83635051
130	广州瀛之旅国际旅行社有限公司	广州市越秀区惠福东路455号10楼1006房	83810017
131	广州金亚泰国际旅行社有限公司	广州市越秀区东华南路176－178号405房	83744355
132	广州畅行国际旅行社有限公司	广州市越秀区白云路27－1号802房	83730966
133	广州市美瀛国际旅行社有限公司	广州市越秀区建设大马路8号逸雅居410－412房	61223837
134	广州市东照国际旅行社有限公司	广州市越秀区中山三路38号1701之一	83858003
135	广州市优日假旅行社有限公司	广州市越秀区八旗二马路36号301房	83655815
136	广东大唐国际旅行社有限公司	广州市越秀区环市东路326号之一亚洲国际大酒店19楼11、12单元	62608388
137	广州手拉手国际旅行社有限公司	广州市越秀区小北路168号8楼0806房	83517688

（续表）

序号	旅行社名称	经营地址	联系电话
138	中青旅（广东）国际会议展览有限公司	广州市越秀区中山五路219号中旅商业城19楼2单元1901房	83278320
139	广州易途国际旅行社有限公司	广州市越秀区华乐路华乐大厦53号607－608房	22262185
140	广州亿客旅行社有限公司	广州市越秀区淘金北路79号201房B01	28291357
141	广州市易凯国际旅行社有限公司	广州市越秀区中山六路2号1701自编1706室	83266382
142	广州光大国际旅行社有限公司	广州市越秀区麓景路7号自编1616房	83502226
143	广州极至国际旅行社有限公司	广州市越秀区东风路410－412号904房自编906房	83487036
144	广州铭悦旅行社有限公司	广州市越秀区环市东路339号广东国际大厦主楼自编号1307室	83496916
145	广州信诺旅行社有限公司	广州市越秀区东风中路363号2203房	38818007
146	广州粤之新国际旅行社有限公司	广州市越秀区白云路111－113号2116房	61180412
147	广州澳嘉国际旅行社有限公司	广州市越秀区先烈中路83号501自编之六	83802292

越秀区辖内星级旅游饭店一览表（截至2012年2月）

序号	级别	名称	地址	电话
1	白金五星	花园酒店	环市东路368号	83338989
2	五	广州中心皇冠假日酒店	环市东路339号	83638888
3	五	广东亚洲国际大酒店	环市东路326号之一	61288888
4	五	中国大酒店	广州市流花路122号	86666888
5	五	东方宾馆	广州市流花路120号	86669900
6	五	白云宾馆	环市东路367号	83333998
7	四	华厦大酒店	侨光路8号	83355988
8	四	凯旋华美达大酒店	东山明月一路9号	87372988
9	四	广东迎宾馆（白云楼碧海楼）	解放北路603号	83332950－5171
10	四	广信江湾大酒店	沿江中路298号	83288888转行政办
11	四	远洋宾馆	环市东路412号	87765988
12	四	广东大厦	东风中路309号	83339933
13	四	广州文化假日酒店	环市东光明路28号	87766999
14	四	广州大厦	北京路374号	83189888
15	四	喜尔宾酒店	越秀南路208号	83898333
16	四	广州流花宾馆	环市西路194号	86668800

（续表）

序号	级别	名称	地址	电话
17	四	云山大酒店	先烈中路云鹤北街8号	38377188
18	四	广州金桥酒店	广州市寺右新马路93号	83918868
19	四	越秀宾馆	越秀区小北路198号	83108666
20	三	广州宾馆	起义路2号	83338168
21	三	爱群大酒店	沿江西路113号	81866668
22	三	新大地宾馆	站前路108－122号	86221638
23	三	广州三寓宾馆	东山三育路23号	87756888
24	三	广州湖天宾馆	东风西路156号	81080888
25	三	东方丝绸大厦	东风东路752号	87762888
26	三	新世界大酒店	人民北路520号	81099888
27	三	丽都大酒店	广州市北京路182号	83321988
28	三	（广州）珠海特区大酒店	海珠北路11－15号	61276888
29	三	广州越秀天安大厦	解放北路960号	86665666
30	三	广东邮电大厦	中山二路18号	87618888
31	三	广州五羊城酒店	人民中路322号	81889889
32	三	惠福大酒店	惠福西路8号	81309888
33	三	广州华茂中心	盘福路63号	81363322
34	三	广州珠江华侨大酒店	长堤大马路316号	81323288
35	三	广东省金苑山庄	恒福路117号	83581688
36	三	东悦酒店	麓景路8号	61221888
37	三	长城酒店	东山区寺右新马路	87612888
38	三	月亮湾酒店	广州大道中明月一路18－23号	87358138
39	三	三茂大酒店	环市东路374号	61321614
40	三	裕华大厦	环市东路320号	83809759
41	三	白云城市酒店	环市西路179号	86666889－3802
42	三	东海大厦	环市东路318号之一	83839966
43	二	新华大酒店	人民南路2－6号	81882688
44	二	东亚大酒店	长堤大马路320号	81884813
45	二	白宫酒店	人民南路13－17号	81012213
46	二	新亚大酒店	人民南路10－12号	81884722

（续表）

序号	级别	名称	地址	电话
47	二	广东大酒店	长堤大马路 294 号	81323901
48	二	新粤新大酒店	环市东路 329 号	83593777
49	二	华粤大厦	先烈南路 33 号	61221288
50	二	新侨酒店	中山二路 40 号	61290098
51	二	沙河宾馆	先烈东路 296 号	87158998
52	二	德政大厦	广州德政南路 48 号	83231588
53	二	梅州大厦	广州市恒福路 338 号	83586998
54	二	重庆大厦宾馆	广州市农林下路 76－1 号	87767842
55	二	万通大厦	环市西路 135 号	61163888
56	二	广视大厦	麓湖路 8 号	83591288
57	二	鸿运宾馆	站西路 37 号	86508668
58	二	吉林大酒店	中山一路 48 号	87775445
59	二	华建大酒店	先烈中路 102 号之二	37660888
60	二	新北京大酒店	西濠二马路 10 号	81884988

总部经济

【概况】 2011 年，越秀区认定的总部企业达到 352 家，其中，属于世界 500 强地区总部或分支机构有 47 家。属于中国 500 强地区总部或分支机构有 47 家。全年实现增加值 891.85 亿元，同比增长 10.1%，高于全区 GDP 增速 0.5 个百分点，占全区 GDP 的 47.01%，比重同比提高 1.17 个百分点，对经济的贡献度日益提升。在 2011 年举办的“新广州、新商机”系列推介会上，越秀区签约 18 个项目，总投资额达 32.1 亿元人民币和 7762 万美元。成功引入广东巴博斯汽车销售有限公司、务腾咨询有限公司等一批知名企业。

【总部企业服务】 2011 年，越秀区组织广州岭南国际集团、广州港集团等 30 家辖区内企业提交广州市内资总部企业的认定申请；认定区优质企业 352 家，向 236 家企业寄发绿色通道服务卡，提供优质学位奖励 36 个（其中小学 22 个，中学 14 个）；初步整理出符合财政奖励条件的优质企业名单。及时发现和协调解决总部企业发展中遇到的问题和困难，多次协调中健医药公司、百胜餐饮、百威啤酒公司、堡狮龙等企业提出的具体经营问题，赢得企业对政府服务的信赖。

【总部经济发展工作大会】 8 月 31 日上午，中共越秀区委、越秀区人民政府在广州大厦召开 2011 年越秀区总部经济发展工作大会，越秀区委、区政府四套领导班子，区各职能部门和街道负责人，以及近 200 名总部企业代表共同出席会议。会议由越秀区人民政府副区长卞勇主持。会上，中共越秀区委书记武延军讲话，越秀区人民政府区长杨雁文宣读对总部企业的表彰决定，百胜餐饮广东有限公司作为总部企业代表致辞。大会总结一年来越秀区在总部经济发展工作上取得的成绩和经验；表彰区内新认定的 339 家总部企业对越秀区经济社会发展的支持和贡献，并向 186 家优秀总部企业和 21 家符合奖励政策的总部企业分别颁发绿色通道服务卡和财政奖励通知；部署下一阶段的总部经济发展工作。区内各职能部门在会场外设有各自独立的咨询台，在会前和会后向各参会企业提供政策咨询服务和意见听取工作。政企互动沟通成为本次会议的一大亮点，体现出越秀区构建服务型政府的理念。

2011年越秀区优质企业行业分布表

行业分类	企业数量（个）	企业数量占比	2010年纳税总额（万元）	2010年纳税总额占比	2010年区库收入（万元）	2010年区库收入占比
批发和零售业	148	42.0%	275105.34	17.1%	27292.76	32.0%
租赁和商务服务业	48	13.6%	94289.96	5.9%	5915.97	6.9%
建筑业	47	13.4%	40659.967	2.5%	5131.15	6.0%
房地产业	27	7.7%	108977.88	6.8%	11025.84	12.9%
金融业	25	7.1%	88328.11	5.5%	7832.19	9.2%
交通运输、仓储和邮政业	25	7.1%	108278.57	6.7%	10489.22	12.3%
信息传输、计算机服务和软件业	8	2.3%	713296.20	44.3%	4568.56	5.4%
住宿和餐饮业	6	1.7%	30815.47	1.9%	3581.78	4.2%
文化、体育和娱乐业	6	1.7%	12901.36	0.8%	1816.94	2.1%
工业	6	1.7%	120083.87	7.5%	5864.82	6.9%
科学研究、技术服务和地质勘查业	4	1.1%	12851.16	0.8%	1414.43	1.7%
水利、环境和公共设管理业	2	0.6%	4301.93	0.3%	394.22	0.5%
总　计	352	100.0%	1609889.84	100.0%	85327.87	100.0%

越秀区部分“亿元”写字楼及总部企业入驻情况表

写字楼名称	企业名称	2010年总税收（万元）	合计
电信广场	中国电信股份有限公司广东分公司	54660.12	57831.91
	万联证券有限责任公司	1743.14	
	广东省广代思博报堂广告有限公司	1428.65	
电子大厦	本田贸易（中国）有限公司	4928.02	9761.00
	奥林巴斯（北京）销售服务有限公司广州公司	3806.00	
	北京康捷空国际货运代理有限公司广州公司	725.14	
	广东中电富嘉工贸有限公司	301.85	

（续表）

写字楼名称	企业名称	2010 年总税收（万元）	合计
中华国际	百威中国销售有限公司广州分公司	13616.43	27066.66
	三星中国投资有限公司广州分公司	11612.94	
	广州新星实业公司	1837.29	
全球通大厦	中国移动通信集团广东有限公司	653586.99	653586.99
时代地产中心	广东中原地产代理有限公司	1373.98	2307.98
	广州市华泰兴石油化工有限公司	400.80	
	全球国际货运代理（中国）有限公司广州分公司	530.06	
	和记黄埔地产广州荔湾有限公司	0.13	
好世界广场	广州珠江实业开发股份有限公司	2072.04	3641.37
	信成人寿保险有限公司广东省分公司	1529.81	
	英特奈国际纸业贸易上海有限公司广州分公司	39.51	
世贸大厦	默沙东（上海）医药咨询有限公司广州分公司	52.79	929.52
	广州市华安达实业有限公司	876.73	
中国大酒店	三井物产（广东）贸易有限公司	1077.38	7050.54
	松下电器（中国）有限公司广州分公司	5973.16	
康富来国际大厦	广东中健医有限公司	5241.49	5294.01
	广州康辉国际旅行社有限公司	52.51	
宜安广场	通用电气（中国）有限公司广州分公司	914.17	1115.46
	上海罗氏制药有限公司广州分公司	201.29	
花园大厦	广州花园酒店	7602.24	8680.04
	汇丰银行（中国）有限公司广州分行	861.40	
	新日铁钢铁信息咨询（北京）有限公司广州分公司	213.76	
	爱信精机（天津）商贸有限公司广州分公司	2.64	
粤海大厦	广东南方医药对外贸易有限公司	1987.82	3799.56
	深圳市天音通信发展有限公司广州分公司	584.62	
	广东省物资进出口公司	727.37	
	广东天士力医药有限公司	243.80	
	广州市第四装修有限公司	255.95	
江湾商业中心	广东连连科技有限公司	1989.56	2266.73
	南海渔村有限公司	107.35	
	广东省建筑工程总公司房地产开发公司	169.82	

（续表）

写字楼名称	企业名称	2010年总税收（万元）	合计
广州百货大厦	广州市广百股份有限公司	24179.82	27820.21
	广州市长越贸易有限公司	2194.17	
	中国广州国际经济技术合作公司	70.05	
	广州市爵士丹尼服饰有限公司	460.31	
	广州市广百电器有限公司	915.86	
广州国际金融大厦	中国银行股份有限公司广东省分行	10835.11	10835.11
东峻广场	中智广州经济技术合作公司	2379.69	38690.38
	中化化肥有限公司广东分公司	102.28	
	广东广合电力有限公司	35720.64	
	广东南油经济发展公司	487.76	
中旅商业城	广州市地下铁道总公司	16332.56	17840.23
	广州美特斯邦威服装有限公司	778.37	
	中意人寿保险有限公司广东省分公司	654.90	
	广州招商国际旅游公司	74.41	
合　计			885568.22

【中国移动通信集团广东有限公司】 中国移动通信集团广东有限公司（简称中国移动广东公司）隶属于中国移动通信集团公司，是中国移动有限公司在广东设立的全资子公司。公司以“正德厚生，臻于至善”的企业文化为指引，以争创世界一流通信企业为目标，不断创新发展模式，提升客户价值，促进企业从优秀到卓越的新跨越。1987年11月18日，在全国六运会前夕，中国移动广东公司最早开通中国第一台移动电话。1995年，公司最早开通GSM数字移动通信服务，并先后最早在国内提供移动互联网业务、GPRS业务和EDGE等最新的移动通信服务。1997年10月23日，经业务和资产重组，中国移动广东公司注入中国移动有限公司，成为中国内地第一批在纽约和香港上市的电信公司。根据“国际化理念，本土化创新，中国式管理”，公司以“强火”力促改革、“温火”优化管理、“恒火”凝心聚力，实施一系列人力资源改革，优化机制流程，培育优秀企业文化，不断提升客户、员工、企业和社会价值，积极推进企业从单一的通信服务向全面的信息服务，从移动通信运营商转向移动通信服务商。中国移动广东公司网络人口覆盖率99.24%，国道覆盖率99.80%，城区主要道路覆盖率超过99.71%，高速公路实现100%无缝覆盖，三星级以上酒店、电梯和地下车库等重要场所实现100%覆盖。在国内省级通信运营公司之中，公司业务收入率先于2003年实现“一天一个亿，全年收入超过365亿元”的目标。公司网络容量、客户数、业务收入、净利润指标分别占据中国移动公司的1/6、1/6、1/5和1/4，连续5年为广东省第一纳税大户。公司最早推出“全球通”、“神州行”、“动感地带”三大品牌，并被集团采纳在全国推广；率先推出“移动梦网”商业模式，引爆短信量飞速增长；率先建立“沟通100”服务营销体系和全球通VIP俱乐部，提供“全球通易登机”和“一对一”尊贵

服务。还推出手机报纸、移动银行、移动蓝页、彩票投注、随e行、百宝箱、KJAVA、彩信、彩铃等一万多种增值业务，公司新业务收入比重超过20%，引领通信消费时尚。从2006年起，中国移动广东公司先后推出“感谢广东”、“感恩广东”和“感动广东”大型系列活动，积极投身社会公益事业，以实际行动奉献爱心，回报社会。广泛开展“黄帽子”志愿者行动，实施“绿箱子环保计划”参与环保事业，开展“红段子”创作大赛，吸引351万普通手机用户创作1400余万条各种类型的“红段子”，推动网络文化内容和机制创新。

【东山百货大楼股份有限公司】 广州市东山百货大楼股份有限公司（简称东百）位于繁华的东山署前路，经营面积6000平方米，是成立于1983年的一家老百货零售商店。1996年东百与广东省信托房地产开发公司合作在芳村开设面积5000多平方米的大型百货商场东百花地湾百货有限公司。1992年东百改制为规范化股份制企业，国有股占总资本80%，处于控股地位；2001年完成从国有企业向民营企业的根本转变，国有股只保留5%，企业完全按公司法规范治理和按市场规律自主经营。其后东百对经营机构、商品结构、经营手段、商场布局、环境设施等进行一系列重大调整和改造，在引进更多新品牌专柜和新商品的同时引进更多时尚元素，不断改善商场环境设施，使东百的经营和形象历久弥新。东百和花地湾公司实现资源和优势互补，经营实力得到加强。公司实现以品牌经营为主，并突出经营特色的经营战略转变，多个国际国内著名品牌进入后都得到满意的回报，金饰纪念品的特色经营也得到社会的广泛认同，2011年金饰类商品销售额达16800万元。东百还热心企业文化建设和积极承担社会责任，热心社会公益活动。

2011年东百的营业额（含税）为47874.8万元，利润额为1700万元，实现税费1512.22万元，上缴税费1293.10万元。东百历年都被评为诚实信用及消费者信得过企业，并获得过全国“五一”劳动奖状等荣誉。

（区经贸局 吴岳军）

2011年3月25日，越秀区举行第六个总部经济发展基地——合生·珠江国际大厦授牌典礼。

中小企业与民营经济

【概况】 2011年全区个体工商户69457家，同比增长-0.46%，个体从业人员86187人，同比增长0.76%，私营企业31152户，同比增长18.02%。全年民营经济实现增加值390.82亿元，同比增长9.5%，占全区GDP的20.60%。民营经济的税收贡献日益提升，实现税收105.59亿元，同比增长21.4%，占全区税收总额的比重提高到31.13%，同比提高1.4个百分点。全年完成非国有投资154.09亿元，同比增长1.9%，快于固定资产投资总体增速16.8个百分点。其中，民间投资81.06亿元，占全区投资总额的17.57%，比重比上年提高2.39个百分点。

【评选优质民营企业】 根据区委、区政府《印发越秀区关于加快经济发展方式转型的若干意见及配套实施办法的通知》和《越秀区优秀民营企业评定和扶持办法（试行）》的有关精神，组织区辖内企业进行越秀区2009—2010年度优秀民营企业申报，评选出40家优秀民营企业。协助优秀民企申请越秀区优质学位，是年为12家优秀民营企业提供17个优质学位。根据《越秀区贷款贴息专项资金管理办法（试行）》做好符合条件的企业申报安排越秀区优秀民营企业贷款贴息工作。

【协助企业申报资金和项目】 2011年，越秀区根据市中小企业局的部署，推荐广东益民旅游休闲服务有限公司、广州市中小企业服务中心等8家企业申报中小企业公共服务示范平台项目；广州市中小企业服务中心、广州市博士科技交流中心有限公司申报提高中小企业素质专项服务活动项目；广州漫友文化科技发展有限公司、广州奥飞文化传播有限公司等5家企业申报中小企业成长奖励项目。

【民营企业上市工作】 2011年，区经贸局与区金融办一同协助民营企业做好上市工作。筛选年度重点支持上市的民营企业，设立民营企业上市“绿色通道”，指导民营企业做好上市过程中的股份制改造、材料申报等工作，帮助民营企业化解历史遗留问题，排除上市障碍，降低上市成本。建立区上市企业后备资源库，加快入库企业的培育、改制和发行申报。发挥金融服务平台的作用，通过区中小企业金融服务基地做好广州市环境保护工程设计有限公司的上市前期准备工作及美国上市公司康采恩集团公司的融资服务工作。推动区内优质企业普邦园林、嘉诚物流等公司的上市工作，协调上级部门解决申请上市过程中存在的困难和问题，配合其进行上市融资项目立项，协助其将所有上市申报材料递交至国家证监会进行审核。

【广州普邦园林股份有限公司】 广州普邦园林股份有限公司成立于1995年，是一家专门从事园林工程施工、园林景观设计、苗木种植以及园林养护业务的大型民营企业。主要为住宅景观工程、旅游度假区园林工程、商业地产园林工程和公共园林工程等项目提供园林综合服务，具有国家城市园林绿化企业一级资质。经过多年的发展，公司已经跻身全国园林行业龙头企业行列，业务遍及全国六大区域，在行业内形成较高的市场知名度。公司先后获得“中国泛珠区域园林景观（设计与施工）品牌企业”、“2010年度全国城市园林绿化企业50强”（排名第七）、“广东省优秀园林企业”、“广东省二十强优秀园林企业”（排名第二）等荣誉。公司总部设在广州，设有园林规划设计院（下设10个设计所）、工程事业部（下设7个事业分部）和工程养护事业部，下辖广州市普邦苗木种养有限公司。公司拥有风景园林规划、设计、园林建筑、结构、设备、电子计算机、经济管理等专业技术人员及科研人员数百人，拥有苗木生产基地约5000亩。能承担园林工程咨询、规划、设计、施工等一系列工作，业务遍及全国各地。在企业管理方面，公司获得ISO9001质量管理体系认证，对工程项目投标、施工组织管理、质量管理目标等方面建立起一套高效、科学的管理体系。在企业经营方面，公司获得各级政府和协会授予的多项荣誉及奖项，包括“连续十年广东省守合同重信用企业”及“优秀民营企业”等。

贸易促进与经济协作

【区贸易促进工作概况】 2011年，区贸促会围绕区经济工作重点，根据自身的工作性质和任务要求，积极开展招商引资活动及各项对外交流活动。为企业“牵线搭桥”，努力促进企业“走出去，引进来”，在企业与企业之间、企业与政府之间发挥桥梁和纽带作用。改善区“招商，安商，富商”的投资软环境，推动区经济发展。

招商引资活动 2011年，区贸促会充分利用贸促系统海外商协会及会员企业的信息，广泛宣传区

投资环境和各项优惠政策，较好地将贸促和外经资源有机整合，上下联动，充分挖潜，总结归纳外经贸工作上半年下滑原因，迅速研究制定扭转外经形势的工作方案，短短几个月的时间就完成全年70%的指标任务，协助配合引进206宗项目（其中500强企业1家），完成合同外资5.4亿美元，实际利用外资3.2亿美元。如得知广东巴博斯汽车销售有限公司总部有迁移意向，区贸促会快速出击，拜访广东巴博斯公司负责人，并介绍越秀区的营商环境优势，经过协商洽谈和提供全方位的服务，解决企业难题，成功引进其落户。组织发动企业参加由广州市政府主办，在香港、澳门等地举行的“新广州新商机”活动。

贸易洽谈和交流合作　借助贸促系统及海外商协会资源开展统战专项工作，利用香港区议员换届契机，发动驻香港福建商会和潮州商会参加活动，推动商会商业代表发挥优势骨干作用，发动福建商会成功参选成为香港区议员之一，圆满完成统战专项工作。全年主办、协办并发动会员企业参加的各类讲座、培训和交流会、政策宣讲会等活动10项，把国内市场和国外市场有机结合起来，为企业开拓对外交流活动推介越秀区的投资营商环境发挥积极作用。其中，组织25人参加亚太经济合作组织工商咨询理事会2011年亚太区服务业大会，9家企业参加香港潮流商品（广州）展览会现场商贸配对活动，12家企业共20人参加“人效提升转型升级”高级讲座，8家会员企业10人组成越秀区考察团于6月初参加“广州经贸代表团”前往菲律宾、南非和津巴布韦三国开展系列经贸活动。组织企业参加中国广东阿联酋经贸洽谈会暨中东中国建材批发中心招商会、中比对口商务洽谈会、品味智利系列贸易促进活动、波兰—广州投资理想胜地投资说明会、中国—波兰中小企业合作推介会等。组织4家企业参展中国国际低碳新产品和技术展览会，80多名企业代表参加展览会系列论坛活动，收获低碳生活和低碳生产的新理念，取得良好成效。组织企业参加苏州与昆山产业链招商等投资服务经验交流会，参加尼泊尔举办的第五届“尼泊尔中国节”经贸洽谈会和经贸展览会暨展销会活动。发动企业参加9月25日在广州流花展馆举办的2011中国流花国际服装节暨秋季广东时装周。

内部管理和发展会员　区贸促会注重内部系统升级管理，按照第三届会员大会第二次工作会议决议内容，完善会员制度，充分体现会员义务，增强商会的凝聚力。为完善会员缴纳会费制度，建立财务账户办理相关证件手续，从6月1日起至11月30日止有35家会员企业共计缴纳会费5.8万元。会费全部用于商务会议及活动开支，取之于会员企业，用之于会员企业。主动上门做好协调服务工作，重点发展20家在商贸领域比较有代表性的会员企业入会，于5月底召开区国际商会全体理事会成员会议，总结上半年的工作，探讨今后主要工作方向，充分了解会员需求，制定下一步行动方案。

【区经济协作工作概况】　2011年，区经协办充分发挥桥梁作用，多次组织区内驻穗单位和相关企业

2011年5月10日，区贸促会在哈萨克斯坦与中信项目投资方察看场地。

参加市政府组织的广博会、中小企业博览会及各种经贸招商活动，积极做好帮扶广西隆林、西林两县和援疆工作。

组织参展　为做好第十九届广州博览会参展工作，成立由各职能部门及文德商会组成的2011年广州博览会参展筹备领导小组，制定参展方案。区经协办协调各方力量，发动企业参展，多次与广告公司沟通协商，反复修改完善设计方案，做好各项备展、参展工作。本次参展中越秀区以“广府文化源地、千年商都核心”为参展主题，采取图片、规划图、效果图、实物相结合的形式，全方位、立体式、多角度展示越秀区作为广州的核心城区，围绕建设“首善之区”典范和“幸福越秀”的奋斗目标，发展成为广州市现代服务业核心功能区、历史文化休闲旅游区、宜居花园城区和公共服务示范区的良好形象。响亮的展位主题，大气、典雅、庄重的主体造型，每天吸引大批观众前来参观。8月27日《广州日报》关于“广博会”的新闻报导中刊登越秀馆“广府文化源地、千年商都核心”的主题及相关内容，在本次博览会中获优秀组织奖。

扶贫工作　针对广西隆林、西林两县边远贫困地区存在人畜饮水难的问题，区经协办组织越秀区党政机关考察团赴广西隆林、西林两县进行对口帮扶考察。调研当地居民饮水情况，制定帮扶方案，筹集140万元用于两县贫困人口人畜饮水工程项目建设，扎实开展一系列科学帮扶工作，切实改善当地贫困人口生产生活急需解决的问题，使群众真实感受到帮扶工作带来的实惠。

援疆工作　根据张广宁书记2011年5月考察新疆时作出的“广州12个区、县级市年内要各推介一个项月落户疏附县”的指示，在区委、区政府的统筹指导下越秀区援建项目——疏附县越秀建材有限公司作为广州援建新疆第一个项目率先落地。7月26日，疏附县越秀建材有限公司隆重开业，市援疆工作简报第4期刊登此项目开业典礼信息，8月5日《广州日报》对此作专门报道。2011年，开业仅四个多月，越秀建材有限公司圆满完成商品混凝土10多万立方米（其中广州新城完成9万多立方米），实现销售额3000多万元，创税收200多万元，解决就业100多人，为当地创收100多万元，在疏附县的援疆企业中起到带头作用。

（区经贸局　吴岳军）

黄花岗科技园

【概况】　2011年，黄花岗科技园以加快转变经济发展方式为主线，以加快战略性新兴产业发展为核心，大力培育和发展壮大具有区域特色的信息服务业、移动互联网产业、文化创意产业、健康医药产业等战略性新兴产业，促进高端产业、高端要素、高端人才的“三高”聚集，不断增强新兴产业核心竞争力、规模实力和辐射带动力。年末有企业1704家，同比增72家，高新企业92家。全年实现技工贸总收入288.05亿元，同比增25.0%，实现税收收入8.78亿元，同比增长25.3%，其中高新企业实现营业收入124.33亿元，税金5.00亿元。

【园区发展】　2011年，黄花岗科技园进一步挖掘和整合开发新兴产业发展空间，通过充分的资料收集、深入摸查和多方联系，分别与省地震局、省科学院自动化工程研制中心、广州生产力促进中心、合生越华房地产公司等业主进行洽谈，宣传越秀区产业发展方向和扶持政策，力争形成共识、取得双赢，初步达成共建洪都园区、自动化中心产学研合作示范园区、淘金园区和珠江国际园区等一批新产业基地的合作协议。全年新建成5个合作产业园区，总园区数达到25个，经营面积逾70万平方米。创新思路，率先提出发展移动互联网产业，10月挂牌成立全市首个移动互联网产业园。

【招商引资】　2011年，黄花岗科技园积极融入广州市招商平台推进科技的选商引资工作，组织参加“新广州，新商机”系列推介活动以及香港资讯展、北京软博会、深圳文博会、中国服务贸易博览会等。围绕产业转型升级，通过以商引商、上门招商等方式，重点引进一批新兴产业大项目、新资本，新引进70多家企业，其中有国家规划布局内重点软件企业启明信息技术公司广州公司以及中大创投、中广传播等一批具有较高行业知名度和市场前景的企业，此外还有天奇动漫、华辰光电等30多家优质企业列入重点招商的储备名单。

【广州移动互联网产业园】 2011年10月20日，全国首个由政府主导建设的移动互联网产业园区——广州移动互联网（越秀）产业园揭牌仪式在国家高新区黄花岗科技园中华国际中心园区隆重举行。按照《越秀区移动互联网产业发展规划》，采取“启动区＋发展区＋主体区”的发展模式，先以黄花岗科技园中化国际中心园区等现有成熟载体为启动区成立“广州移动互联网（越秀）产业园”，率先聚集一批移动互联网优质资源；以洪都大厦、东照大厦等载体为发展区，通过2～3年时间完成配套建设和移动互联网产业的主题招商；以杨箕村、东濠涌、花果山等旧城改造规划中的载体为主体区，利用3～5年时间，通过环境改造、配套升级等方式，将其建设成为较具产业规模的“广州移动互联网产业园”。经过5～10年建设，广州移动互联网（越秀）产业园有望聚集500家移动互联网优质企业，形成超千亿移动互联网产业集群，成为广州推进战略新兴产业快速发展的重要引擎、“智慧广州”的新名片和都市产业转型升级的先行示范区。

【南方文化产权交易所】 2011年，南方文化产权交易所落户南方传媒文化创意产业园并正式开业，是广东省委、省政府批准设立的综合性文化产权交易服务机构，由南方报业传媒集团、南方联合产权交易中心、南方广播影视传媒集团、广东省出版集团等公司联合投资创立。主要提供“产权交易”、“文化企业投融资服务”及“艺术品金融创新”三大服务平台，力争建成全国最大、最具影响力的文化版权产业集聚区和示范基地，旨在打造成为立足南方、连接港澳台、服务全国、面向世界的文化产业权益性资本市场。2011年交易所成交400多项，交易额达20亿元。

【科技金融工作】 2011年，黄花岗科技园实施“促上市、搭平台、设专栏、拓渠道”四项举措，多次组织负责金融管理的政府部门、银行、创投公司、科技企业、律师事务所等共同举办研讨会、项目对接会等活动，筛选近30家重点企业，建立上市企业资源库，联合10多家风险投资机构共同打造风投广场。市区联动，初步确定把黄花岗科技园区列为科技保险首选试点区，同时积极推进高新区的“代办股份转让系统”试点工作，引导与动员具备条件的企业挂牌上市。

【深化服务帮扶企业】 2011年，黄花岗科技园制定《深入企业项目开展帮扶活动工作方案》，首批选择30家重点企业（项目），成立由越秀区科技和信息化局、科技园管委会领导牵头负责的专项工作组，深入企业（项目）开展帮扶活动，全方位、多层面帮扶企业（项目）协调解决“急”、“难”问题。修订完善《黄花岗科技园房租补贴管理实施办法》，年内共发放房补资金428.64万元，补贴企业63家。举办一系列政策宣讲、项目申报辅导、企业文化建设等活动，如企业研发费用税前扣除培训会、高新技术企业复审（认定）培训会、科技型中小企业技术创新基金项目申报培训会、“送健康进园区”活动启动仪式暨“行为习惯与健康”讲座等系列活动。

【特色新兴产业集聚发展】 2011年，黄花岗科技园信息服务业、文化创意产业和健康产业占据前三位，共占园区技工贸总收入比重达90%以上，其中文化创意产业发展迅猛，所占比重达21%，同比增12个百分点。以信息技术和业务流程外包服务为主的服务外包业保持较高增速，全年服务外包合同额9.07亿美元，同比增长147.40%，执行额4.58亿美元，同比增长55.76%，服务外包企业获省、市服务外包专项奖励及补助资金达

1386 万元。

【友邦资讯科技（广州）有限公司】 公司位于东风东路767号东宝大厦，由美国友邦保险有限公司独资兴办，成立于1994年10月，注册资金40万美元。公司1999年通过ISO9001标准认证；2002年被广东省信息产业厅认定为“软件企业”；2003年被广州市科学技术局认定为“高新技术企业”；2004年通过软件企业能力成熟度模型集成三级评估（CMMI 3）；2010年被国家发展和改革委员会会同信息产业部、商务部、国家税务总局认定为“年度国家规划布局内重点软件企业”；2011年获得“广州服务外包行业最具潜力奖”。

公司为下属成员公司提供软件开发、维护、管理及业务外包等服务。

2011年有员工352人，其中硕士35人，本科265人，大专41人，大专以上学历者占全部从业人员数97%；软件技术人员276人。业务覆盖至澳大利亚、新西兰、韩国及中国内地和香港、台湾等十几个国家和地区。

2011年度公司年产值（年销售额）9824万元人民币，其中软件营业收入为8930万元人民币，出口收入为1217万美元。

（黄花岗科技园管委会　李燕清）

责任编辑　周元峥

唐代光塔码头

唐代，广州港成为世界著名大港，中外商人云集。《新唐书·地理志》记载：唐时，中国东南沿海有一条通往东南亚、印度洋北部诸国、红海沿岸、东北非和波斯湾诸国的海上航路，叫做“广州通海夷道”，这便是中国“海上丝绸之路”的最早叫法。当时通过这条通道往外输出的商品主要有丝绸、瓷器、茶叶和铜铁器四大宗，往回输入的主要是香料、花草等一些供宫廷赏玩的奇珍异宝。

唐代码头区已从兰湖移到光塔（唐代时作为进港船只的导航塔）一带。当时珠江岸线大概在惠福路之南、文明路之北。光塔码头位于坡山半岛西侧的浮丘湾畔。坡山西侧据史载即唐代的西澳地，这是海舶进出广州的一个重要港口。坡山北面的光塔，其兴建的主要目的据说就是为“番舶”导航，说明坡山一带距江岸不远。

光塔码头是唐代最大和最主要的内港码头。大凡中外商船，均在这里停泊上岸和起航出海。据考证，唐代广州蕃坊和市舶司，都在今广州光塔路一带，外国商船湾泊之地，有内港码头和外港码头之别。内港码头有光塔码头（在今广州光塔街南，另有兰湖码头，为国内船只航运码头），外港码头则有屯门（今香港新街青湾）和波罗庙（今广州黄埔南庙头村）。

光塔码头在今光塔路一带，是唐代对外贸易的中心，因蕃坊就在附近，所以非常热闹，且建有光塔引航。清初乾隆时，坐落在今海珠北路祝寿巷的元妙观道士黄某，在观西侧挖掘出一艘深埋在地下的洋舶，证明这一带是古代洋舶往来的航道。

经济管理

发展和改革

【概况】 2011年，区发展和改革局坚持科学发展观，发挥职能，当好参谋，突出重点，提高效能，全力抓好发展改革、物价管理、粮食管理和电子政务建设等各项工作。先后获得广州市价格举报工作先进单位、亚运亚残运会价格监测工作优秀单位、创建全国文明城市贡献单位奖、广州市越秀区依法治区工作先进单位等7项荣誉，13名同志分别获得国家、市、区先进个人荣誉，其中张惠琴获国家发改委授予“全国价格举报工作先进个人”。

【年度计划】 2011年，越秀区以“三个重大突破”为抓手，紧紧围绕“建设国家中心城市核心区”的目标和“建设幸福越秀”的核心任务，依靠创新驱动，加快产业结构调整步伐，不断促进经济转型升级，全区经济实现平稳发展。全年实现地区生产总值1897.16亿元，同比增长（以下简称增长）9.6%。实现社会消费品零售总额979.36亿元，增长17.0%；财政一般预算收入38.95亿元，增长24.5%。起草《广州市越秀区2010国民经济和社会发展计划执行情况与2011年计划草案的报告》，并提交越秀区第十四届人民代表大会第八次会议审议通过。

【投资管理】 2011年区财政性投资项目计划26个（含85个子项目），年度投资总额42.38亿元；区重点建设项目计划30个（含118个子项目），年度计划投资总额58.54亿元。做好财政性投资管理审批及社会性投资项目核准登记备案管理工作，全年办理25个立项审批、1个核准、24个登记备案项目。落实市发改系统5项事权审批下放工作。强化对纳入市重点建设项目监管力度，“创意大道”、南粤先贤馆和国民旅游休闲卡建设项目纳入市2011年重点建设项目，“创意大道”纳入省2011年重点项目。结合区经济社会发展重点，突出转变方式，加快转型升级，研究制定《越秀区加快战略性主导产业、基础设施、发展平台实现重大突破工作方案》，确定5类主导产业（12个项目）、3类基础设施（12个项目）、5个平台。

【金融服务管理】 2011年，区发改局做好小额贷款公司的监管服务，通过现场检查、核对数据、纠正问题，继续强化小额贷款公司监督管理工作，提高监管工作的质量和效率，督促公司依法经营。越秀海印小额贷款股份有限公司是省首批试点企业，于2009年6月成立，截至2011年12月31日，累计放款685笔，放款金额19.23亿元，不良贷款为0。开展第二家小额贷款公司的遴选申报工作。做好拟上市企业的跟踪服务，建立辖内拟上市后备企业资源库，为正申请上市的普邦园林、嘉诚物流等企业提供个性化服务，解决上市过程中遇到的困难。加强区金融业发展研究，牵头建立金融机构与政府的沟通协调机制，做好银企对接服务，积极

区发改局举行2011年经济运行分析座谈会。

探索建立广州市股权投资机构集聚园区。对越秀区金融业的发展现状进行摸底调查，分析优势和不足，提出进一步发展金融业的差异化对策和建议。广州股权投资机构集聚区开展选点，启动民间金融街的建设工作，力争打造“立足珠三角、辐射全中国”的民间金融服务一条街，形成民间金融的“广东模式、广州价格、越秀指数”。

【粮食行业管理】 2011年，区辖涉粮企业140多家，其中国有企业3家。做好全区粮食流通统计和粮油市场价格监测，落实粮食安全应急保障预案，构建42个应急供应网点和应急粮食运输车队。开展2011年全国粮食和食用植物油库存检查工作，及时掌握2010年越秀区粮油流通、供给、消费各环节的基础数据和总体状况。

【节能减排工作】 确定越秀区“十二五”节能目标：从2010年的0.5300吨标准煤/万元下降到2015年的0.4770吨标准煤/万元，比“十一五”期末下降10%。组织开展区属公共机构节能调查统计，摸查区内公共机构节能示范项目；开展“限塑”专项检查，会同区经贸、环保、工商、质监等部门组成联合检查小组，重点抽查区辖内专业市场、超市。

【经济动员工作】 2011年，越秀区发展和改革局按照“平时服务、急时应急、战时应战”的要求，完成区经济动员“十二五”规划的编制，修订和完善区经济动员综合预案；组建各专业应急保障队伍8支。全力做好潜力调查，初步掌握区财政状况、医疗卫生资源、交通运输资源、专业技术人才资源、专业市场建设、科技信息资源、餐饮业和食品配送及军队采购供应商等潜力资料和数据。

2011年8月28日，越秀区参加新广州新商机（成都）推介会。

【经济预警分析】 2011年，区发展和改革局密切关注国内外宏观经济走势，及时了解掌握全区经济动态和苗头性问题，撰写经济运行分析，牵头组织召开经济运行分析座谈会，对全区经济发展的阶段性情况及存在问题进行研究并提出对策，为区领导的经济决策提供参考意见和依据。越秀区2011年经济整体运行呈现四个特点：经济增长呈稳步提高态势、产业优化升级持续推进、需求结构有所调整、经济运行质量较好。

【区域宏观经济政策】 2011年，区发展和改革局在原民营经济、总部经济、创意产业、加快转变经济发展方式等宏观经济政策的基础上，起草《越秀区促进核心产业企业发展的奖励办法（试行）》，于2011年8月正式颁布实施。开展《越秀区财政性投资管理办法》及《越秀区重点建设项目管理办法》修订工作，以进一步规范政府投资管理，提高政府投资效益。

【贯彻落实《珠江三角洲地区改革发展规划纲要（2008—2020年）》】 2011年，区发展和改革局牵头组织区各相关职能部门，按照省、市的安排和部署，全面贯彻落实《珠江三角洲地区改革发展规划纲要

（2008—2020 年）》的相关工作，进一步修订和完善《越秀区实施〈珠江三角洲地区改革发展规划纲要（2008—2020 年）〉实现“四年大发展”工作方案》等系列文件，并草拟《越秀区实施〈规划纲要〉2011 年度工作计划》，确保全区贯彻实施《规划纲要》工作落实到位。2011 年 4 月，顺利通过市规划纲要办对越秀区的考核工作。

【“新广州、新商机”系列推介会】 2011 年，区发展和改革局参加在北京、上海、成都、重庆、西安、香港、澳门七地举办的“新广州、新商机”系列推介会，成功签约 14 个项目，总投资额达 31.67 亿人民币和 7762 万美元。

【医药卫生体制改革】 2011 年，区发展和改革局起草《越秀区医药卫生体制改革近期重点实施方案（2009—2011 年）》、《越秀区加快推进基层医疗卫生机构综合改革总体实施方案》等一系列规范性文件。制订完善区医改配套方案，着力抓好基本医疗保障制度建设、建立国家基本药物制度、健全基层医疗卫生服务体系、促进基本公共卫生服务均等化和推进公立医院改革试点 5 项重点改革。在 2011 年 9 月 30 日前，全面实现基本药物制度全覆盖，完成基层医疗卫生机构综合改革。

（区发改局　唐蔚）

财　政

【概况】 2011 年，区财政局以科学发展观为统领，突出增收节支，深化财政改革，坚持惠民优先，加强财政监管，不断提高财政管理科学化精细化水平，为越秀区实现“十二五”经济社会发展良好开局提供财力支撑。

全年区财政一般预算收入实现 389459 万元，完成年度预算计划的 118.1%，比上年增长 24.5%，增收 76733 万元；财政一般预算支出 585787 万元，比上年增长 22.4%。总体来看，2011 年区预算执行情况是区划调整以来最好的一年。

【民生和社会各项事业支出】 2011 年，区财政局坚持量入为出、适度从紧、统筹兼顾的原则，进一步调整优化支出结构，压缩党政机关办公经费、公务接待经费、公务购车和用车经费、会议经费、出国经费，降低行政成本，集中财力确保教育、医疗、社保等关键性领域支出需要，着力推进基本公共服务均等化。

社会保障和就业支出 157292 万元，增长 25.9%；医疗卫生支出 39270 万元，增长 38.5%；教育投入 107511 万元，增长 9.3%；文化体育与传媒支出 3885 万元，增长 65.3%；公共安全支出 92512 万元，增长 13.5%；城乡社区事务支出 39041 万元，增长 6.4%。

一般公共服务支出 58247 万元，增长 21.6%；科学技术支出 18816 万元，增长 60.6%；环境保护支出 1526 万元，增长 12.1%；农林水事务支出 5982 万元，增长 37.8 倍；交通运输支出 6762 万元，增长 16.5 倍；工业商业金融事务支出 35602 万元，增长 65.9%；国防支出 834 万元，下降 13.4%；其他支出 18477 万元，下降 4.4%。

【收入征管和监控】 2011 年，区财政局完善收入增长激励机制，定期召开收入形势分析会，研究挖掘增收潜力、拓宽增收渠道的措施，提高税收征管效能，全年税务部门组织的收入完成 295825 万元，增长 14.6%。建立重点税源监控联席会议制度，加强与税务和各职能部门相互间的协作，全面掌握区内重点税源动态情况并做好监控和分析工作，每两周将重点税源情况上报区委、区政府，及时研究解决重点税源征收工作过程中出现的问题。加强非税收入收缴管理，认真贯彻落实国家政策，将预算外资金全部纳入预算管理，收入及时足额上缴国库；制定《关于加快我区应用非税收入征管系统的实施方案》，有 138 个单位完成业务培训并正式上线运行，全年财政部门组织的非税收入完成 93634 万元，增长 71.6%。

【零散税源的征收管理】 2011 年，区财政局进一步开拓思路，加强和相关部门沟通，分别在市房管局和区法院设立税收代征站，代征国有土地使用权出让合同印花税和拍卖合同产权印花税。在22个街道和市区7个职能部门开设零散税源代征点，全年代征税款4819万元，成为增加越秀区财政收入的重要手段和途径。

【深化财政改革】 2011年，区财政局按照推进财政科学化、精细化管理的要求，深化财政改革。

部门预算管理改革 落实《越秀区部门预算管理办法》的相关规定，逐步建立预算支出执行责任制度，积极探索采购预算编制，完善预算执行和预算编制的有效衔接。

国库集中支付改革 实现预算与执行的无缝对接，以指标流控制现金流，从预算编制到资金支付实现全过程管理，保证依法理财需要，全年通过国库集中支付系统共支付各项财政资金60.82亿元。健全内部监控制度，按照实际情况对原有的内部支付审核、额度控管、对账管理等流程进行修改，并在岗位设置上完善内部制约机制。公务卡改革取得较大突破，在总结试点经验的基础上，全年选取29个一级预算单位、124个二级预算单位作为越秀区第三批公务卡结算试点单位。至2011年末，占全区2/3、161个部门纳入公务卡结算范围。

政府采购工作模式改革 创建越秀区政府采购计划信息化管理系统平台，并与现行的财政用款计划管理系统接轨，初步实现政府采购计划与财政季度用款计划同步申报、同步审核、同步监管的信息化管理新模式。全年区政府采购预算为24592万元，实际采购金额23121万元，节约财政资金1471万元，节约率6%。

财政支出绩效管理改革 2011年，区财政局从区属各单位申报的2010年度100万元以上财政支出项目中选取9个项目作为越秀区自我绩效评价的工作对象，涉及单位6个、财政资金3444万元。与上年相比，增加项目4个，其中对垃圾压缩站项目和阳光家庭行动计划委托社会中介机构实施重点评价。在绩效评价工作中，采取自评与重点评价相结合的模式，通过开展绩效目标申报、审核，规范绩效管理流程，强化财政绩效观念。

【财政监督管理】 2011年，区财政局组织专项资金检查，全年共检查9所中学、小学、幼儿园收费，以及困难群众医疗救助金、6个节能项目专项资金、软件和动漫产业发展资金的使用和管理情况。针对检查中发现的部分项目结余金额过大、财务管理不规范的问题，依照相关制度及时对有关单位进行处理，进一步规范专项资金的管理。

进行"小金库"全面复查和督导抽查，纳入全面复查的单位455个，督导抽查的单位21个。发现越秀区少年宫以物业有偿使用收入和虚列支出设立"小金库"17.46万元，支出17.39万元，主要用于发放补贴、会议开支等，按规定作出相应处理。

对于申请报废处置的国有资产，坚持按照固定资产使用年限标准审核，并有针对性地到现场核实资产实物。对于转让的国有资产，坚持按照评估、申请、审批、拍卖的程序，全年审批资产报废170宗，金额6905万元，审批资产调拨22宗，金额7726万元，审批资产转让3宗，金额116万元。继续加强行政事业单位物业出租管理，参与制定《越秀区国有资产物业租赁管理办法》，规范行政事业单位物业出租申请审批程序，严把物业出租审批关。全年审批物业出租258宗，出租场地面积63266平方米。

【重点建设项目管理】 2011年，结合区东濠涌二期工程的推进，区财政及时修订《越秀区水治理专项资金管理暂行办法》，确保财政资金运行的安全性、规范性和效益性。加大财政评审力度，招聘5家社会中介机构作为财政投资评审辅助力量，预算编制与预算评审同步进行，提高评审效率。全年审核各项工程概算、预算、结算和合同案1178宗，审核金额18.22亿元，核实金额16.39亿元，核减额1.83亿元，核减率为10.04%。

【会计管理工作】 2011年，区财

政局规范会计从业资格发证手续，明确办证责任。据统计，全年发放会计从业资格证1555人，办理资格证变更4077人。依法办理代理记账许可证审批，经对申请资料和经营场所的审核，批准18个申请机构代理记账资格，并对辖区内126个代理记账机构的营业执照、办公场地的使用权、从业人员的资格等进行年度检查。

【基层管理改革和创新】 2011年，区财政局解放思想，支持基层卫生事业和社会管理工作的改革和创新。

医药卫生体制改革　深入基层社区卫生服务中心开展调研，全面摸查工资基础数据，建立健全科学合理的绩效考评体系，制定《越秀区社区卫生服务中心收支两条线管理实施细则》，建立越秀区基本药物使用政府补偿机制，为区医药卫生体制改革提供制度和财力保障。

基层社会管理服务创新　全面摸查越秀区编外人员详细情况，向区委、区政府提出整合街道协管人员经费的方案建议。通过精简整合协管员队伍、财权与事权相适应、核定标准、分步推进、建立绩效考核机制等措施，建立与创新基层社会管理服务相适应的街道协管队伍管理模式。深入街道和社区居委会进行调研，充分了解基层对创新社会管理的经费需求情况，结合区财政实际，制定财政保障基层社会管理服务创新工作的意见，在加大经费保障、理顺分配模式、规范资金管理、加强财政监督等方面提出具体措施。

【支持越秀区产业转型升级】 2011年，区财政局在充分调研的基础上，与区各部门共同制定《越秀区促进我区核心产业企业发展的奖励办法（试行）》。全年区财政安排专项产业扶持资金4900万元，同时共争取到中央、省、市各类扶持资金3.28亿元，主要用于加大战略性新兴产业投入，落实总部经济和核心产业扶持政策，为辖区内企业提供贷款贴息和房租补贴，鼓励企业自主创新、节能减排，培养和引进高层次人才，促进越秀区产业转型和结构升级。做好家电下乡和家电以旧换新补贴资金的发放工作，严格审核相关资料，规范操作方法和流程，及时将补贴资金划转销售网点，并建立补贴资金兑付核查机制，全年审核和拨付补贴金额4057万元。

（区财政局　马伟荣）

国有资产管理

【概况】 2011年，越秀区国资局以科学发展为主题，以加强监督管理为主线，紧紧围绕“依靠创新驱动、建设幸福越秀”这个核心，进一步增强在新起点上加快新发展的自觉性和坚定性，立足当前、着眼长远，统筹兼顾、稳步推进，为“十二五”经济发展开好局、起好步。2011年，越秀区区属国有集体企业169户，资产总额37.9亿元，负债总额27.18亿元，净资产10.77亿元。其中：区属国有企业105家，资产总额35.68亿元，负债总额25.88亿元，净资产9.8亿元；街属集体企业64户，资产总额2.27亿元，负债总额1.3亿元，净资产0.97亿元。

【国有资产保值增值情况】 2011年，越秀区国资局从发展大局出发，狠抓落实、讲求实效，通过加强协调沟通，不断强化企业内部管理，严格招租程序，合理调配人力，使2011年度的工作取得可喜成绩。经统计，2011年区属国有企业实现租金收入9505万元（其中，国资公司8600万元，北秀公司483万元，开发公司422万元），超过下达的目标任务665万元。追收债务1039万元（其中，国资公司290万元，开发公司749万元）。街属企业实现营业收入7049万元，其中租金收入5407万元。

【国有资产监督管理】 2011年，区国资局根据国资系统工作的两大主要任务（即盘活资产，处理企业的历史问题；出租物业，搞好经营管理），把规范物业出租行为作为国资监管工作的重点。3月重新修订的《越秀区国有资产物业租赁管理办法》，充分体现公开、公平、公正的原则，规范全区资产物业出租行为，明晰出租过程中租金制定、租期设置、信息公开、减免租条件等重点环节，明确出租单位和职能部门审核批准的权责及程序。新《办法》既在调动出租单位积极性方面作必要的考虑和安排，也坚持政府引导与市场运作、经济效益与社会效益相结合，收到提高经营效益、促进廉政建设的效果。

为加强区属企业国有资产收益管理，促进国有资产保值增值，确保国有资产收益及时足额上缴，根据《广州市国有资产收益收缴管理办法》的有关规定，2011 年 11 月区国资局结合市审计部门的意见制定《越秀区区属企业国有资产收益收缴管理暂行办法》。规范国有资产收益的范围和收取比例、收缴时间和使用等，明确区属企业按规定应上缴的国有资产收益，必须及时足额上缴，不得拖欠、挪用、截留、坐支。该《办法》出台弥补了国资监管制度在收益收缴方面的空白。

2011 年国资监管实行监督服务双轨并重，专项检查工作狠抓落实。开展企业“小金库”专项治理工作，在国有企业开展“小金库”专项治理自查自纠后，转入重点抽查阶段。区国资局对个别企业存在的财务问题及时发出整改通知，力争做到清理工作不留死角，建立和完善防治“小金库”的长效机制。开展企业财务专项检查调研工作，监督检查街属企业年度财务预、决算执行情况，对街道集体企业资产和收益在使用用途、使用范围、使用比例方面进行调查研究。明确区分街道行政事业资产和集体企业资产，不能把行政事业部门的支出用街道集体企业的收益来开支，坚决堵塞国有集体资产管理漏洞。2011 年 6 ~ 8 月，开展区、街属国有集体企业房产物业登记管理自检工作，要求各企业清查漏管自有房产物业和非自有房产物业情况，分析漏管的原因和采取的整改措施，确保国有集体资产不流失。经统计，国资公司办理自有物业产权 2.14 万平方米，清查漏管自有房产物业 11 套，非自有房产物业 3 套；北秀公司办理产权过户（历史遗留拆迁户等）170 套，清查漏管自有房产物业 1 套，非自有房产物业 7 套；城建开发公司办理产权过户 104 套。

【国有资产改革与发展】 2011 年，区国资局贯彻区委、区政府的决策部署，围绕确保完成和超额完成全年工作任务的目标，坚定不移地推进国企改革。以“大国资、大整合、大资源”的工作思路抓好五个方面的工作。

实行对标管理　在对区直属国有企业制定 2011 年度的工作任务和费用指标过程中，把对标数据嵌入绩效考核中（租金有效增长率；新出租物业的租金水平与指导价相比，要从 50% 提升至 75% 以上）。重点关注企业物业租金水平的实际增长比例，以市场为导向，以市房管局指导价为标杆，促使企业将出租物业的租金水平与指导价进行对照分析，寻找差距，规范租赁方案的制定原则，进一步提高租金收益。同时通过科学制定激励与约束考评机制，提高企业员工的积极性和能动性，促进企业运营的良性循环，力求实现国有资产收益最大化。

资源优化整合　对区直属企业中零申报企业进行整合，优化存量资源配置。盘活企业大宗物业，探索招商引资的新途径，拟制定区属企业 500 平方米以上大宗物业招租信息通报制度，主动与区招商引资等经济部门加强沟通联系，与区重点发展产业对接，科学设置招租条件，重点扶持和引进优质、高端企业，加快推动产业转型升级，为区经济发展作贡献。继续做好公司物业的办证工作。

盘活物业　区属企业严格贯彻执行《越秀区国有资产物业租赁管理办法》的有关规定，实行公开招租，新出租的物业租金水平有明显提升。加速住宅物业及飞地物业处置工作，想方设法盘活空置物业，提高出租率，对到期出租物业提早制定招租方案，降低续租的空当期。加快推进非主营业务“物业管理业务”退出，降低企业运营成本。严格审核和控制企业费用支出。

建立新机制　以制度为抓手，完善制度建设，推动国有资产管理工作上新水平。制定国有资产物业租赁管理细则，规范招租方案，专项检查区、街属企业贯彻落实《越秀区国有资产物业租赁管理办法》的情况。制定街属企业财务管理办法，加强街道集体企业的资产和收益管理，并重点调研街属企业的管理模式，为社会服务管理试验区建设探索新路子。健全国有资产监管机制，按照“政企分开、政资分开、所有权与经营权相分离”，“权利、义务和责任相统一，管资产和管人、管事相结合”的原则，探索区属经营性国有资产的集中统一监管的路子，加快企业重组和资源整合，不断加强国有资产监管能力建设，全面提升国有资产监管工作的系统化水平。

解决历史遗留问题 在摸清家底的基础上，区属3家公司迅速将原有账外资产纳入监管范畴，加强规范管理，堵塞漏洞，摸准和梳理清楚东山城建总公司的历史遗留问题的有关情况，积极与有关部门沟通协调，提出具体解决方案。认真做好企业退休人员移交社会化管理的成本测算，分析利弊，提出具体方案，妥善处理好退休人员的管理问题。继续推进北秀公司解放中路东侧地块拆迁安置货币补偿工作、开发公司伟业阁1~6层工程建设。

【盘活优化企业资产】 2011年，区国资局为盘活优化区属国有企业物业资产，降低运营成本，将区属国有企业中属于住宅和飞地及质量较差、经营成本高但产权清晰的近800套物业资产进行处置。各公司做好住宅物业转让工作的风险评估，通过成立住宅物业清理小组，认真甄别住宅物业现租户情况，分类做好处置计划。是年，国资公司向63户发出书面通知，收回书面通知63份，愿意购买18户；完成处置转让物业8户，成交451万元，面积934.61平方米；正在办理10户。北秀公司向333户发出书面通知，收回书面通知80份，愿意购买46户。开发公司向188户发出书面通知，收回书面通知120份，愿意购买25户，正在办理14户。

【物业管理公司转制】 2011年，区国资局对于经营不善、长期亏损、与解决群众安置产权问题无关的物业管理公司，原则上采取清理、撤销等方式来处理解决。区国资局要求各企业在加快物业管理公司转制工作的同时，制定风险评估和预案分析，妥善处理职工劳动关系，包括退休职工的医保和社会化管理等内容。通过成立转制领导小组，加强领导和沟通，把工作做细，切实做好社会稳定工作。2011年，国资公司下属住建公司的西华路彩虹大厦，诗书路越瑞大厦，黄石路怡桂苑和北秀公司的纺织路，江湾路一、二、三期江湾花苑，中山六路惠爱大厦等楼盘已顺利完成管理权移交。

（区国资局 梁国光）

国 税

【概况】 2011年，越秀区国家税务局深入贯彻落实科学发展观，根据“努力争当广州国税系统的主力军，实践科学发展的领跑者”的组织定位，按照“抓住重点谋发展”的工作思路，在发挥税收职能、提升征管质效、优化纳税服务、激发队伍活力、增强行政效能、坚持依法行政等方面取得新的成效。全年组织税收收入180.29亿元，同比增长16.75%，完成年度税收任务的100.34%；其中增值税收入65.99亿元，增长37.85%，消费税收入0.57亿元，增长44.43%；其他各税收入113.72亿元，增长7.13%；实现区级收入5.87亿元，办理出口退（免）税退库69.12亿元，有力地支持国家和地方经济的发展。

【税收管理】 2011年，深化税源专业化管理，验证超级市场及大型百货、外贸企业等典型行业的专业化管理指引，按照“属地化、专业化、信息化”的思路理顺外资企业管理与行业专业化管理交叉的问题，并建立起大企业税收服务与管理相关工作机制，开展税收遵从专项工作。继续推进税收管理无纸化，完善工作指引，加强对纳税人的宣传辅导，顺利推进税务文书管理和电子印章系统的推广应用及企业所得税年度汇算清缴网上申报试点工作。做好电子影像库系统上线工作，切实提高征管质效。认真落实各项税收政策，全年完成36户次纳税人增值税即征即退审批事项，退税额2205万元；完成19149

户企业所得税汇算清缴工作，入库16.03亿元；继续深化推进“征退查一体化”管理，加强部门合作，发挥协同效应，不断提高出口退（免）税的管理质效。强化发票数据信息管理能力，全年完成12478户用票户的发票简并换版、新发票章备案工作，并将804户出口企业及33户收购企业纳入“普通发票管理系统”管理。

【税源监控和税收秩序整顿】 2011年，区国税局不断加强税源监控工作，统筹做好全年税收调查工作，拓展税源监控手段，强化税企联络沟通，增强服务主动性，形成定期到重点企业实地调查的制度，高质量完成527户常规调查企业、11户集团企业以及全年度企业所得税的税源调查工作。深化“联合办案”机制，加大稽查执行力度，提升办案速度，改进办案模式，有力地整顿和规范区域税收经济秩序。全年查结案件17宗，实施行业纳税评估3个，完成纳税评估879户，实际入库合计4700多万元。

【协税护税】 2011年，区国税局不断加强代征协管工作力度，完善工作指引，落实各项制度，定期检查代征工作的开展情况，确保各项代征工作的规范和有序开展。同时，注重加强工作质量考核，提高协税护税人员业务水平和廉政意识，促进工作效率的提升。

【纳税服务】 2011年，越秀区国家税务局以便民服务为切入点，积极拓展服务手段，进一步提升纳税服务质效。完善纳税服务工作机制，认真落实首问责任制、限时办结等规定，简化涉税事项办理流程，减轻纳税人负担，持续提升服务效能。创新纳税服务方式，全面推行每月由各税务分局和办税服务厅联合举办的专项性主题税宣会的新税宣模式。开展纳税服务接待日工作，以面对面的方式与纳税人沟通交流，听取纳税人的意见和建议。全年组织系列税宣活动142场次，纳税人对区国税局纳税服务工作的满意度显著提高。落实纳税服务举措，充分发挥流动导税岗作用，提高纳税服务的主动性。推广应用自助办税系统，不断拓宽办税服务渠道，为纳税人提供多元化的服务。加强政务信息公开，不断完善政务公开制度，规范政务公开内容和发布途径，及时准确地做好政府信息主动公开工作。

越秀区国家税务局召开2011年税收工作会议。

【队伍建设】 2011年，越秀区国家税务局坚持以人为本理念，不断加强组织队伍建设。深入开展创先争优活动，将创先争优活动与税收中心工作紧密结合，形成自身特色，切实推动创先争优活动在该局的落地扎根，在全局上下掀起创先争优的活动热潮。继续推进税务文化建设，通过开展宣传月、引航月、展示月、深化月主题活动，逐步推进物态文化、行为文化、制度文化和精神文化四个层面的文化建设。创造性开发各类税务文化对内对外传播介质，逐步提升干部对税务文化理念的认同度，形成内部强烈的凝聚力和整合力。持续巩固党风廉政建设，把廉政工作与日常税收工作相结合，通过税企座谈和税宣会深化税企廉政共建。建立内控廉政风险库，出台兼职监察员工作例会制度，实行纪检监察干部参会廉政学习制度，发挥特邀监察员在民主政风行风评议、日常征纳意见反馈方面的监督评议作用。

【增强行政效能】 2011年，越秀区国家税务局以规范管理为支撑点，不断增强行政管理效能。强化统筹督办工作，继续巩固和完善周度、月度、年度“三位一体”的统筹督办工作体系，加强对局年度重点督查工作和日常督办事项的跟进、督办和反馈。完善内部制度建设，总结、梳理现行有效的制度、流程、指引等303个，制定、修订相关制度、流程等26项，并将现行有效的制度、指引等分类发布在内部门户网站，促进知识共享。加强财务管理工作，科学合理编制预算，加强预算执行，紧密关注预算执行进度，切实控制和降低行政运行成本。整合日常管理指引，严格审核开支凭证，按规定编制各种预报表、统计资料。提高节能减排效率，加大节能减排宣传教育和管理力度，加强日常检查。全年使用的复印纸减少8.5%，用水、用气量分别下降16.95%和41.67%。

（区国税局　陈思静）

地　　税

【概况】 2011年，越秀地税牢牢把握全市地税系统“促进转变年”的工作主题，突出抓好五项核心工作：攻坚克难、全力促收，税收收入重返两位数增长轨道；围绕大局、履职尽责，服务经济社会成效凸显；锐意改革、开拓创新，征收管理效能持续提升；优化机制、做强品牌，纳税服务手段推陈出新；激发活力、防范风险，干部队伍建设扎实推进。是年全局共组织各项税费金收入279.51亿元，同比增长24.46%。其中，计划考核口径税收收入158.87亿元，同比增长15.01%；社保费累计入库105.5亿元，同比增长37.09%；其他费金15.14亿元。征收规模和收入总量均居全市首位，覆盖的参保人群过百万，为广州市促和谐、保稳定、惠民生作出应有贡献。

2011年越秀区地方税收情况

税种	实绩(万元)	同比增加(万元)	同比增幅
税收总计	1588662	207292	15.01%
营业税	536543	53289	11.03%
企业所得税	181522	28521	18.64%
个人所得税	538930	47627	9.69%
土地使用税	6290	-393	-5.87%
印花税	35825	-6234	-14.82%
土地增值税	77151	33277	75.85%
房产税	101826	13639	15.47%
车船税	10130	3275	47.77%
城市维护建设税	100446	34291	51.83%

2011年5月10日，越秀区地税局荣获“全国五一劳动奖状”。

【税收特点】 新财政体制下省级收入增长提速，2011年广东省执行新财政体制，省与市县共享税种分成比例由“四六”调整为“五五”。越秀地税当年实现省级收入45亿元，同比增长45.4%，增速远高于中央级、市级及区级收入。重点税源集中度提高，2011年区地税局纳税额超过50万元的企业共3076户，同比增加217户，这些企业全年贡献地方税收占全局税收比重88.88%，比2010年提高1.42个百分点，税收集中度升至自2007年实施税源分类管理改革以来的最高点。2011年，越秀地税1亿元以上的特大重点税源企业由2010年的8户增至15户；1000万元以上1亿元以下重点税源企业为239户，100万元以上1000万元以下的企业则有1610户。第三产业税收增长稳定，全年第三产业累计产出地方税收143.72亿元，占全局税收总量比重为90.46%。各主要行业全线飘红：房地产业税收继续居各行业之首，租赁和商务服务业税收地位不断提高，批发和零售业税收保持高位运行，交通运输、仓储、邮政业、文化、体育、娱乐业同比增长明显。

【税源管理】 2011年，区地税局税收征管工作向精细化、科学化、专业化持续迈进。根据实际情况及业务需求，针对特定行业对税源管理科管户情况进行适当调整。针对逾期申报率偏高、未清缴税费长期存在的情况，通过研究分析、方法指引、通报考核等措施，有效降低逾期未申报率。创造性地把纳税评估和税务检查有效结合，抽取业务骨干充实“税源管理和纳税评估办公室”，进一步强化税源管理、深化纳税评估。是年，区地税局推进大企业税务风险评估试点工作；完成预售房款监控账户数据与申报纳税数据比对异常的核查工作；对广告业、代理业以及企业所得税负率较低的企业进行纳税评估和税务检查；开展土地增值税清算，力促广东省税库收入增加。

【发票管理】 2011年，区地税局贯彻省、市局关于发票在线管理工作各项文件精神，大力推广发票电子化管理工作，全区办理网上开票业务的纳税人超过16000户，全面覆盖房产、建安、广告等十大重点行业，年纳税额10万元以上企业实现全覆盖。

区地税局按照“打击与建设相结合、治标与治本相结合”的原则，深入推进打击发票违法犯罪活动检查工作，努力做到“查账必查票”、“查案必查票”、“查税必查票”，严肃整治虚假发票“买方市场”，严厉打击虚假发票“卖方市场”。全年共检查在管业户192户，发现违反发票管理规定业户28户，违法发票涉及金额近5300万元。

【专项管理】 2011年，区地税局高效推进各项专项检查和专项整治工作。切实加强各类高收入群体个人所得税征管工作，以律师行业为例，对辖区内48间律师事务所、出资律师203人进行补充纳税申报，调增应纳税所得额1064万元，重新申报缴纳税款达336万元。开展建筑业、房地产开发经营业发票专项检查，严厉打击通过购买、使用虚假或非法代开发票等手段逃税避税的违法犯罪行为。开展择校费、捐资助学费营业税专项检查，核实未申报的择校费、捐资助学费共23176万元，查补税款共695万元。

【纳税服务】 2011年，区地税局在第一办税服务厅率先推进纳税辅导专区建设，以此作为“办税服务厅的延伸、税源管理科的前移”，在为纳税人提供更加快捷高效税务辅导的同时，也为管理科有效分流了工作量，使办公区井然有序。截至2011年底，运行5个多月的辅导区共接待纳税人逾2万人次，受到广泛好评。在第二办税服务厅创造性增设预受理服务区，为纳税人提供税前辅导并给出明确的办税指引，既方便纳税人，又缓解大厅压力，有效破解了长期困扰老城区税局“厅小户多”之困局。此外，经采取人力资源整合、业务流程重组、文书办结预告、前台工作人员绩效考核等措施后，精神面貌焕然一新，工作效率大幅提高。因此，促成全系统办税服务厅预受理及资源整合工作经验介绍现场交流会在越秀区地税局召开。截至是年底，运行5个多月的“预受理服务区”日均接待纳税人约1200人次，大厅人流量减少47%，受到纳税人的称赞。对投诉事项及时跟进和处理，按科室和个人定期公布处理情况，大力促进工作作风改进；在各办税厅设置“纳税人投诉记录本”，增设意见箱及建议登记表，为各科室配置“创先争优共产党员示范岗”。全年共处理投诉118件，结案率和回复率均达100%，收到来信表扬逾10件。

【协税护税】 2011年，区地税局推进零散税源社会化管理工作的重点是实现街道代征机构整合、个体税费业务全面下放。上半年，区地税局与街道出租屋管理中心签订新的委托代征协议，率先完成机构整合工作，并在北京街等代征工作站分批试点“个体文书预受理”服务。下半年，个体代征系统第三期在北京街、大东街等代征工作站陆续上线，大东街工作站预受理全市第一份前移社保文书，使漏征漏管户、无牌无证户、零散税源等的清查力度得以强化，全年共查处漏征漏管户2600多户，营造了良好的税收法治环境。

此外，区地税局委托越秀区协税护税办公室在区内设立7个征收点代征建安工程相关税费，委托该办在市房管局对土地交易（乙方）印花税进行征收，在区法院对房屋拍卖代征印花税，并在各街道印花税征收点代征印花税，从而实现对税源进行源头控管的目标。

【内部管理】 在征管资料方面，区地税局于2011年9月全面完成过去十年共4946箱约437万页的征管资料整理工作，日均整理近3万页；初步建立起含全区11万户社保缴费人在内的征管资料检索库，为下一阶段征管资料档案电子化建设奠定基础。

在业务学习方面，自行组织6次考试，内容涵盖业务工作的各个方面。既从中发现和选拔业务人才，又激发干部职工的学习热情。

在廉政建设方面，灵活开展与越秀区检察院签订《在预防职务犯罪工作中加强联系与配合意见书》

2011年6月14日，越秀区深化个体工商户委托代征工作会议签约仪式。

等自选动作，建立税检联动机制；扎实开展纪律教育学习月活动，并创新采取局领导给分管科室全体干部职工（含协税员）召开动员会暨讲一堂廉政课的形式进行；及时开展“三纪”教育学习活动，邀请区检察院专家作预防职务犯罪专题报告，强化对税收执法一线和重要岗位人员的经常性教育。

在文化建设方面，新设立的内部网站成为全局信息交流的平台，扎实推进“干群连心桥行动”；幸福观教育活动、感动人物评选、厨艺大赛等活动创出地税文化的新品牌。

（区地税局　李兴达）

审　计

【概况】　2011 年，区审计局按照“财政资金运用到哪里，审计就跟进到哪里”的要求，在总结“十一五”期间取得成绩的基础上，进一步要求审计人员以新审计准则为指南夯实业务基础，提升解决实际问题的能力，全力完成各项审计任务。是年，区审计局完成 40 个审计项目，查出违规金额 358 万元、管理不规范金额 9684 万元、损失浪费金额 20 万元，应上交财政金额 247 万元，已上交财政金额 199 万元。

【财政预算执行情况审计】　2011 年，区审计局对区 2010 年度本级预算执行和其他财政收支情况进行审计，并延伸审计矿泉街道办事处、光塔街道办事处、区财政局、区民政局、区劳动和社会保障局、区体育发展中心、区侨务和外事办公室 7 个单位 2010 年度部门预算执行情况。查出个别单位部分固定资产没有登记入账及调拨固定资产没有办理相应手续、部分暂存暂付款项长期挂账的问题，并按有关规定进行处理。向区政府和广州市审计局提出审计结果报告，受区政府委托向区人大常委会提交《关于广州市越秀区 2010 年度预算执行和其他财政收支情况的审计工作报告》。

【地方税收征管审计】　2011 年，区审计局参与市审计局对 2010 年度税收征管和财政收支情况的审计工作。经审计发现区地方税务局 2010 年度利息收入 98.11 万元没有实行“收支两条线”管理，购置部分固定资产 209.33 万元没有实行政府采购。通过对广州君茗投资有限公司等 11 间企业 2010 年度纳税申报情况的抽查，发现其中部分企业未按规定申报缴纳土地增值税、房产税、堤围防护费等，共计 498 万元。

【领导干部经济责任审计】　2011 年，区审计局积极探索“结合审计”的新路子，把关口前移，强化对权力运行过程的监督。把对领导干部的“问责”和对资金的“问效”有机结合，推动经济责任审计由单一的财务监督向用权、履责、监督方面转变。在开展对街道领导干部经济责任审计中，实行党政“一把手”同步审计的方法。重点关注“三公经费”的开支情况，注意检查被审单位落实党政机关厉行节约通知要求的情况。

是年，区审计局对 24 个领导干部任期经济责任情况进行审计，查出应负主管责任的违规金额 358 万元，应负主管责任的管理不规范金额 6369 万元，应负直接责任的管理不规范金额 188 万元，应负主管责任的损失浪费金额 20 万元。

【公共财政固定资产投资审计】　2011 年，区审计局完成全区中小学校舍安全工程第三阶段的审计。经过三年（2009—2011 年）的全程跟踪审计，是年完成最后阶段的工作。主要对全区中小学校舍的项目规划、资金使用、工程实施和验收等方面进行全面检查，针对全区校安工程存在的问题，从安全性、合规性方面提出有针对性的意见和建议。

【专项审计和调查】　2011 年，区审计局在审计中较为关注社会和民生热点问题，重点审查此类资金使用的真实性、合法性、效益性，注重纠正单位和部门在资金管理方面存在的问题，促进资金的规范使用。

普通高中债务调查。由区审计

局、区教育局、区财政局成立区普通高中债务调查联合工作组，对全区12所完全中学的高中债务进行调查。联合调查组抽查越秀区教育综合改造工程的相关资料，调查结果显示越秀区普通高中债务资金全部用于区中小学的综合改造建设、增加高中优质学位、加快推进区示范性高中的达标工作。

公立医院收费项目审计调查。对越秀区第二中医院2009—2010年度药品、医疗收费性项目进行专项审计调查，同时延伸调查越秀区公费医疗预防实施管理委员会办公室、本地区部分药品生产企业、经销商及药店等单位。审计调查结果表明，区第二中医院能按照有关财经法规进行财务收支活动，经抽查门诊处方及住院收费清单没有发现超标准、超范围和重复收费的问题。药品采购严格按照有关规定实行阳光采购，药品的销售单价均按照物价等部门规定的加成比例出售给服务对象。

青海玉树地震灾区赈灾款物跟踪审计。对区相关单位筹集和拨付的越秀区2010年青海玉树地震抗震救灾物资进行跟踪审计，未发现截留或挪作他用及损失浪费等问题。

2011年“广东扶贫济困日”活动捐赠资金物资跟踪审计。经审计，区慈善会对在2011年“广东扶贫济困日”活动第二阶段中募集的捐赠资金能设立明细科目登记核算，并能按规定统一汇缴到市慈善会指定账户。接收的捐赠资金与开具的《广东省接受社会捐赠专用收据》金额相符，未发现截留挪用、贪污、违规使用现象。

积极配合有关部门完成“小金库”专项治理工作及全区中小学校春秋季收费检查工作；参与全市亚运公共交通现金补贴发放监察工作。

【审计创新】 2011年，区审计局结合区政府换届工作，对2006年至2011年4月完成的215个审计项目的审计决定执行情况和审计建议落实整改情况开展“回头看”活动，并就各部门规范财政收支行为，严肃财经纪律，履行经济责任意识进行一次全面检查。从检查情况看，多数被审单位基本能够对照审计建议进行整改，但也存在部分单位对审计决定和审计建议落实不到位的情况。

依托区纪委派驻组的力量开展审计工作。在领导干部经济责任审计中邀请派驻组领导参加审计进点会，及时向派驻组知会审计工作的进展情况，反映在审计中发现的问题。通过相互配合形成合力，共同督促被审计单位进行审计整改。

【内审工作】 2011年，区审计局发挥审计专业优势，指导区属行政事业单位开展内部审计工作，为区重点内审单位赠送《中国审计报》，进一步扩大审计宣传。

【提高审计队伍综合素质】 2011年，区审计局狠抓机关建设，努力打造过硬的审计队伍。认真学习和严格执行《中华人民共和国国家审计准则》的有关规定，继续抓好审计工作质量检查，加强审计业务培训。通过以审代培、以学促审、结合审计报告复核工作开展审计质量讲评等形式，促进全局审计人员业务水平的整体提升。

结合本职工作，着重提高审计人员的专业水平。鼓励本局干部参加国际注册内部审计师资格考试，有3人获得资格证书，2人在考。

认真学习《中国共产党党员领导干部廉洁从政若干准则》基本精神和主要内容，围绕“八个严禁”、“52个不准”进行自查自纠，自查面达到100%。通过加强廉政教育，严守审计“高压线”，提高审计人员拒腐能力；通过开展“弘正气树新风”等活动，大力弘扬以“良知、责任、执著、专业、奉献”为内容的“广东审计人精神”，促使审计人员转变工作作风。没有出现审计人员以审谋私的问题，也没有因不依法审计引起的行政复议或行政诉讼案件。

（区审计局　陈慧）

统　计

【概况】 2011年，统计局按照区委、区政府的工作部署，紧紧围绕科学发展这个大局，优质高效地完成各项统计任务，顺利完成第六次全国人口普查工作，为越秀区经济和社会发展作出应有贡献。区统计局被评为2006—2010年广东省和广州市统计法制宣传教育先进单位；全系统评选出人口普查国家级先进个人1名、省级先进集体2个和省级先进个人10名、市级先进集体29个和市级先进个人145名、区级先进个人283名。

【统计数据监测】

地区生产总值测算工作　2011年区统计局认真研读国家、省、市核算方法制度，全面掌握新的测算方法。规范地区生产总值测算流程，提高地区生产总值数据的准确性和权威性。系统地梳理新测算方法所需要的各类基础数据，加强对专业数据质量的监控和评估，及时、准确、规范地完成相关数据测算。

建立全区动态宏观数据监测机制　为确保统计数据的全面性，及时把新增单位纳入统计范围。充分利用单位清查核实工作的结果及税务部门提供的纳税大户名单，及时将辖区内新增的单位纳入年报及定期报表统计，以保证填报单位总体的完整性，更准确全面地反映地区经济运行情况。加强对年报、定报数据波动较大的单位进行重点监控，及时掌握财务状况、增加值、工资总额等重点统计指标的变化情况，组织区级会审，及时和街道统计、企业统计联系反馈，并密切结合区域经济运行形势，加强数据深度挖掘。

完善经济运行的跟踪机制　建立重点投资项目如旧城改造、河涌整治等的建设资金流向、建设进度报表监测；完善流花商圈商品交易监测平台，形成“黄金周”北京路步行街报告制度；积极发挥能源统计对全区节能减排的监测作用；建立商务服务业企业台账，对企业经营状况进行实时动态监控。

【统计分析】　2011年，区统计局紧贴越秀区经济社会现状，以经济生活中的热点、难点问题为突破口，有效利用各种专业统计数据，开展全方位、深层次的专项调查。如开展固定资产投资项目清查工作，规模以上工业企业进行“广州市工业生产情况问卷调查”，规模以下工业企业进行“中小企业融资问卷调查”、保障性安居工程统计、建筑业外地驻穗企业清查、非公有制企业人力资源情况调查、“十一”国庆黄金周和春节黄金周北京路步行街定点商户销售情况调查等工作。

2011年，撰写各类统计分析报告28篇。近几年越秀区统计局撰写的统计分析先后获得广东省、广州市优秀统计分析报告等奖励，其中，2007—2011年每年均有1篇文章获得广州市1等奖。在广东省2010年度优秀统计分析报告评选工作中，区统计局撰写的《借得东风促发展　越秀万象更峥嵘》获2010年度广东省优秀统计分析二等奖。

【调研课题】　2011年区统计局成立重点课题研究小组，形成主要领导亲自抓、分管领导负责抓、责任科室具体抓以及全员参与课题研究的工作格局。实行定期讨论和集中评议制度，课题组负责人定期召集课题组成员召开交流讨论会，就课题进展情况、研究思路、基本框架、理论和数据应用等各方面进行交流讨论。同时，在课题研究过程中，根据进度情况安排集中评议，确保课题质量。主要调研课题有：

为评估《越秀区关于加快经济发展方式转变的若干意见及配套实施办法》的实施效果，了解企业对公共服务的需求，更加科学地推动未来越秀区经济发展，区统计局联合区国税局、区地税局和区财政局，开展越秀区扶持企业发展政策实施效果评估的专题调研工作。形成《越秀区扶持企业发展政策实施效果评估报告》，为下一步区优化扶持政策、提升公共服务提供有用的参考依据。

加强与广州市各城区经济发展情况以及经济扶持政策实施情况等方面的对比分析，形成《关于与天河区、海珠区、荔湾区经济发展情况对比的报告》。

加强与北京市东城区、西城区，上海市黄浦区、卢湾区、徐汇区，杭州市下城区等先进城区的沟通，建立稳定的日常统计数据交换机制，完成《关于与京沪杭三市六个中心城区建立经济和社会发展参照体系的报告》，进一步丰富统计横向对比视野，为更好地谋求越秀区的发展提供良好参考，提升统计服务水平。

以文博事业调查为抓手，探讨越秀区文化产业发展路径。组织开展全区文博单位全面调查，对收集的报表进行汇总；通过对区委宣传部、区文化局和区内主要的文博单位实地走访，掌握第一手信息；了解国内各大城市的文博发展情况，借鉴其宝贵经验。

通过对区内住户样本的调查，探讨“十二五”时期越秀区居民可支配收入增长情况，撰写《我区居民可支配收入调查的报告》，从人口、劳动就业和社会福利等与居民收入有密切相关的各个方面进行调研分析，为客观科学地把握越秀区居民“十二五”期间的可支配收入、制定民生规划提供参考资料。

【统计服务】

开展区域特色统计数据统计　2011年，区统计局围绕区政府工作中心，继续开展2011年总部经济、民营经济、文化产业、创意产业等专题数据的开发整理工作，为凸显区域经济社会发展特色、强化区域经济社会发展优势、探寻区域经济社会新机遇，提供不可或缺的统计参考信息。做好统计年鉴、公报、快报、进度分析等资料的撰写、编印工作。充分利用所掌握的丰富信息资源，以统计年鉴、统计公报、统计月报、进度分析等形式，按进度编印出系统性强、时效性高的各类统计资料，确保统计资料的可延续性、可对比性。

整理编印“十一五”资料　为全面、系统地反映“十一五”时期越秀区经济社会各项事业发展情况，充分展示现代化中心城区建设进程中取得的喜人成就，统计局牵头编印的《新越秀　新辉煌——“十一五”时期广州市越秀区经济和社会发展回顾》，收录涵盖经济和社会各方面调研文章31篇近10万字，配以大量统计图表和生动形象的图片，以独特的视角和全新的架构，浓缩“十一五”时期越秀经济社会发展的精华，为社会各界进一步了解和研究越秀提供帮助，为各级党政部门科学决策提供参考和服务。

【人口普查】　2011年区统计局在2010年人口普查、摸底登记、快速汇总的基础上，继续完成余下各阶段的工作。

专项编码和数据处理工作　成立专项编码工作小组，自主开发“专项编码信息处理平台”，通过信息化手段和实时监控措施，使专项编码工作能够优质高效地开展。专项编码实现编码、质控、验收同步进行，在有效降低普查员工作量的同时，保证专项编码的准确率。

数据录入　制定并下发《越秀区第六次全国人口普查表录入工作方案》，明确全区普查表光电录入工作由区人普办统一组织，规范光电录入程序。实现人工校验保质量，做到区、街数据一致；识别校验严把关，降低差错率。最后逻辑校验，光电机对普查表内逻辑关系的校验差错率小于1‰（比市规定的提高一倍），对普查表校验差错率大于1‰的普查小区重新进行验收、录入。在广州市光电数据质量验收中，越秀区普查原始光电数据与质检光电数据总匹配率达到100%。

资料整理归档　组织人员对区级普查资料（文件、资料、音像等）整理归档；及时对街道普查资料（普查表、户主姓名底册、普查小区图、快速汇总表等）进行验收，全部资料的保管做到验收认真，安全保管，分类清晰。

发布普查主要数据　公布越秀区人口普查主要数据，越秀区总人口为115.77万人，总户数为39.55万户。统计局在8月前通过信息网公布《广州市越秀区2010年第六次全国人口普查主要数据公报（第1号）》和《广州市越秀区2010年第六次全国人口普查主要数据公报（第2号）》，内容包括常住人口、家庭户人口、性别构成、年龄构成、教育程度和区常住人口的各街道分布情况等内容。

【统计执法】　2011年，区统计局利用开展年报培训和结合统计执法的时机，开展统计法律法规宣讲，下发7000份统计法律法规宣传小册子，召开21场次统计法律法规宣传和讲解，提高统计员队伍的法律法规知识和依法统计意识，提高调查对象的配合度。开展2011年统计执法大检查，按宣传动员和自查、重点检查和抽查、违法处理和总结3个阶段进行。通过随机抽样和重点抽查的方式，对48家单位进行集中检查，组成4个执法检查小组通过听取汇报、现场提问、查看原始统计材料、查阅统计台账、调阅财务报表等方式，检查受检单位的统计工作情况。此次检查，对9家统计数据存在误差的单位、6家没有建立统计台帐的单位、14家统计人员没有持证上岗的单位，下发责令改正通知书，限期改正。全年先后立案查处6家存在统计违法事实的单位，其中责令改正2家、通报批评2家、罚款2家，维护了《统计法》的严肃性。

（区统计局　冯嘉茹）

工商行政管理

【概况】　2011年，广州市工商行政管理局越秀分局践行广州工商核心价值理念，推进公共服务型市场监管执法机关建设，在服务辖区经济社会发展、监管执法、消费维权、依法行政、队伍建设等方面取得新成效。分局被市委、市政府评为“广州市文明单位”，民主评议政风行风成绩列越秀区10个被测评单位第一名，合同科被国家工商总局授予“全国工商系统基层合同监管工作先进单位”，注册大厅被市工商局授予“最佳服务窗口”称号。全年有27个次单位、101人次受到国家工商总局和省、市、区各级表彰。中共中央政治局委员、省委书记汪洋，国家工商总局副局长钟攸平，省委常委张广宁，市委书记万庆良，副市长曹鉴燎、贡儿珍等领导分别视察越秀区食品安全和“双打”工作，对分局食品安全监管工作给予充分肯定，分局“双打”工作经验受到国家、省、市的好评。截至2011年底，辖区共有各类经济组织108319户，其中内资企业7034户，私营企业31152户，外资企业5383户，个体工商户69457户；专业市场292个。

【企业登记管理】　2011年，区工商分局对名称核准、经营场所、注册资本、经营范围、股权投资机构登记条件和参与国有企业改制主体资格予以“六个放宽”。进一步完善越秀区联合预审信息发布平台，提高审批效率，发布审批信息1316条，处理回复率100%。开通网上企业名称预先核准和网上受理业务，实现注册登记从“面对面”到“键对键”的转变，受理网上企业名称预先核准业务1370件，网上登记业务477件。在全市工商系统率先开通注册登记咨询微博，及时发布注册登记政策法规，解答企业群众办照疑难问题，实现与网民在线互动。

【经济检查】　2011年，区工商分局以“创文”、“双打”等重点工作为契机，将履行工商职能与参与辖区城市管理紧密结合，大力整顿规范市场秩序，监管执法效能和社会管理水平有新提高。全年立案查处各类经济违法案件1989宗，罚没入库1904万元，其中查处无照经营案件487宗，商标侵权案件646宗，不正当竞争案件161宗，假冒伪劣案件16宗，违法广告案件8宗，其它案件671宗，捣毁制假售假窝点73个，向公安机关移送涉嫌犯罪案件2宗，提供线索5条。

【食品安全监管】　2011年，区工商分局以“分类设档、三项管理、建点监测、自律联动”十六字方针为指导，进一步规范各项食品安全监管工作。全年开展打击食品非法添加和滥用食品添加剂、地沟油、乳制品以及学校周边等专项整治行动23次，查处各类食品违法案件331宗，下架、清退、监督销毁各类不合格食品2368公斤。出动食品安全监测车和检测箱2073次，抽检各类食品样品31752批次。抽取212份样品送专业机构检验，立案查处经销不合格食品的7户经营业户。受理“食品流通许可证”设立、变更、延期等各类申请6983个。继续推行“4+1”食品台账督查模式，规范食品索证索票和进销货台账的检查程序和方式。大力推进食品安全信息化监管，通过与超市、市场联网，实时掌握超市、市场的主体登记、食品备案、食品检测、台账等基本信息。

【商标广告管理】 2011年，区工商分局新推荐省著名商标5件、市著名商标12件，延续认定省著名商标8件、市著名商标38件，全区有驰名商标5件，省著名商标51件，市著名商标122件。加大对医疗、药品、医疗器械、保健食品等虚假违法广告的监管力度，立案查处虚假违法广告案件7宗。加强创文公益广告检查，责令清除过期迎亚运广告36块、违法烟草广告31块，动员、督促辖区各大商场发布创文公益广告63块。联合街道、城管等部门清理整治各类违法广告860多块。

【市场管理】 2011年，区工商分局以“双打”工作为契机，在重点专业市场率先推行商品追根溯源、信用承诺公示、守法经营奖惩、违法主体退场等机制，深入推进“打假保知”长效机制建设。充分发挥区屠管办的组织协调作用，落实牲畜屠宰属地管理职责和市场开办方管理责任，调动区有关职能部门和各街道的积极性，实行牲畜屠宰和肉品经营网格化监管，查处牲畜屠宰违法案件32宗，没收、销毁未经检验检疫的猪、牛、羊肉1914公斤，捣毁非法肉品加工点1个，辖区“放心肉”日均上市量为914头。

【合同管理】 2011年，区工商分局做好“守合同重信用企业”和“诚信商户”评选活动，培育“守合同重信用企业”和“诚信商户”264户。办理动产抵押登记53宗，帮助企业通过抵押获得贷款45亿元。联合有关部门取缔合同欺诈企业29家，对26家涉嫌合同欺诈的企业进行锁定，不予办理年检和变更，并将涉案人员列入“黑名单”。

创文迎国检期间市工商局越秀分局执法人员在检查业户营业执照情况。

【企业监管】 2011年，区工商分局开展无证照经营综合治理，引导办理证照14900多户，发出《责令改正通知书》2500多份，立案查处无照经营行为487宗。充分发挥区查处无照经营联席会议和查处无照经营办公室的作用，通过落实联席会议、联合执法、信息抄告、监督考评四项制度，明确街道的属地管理责任，调动各职能部门的积极性，确保整治成效。在市“查无办”组织的年度考评中，越秀区获全市第二名。企业年检率和个体工商户验照率分别为91%和82%，个体工商户验照率创历年新高。

【消费维权】 2011年，区工商分局深入排查调处群众反映的无照经营、食品安全、产品质量等各类申诉、投诉、举报。受理群众信访1076宗，受理消费者申（投）诉举报案件11310宗，处理回复率100%，为消费者挽回经济损失912万元。调解利用“特许加盟经营”等形式骗取外地加盟商货款、加盟费的合同纠纷103宗，为申诉人挽回经济损失250万元。

【花市情况】 2011年，越秀区西

湖、东湖迎春花市围绕“安全、整洁、祥和、欢乐”的总体要求，以“传承岭南文化，打造品牌花市”为目标，多措并举打造一届为广大市民所津津乐道的精品花市。花市设档位406个，其中：盆桔档33个，鲜花档129个，盆花档75个，桃花档44个，工艺品档106个，其他类档19个。花市开放期间，人流量221万人次，成交额782.79万元，取得经济效益和社会效益双丰收。主要有如下特点：

外观设计彰显特色。东湖花市主牌楼首次引入来自中国“彩灯之乡”四川自贡的彩灯工艺，主题为“春暖花开，平安越秀”；在西湖花市西湖路与教育路交界处设置中心六角亭，主体造型为岭南民间工艺大师罗昭亮专门为西湖花市设计的传统岭南红木宫灯（属于广东省非物质文化遗产）；在花市棚架的篷布上将“越秀”象形文字等新元素融入设计方案，昭示着新的一年市民对“构建和谐越秀，共享幸福生活”的美好愿景。

开市仪式精彩荟萃。以“祥龙贺岁，幸福花开”为主题，邀请著名音乐人方锦龙、广府庙会达人秀晋级选手以及歌手东山少爷等为广大市民奉献极具广府文化内涵的表演，营造浓厚的节日氛围。

名优特色展区亮点纷呈。开设花市特色档位，引进广州、佛山、肇庆民间传统工艺首饰、端砚、剪纸艺术、旅游工艺品及越秀区创意动漫产品；引入岭南派盆景代表流花湖公园、流花西苑等曾获国际金奖的精品盆景，并邀请市绿化公司、市园林科研所携名优花卉参加花市展销。

设置公益展区。在花市展区和档位设置中，为团区委志愿者服务、残联义卖活动等免费提供展示平台，与羊城晚报合作引入区扶贫项目——增城小楼镇“迟菜心”，在西湖花市设立扶贫义卖点，《羊城晚报》以头版新闻报道此举措。

提供电子商务和手机新闻服务。充分利用网络技术，推出网上花市和手机花市，让市民足不出户即可游览越秀花市。利用中国电信天翼视讯技术提供花市现场视频流媒体服务，让广大市民通过手机观看花市现场情况及相关新闻报道。

引入社会力量参与花市建设。尝试改变以往政府财政投入的传统运作模式，充分整合社会资源，成功引进中国电信、海印集团、中国移动、燕塘牛奶等社会力量参与花市工作，既增加花市财物投入，又有效缓解政府压力，实现社会效益和经济效益双赢。

【“六个到位”圆满完成创文迎检工作】 2011年，区工商分局以高度负责的政治责任感，立足工商行政管理职能，举全分局之力，采取“领导包干、层级负责、综合监管”的工作方式，发扬连续作战精神，高标准、超负荷、超常规投入创文迎国检工作，在创文国检、省检以及全市历次月检、周检中均取得好成绩。

组织领导到位。成立以党委书记为组长、其他领导为副组长、各科室负责人为成员的创建工作领导小组，下设的创建办在原来的基础上充实人员，落实责任分工。根据各时期工作任务和最新测评标准，适时调整、完善分局创文迎检工作方案，细化落实创文任务。

全员参与到位。在迎接市月检及周检、市创建办模拟“国检”和“中秋节”期间，全体人员停止休假，充实到工商所一线结对开展创文工作。工商所对每一位干部的岗位、责任进行划分，并明确落实标准。安排2名以上工作人员驻场监管辖区8个重点备检集贸市场。

多样执法到位。按照创文工作任务和测评标准，采取所所联动、片区互动、驻点巡查执法、交叉突击执法、夜间和双休日执法、多部门联合执法等方式持续不间断开展清理整治，并成立机动执法队逐点、逐场、逐段进行滚动执法检查，确保与工商职能有关的创文工作不留死角、不出纰漏。

督促检查到位。分局领导每周到工商所开展不少于一次的指导和督查，迎检冲刺阶段更是天天进行督查；机关主要业务科室科长和业务骨干组成的分局督查队每天7：30～20：30，分片分区反复督查有关的重点备检点，及时纠正存在问题并督促工商所限期整改到位；工商所落实网格化服务监管职责，所长带班作业，及时组织力量整改各级督查发现的问题。

沟通协作到位。牢固树立全区创文工作“一盘棋”思想，主动加强请示汇报和沟通协调，形成齐抓共管良好局面。加强与区创建办、各街道和有关职能部门的沟通协调，妥善解决创文中遇到的重点难点问题。通过座谈调研、请示报告和书面发函等形式协调解决全区417个报刊亭因前置审批滞后不能及时续期营业执照，部分食品经营业户申领相关许可证难、办理健康证时间偏长，部分部队产业因场地、产权等历史遗留问题无证照经营等难点问题。

应急备勤到位。从8月10日开始，实行创文应急值班备勤制度。分局成立应急大队，各工商所也分别成立应急小组，并配齐执法车辆、执法办案装备，确保一旦发生重大突发事件，可以立即开展工作。

【“双打”专项整治】 2011年，区工商分局实行动员、告知、宣传“三个全覆盖”，着力提高经营者诚信守法意识。实行驻点巡查、交叉突击执法、夜间和双休日执法、联合执法，采取违法案件“四个一律”（对所有违法行为无论轻重不听劝导的一律处罚、所有违法案件一律从重处罚、所有违法行为一律告知有关各方、市场内违法行为连续出现的一律查处开办方）的原则，着力提高专业市场侵权假冒行为的打击力度。在重点专业市场率先推行商品追根溯源、信用承诺公示、守法经营奖惩、违法主体退场等机制，着力提高建立“打假保知”长效机制的推进力度，经过8个月不间断的高压整治，“双打”工作取得可喜成效，辖区侵权售假行为得到进一步遏制。分局作为广东省工商系统唯一的发言单位在全国工商系统“双打”经验交流会上专题发言。

（市工商局越秀分局　黄华清）

食品药品监督管理

【概况】 2011年，区食品药品监管局以创建全国文明城市食品药品安全保障工作为主线，以网格化监管模式为依托，突出整治重点，增强整治合力，全面加强食品、药品安全监督管理，全局出动执法人员11716人次，监督检查生产经营企业和使用单位22859家次，办理案件112宗，罚没入库金额44.06万元。有力提升食品药品整体水平，全年区内未发生重大食品药品安全事故，辖区饮食、医药经济秩序持续向好发展。

【食品安全综合监管】 2011年，区食品药品监管局在总结和借鉴亚运食品安全和供应保障工作经验的基础上，充分发挥主观能动性，找准工作突破口，针对市场上出现“染色馒头”、“瘦肉精”、“地沟油”、“塑化剂”等食品安全问题，协调辖区各食品安全职能部门开展“打非添”、“地沟油”等专项整治行动，全年累计出动执法人员41482人次，检查相关企业20万家次，确保食品生产、流通和消费等环节安全。另外，还组织元旦、春节、国庆等节前食品安全专项检查，有效维护节日食品市场秩序和社会稳定，为创建全国文明城市营造安全和谐的食品消费环境。

【药品安全监管】 2011年，区食品药品监管局开展药品安全专项整治，结合日常监管，组织开展创文迎“国检”药品质量安全专项行动，对辖区所有药品批发、零售企业和大型专业市场开展地毯式检查，全面规范企业购销蛋白同化制剂、肽类激素药品、含可待因复方口服溶液、含麻黄碱类复方制剂等产品的经营行为。建立药品网上监管平台，实时监控企业购、销、存状况。据统计，越秀区实施网上监管并上传数据的药品批发企业115家（上传率87.1%），药品零售企业379家（上传率98.4%）。开展GSP认证后的跟踪检查，完成辖区101家已通过GSP认证的药品零售企业（含连锁门店）的跟踪检查。其中，不通过GSP认证现场跟踪检查的企业10家，占任务数的9.9%，不通过率逐年下降，药品零售企业不断得到规范。全面完成市委、市政府“惠民措施66条”关于保障群众用药安全的目标任务。监督检查辖区313家医疗机构，检查率为100%；清查15家医疗机构制剂配制情况，确保医疗机构在药品购进、储存、养护、调配使用等环节质量管理到位，维护群众用药安全。

【医疗器械监管】 2011年，区食品药品监管局联合区教育局、卫生局检查辖区部分中小学、幼儿园医务室，不断规范学校医务室医疗器械的使用和管理。严把许可审批关，严格依照行政许可规定的程序时限，推进医疗器械网上行政审批工作，在程序不减、标准不降的前提下，缩短行政许可业务办理时限，给企业和群众带来真正的实惠。加大日常监督检查力度，对医疗器械生产经营企业采取现场检查和书面检查相结合的方法，重点核查涉嫌违规任用质量管理人、超范围生产经营医疗器械的企业。加大监督检查在用医疗器械，对辖区医疗机构使用防控甲型H1N1流感器械等重点医疗器械产品开展专项检查，规范医疗机构购用医疗器械行为。

【保健食品、化妆品监管】 2011年，区食品药品监管局严把源头质量关，对辖区内16家保健食品生产企业进行全面检查，加强对辖区化妆品生产企业监督检查，指导生产非特殊用途化妆品的企业落实备案登记工作。强化对专业市场的监督管理，坚持每月到美博城驻场办公；每年对广东成人用品市场开展专项检查，通过组织上门培训、诫勉谈话、通报场内店档的违法违规行为、督促管理方建立退出机制等措施，促进专业市场的健康发展。突出工作重点，专项监督检查和抽验减肥类、促眠类、降糖类、抗疲劳类保健食品以及“一洗黑”等化妆品，有效净化专业市场经营环境。扩大规范经营示范效应，推广创建北京路“放心购买保健食品化妆品一条街”活动，重点检查特殊用途化妆品及进口化妆品，并将创建活动延伸到中华广场、地王广场、金凯商业城等商业区域，不断推进创建活动。

【稽查执法】 2011年，区食品药品监管局组织开展各类专项整治行动，先后开展中药饮片、甲型H1N1流感防治药械、仿药类边缘产品、人用狂犬病疫苗、非药品冒充药品、药品流通领域非法渠道购进药品等多项专项整治，达到预期目标。坚持案件处理“四分立”制度，确保案件办理公平、公正。严厉查处多起违法行为，对当事人逃避、拒不履行行政处罚的，采取在报纸公告方式送达，依法申请法院强制执行，促进行政执法与刑事司法的有效衔接。开展监督抽验，完成药品各项抽验257批，全面掌握辖区“三品一械”质量状况，及时查处抽验不合格企业，确保辖区药械质量安全。积极参与“双打”工作，先后查处21起涉嫌制售假冒伪劣“三品一械”案件，捣毁6个窝点，查获涉嫌假冒伪劣产品货值金额149.2万元。开展珠三角区域七市药监稽查联合打假专项行动，出动执法人员32人次，检查经营企业36家，立案查处2家违法经营单位，查获假冒药品一批。认真开展中非商贸城及周边专项整治行动，每天派出2名执法人员进驻中非商贸城、顺兆商贸城等涉外小商品市场，实施常态化驻场联合监管。

【辖区餐饮服务食品安全监管工作】 2011年4月，区食品药品监管局承接辖区餐饮服务环节食品安全监管职责，7月承接市局下放的80家特大型餐饮企业的监管任务。为做到“接得住，接得好”，区食品药品监督局对辖区内餐饮企业开展“地毯式”检查，初步掌握辖区持证、无证餐饮企业的数量和基本情况。在此基础上，通过开展整治无证小餐馆、督导小餐饮企业规范化经营、三星级以上酒店中西餐厅全面禁烟、食品采购索票索证、餐（饮）具清洗消毒等专项行动，引导1123家企业办理“餐饮服务许可证”，发放健康证胸卡约5.5万套、消毒记录及《餐饮服务企业食品安全承诺书》约2.5万份，规范餐饮企业特别是小餐饮店的经营行为，为下一步实施科学、有效监管打下基础。

【食品药品安全保障】 2011年，区食品药品监管局统筹安排，密切配合，攻坚克难，开展一系列有针对性的专项整治行动。出动执法人员3100余人次，监督检查生产经营企业6200余家次，规范企业经营行为8600余次，发放宣传资料3万余份，确保创文食品药品“零事故、零投诉、零问题”。特别是在创文明迎国检阶段，举全局之力，集全体之智，采取“5+2”、“白加黑”等超常规工作模式持续奋战，顺利通过国检组对广州火车站广场肯德基餐厅等餐饮企业约11次的明察暗访。其中，检查组在检查市财经职业学校食堂后评价：“饭菜价廉物美，很卫生，很干净。”

【食品药品安全宣传教育】 2011年，区食品药品监管局通过市、区食品安全信息栏目网站发布各类食品安全信息367条，不断提高公众自我保护意识。开展创文“食品药品安全宣传进社区”活动，向22个行政街道派发食品药品安全知识小册子2.3万份、宣传海报8250张，扩大食品药品安全宣传面。树立“企业是产品质量第一责任人”意识，通过短信平台、会议、培训等形式，向食品药品生产经营企业宣传有关创建全国文明城市食品药品安全专项工作要求。全年共开展25期食品安全培训班，3862人参加培训，签订餐饮消费安全承诺书4378份，大大提高餐饮企业负责人的食品安全意识。

（区食品药品监督管理局　李炤晖）

质量技术监督管理

【概况】 2011年，越秀区质监局认真学习实践科学发展观，按照“平安求发展，务实争上游”的工作思路，努力为辖区经济社会发展服务，扎实有效地开展各项工作，圆满完成各项任务。业务工作成效突出，队伍安全稳定，内部管理有序。是年，辖区生产企业140家，其中3C认证类企业2家，生产许可证管理类企业138家，贴牌委托加工企业69家。食品生产加工企业3家。特种设备11535台，使用单位1932家。集贸市场66家，宾馆酒楼173家，加油站11个，液化气销售点11家，医院112家，有强检计量器具13263台。

【质量监督管理】 2011年，区质监局加强验配眼镜企业日常监管，积极开展巡查和分类管理。加强强制性认证产品的监管，全年出动280多人次对生产和销售玩具的单位进行突击检查，有效巩固上年整治成果，基本杜绝无证生产销售行为。提高后处理工作的有效性，加强与上级沟通、对企业的巡查、与检验机构的协调和与百货商场、专业市场的互动。

【计量监督管理】 2011年，区质监局结合辖区实际制定年度工作计划，持之以恒地将计量工作特别是民生计量工作放在重要位置，打造以集贸市场、餐饮业、加油站、医疗机构行业为重点的民生计量诚信体系。完成每年一次对集贸市场、眼镜制配场所的巡查，使市场的计量器具强检率达到98%，眼镜店强检率达99%以上，完成各集贸

区质量技术监管局开展公开接访活动。

市场公平砝码的检定工作。对加油站、液化气销售点保持强监管的态势，完善加油机的使用、维修、检定等方面的工作。在做好民生计量工作的同时，推进节能降耗工作。

【标准化监督管理】 2011年，区质监局不断夯实标准化基础工作，为39家企业送标准上门，对企业使用标准查询系统情况进行跟踪和指导；培训企业标准实施监督员30人次，完善企业标准化人才网络；完成32家企业41种产品的标准登记或注销工作和22家企业36种产品标准备案；辖内生产企业产品的标准登记率、标准登记合格率均达100%。不断推进技术标准战略工作，完成13家企业采标工作，推动企业实施“渐变焦验配眼镜”联盟标准，推动辖区3家企事业单位参与国家、行业、地方30项标准制定。

【食品监督管理】 全区现有2家食品生产企业，其中季节性生产的月饼企业1家（现处于停产状态），面包生产企业1家，均为证照齐全的企业。2011年，区质监局通过开展食品生产企业管理人员的培训和食品安全宣传，推动落实企业质量安全第一责任制度建设，深入开展打击非法添加和滥用食品添加剂及“地沟油”专项整治等行动，辖区企业质量安全意识不断增强，食品安全保障制度不断完善，产品的质量不断提升，区食品生产企业生产的产品实物合格率达100%。

【特种设备安全监察】 2011年，区质监局排查安全隐患125起，发出125份安全监察指令书，建立隐患档案，落实整改措施，结案率为100%。开展维保单位专项执法行动，分3批检查21家维保单位，抽查电梯使用单位16家，乘客电梯13台，扶梯6台，立案查处广州申菱电梯工程有限公司等3家问题单位。开展大型游乐设施专项检查，重点查看安全警示标志、日常运行记录、应急救援装备和演练记录。完善机械式停车设备管理，召开机械式停车设备新标准和安全工作会议，宣传贯彻新标准，提出相关管理要求。全年辖区特种设备运行状况良好，未发生重特大特种设备事故。

【稽查打假工作】 2011年，区质监局立案查处案件61宗，结案51宗，行政罚款43万元，到位罚没款24.35万元。稽查执法保障作用明显，特种设备案件和计量案件占案件比例同比上升13%。质量、“3C”、食品案件占案件比例同比上升10%。完成上级下达专项稽查执法工作46项，自选专项稽查执法工作5项，出动执法人员400多人次，查处案件39宗，行政罚款35万元，占行政罚款总数的81.4%。专业市场“3C”案件有新拓展，组织召开“3C”儿童玩具产品宣传贯彻培训会议，稽查执法一德路国际玩具城、万菱广场、大沙头星之光海印电器市场关于“3C”认证的产品。全年执法办案无行政复议、行政诉讼案件。

【质量强区工作】 2011年，区质监局积极向区委、区政府汇报专题工作，推动召开质量强区工作会议，以区政府名义出台《转发区质监局关于开展质量强区工作意见的通知》、《关于成立越秀区质量强区工作领导小组的通知》。

每季度向区政府提交辖区产品质量分析报告，对抽查结果反映问题较多的行业统计出产品不合格的主要项目，分析原因，有针对性地制定措施，为辖区经济发展发挥参谋作用。

开展宣传培训，提高企业的主体责任意识。年内分4期组织召开验配眼镜生产企业质量管理培训会，专门学习传达《关于生产企业全面落实质量安全主体责任的指导意见》精神。利用“3·15”、安全月、质量月等各种有利时机，广泛开展宣传活动，提高社会各界对落实企业产品质量工作的关注度。

开设现场咨询会，联合信誉高、品质佳的眼镜企业到广州市第三中学与师生面对面开展大型宣传咨询活动。派发宣传资料1032份，验光223人，眼镜清洗、修理520人，接受师生咨询183人次。

【医用计量监管】 2011年，辖区

有省部级、市级三甲医院19家，医用计量器具量多面广，总数超过1万台（套）。为加强医用计量器具的管理和检定，减少设备因量值不准而造成的医疗误诊，确保患者的身心健康，区质监局坚持“监督、宣传、沟通、服务”于一体的工作理念，利用每年一次的专项工作例会，致力于打造一个政府职能部门、计量检定部门和医疗部门之间相互了解、相互沟通、相互监督、相互促进的平台。建立登记备案制度，要求辖区内各医疗卫生机构将计量器具台账在规定的时间登记备案，把计量器具的检定纳入常规动态管理，形成制度，严格执行。建立巡查制度，随机巡查计量器具的使用、检定、维修、管理等情况，严厉查处不顾患者健康和权利的违法行为。建立责任追究制度，对医疗卫生机构计量违法行为，严格按照有关规定予以处理。

【增强企业品牌意识】 2011年，区质监局结合质量强区活动深入企业，发动群众，做好宣传。结合政策的宣传、指导和服务，落实区委、区政府的优惠政策，让企业明白打造自主品牌的重要性和必要性。让有实力的企业努力树立自己叫得响的优质品牌，努力提高自身优势和竞争力。采取全面推进和树立典型相结合模式，努力形成争创优质的局面。对符合创优条件的企业，积极地鼓励和支持。针对部分企业对创优作用认识不够、动力不足的情况，发挥典型的带动作用。组织专家授课，指定专人跟踪指导。针对部分企业管理单一、效率低下的情况，邀请专家进行课程培训，引导企业熟悉、导入、有效运行先进管理模式。对列入重点培育、帮扶名单的企业，指定专人跟踪指导。通过组织培训、深入企业指导、帮扶的有效管理模式，增强区企业的品牌意识。

（区质监局　吴茂林）

安全生产监督管理

【概况】 2011年，越秀区安全生产监督管理局认真贯彻落实“安全第一，预防为主，综合治理”的方针，落实安全责任，强化安全监管，深化专项整治，加强事故防范，使安全生产工作取得较好成效。全区安全生产形势保持平稳好转的势头，2011年越秀区共发生工商贸企业（含建筑）生产安全事故6宗、死亡3人、重伤3人，安全生产各项指标均在市下达的控制指标内，全区未发生死亡3人以上较大生产安全事故。

【执法监督监察】 2011年，区安监局继续推进广州市安全生产执法巡查信息系统的应用工作，及时录入安全生产执法巡查信息，实施信息化动态管理。完善区安监执法大队、街安监中队联动机制，大队执法人员每周不少于3.5个工作日到辖内各街道、各企业开展巡查。全年执法大队、各街道安监中队共检查录入生产经营单位6202家，检查8985次；发出责令改正指令书399份，复查意见书285份；对安全生产违法行为实施经济处罚84宗，罚款45.79万元；对拒不执行处罚决定的，依法申请法院强制执行2宗。通过严厉打击安全生产违法行为，有力促进了安全生产重心由事后查处向事前预防转移。

【宣传教育培训】 2011年，区安监局以“安全生产月”和“全国安全社区创建”活动为载体，大力推动安全宣传教育进企业、进社区、进校园、进家庭，全民安全意识明显提高。以“安全生产、重在落实”为主题，精心策划组织第10个“安全生产月”活动。组织各街道、各部门举办安全生产月咨询日活动25场次。全年完成安全主任再培训2379人，生产经营单位主要负责人新增培训230人，生产经营单位主要负责人再培训447人，分别完成市下达区培训任务指标的148.7%、192%和159.6%；培训企业负责人、安全管理人员3200多人。引导和督促企业开展全员安全培训。2011年4月，经国家安监总局和中国职业安全健康协会评定验收，越秀区白云街被评为“全国安全社区”。并于2011年11月在北京召开的全国安全社区建设工作会议上，作为“全国安全社区”代表介绍越秀区“创安”工作经验和工作成效。

【安全生产专项整治行动】 2011年，区安监局积极开展“安全生产年”等活动，不断加强和规范重点行业领域安全管理与监督工作，建立健全区、街、社区三级动态监管及监控预警体系。危险化学品行业领域安全生产监管和专项整治，2011年开展6次危险化学品经营企业安全专项检查，对全区152家危险化学品经营单位、4家烟花爆竹实施定期检查，对43家危化企业办理非药品类易制毒化学品经营备案证明。加强道路交通安全管理，查扣“五类车”4008辆，刑事扣留14人，行政拘留10人。加强建筑施工安全监管，区安监局5次开展联合大检查，对区内在建施工345个工程项目进行执法检查，发出局部停工或全面停工通知书36份，发出《抽查通知书》1126份，《行政执法责令（限期）整改通知书》203份。开展职业安全健康执法监督检查，大力推动职业危害普查、申报工作，全年排查企业110家，完成22家存在职业危害企业的申报备案工作。

【应急救援体系建设】 2011年，在大运会和创文迎国检期间，越秀区安监局按照市委、市政府和区委、区政府的统一部署，树立高度的大局意识、政治意识和责任意识，充分发挥专业优势，加强应急演练，提高安全生产应急救援水平。结合“安全生产月”和“119消防月”宣传活动，组织各类讲座、演练144次，参与群众达2.3万人次。通过短信平台向全区各单位发送安全生产和火灾预警信息，提高公众安全意识和逃生自救能力。

【安全生产标准化工作】 越秀区作为广州市推进企业安全生产标准化3个试点区之一，制定到2013年全部企业达标的工作规划。先后投入20万元，采用聘请安全生产中介服务机构提供服务、召开企业座谈会、上门宣教等形式加快推进企业标准化工作。据统计，全区规模以上企业1061家，2011年完成401家企业标准化建设，占应开展标准化建设企业总数的38%，完成市下达区任务的189%。指导协调辖区白马商厦等企业成功创建广东省安全文化示范企业，通过指导和督促企业加强安全管理，规范安全生产行为，推动企业安全管理上等级、上水平。

【应急救援预案演练】 10月27日下午4:00，越秀区安监局在淘金加油站进行安全生产应急救援演练，演练项目是模拟在加油过程中发生汽车自燃。这次演练由区安监局局长、副局长及相关科室人员共6人组成现场指导组进行指导，加油站所在地的街道办事处、派出所分别派员参加，演练总人数达30余人。通过一个多小时的通力合作，顺利完成并达到预期效果。至11月上旬，其余10家加油站均按质按量地完成演练任务。

【创建全国安全社区】 2009年4月，越秀区白云街正式启动创建全国安全社区工作，成为越秀区唯一试点街、广州市第一批创建国家安全社区的试点街之一。经过两年创建，2011年5月16日，在“广州市全面推进创建全国安全社区工作会议”上，白云街正式被国家安全生产监督管理总局和中国职业安全健康协会命名为“全国安全社区”。为进一步提高街道和社区的安全水平，经区政府研究，选取广卫街作为区第二条开展安全社区创建的街道。10月21日，越秀区广卫街举行创建全国安全社区启动动员大会。

【广州花园酒店有限公司】 公司成立于1984年，由广州岭南置业公司与香港花园酒店有限公司合作经营。公司在安全生产管理方面坚持“安全第一、预防为主、综合治理”的工作方针，结合省市区和集团“创建全生产标准化达标”工作要求，加强制度化、规范化的安全管理，狠抓安全主体责任制的落实，层层推进。酒店安全生产第一责任人和各部门安全生产负责人签订《广州市花园酒店安全生产、消防安全目标管理责任书》，构建权责明确、行为规范、监督有效、保障有力的安全生产管理体系。

公司每年开展“安全生产月”活动，组织职工开展安全生产教育，加强安全生产培训，举行安全生产应急演练，有效保障公司的安全生产形势稳定，被广州市安监局授予“安全生产示范企业”称号。

（区安监局　邵英文）

责任编辑　周元峥

城区建设与管理

城区规划

【概况】 2011年，越秀规划分局以“广府文化源地、千年商都核心”为主线，积极参与重大文化项目的规划建设，配合市、区政府在改善空气环境、水环境、交通环境、人居环境工作中，推进和实施城市绿化、美化、亮化等重点工作，在三旧改造、东濠涌二期整治等重点项目实施中发挥规划引领作用，保证越秀城区各项规划管理任务依法、依规开展。同时，做好市规划系统机构改革“三定”方案实施和多项事权下放对接工作。是年，审批建设工程类案件179宗，其中办理各类复文113宗，核发建设工程规划许可证66宗，建筑面积4.8万平方米。处理各类违法建设案件及复函104宗，面积3.9万平方米，办理规划验收案件36宗，面积15.8万平方米。

【规划编制工作】 2011年，越秀规划分局完成《越秀区十二五规划城区发展规划专项篇》编制工作，经越秀区委、区政府审定同意，予以印发实施；完成《五仙观及岭南第一楼文物保护规划》的编制工作；基本完成《广州市大小马站书院群保护和更新规划》组织编制工作，规划完善后将报市政府审批。完成《广州市越秀区老年服务设施现状调研及规划审批信息整理研究》、《广州市越秀区幼儿园现状调研及规划审批信息整理研究》和《广州市越秀区公共厕所现状调研及规划审批信息整理研究》3个研究项目的终审。

2011年12月12日，造币左项目回迁业户代表向越秀规划分局赠送锦旗，感谢越秀规划分局多年来致力解决造币左项目的历史遗留问题。

【议案、提案及信访办理】 2011年，越秀规划分局共按时办理回复58份人大建议和政协提案，办结率100%；处理信访案件140宗和依法申请公开案件35宗，办结率100%。来信来访中反映比较集中的是违法建设投诉、电梯加装等问题。圆满解决文德路青云直街青云里8号、东华东路450号房屋改建而引发的信访投诉；出具起义路高第街许地25号之六房屋规划意见，协助其顺利解决产权问题。

【查处违法建设专项行动】 2011年，越秀规划分局坚持“铁腕治违”的原则和理念，于11月中旬到12月中旬，会同区相关部门开展查控清拆违法建设专项行动。对辖区内违法建设展开逐街逐巷拉网式摸查，共摸查出新建违法建设21宗，违建总面积3628平方米。全力参加清拆历史违法建设行动，参与联合会审，并与相关部门就具体案件进行一对一研究，讨论解决思路和方法，主动配合相关部门靠前服务，组织力量对报送的案件等有关事宜开辟绿色通道，加快违法建设案件的办理进程。在清拆违法建设专项行动月期间，拆除北京路208－218号、环市东路381号、中环广场、环市西路天马大厦首层等违法建设共22宗，面积3995平方米，有效维护广州市中心区城市规划管理秩序。

【推进东濠涌综合整治二期工作】 2011年，越秀规划分局参与越秀区基础设施建设工程东濠涌二期综合整治工程的推进工作。配合市规划局完善《白云山麓湖周边地区环境升级改造与交通组织规划方案》，该规划总体构想是建设东濠涌北段景观带，揭盖复涌，整治升级沿线景观环境，实现云山珠水的全面贯通。共核发东濠涌综合整治二期工程《建设项目选址意见书》2份、用地面积8171平方米；“建设用地规划许可证”2份，用地面积8171平方米；正在办理《选址意见书》1份，审查治水工程和道路改造工程设计方案，为东濠涌二期综合整治提供规划用地保障。

【协助推进规范化学校达标建设工作】 2011年，越秀规划分局积极协助区教育局推进规范化学校达标建设工作。为教育部门决策提供规划资料支持，积极与区教育局共同探讨《越秀区义务教育规范化学校建设方案》并提出规划意见，协助区更新办、区教育局开展花果山教育产业园区规划研究工作；参与“狮带岗地块调整为教育用地置换事宜”研究讨论工作；协调推进东风西路小学用地置换处置方案的落实工作；为区政府、教育部门有关建设大马路小学扩征事宜提供规划信息和建议。是年依法核发广铁二中教学楼改建工程的“建设工程规划许可证”，完成东风西小学、秉政小学、华侨中学、第十七中学改建教学楼建筑设计方案审查工作。

【协助开展大小马站书院群的保护利用规划编制工作】 2011年，越秀规划分局积极协助市规划局在书院群原保护规划的基础上扩大研究范围，协助区更新办开展《广州市大小马站书院群保护和更新规划》的编制工作，推进大小马站书院群保护与更新的城市设计和建筑设计工作，争取广东省非物质文化遗产展示中心落户书院街。

【配合推进太和岗“创意大道”核心区规划建设工作】 2011年，越秀规划分局在配合区科技局完成太和岗创意大道规划设计方案审查工作基础上，支持和配合区科技局推进太和岗“创意大道”核心区规划建设工作。是年对创意大道项目后期工程方案调整提出初步意见，推进越秀区创意产业扩大与升级发展及建设创意产业核心区。

【协助开展规划相关工作】 2011年，越秀规划分局协助区更新办开展辖区旧城更新改造工作。为建设惠福美食街环保综合监管示范街提供规划管理意见；为区供电部门变电站用地、区卫生部门的社区卫生服务中心用地规划提供规划信息、意见和建议。支持、协助市、区各相关部门的工作开展，对《越秀区旅游大巴停放点规划建设方案》、《北京路地区骑楼保护规划与城市设计修编》、《广州市江河流域（区域）综合规划（2008—2030）》、《广州市分布式能源站规划》、《广州市绿化条例》、《广州市房地产开发项目配套公共服务设施建设移交管理办法》等规划方案和法规条例提供规划意见。

【打造“阳光规划”】 2011年，越秀规划分局通过建设项目现场公示、网上“规划公示”等多种方式，将各类规划业务按受理、批前、批后进行公示，该项举措方便群众随时监督工程建设情况以及对公示项目发表意见或建议，并能及时将有关意见、建议反馈到规划行政管理部门，进一步增强规划公开力度，加强与市民交流互动。全年公示各类规划信息45项，并将年度工作总结、工作计划等多份管理文件和规划管理工作的亮点、重点以新闻与简讯形式及时公布，增加工作透明度。

【做好机构改革事权下放对接工作】 2011年，越秀规划分局做好事权下放的各项对接工作。制定《越秀规划分局事权改革工作责任分工》等规定，并按市规划局办案系统对接、档案对接、办案标准和流程的统一要求做好培训工作。严格按市规划局事权改革实施方案各项要求处理各类业务、政务类案件，合理配置各专业工作人员，有条不紊地开展事权下放后各项工作。10月24日，市规划局机构改革正式实施，越秀规划分局顺利过渡。

（市规划局越秀分局 蔡宇）

市政建设与水务

【概况】 2011年，越秀区建设和水务局围绕“依靠创新驱动、建设幸福越秀”的工作核心，狠抓城市建设管理和水环境治理工作，推进东濠涌中北段综合整治工程，做好200多项亚运工程结算工作，市政设施维护管理向精细化迈进。是年，区建设和水务局获中华全国总工会授予的全国五一劳动奖、中共广东省委授予“先进基层党组织”的荣誉，获2010年度广州市城乡建设管理工作先进集体等市级奖励5个，获越秀区治水工作突出贡献单位等区级奖励14个，个人获奖78人次。

【市政道路和排水设施改造】 2011年，越秀区共完成市政道路改造5.5万平方米、排水管网改造6.5公里；是年，共投入维修资金约2200万元，累计完成路面改造1.7万平方米，地面砖铺设9.43万平方米，排水管改造400米；投入8321万元实施东泰路铁一中片区内涝治理及雨污分流工程和中山一路、寺右二横路东段、矿泉街华泉片区、广园西御龙商城片区及登峰街清水塘片区排水改造工程6项城市内涝治理项目，至年底寺右二横路东段排水改造工程、矿泉街华泉片区城市内涝点改造工程完工，其余项目预计2012年内完工，工程共改造排水管6211米，新建泵房3座。推进光孝寺北侧规划路工程、太和岗道路改造（水荫路—广州大道）工程等项目的续建工作及省老干活动中心大楼周边规划路（农林下路—农林上路）工程、横枝岗路（广园路—恒福路段）拓宽工程等项目的前期工作；完成梅东路和仓边路延长线，及洪德新街、白米巷规划路等工程项目建设工作，配合地铁、市区重点项目建设完成“三线下地”共330公里。

【污水治理和河涌综合整治工作】 2011年，越秀区建设和水务局组织实施的东濠涌中北段综合整治工程，南起东风路，北至麓湖，全长2.62公里，是年底完成东濠涌中北段综合整治工程项目立项、方案评审、初步设计评审等前期工作。完成东濠涌中北段综合整治工程房屋征收前期准备工作。督促推进东濠涌、新河浦涌、景泰涌、水均岗支涌共4条河涌综合整治工程、12个片区的雨污分流工程、34项水浸街改造工程的设计变更和结算审核工作；推进投资约4000万元的竹丝岗二马路、达道路片区、云鹤街、新河浦涌以南东华南路片区排水改造工程4项。2012年计划实施内涝治理工程概算审核和招标工作。

【市政设施维护管理】 2011年，越秀区建设和水务局严格按照《广州市市政设施管理条例》等规定，加强市政设施巡查，初审和审批城市道路挖掘68宗，临时占道43宗，核准广州市临时城市排水许可证（施工）11宗，城市公共排水设施接驳核准27宗（其中新建14宗，历史接驳13宗），住宅小区市政设施验收5宗。建立三级巡查制度和区公共设施联动管理机制，对22个行政街开展市政设施巡查检修及公共设施管理工作；对辖区排水井盖进行科学编号、挂标志牌，排水井内挂安全防护网，同时引入责任保险产品，为市政设施购买“平安公众责任险”，发挥社会机构辅助社会管理作用；完成日常清疏工作，共清理管道165.3万米，清井12.29万个，清运排水管、井淤泥4070立方米，更换井盖1935个，安装井盖标志牌2.62万个；完成22座桥梁常规无损检测工作及2座桥梁动静荷载试验工作。

【五仙观绿化广场工程动迁工作】 五仙观绿化广场位于五仙观西侧，南至惠福西路，北至洪德新街，西到甜水巷，占地面积约6243平方米，房屋征收面积18707平方米、298户。该工程于2009年纳入越秀区老城区迎亚运环境整治工程，总投资约3.8亿元。至2011年底，共完成18237.97平方米、291户房屋的动迁，完成率97.5%，剩余469.03平方米、7户房屋动迁工作继续开展。完成南粤先贤馆一期地下停车场主体工程建设。

【城建重点项目房屋征收工作】 2011年，越秀区建设和水务局推进五仙观绿化广场、西湖路绿化广场、岗头大街规划路、光孝寺北侧规划路、府学西街打通断头路、东风中路万安南绿地6个项目的房屋征收工作，已完成29121.73平方米共385户，剩余2809.41平方米共23户，房屋征收面积完成率91.2%；完成地铁五号线房屋征收工作，地铁六号线站点临迁工作和新市涌流域污水收集工程的征收补偿工作；回民小学、教育路小学、十六中3所学校的教育综改项目6609平方米、177户的动迁工作，已完成1307平方米、52户的征拆工作；开展东濠涌中北段综合整治、惠福变电站工程、无着庵扩建、无着庵三期共4个项目房屋征收摸查工作。

【建设工程质量监督管理】 2011年，越秀区建设和水务局开展建筑施工隐患治理年工作，强化建设工程质量安全生产监督管理，辖区内属越秀区建设和水务局监管的建设工程没有发生四级及以上安全责任事故，建筑工程施工安全生产处于受控状态。全年累计开展26次安全生产专项大检查，抽检208个工程项目，对未认真履行安全生产管理责任的38个工程项目、10家企业、80人（次）进行扣分处罚或网上公示处理。全年在监施工项目341项，监督面积620万平方米。办理工程质量验收、竣工验收备案144项，发出抽查通知书1126份、限期整改和停工通知书239份。办理建筑工程施工许可证、工程备案、夜间延长施工证明和房地产开发项目手册年检等行政许可（备案）223宗；加大建筑工地农民工业余学校的创建力度，新增8所农民工业余学校，辖区农民工业余学校增至17所；加大工程招投标前期行政管理及招投标过程中的行政监督力度，2011年备案的建设工程招投标项目共计44项，完成招标项目35项。

【水务管理工作】 2011年，越秀区成立河涌区域监督小组，设置日常办公机构；制定《东濠涌开闸泄洪工作方案》、《水闸、泵站操作要点汇总》、《东风路越秀桥闸门操作规程》、《闸门操作岗位职责》、《东濠涌两岸绿化管理实施方案》等管理制度，逐步完善应急预案，明确职责分工。做好东濠涌泄洪预警、人流疏导、泄洪后恢复等日常维护管理工作。做好东濠涌博物馆管理接待工作，2011年共接待各级视察领导干部4075人次，接待普通参观游客8.9万人次。成立2支水利设施巡查队伍，联动区城管、区环保等相关职能部门抽检在建工地、餐饮业重点排水户排水系统，查处多宗因超标排放而堵塞或破坏排水设施违法违章行为；与市水务局等市主管部门沟通，联合查处重大排水安全隐患或严重损坏排水设施的违章行为。完成第一阶段水利普查工作，全面清查辖区河湖基本情况、水利工程基本情况、水利行业能力建设等情况。

【“三防”工作】 2011年，越秀区围绕“安全第一、常备不懈、以防为主、全力抢险”的防汛抗洪工作方针，制定完善《越秀区三级内涝防御应急抢险布防方案》等各项“三防”预案，加强区、街、居委三级“三防”应急抢险队伍的建设。定期组织“三防”布防抢险演练，强化辖区管理责任，提高专业应急抢险机动能力。汛前组织全区各“三防”成员单位开展汛期安全隐患大检查，对区内水浸黑点、地质灾害点、危破房等进行摸查监测、督修改造和加强养护清疏工作，共疏通排水管道及渠箱233.36公里、沙井20000个，检修水闸13座、泵站2座，检查并监测地质灾害4处，加固危房21栋、挡土墙28处。联动区城市管理局、区园林绿化局等相关部门完成区内绿化、广告牌等公共设施安全加固修整工作，确保全区“三防”软硬件通过检查整改达到防汛标准。建立视频监控系统，整合辖区3000个公安视频监控点，建立“三防”应急视频监控指挥调度系统、“三防”预警预报监测机制平台和“三防”无线电应急通讯系统，实时掌握越秀区内中山一路、三元里北站等38个水浸点情况，把握辖区积水规律，大幅降低区内发生重大水浸、挡土墙滑坡等事件发生几率，有效保障群众生命财产安全。启动三级以上的“三防”应急响应23次，妥善处理“5·7”、“10·13”等多场特大暴雨引起的水浸街、围墙坍塌、树木倒伏等事件。

（区建设和水务局 陆诗茗）

国土房地产管理

【概况】 2011年，越秀区国土房管分局以建设“首善之区”典范为目标，以创先争优为主线，以“两大主体功能区”和“国家中心城市核心区”建设为核心，以“三旧”改造为契机，全力推进城市更新改造、“城中村”改造、危破房改造和房屋安全管理工作；以改善民生为根本，全面推进住房保障工作；建立健全机制，创新模式，扎实推进常规性业务工作。

【住房保障工作】 2011年，区国土房管分局共解决3017户中、低收入家庭的住房困难，完成全年总任务的102%。其中以租赁补贴方式解决1593户，以购买经济适用房方式解决939户，485户由于收入超标不符合住房保障条件，经请示市住保办，同意纳入已解决范畴；完成筹集500套公共租赁住房，其中珠光路北侧复建房项目新建391套，于2011年9月中旬正式开工，直管房改建或修缮109套，于是年8月底前全部完成。严把住房保障资格审核关，为1175户申请廉租住房保障家庭办理资格审核手续；为3362户廉租住房保障家庭进行资格年审，其中实物配租年审家庭有582户，领取租赁补贴年审家庭有2780户；办理住房、收入、人口发生变化的廉租住房保障家庭变更手续410户；办理申请经济适用住房保障家庭审核手续2831户；办理申请经济适用住房家庭准购证明申请延期手续137户。

【房屋租赁管理】 2011年，区国土房管分局依法严管房屋租赁，加大租赁监管和查处力度，扩大房屋租赁管理覆盖面，提高出租屋纳管率。全年共办理私有房屋租赁登记备案42390宗、401.73万平方米，其中新增备案14413宗、149.42万平方米，备案率98%。全年查处违规租赁案件并发出《行政处罚决定书》168宗，协助市租赁所查处中介5宗，有力打击非法租赁行为。

【房屋安全管理】 2011年，区国土房管分局完成35幢、3516平方米直管房改造任务；完成54幢、5688平方米私有危房督修工作，剩余2幢、212平方米是文物，且完成制定督修方案；投入修缮资金2110万元，完成3087幢、111万平方米直管房修缮，工程质量合格率100%，优良率超过50%。开展直管房消防安全专项检查，共检查商铺2396间，发出整改通知书240份，其中涉及“二合一”整改的180宗，至2011年底全面完成整改工作。

【直管房管理】 2011年，区国土

2011年8月11日，越秀区举行迎大运、保稳定公开大接访活动。图为区国土房管分局接访工作。

房管分局加大直管房租金收缴及欠缴租金的追收力度，全年共收缴租金1.88亿，租金收缴率达99.9%，追收欠缴租金1539万元。做好非住宅租金调整工作，印发《越秀区非住宅直管房2011年租金调整工作指引》。开展直管房转租转让行为的清理整治工作，组织各房管所联合派出所、居委、出租屋管理中心等部门，开展联合行动20多次。加大对违反直管房管理规定而又拒绝腾退房屋的司法诉讼力度，全年共入案391宗。做好直管房产权管理工作，签订《直管房征用补偿协议》42份、建筑面积5921.74平方米，完成移交接管221宗、1.03万平方米，完成征用撤管92宗、1.37万平方米，完成拆迁征用代管25宗、3570.49平方米。办理代管发还3宗、351平方米。做好拍卖地块直管房货币补偿工作，通过法院拍卖方式解决1个烂尾地块4间房屋634.603平方米，并获货币补偿、产权补偿款项50.01万元。按市国土房管局要求报送800套房屋转作保障性住房。

【物业管理】 2011年，区国土房管分局建立物业服务企业退出项目管理制度和物业项目巡查报告制度，加强对业主委员会成立、运作的指导和物业管理关键环节的监管。指导业主委员会成立、换届、备案工作20宗，指导小区（大厦）做好前期物业管理招投标和备案工作36宗，核定、发放物业服务企业三级资质证书93宗，变更资质证书内容9宗，受理物业服务合同备案76宗，办理物业管理区域备案36宗。向物业服务企业派发《关于开展全国爱国卫生月活动及迎接创建文明城市工作的通知》、《关于做好物业服务行业防灾减灾工作的通知》和转发《物业管理项目巡查办法（试行）》共2600余份。组织开展物业管理检查工作，全年共检查物业管理项目553个，向区内物业服务企业发送电话通知、天气预报、车场防水减灾信息3000余条。

【落实房屋政策】 2011年，区国土房管分局做好落实侨房政策专用房出售工作，受理、审核、把关专用房出售的条件程序、承租户购房等工作，全年受理购买落实侨房政策专用房资格审核11宗。办理发还经租侨房案9宗，发还房屋25幢，建筑面积4692平方米。完成代管发还4宗，建筑面积733平方米。

【房地产登记发证】 2011年，区国土房管分局做好集体土地房屋确权登记工作。完成各类业务发证30宗，继承登记19宗，变更或更正登记8宗，遗失登记1宗，初始登记2宗；完成农村集体土地房产查册1030份。

【闲置、烂尾地块管理】 2011年，区国土房管分局抓紧闲置、烂尾地块清理盘活工作。调查清理55宗超期未动工用地并上图建库，发现重复的有4宗，在建或已建成的有12宗，批准拆迁延期的有3宗；2011年新发出闲置地调查的有19宗，2010年已发出闲置地调查再次约谈了解动工情况的有10宗，其中作出初审意见上报市局28宗。除55宗在册未动工用地之外，还对通过动态巡查发现的闲置地以及一些历史遗留地块等展开闲置土地调查，发出闲置地调查13宗，其中12宗已作出初审意见上报市局。

【建设用地管理】 2011年，区国土房管分局共办理用地预审6宗、建设用地批准书延期初审23宗，召开强拆听证会12宗，受理房屋拆迁裁决案件2宗，进行拆迁补偿备案和录入广州市房地产档案管理系统702宗。推进光头大街集体土地征收工作，协商区人社局完善被征地农民养老保险对象、标准以及费用筹集办法等。完成杨箕村地块改造土地挂牌出让工作，与市国土房管局签订越秀区2011—2013年储备项目责任书，涉及广园西路229项目、越秀南复建房项目共计2.865公顷用地面积。共查处土地违法案件1宗，受理历史违法用地案件1宗，立案、查处、结案率均为100%，查处测绘违法案件8宗，均已办结。完成云泉路163号地块复绿工作及2010年度国家卫片执法检查工作，并通过国土资源部土地卫片执法工作组检查验收。

【城市更新改造】 2011年，区国土房管分局在城市更新改造方面完成多项任务。完善东濠涌二期综合整治工程征收补偿方案及项目沿线更新改造方案，完成项目范围内直管房摸查及违规使用清理工作，完成海月东安置房项目地块范围内的地形图现场测绘工作，并着手开展立项工作。完成大小马站书院街项目一期立项工作及办理环境影响评估、可行性研究报告、设计初步方案招投标等前期准备工作，推进长城、银豪等3个地块收地工作，启动范围内直管房清查搬迁工作，签订直管房弃租协议86户。完成珠光路北侧复建房项目签约403户，签约率100%，完成该项目施工总承包单位、监理单位的公开招标、商务谈判、签订合同，9月举行该项目动工仪式，施工单位进场搭建临时设施和其他施工前期准备工作。完成越秀南复建房项目签约403户，签约率94%，拆卸率66%。完成现场围墙砌筑、设洗车槽、外墙立面装饰、管线迁移、治安卫生管理等工作。

【地质灾害防治工作】 2011年，区国土房管分局对辖区内地质灾害隐患点安装警示牌10块、发放地质灾害防灾明白卡300份、张贴警示宣传画150份。利用“4·22”地球日和“6·25”土地日，开展国土资源法律法规的宣传教育活动，编制《2011年度地质灾害防治方案》，完善《越秀区突发地质灾害应急预案及操作手册》。完成象岗山地质灾害隐患点自动化监测，并逐步推进西坑后山村、双井街30号边坡地质灾害隐患点自动入口监测工作。完成象岗山、西坑后山村等处地灾隐患点治理前的勘查设计工作。

【信访工作】 2011年，区国土房管分局展开社会矛盾排查调处行动，完善领导包案制度，排查梳理全局历年信访积案，预测评估征地、拆迁、物业管理等可能引发矛盾纠纷的重大事项潜在风险，对2010年评估出来的3宗重大事项做好化解措施。创新领导干部接访群众形式，从过去被动等待群众上访，调整为通过“四访”形式，定期在信访事项发生地、在基层一线主动下访群众。在不定期集中接访方面，从通过举全局之力搞大规模、大范围、门类齐全的“超市型”大包大揽粗放式的“群众大上访”，调整为由相应科、办、所联合组织“专卖店型”精细化公开集中的“干部大下访”活动。配合做好两次大接访工作，两次大接访共受理案件63宗，已全部办结（答复）。全年共受理群众来信来访来电1218宗，办结1191件，办结率为98%。

【解决“夹心层”住房困难】 2011年，区国土房管分局针对“内夹心层”（不符合廉租房保障条件、又没能力购买经济适用住房的群体）、“外夹心层”（不符合购买经济适用住房条件又买不起商品房的群体）的住房困难户，采取多项措施解决其住房困难。在全区范围内进行公共租赁住房需求调查，详细了解申请人家庭情况、住房状况、住房需求。共调查8069户，家庭占5102户，单身人士占2967人；多渠道筹集房源，做好直管公房的改建、修缮、清理，以及区属单位未出售的自有公房或存量房的清理工作。加快推进珠光路北侧复建安置房项目，将其中的391套房屋作为公共租赁住房。派出专人负责本区公共租赁住房的筹集工作，做好组织、跟进、汇总、反馈、检查、督促等工作，拟订《任务完成计划表》，明确每个月任务量和各项工作完成时限。建立台账，核实检查已筹集的公共租赁住房，及将已筹集好的公共租赁房屋分门别类列表成册，提高管理水平。

【区国土房管分局综合服务大厅】 该综合服务大厅于2011年6月投入使用，分业务收发件区、信访接待区、休息等候区3个区域，设有产权地籍业务窗口、物业管理业务窗口、住房保障业务窗口、集体产权登记窗口、信访接待窗口、综合管理窗口6个业务收发件窗口。实行“一个窗口进，一个窗口出，内部流转，服务到底”的规范化“窗口办文”及限时办结复件，并在综合服务大厅张贴业务办事指南，设置休息桌椅，提供饮用水等人性化服务。

（国土房管分局 黄小琴）

环境保护

【概况】 2011年，区环保局围绕区政府下达的重点任务，率先创建"惠福美食花街餐饮环保综合监管示范街"，引领广州市餐饮业油烟综合整治试点工作；开展"生态低碳环保小区"建设，开创绿色社区创建新模式；加强河涌水环境综合整治，推进东濠涌水质在线监测工程建设；超额完成超标排污费、监测费、行政处罚入库额征收等指标，全面履行环境监管职能。是年，区环保局获广东省环保系统广州亚运会亚残运会环境质量保障工作先进集体、创建全国文明城市工作先进集体、第七批广东省绿色学校创建活动先进单位、2006—2010年广州市"五五"普法工作先进集体等荣誉。

【环境监测】 2011年，区环保局做好水环境治理工作，提升越秀区水环境质量。3月，对东濠涌南段清水平台断面水质进行24个项目采样分析监测。4月，现场勘查东濠涌北段源头，进行水质采样分析监测，掌握水质状况，并对东山湖及周边河涌水质进行全面监测分析，为撰题研讨提供翔实监测数据。7月，对东山湖进行水质采样分析监测，形成专题报告报送区政府。7月12日、13日，分别对朝天路小学、回民小学、知用中学等27间临近交通干线的中小学开展教学环境噪声状况摸查，共获得有效数据139个，向有关部门反馈各校区噪声环境质量评价报告。全年区环境监测站共出动监测2184人次，监测区域污染源单位538间（次）。其中委托监测248间（次），执法监测68间（次），"三同时（环保设施同时设计、同时施工、同时投入使用）"验收监测222间（次），污染源废水监测356间（次），噪声监测460间（次），油烟监测322间（次），林格曼烟色监测5个，获得各类监测有效数据4924个。是年，区环境监测站顺利通过广东省技术监督局的监督评审工作、2011年广州市环境监测网络站监测质量监督考核和环境监测机构标准化建设达标验收。

【空气环境质量】 2011年，越秀区共设11个环境空气监测点，环境空气中主要污染物二氧化硫、二氧化氮、可吸入颗粒物、降尘、硫酸盐化速率均值呈下降趋势，分别优于国家《空气环境质量标准》（GB/T 3095－1996）二级标准，城区空气环境质量有所改善。

【水环境质量】 2011年，越秀辖区内人工游览湖有东山湖、流花湖、麓湖，以2011年四个季度水质监测分析数据作为水质评价依据，21个项目分析数据参与评价。以单项污染指标进行水质类别判断，三个游览湖一类污染物和重金属污染物监测分析数据能达到Ⅰ类标准，未受到一类污染物和重金属污染物污染。流花湖、东山湖受化学需氧量、五日生化需氧量、总磷、石油类有机物污染的影响，麓湖受化学需氧量、五日生化需氧量有机物污染的影响，水质劣于Ⅴ类。按水质平均污染指数（WQI）分级表划分均属于重度污染级别。辖区内的河涌有东濠涌、沙河涌越秀涌段和新河浦涌，按水质平均污染指数（WQI）划分，2011年东濠涌、沙河涌和新河浦涌水体属重度污染水体。是年，区政府加大区辖内河涌整治工作力度，东濠涌、沙河涌和新河浦涌水环境中大部分评价指标明显下降，水质不断好转。东濠涌净水厂投入使用和水处理功能不断完善后，水质得到明显改善。

【声环境质量】 2011年，越秀区域环境噪声平均等效声级值为56.2分贝，优于《城市区域环境噪声标准》（GB3096－2008）二类区昼间环境噪声限值。一类功能区昼间噪声等效声级平均值为51.8 dB（A），夜间噪声等效声级平均值为43.8 dB（A），昼夜噪声等效声级平均值优于《声环境质量标准》（GB3096－2008）一类区环境噪声限值；二类混合区的昼间噪声等效声级平均值64.4 dB（A），超过国家标准，夜间噪声等效声级平均值54.9 dB（A），超过国家标准。交通干线噪声监测等效声级平均值为69.8 dB（A），优于国家标准［70 dB（A）］。

【行政执法和环境监察】 2011年，区环保局共出动执法人员4481人次，检查污染源企业1742间次，对76家企业发出《环境保护限期整改通知书》，共征收超标排污费入库额153.06万元。规范废油脂清捞补助资金申请管理，监督企业共收回废油脂2409吨、老油回收281吨、加工废油脂成品927吨、老油成品260吨。全年共受理各类环境污染投诉969宗，其中废气投诉468宗，噪声投诉446宗，废水投诉22宗，其他投诉33宗。已办结940宗，办结率97%。969宗投诉中饮食服务业污染投诉占416宗。环境信访案件与上年同期相比下降24%，饮食服务业污染扰民投诉416宗，同比下降28.3%。

【行政处罚】 2011年，区环保局依法对414个单位发出《行政处罚决定书》，处罚金额261.31万元，入库额179.08万元，入库率68.53%，比上年上升16.40%，申请法院强制执行23宗，准执率100%。

【环境保护与整治】 2011年，区环保局积极实施“宁静工程”。高考期间共出动352人次，巡查学校72间次，检查建筑工地4个，餐饮服务企业12家，解决2宗因噪声引起的突发群众投诉案件。开展铅蓄电池专项排查整治行动，核查100多家涉及铅蓄电池的汽车维修企业，掌握区内汽车维修企业废旧电池的数量、贮存和去向及汽车维修企业废旧电池的处理现状。4月，开展危险废物规范化管理工作，制定《越秀区全面推行危险废物规范化管理工作实施方案》，全面推进危险废物规范化管理。摸查辖区内年产生危险废物1吨以上且存在较大环境风险的危险废物重点产生单位，确定第一批危险废物规范化管理名单52家，现场执法检查52个重点单位，并提出整改意见。联系区水务局了解东濠涌二期综合整治施工范围，加大执法力度，加密河涌周边污染源巡查频次，配合推进东濠涌二期综合整治工作。开发和推广应用“油烟在线监控”系统，实现全覆盖，区域环境得到有效保护。

【减排工作】 2011年，区环保局狠抓建设项目审批管理的两个重要节点，减少各类污染物排放源头。编制《越秀区“十二五”主要污染物总量控制规划报告》和《越秀区环境保护第十二个五年专项规划》，推进环保规划工作；坚持实施越秀区首创的“餐饮业联合审批机制”和高标准的“越秀”准入门槛；成立排污申报登记工作小组，制定申报登记工作计划，加紧对市环保局下放的非重点污染源企业的日常监管，加强排污申报登记数据管理，促进区域定量减排。2011年全区新增办理排污申报登记企业1994家，比2010年增加168%，是年将区内11家加油站纳入污染源管理，核发排污许可证。

【建设项目环保管理】 2011年，区环保局共接收企业申报项目856个，办理选址意见的项目353个，因选址不当否决的项目65个，环评批复374宗（其中新建企业环评批复278宗，企业变更通知96宗），核辐射环评初审22宗，验收批复384宗（其中企业变更名称批复96宗，新建企业验收批复288宗）。

【环境基础设施建设】 2011年，区环保局新安装油烟在线监控设备87台，全区累计安装油烟在线监控设备1223台，累计监控1156家餐饮企业。油烟在线监控系统总数约占全市61%，覆盖全区的油烟在线监控网已成规模。

【环保宣传】 2011年，区环保局筹划举办“品味绿色，惠福惠民——越秀区餐饮环保综合监管示范街揭幕仪式暨2011年‘六·五’世界环境日纪念活动”。动员和支持学校、街道、社区开展形式多样、内容丰富的环保宣教活动；举办第二届越秀区中小学生环保漫画大赛，与区五羊小学等6所绿色学校合编《环境教育校本教材》，将环境保护的理念渗透课堂教育中；编制、下发《低碳生活小知识》、

《常用环境保护法规及标准汇编》和《越秀区街道环保员工作手册》等环保宣传系列丛书1万本、各类环保宣传用品1.8万多份，征订并下发省、市环保宣传中心宣传资料1997份；区环保局牵头联合全区22个行政街道，全覆盖开展以“低碳你我知，创文齐参与”为主题的系列宣传活动，组织环保志愿者发放1000多份倡议书及问卷调查等，开展普及低碳生活理念，倡导市民践行低碳生活方式。

【“惠福美食花街餐饮环保综合监管示范街”创建】 2011年，区环保局以“九个化”（项目审批电子化、企业管理档案化、治理升级高端化、设施运营集中化、油烟监控信息化、排污标志规范化、餐厨垃圾减量化、守法经营自律化、环境宣教多样化）、“六个100%”（环保审批100%、污染防治100%、在线监控100%、污水入管100%、垃圾收集100%、环保承诺100%）、“四个示范”（合法经营示范、污染防治示范、自律行为示范、长效管理示范），将“惠福美食花街”打造成为代表广州餐饮环保综合监管示范的亮点街区。6月2日，“惠福美食花街餐饮环保综合监管示范街”成功揭幕挂牌。8月17日，《穗府信息》以“越秀区六个百分百打造广州首条餐饮环保综合监管示范街”为题，介绍越秀区打造惠福美食花街环保综合监管示范街的新做法和新思路。10月，市环保局召开经验介绍会，区环保局现场展示“电子明白纸”等相关创建成果。12月，“惠福美食花街”餐饮业油烟污染综合整治试点通过市环保局专家组预验收。

2011年，区环保局举办“品味绿色　惠福惠民——餐饮环保综合监管示范街揭幕仪式暨‘六·五’世界环境日纪念活动”。

【辐射环境管理工作】 2011年，区环保局开展医用放射性同位素专项执法工作。9月，配合市环境执法监察支队对辖内省人民医院、中山大学第一附属医院等11家大型医院进行医用同位素专项执法检查。加强射线装置辐射安全管理，10月，对辖区内省汽车客运站等6个单位的安检场所射线装置进行辐射安全执法检查，发现使用X射线装置的邮政及快运公司等单位未领取“辐射安全许可证”，立即发出限期办理“辐射安全许可证”的通知。

【生态低碳环保小区试点创建工作】 区环保局在2011年成功创建4个市级绿色社区和7个区级绿色社区基础上，加快绿色社区的提档升级步伐，在东山街新河浦社区开展“生态低碳环保小区”的试点创建工作，制定全市首个《越秀区生态低碳环保小区创建标准》，10月，联合东山街道办事处举办“生态低碳环保小区”启动仪式，联合市环保局和东山街道办事处在新河浦社区着力建设环境宣传教育长廊等各项硬件设施升级工作。

（区环保局　杨妹兰）

园林绿化

【概况】 2011年，越秀区园林绿化局以“创建全国文明城市”为契机，强化内部管理，积极推进绿道建设、绿化建设、绿化养护、公园管理等工作，城区绿化景观和人居生态环境得到进一步改善。至2011年，城区绿地面积达953公顷，绿地率达到28.37%；绿化覆盖面积1136公顷，绿化覆盖率33.82%；公园绿地面积652公顷，人均公园绿地面积5.62平方米（按116万人口计算）。是年被国家体育总局等和省委、省政府授予“广州亚运会亚残运会先进集体”，并获2011年度广州市城市绿化管理“优胜杯”行业考评奖一等奖、2011年度广州市公园管理“红棉杯”最高奖项优秀组织奖等11个奖项。

【绿道建设】 2011年，区园林绿化局在2010年建成24.52公里绿道的基础上，新建绿道游径10.3公里，打造“三社区、两公园”精品绿道工程。建立区绿道单车租赁系统，6个绿道驿站全部投入运营，实现区域范围内绿道自行车的“通借通还”。举办“广州青少年绿色新生活搜客行动”、“东濠涌绿地图行”、“东濠水美岸青，越秀人和社谐”和“绿道自由行”等一系列主题活动，参与群众近万人。

华侨新村绿道　全长2290米，友爱路—团结路—原道路—光明路，经环市路至小北地铁口与东濠涌绿道相接。建有木栈道生态步道，自行车游径与人行游径分离。

新河浦绿道　全长1640米，龟岗大马路—新河浦路—恤孤院路—庙前直街，经东湖路南向与沿江路绿道相接。沿途有中共三大会址、春园、简园、逵园、明园等著名景点。

三眼井绿道　全长1800米，小北路—医灵直街—豆腐寮—大华街—应元路，与越秀山、东濠涌相邻，经小北路与东濠涌绿道相接。

东山湖公园绿道　全长2000米，经沿江路公园南门与沿江路绿道相接。

烈士陵园绿道　全长2300米，经中山路公园正门与东濠涌绿道相接，连通东风路与中山路两条主干道。

【绿化建设与改造】 2011年，区园林绿化局加快城区公共绿地建设，组织绿化升级改造工作，承接二沙岛、沿江东、东濠涌博物馆及盐运西4个重点区域任务，启动东濠涌中北段综合整治工程景观绿化建设前期工作。全年新增及改造绿地建设项目121个，总投资额约1000万元，新建绿地2.5万平方米，改造绿地8.7万平方米，加装绿化带防护栏3.6公里。

【绿化养护与管理】 2011年，区园林绿化局做好绿化养护管理工作，共组织巡查200余次，完成市级巡查问题整改60余处。组织“三防”抢险230余次，处理树木432株，出动抢险人员2000余人次，清运树尾275车次，其中非公共绿化抢险32宗，砍伐危树27株，修剪倾斜树木32株，工程费用15.35万元。全年共修剪乔木1.2万株，补植乔木600株、灌木21.3万平方米、地被3.6万平方米；路树涂白1.3万株，施肥1万公斤，松土8.9万平方米，除杂草24万平方米；办理绿化行政许可62宗，市级行政许可初审132宗，查处违章违法破坏绿化行为12宗，无违法审批情况发生。是年全区有73项建设项目，共12万平方米绿地养护期满，移交园林绿化局管理，年底顺利接管东濠涌绿地、水均岗支涌绿地、内环路整治工程、应元路、小北路等项目。

【组织东濠涌二期景观绿化工程前期工作】 2011年6月，区园林绿化局负责组织实施东濠涌中北段综合整治工程中的景观绿化建设部分（包括河涌沿线立面整饰、景观建筑及绿化景观等工作，建设资金由区财政统筹解决）。是年组织前期概念设计，年底完成项目建议书、工程立项、可行性研究报告、环评等工作，以及规划报建、设计招标等工作，计划在2012年12月完成设计，2013年6月开工，12月完工。

【古树名木保护工作】 2011年6月，区园林绿化局利用“植树月”、“创文”等活动，结合绿化行政审批、花园式单位评比，宣传有关古树名木保护的法律法规和做好古树名木保护工作的重要性，使管护单位和广大市民、社会各界提高古树名木保护意识。完善古树名木保护管理责任制，签订养护协议书，监督管理和技术指导古树名木管护单位。

【承接市下放的四个公园】 2011年7月1日，区园林绿化局承接原市管广州起义烈士陵园、东风公园、兰圃、草暖4个公园下放等相关工作。协调解决管理及人、财、物的移交问题，撰写《越秀区园林绿化局简政强区事权下放承接工作情况报告》、《关于简政强区需提请市协调解决的问题的报告》等，及时与区政府、市林业和园林局公园景区管理处及区财局沟通，保证事权下放后各项管理工作稳步推进。

【东山湖公园】 2011年，东山湖公园完成中半岛拉膜亭的建设，升级改造中岛道路，修葺翻新公园部分亭廊。种植乔木4棵、草皮1250平方米、地被植物9.95万袋，摆设种植时花6.6万盆。新增湿地景区，在南片水生植物区和北岛湿地景区种植荷花。更新改造北堤围墙边和南片部分绿化带。

（区园林绿化局 温淑祥）

市容环境卫生管理

【概况】 2011年，越秀区城市管理工作坚持“大城管、细服务”理念，加强城市基础管理，开展专项整治行动；以打造“整洁越秀”品牌为契机，狠抓城市管理各项工作落实；持续改善城市环境秩序，提升协调、管理、服务水平；狠抓队伍规范化建设，创新科技化管理手段，人居环境整治成效明显，辖内居民群众宜业、宜居的幸福指数得到提升；垃圾分类试点工作取得初步经验，顺利完成创文迎检期间的城市管理保障任务。

【市容环境综合整治】 2011年，越秀区城市管理局加大对承包公司的监管力度，督促各清洁公司落实市政道路18小时、街道16小时保洁制，每月城市管理局负责考评公司保洁质量，并对重点窗口地段、广场周边、步行街等人流量较大的地段，增加人力保洁；建立健全城市管理监督机制，理顺城市管理体制和工作机制，监管承包公司的工人工资福利待遇，保障环卫工人的合法权益。开展“清洁家园，新春团拜”、春季市容市貌专项整治等3次专项整治行动。全年参加综合整治行动14.76万人次（含机团单位、店档主、学生、志愿者等），出动各种车辆6325台次，清理卫生死角、年花盆桔、杂物等1.83万吨，冲洗马路、小区、庭院、广场1294.6万平方米，清洗擦拭（抹）各种公共设施10.65万处（件），清理乱张贴、乱涂画13.56万宗，整治乱拉挂42宗，签订门前市容环境卫生责任书7000户，签状率98%。

【清扫垃圾收运】 2011年全区市政道路清扫面积514.55万平方米，其中机械化道路清扫面积306.38万平方米。完成越秀区所有居民生活垃圾的收运中转并送到广州市指定的垃圾填埋场。餐厨垃圾采用小黄车（专车专运）收集并送至区城管局车队的尤鱼岗车场餐厨垃圾处理示范厂，收运垃圾量每天约1.4吨。全年共清运垃圾47万吨，平均日运输垃圾量约1300吨。

【城市管理公共设施】 2011年增加保洁投入69.88万元，购置一批垃圾桶、果皮箱、高压水枪等，补充更换街道破损的环卫设施设备。推行机械化作业，补充配备部分清扫清洗机械设备。至年底越秀区城管局有环卫专用车316台、比上年增加91台，公共厕所175座，粪便转运池34个，垃圾压缩转运站15个，工具房143间、比上年增加11间，手推小水车380台、比上年增加193台，垃圾桶5502个、比上年增加3034个，果皮箱3103个、比上年增加736个；英国奥曼T30背负式机动超低容量喷雾机4台，韩国新时FB－150手提式热烟雾机4台，美国丹拿DYNA－JETL30车载式超低容量喷雾机1台。

【余泥渣土排放管理工作】 2011年，区城管局按规定办理排放证，加强工地源头管理，组织早巡晚查和工地排查，联合处理违章案件，建立零星余泥管理机制，指导各行政街道设立零星余泥收集点，减少零星余泥偷倒、乱排，防止二次污染。全年共办理建筑废弃物处置证108宗，办证排放量65.99万立方米；检查工地1000次，查处违章案件55宗（其中移交处理案件7宗），处理12319投诉案件59宗；清理无主余泥6600立方米，马路污染1万立方米。

【除害防病工作】 2011年，越秀区城管局坚持以环境整治为主、药物杀灭为辅，突击与经常、治标与治本、科学指导与督促检查相结合的方法，抓好春季露头蚊蝇消杀与夏秋季蚊蝇高峰期社会环境消杀、冬春季灭鼠与夏秋季灭蟑螂、重点单位与地区消杀等工作，全区鼠、蚊、蝇、蟑螂密度控制在国家标准之内。

【创建“无烟单位”】 2011年，越秀区城管局以《广州市控制吸烟条例》颁布实施为契机，积极开展控烟宣传和“无烟单位”创建工作。是年，市共授予越秀区辖内51个单位为广州市“无吸烟单位”称号，累计获“无吸烟单位”称号有160个。

【完善城管工作机制】 2011年，越秀区城管局对全区市政道路保洁工作采取“GPS电子巡查、视频监控、责任区管理”综合巡控手段，提高发现率、到场率、处置率；健全视频监控、12319投诉热线和城管综合巡检的统一指挥体系。完善区、街市容环境卫生与“六乱”问题联动巡检和处理工作机制，实现城市管理的实时反应和快速处理，城管通过巡查发现并上报问题1040宗，已处理1014宗（属其他有关部门处理26宗）。通过实施日查日督办、周查周通报、月度综合考评等措施，加强市容环境质量的监督检查。完善城市管理综合考评项目和内容，根据各街道城管基础现状和管理难度上的不同，对基础较差、管理难度大的单位在考评项目中按比重给予适当加分。健全联动反应机制，完善区城管局与区城管执法分局在市容环境卫生和“六乱”问题上的联动处理工作机制，提高综合巡检力度和统一指挥调度能力。健全垃圾分类试点工作机制，局部实现生活垃圾减量化、资源化和无害化。

【信息化建设工作】 2011年，越秀区城管局推进城市管理信息化建设，完善视频监控系统、对讲系统、城管通信息传递系统和12319指挥系统，实现城管指挥投诉服务中心监控系统与辖区治安视频系统3000多个监控点的对接、联网共享，扩大视频实时监控覆盖面。区城管投诉服务中心已建设成为包括投诉服务、视频监控、调度指挥、GPS车辆定位跟踪、城管综合巡检（PDA）管理等多功能、立体化的指挥平台。指挥平台可对现有的3121个视频监控探头，按重点、次重点、一般进行分类，并按照4:2:1的时间对不同类别地区的“六乱”和环卫保洁等情况24小时实时监控，发现问题，监控指挥中心即时对相关单位和巡检人员发出指令，督促整改，有效提高城市管理快速反应能力和执法效率。

【广告招牌专项整治工作】 2011年，越秀区城管局在全市率先推进主次道路沿线广告招牌整治工作。重点打造小北路、农林下路招牌整治示范路段，整治永福路、福今路、解放路等路段的广告招牌，规范主次干道的广告招牌设置。此外，制定《2011年越秀区户外广告招牌整治工作方案》，综合整治户外LED广告屏、建筑物楼顶广告招牌、规划路段及内街小巷户外广告招牌等。全年整治广告招牌351宗、6017多平方米，辖内违法广告设置现象基本得到控制。

【城市管理资源整合】 2011年，越秀区城管局将环卫监管和城管执法统一纳入网格管理，将城管、公安视频监控系统对接，建成覆盖全区的城管视频监控平台。建立信访督查督办制度，定期召开信访专题会议，研究推进重点案件；协调相关部门、街道定期开展联合执法和专项整治。街道执法队定期设点接访，畅通沟通渠道；区工商分局成立“查无办”，对无证经营定期摸查，并协同卫生、环保、药监等职能部门研究制定疏导政策。全年整治“六乱”1.57万宗，有效控制辖内主次干道、机关周边、火车站广场、省市汽车站、地铁出入口等窗口地区“六乱”现象。

【环卫保洁工作管理模式】 2011年，越秀区城管局通过服务外包方式将环卫保洁作业交由清洁公司负责，区城管局则承担环卫保洁质量监管职责。为此，建立起“天网”与“地网”相结合的监管模式，即将城管指挥投诉服务中心监控系统与辖区治安视频系统3000多个监控点的对接、联网共享，扩大视频实时监控覆盖面，发现问题即时发出整改指令；同时由监管四所对承包公司保洁质量进行实时监控，发现问题按规定进行处罚，并推进属地监管，一、二、三所对管辖区域的内街进行巡检，实现环卫保洁监督全覆盖。补充配备部分清扫清洗设备，对可实施机械清扫清洗的主次干道进行统一安排。结合创文国检制定工作方案，完善保障机制；修改考评方案，将“六乱”、两违、工地、保洁、爱卫和社区环境统一纳入考评并与绩效挂钩，加大考评力度，提升保洁质量。

【垃圾分类工作】 2011年，越秀区城管局在上年东山街、广卫街全街实施垃圾分类的基础上，增加北京街为示范街，以点带面，在全区22个街267个社区广泛宣传发动，在其中19个街各选1个社区或小区作为开展垃圾分类示范点。抓紧厨余垃圾生化处理厂建设，协调相关企业负责接收越秀区每日7吨厨余垃圾进行堆肥处理，解决辖区内没有末端处理设施的难题，实现垃圾减量目标；建设垃圾分类运行机制。区各有关职能部门、街道等紧密联系，对全区餐厨垃圾、农贸肉菜市场垃圾、绿化园林公园、学校产生的垃圾进行分类，实现全区垃圾“减量化、资源化、无害化”目标；开展垃圾分类全民行动日宣传活动，在全区学校开展“小手拉大手”垃圾分类宣传教育活动，辖区内162个市、区、街党政机关，88所中小学校、54个肉菜市场等实施垃圾分类；全区22个街道推行有害垃圾分类回收试点，每月对分类220余吨厨余垃圾进行生化堆肥。2011年，越秀区政府、广卫街道办事处分别被广州市生活垃圾分类管理工作联席会议办公室评为2011年生活垃圾分类先进单位。

（区城市管理局　陈舒）

城市管理与综合执法

【概况】 2011年，越秀区城管综合执法分局围绕“巩固后亚运市容环境整洁、创建全国文明城市”的工作中心，按照“标准化建设、精细化管理、人性化服务”的总体要求，加强队伍建设和管理，推进整治“六乱”、查控违法建设、清拆违法户外广告招牌和整治建筑废弃物排放运输秩序等城市管理工作，营造整洁优美的城区环境，维护文明和谐的城市秩序，为广州市“创文”取得优异成绩作出贡献。是年，区城管综合执法分局被市城市管理工作领导小组评为年度广州市城市管理先进单位，被市城市管理综合执法局评为年度创建全国文明城市工作先进单位，并获越秀区城市建设管理工作目标责任制年度一等奖。

【“六乱”整治】 2011年，区城管分局开展“春风行动”和“巩固创文成果全市市容环境专项整治大行动”等活动，协调有关部门、街道，以广州火车站广场、省市汽车站、北京南路、地铁出入口等主要道路和重要地区为重点，整治“六乱”行为，改善辖区环境，较好地维护辖内市容环境秩序。全年组织各种集中和专项整治行动2500余次，查处市容环境违法案件3800余宗，罚款130余万元。

【“两违”查处】 2011年，区城管分局巩固亚运环境整治成果，健全机制、培训队伍，积极协调、主动介入，查控城区违法建设。重点查处在东濠涌二期综合整治工程、杨箕村城中村改造、五仙观解放南旧城改造等市、区重点工程项目中发现的违法建设，全年共立案查处违法建设133宗，已清拆违法建设195宗，共1.72万平方米。

在全区范围内开展为期一个月

（11月14日至12月17日）的查控清拆违法建设专项行动中，依法拆除北京路208～218号、中环广场等新建违法建设15宗，面积1081平方米；清拆环市东路381号、环市西路天马大厦首层、北站路丽天楼等7宗历史违法建设、面积638.5平方米，有效维护广州市中心区的城市管理秩序，遏制违法建设的抢建势头。

【依法查处违法户外广告】 2011年，区城管分局组织各街执法队围绕市城管委关于户外广告招牌规范的三个方案开展工作，按时完成辖内户外LED广告屏的摸查工作。按照《广州市屋顶广告招牌整治工作方案》和《广州市规划路段及内街小巷户外广告招牌综合整治工作方案》要求，清理整治全区建筑物楼顶广告招牌，有计划、有步骤整治不规范户外广告招牌，实现对已规划路段、示范内街小巷的户外广告招牌升级改造。开展巡检整治东风路、环市路、中山路、内环路等主要道路和重要地区周边违法户外广告，共清拆违法广告招牌351宗、6017平方米，辖内违法广告设置基本得到控制。

【查处在建工地违法施工行为】 2011年，区城管分局落实管理责任、强化监督检查，配合建设部门加强建筑工地文明施工管理，配合市局加强在建工地电子监控建设。发挥夜间余泥监督中队的作用，重点做好在建工程违法建设、违法施工、违规运输排放余泥、夜间超时施工噪声扰民的防控工作，及时查处未经批准排放建筑垃圾、工地扬尘污染环境等不法行为，有效遏制噪声扰民和余泥撒漏污染路面的现象。全年共查处无证排放和运输建筑垃圾、违章施工、无证夜间施工及噪音扰民案件27宗，共罚款18.52万元。

【建设“法治、亲民、文明、和谐”城管】 2011年，区城管分局开展纪律教育活动月、政风行风评议工作、法制业务学习培训等一系列活动，加强队伍思想政治教育，提高队员业务水平，全力建设“法治、亲民、文明、和谐”城管。7月，分局组织全体队员开展纪律教育学习月活动，有针对性地抓好执法系统的党性、党纪教育和岗位廉政风险教育，引导党员干部做到“讲党性、重品行、作表率”，全面营造依法执法、廉洁执法的氛围。5～10月，开展民主评议基层中队政风行风工作，以评促纠，以评促建，认真查找和纠正队伍中存在的不正之风，及时解决群众反映强烈的问题。加强队伍的法律法规和开展执法骨干业务培训、占道经营案件行政处罚专题培训、余泥监督员专项培训、协管员“内强素质，外树形象”系列培训等，提高队伍的整体素质。

【信访服务和信息化建设】 2011年，区城管分局积极协调，完成城管与治安视频资源整合，推进信息化建设，完成3121个摄像头的视频对接，实现视频监控资源共享以及构建投诉服务、视频监控系统统一指挥平台的目标，提高城市管理快速反应能力和执法效率。全年系统共发现和处理各种违章行为1.05万宗，及时将有关问题遏制在萌芽状态。是年共受理各类投诉案件2.28万宗，已办结2.1万宗，全区转办案件回复率和按期办结率均为100%。

【流浪乞讨人员救助服务】 2011年，由区城管分局管理的区流动救助服务队围绕创文迎检工作，突出对主要道路、重要地区、重要商业街区的管理和控制，配合有关街道开展专项整治，全年共出动人员2100人次，车辆980台次，救助各类流浪乞讨人员899人次，其中劝导指引618人次，护送至救助站272人次，有效净化重要地区和重点商业街区的环境秩序。

【成立女子特勤中队】 2011年12月，越秀区城管综合执法分局成立女子特勤中队。巡检方式以徒步巡检方式为主，以乘电瓶车巡检为辅。以柔性执法，让违法者心悦诚服；以微笑服务，共建都市和谐文明；以飒爽英姿，营造良好执法氛围。通过教育、劝导等方式，宣传城市管理综合执法方面的法律、法规、展示广州城管队伍新形象。

（区城管综合执法分局　尤智聪）

流花地区管理

【概况】 2011年，越秀区流花管委办围绕全面建设国家中心城市核心区和“首善之区”典范的目标，狠抓服务质量，强化全方位管理，顺利完成春节旅客运输工作，确保大流花地区和谐安全有序。是年被广州地区春运指挥部评为2011年广州地区春运工作先进单位。

【节假日运输工作】 2011年，区流花管委办按照“安全、有序、畅顺、和谐”的工作要求及市春运指挥部“异地分流、属地管理、分级预案、综合协调、有序衔接”的指导思想，细化完善2011年春运工作方案和应急预案，建立健全组织指挥机构，形成一套规范有效的春运管理机制，确保春运工作顺利完成。历时40天的春运，流花地区共疏运旅客1355万人次，比上年同期减少1%。其中铁路疏运旅客850万人次（发送379万人次、到达471万人次），比上年同期减少2%；公路共疏运旅客504万人次，比上年同期增加1%（省汽车站疏运旅客252万人次，比上年同期增加2%；市客运站疏运旅客252万人次，比上年同期减少1%）。实现治安秩序平安和谐、旅客疏运安全、交通疏导顺畅、卫生环境整洁，没有发生任何重大治安案件和交通堵塞现象。延续前两年火车站周边不用交通管制和封路的好做法，连续三年实现“春运组织不扰民”的良好局面。“十一”黄金周期间，流花地区铁路、公路共到、发旅客202.8万人次（不包括市内公交车辆及地铁客流量），其中广州火车站发送旅客76.5万人次，日均发送客流达11万人次，到达旅客29.6万人次；省汽车站发送旅客48.8万人次，市客运站发送旅客47.9万人次。

2011年12月14日、15日、16日，流花管委办协调公安、交警、工商、城管执法、城管等区属各有关部门、街道，连续三天开展流花地区综合整治行动。

【专项行动查处工作】 2011年，区流花管委办针对广州火车站广场“六乱”现象有所抬头的现象，先后多次召开专题会议，协调公安、交警、工商、城管执法、城管等区属各有关部门、街道，部署并进行多次联合整治，特别是在12月14、15、16日连续三天开展的对流花地区的综合整治行动，共出动警力近千人次，城管执法人员600多人次，工商执法人员12人次，其他部门工作人员300多人次，查扣无牌经营物品116宗，收缴工具65宗，整治乱摆卖摊档690宗，现场带回人员140人，其中回族13人、维吾尔族23人，处理一批非法营运的“五类车”，有效遏制流花地区的“六乱”现象。

【车站广场环境卫生工作】 2011年，区流花管委办为进一步搞好火车站广场的环境卫生，加强与区城管局的沟通，协调社会保洁公司加强广场保洁力度，每天有60多名工人，坚持三班制工作，并定期对广场进行清洗和消毒。在春运、“十一”黄金周期间，加大环卫工人投入，每天有100多名工人对车站、广场等重点地区实行全天24小时不间断地保洁，确保火车站广场地区环境卫生整洁。

【春运环境综合整治】 2011年春运期间，区流花管委办协调公安分局、流花交警、区交通局、区城管执法分局、区城管局等职能部门联合开展大规模重点打击整治行动20多次，重点整治该地区的拉客、“双抢”、盗窃等各类违法犯罪活动及非法营运、乱摆卖行为，全年共清查嫌疑车辆153辆，查处各类非法营运车辆16台，清理乱摆卖280档（次），整治商铺超占经营800余宗，查处扰乱公共秩序的拉客、乱摆卖人员191人，治安拘留52人，共抓获各类违法嫌疑人1364名，其中：刑拘16名、行政拘留83名、强戒8名，拘留暴力抗法的“游商”30多名，救助流浪乞讨人员52人，有效净化该地区社会治安环境。春运期间，广州火车站地区（包括流花、广场、站南）共立刑事案件32宗，同比下降3%。案件类原始警情同比下降8.2%，其中刑事警情同比下降18.6%，治安警情同比下降3.5%。广州火车站广场实现36天刑事零发案，治安秩序历年最好。

【规范化建设工作】 2011年，区流花管委办对春运、黄金周、大流花地区综合整治等重点工作，实行网格化管理，责任到人。领导班子现场办公，帮助协调解决实际问题。贯彻执行中央和省、市、区有关廉洁从政的各项规定，抓好廉洁自律，全面落实党风廉政建设责任制，从制度入手，建立和完善权、钱和人事等方面的管理监督制度。坚持民主集中制原则，重大问题决策坚持多调研，互通气，多交流，多讨论；班子成员之间大事讲原则，小事讲风格，发挥班子的整体效能。修改完善干部管理细则，全年共选派5名干部参加各级各类培训，全年未出现干部职工违纪违法问题。制定落实值班制度、会议制度、工作制度、行政管理制度等方面的整改措施，流花管委办的规范化建设取得一定成效。

（区流花管委办　林巧贤）

责任编辑　黄毅华

教育·科技

教　育

【概况】　2011 年，越秀区教育局按照“坚持优先发展，推动教育事业科学发展”的总体要求，以推动教育科学发展为主题，以加速高水平教育现代化进程为主线，以提高教育质量为核心，立足越秀教育发展现状，树立“打造广东省基础教育标杆”和“建设中国南方教育高地窗口”的发展目标，引领并促进各类教育健康协调发展，巩固提升越秀教育的综合实力。

是年，越秀区辖内有各级各类校园 307 所，其中区属普通中学 22 所、职业中学 1 所、九年一贯制学校 2 所、普通小学 53 所、特殊教育学校 2 所、幼儿园 12 所；区辖内全日制高等院校 9 所、电大 2 所、民办专修学院 2 所，省市属普通中学 8 所、社会力量办学校 3 所、特殊教育培训机构 1 所、托幼园所 100 所、非学历教育机构 90 个。

是年，区财政对教育投入 172522 万元（不含市一次性追加项目），其中，教育事业费 126487 万元，离退休经费 30880 万元，其它经费 7048 万元和教育费附加 8107 万元。教育投入占区财政支出 34.73%，实现教育投入的三个增长，提高教职工岗位津贴、福利待遇，改善学校办学条件。

【学前教育】　2011 年，全区共有幼儿园 112 所，其中教育部门办幼儿园 12 所，其他部门办、民办幼儿园共 100 所。在园（所）幼儿 25857 人（其中教育部门办幼儿园在园幼儿 3161 人）。3～6 周岁幼儿毛入园率 109%。编制《越秀区学前教育三年行动计划（2011—2013 年）》，按计划启动部分项目。加强公办园建设与管理，并在广州市学前教育三年行动计划公办幼儿园发展现场会上作经验介绍。建立越秀区学前教育名师工作室，启动新一轮的越秀区幼儿园“手拉手”帮扶活动。组织越秀区民办幼儿园诚信自律公约签约大会，加强区民办幼儿园诚信建设。重视等级幼儿园建设，做好区教工幼儿园、省委幼儿园两所省一级幼儿园以及省体育局幼儿园、市粮食局幼儿园、市机电幼儿园、市财政局幼儿园、市文化局幼儿园 5 所区一级幼儿园的复评指导工作，对区小云雀艺术幼儿园等 30 多所幼儿园进行常规的教育教学视导。

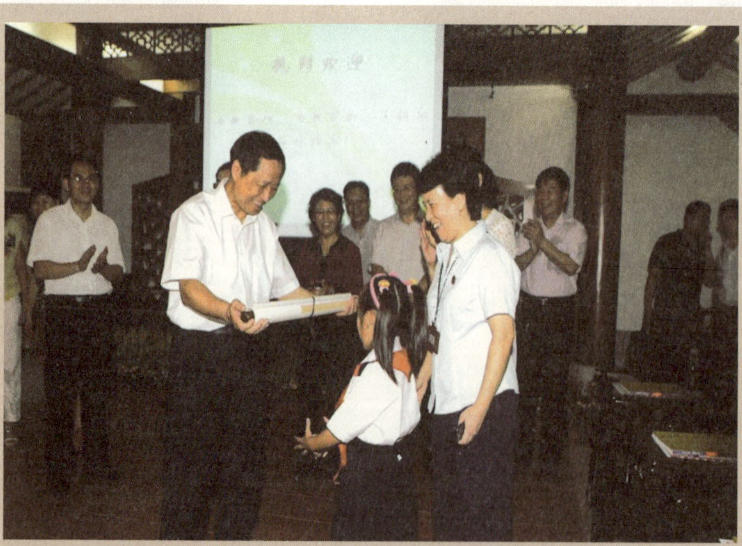

广东省教育厅厅长罗伟其一行到越秀区东山培正小学视察教育工作。

【小学教育】　2011 年，越秀区有区属小学 53 所，在校小学生 57287 人；有教职员工 3378 人。校园总占地面积 424721 平方米，学生人均 7.41 平方米；校舍总建筑面积 381956 平方米，学生人均 6.67 平方米。6～11 周岁学龄儿童入学率 100%，九年义务教育入学率保持 100%。减轻学生课业负担，鼓励小学积极探索“无作业日”等减负增效的有效途径，规范办学行为。

【中学教育】　2011 年，越秀区辖有普通中学 32 所（其中区属学校 22 所，省、市属学校 8 所，社会力量办学 2 所）；区属普通中学在校学生38283人，其中初中生24118人，高中生14165人；区属普通中学有教职工3637人；校园总占地面积445628平方米，学生人均11.64平方米，校舍总建筑面积387580平方米，学生人均10.12平方米。强化对中学学业水平检测工作的规范管理，制定、落实《关于民办学校和民办教育机构参与我区学业水平测试的管理办法》等文件，严格规范参与学业水平检测的学校范围、检测年级、检测科目、保密要求等。加强教学策略的有效指导，做好中、高考模拟考质量分析以及备考策略指导和小学学业水平测试质量监控分析工作，确保教学质量稳中有升。

【中考高考】 2011年，越秀区中考高考成绩继续保持全市领先优势。重本率（11.37%）、一本率（40.33%）、二本率（63.71%）、专A率（84.9%）、专B率（96.59%）五项指标均居全市各区之首，创历史新高，九成七以上学生可上大学（各项指标以区属中学计算）。高分段尖子生多，理科总分600分以上尖子生有73人，文科总分600分以上尖子生有66人。区属中学整体成绩大幅提高，5所示范性高中重点率和本科率继续大幅提升，其它各校也能在同类生源的基础上体现较强的加工能力，省一级中学十三中、十七中、二十一中、恒福中学、知用中学本科率连续三年大幅提升，十中、东环中学、越秀外国语学校、原广大实验中学和原七十九中等学校本科率均大幅超过市的预测目标。中考各科平均分大幅度超出全市平均水平，区属中学七科总平均分超出广州市总平均分49.26分。

【中等职业教育】 2011年，区辖内有职业中学1所，学生3240人，校舍占地面积19470平方米，校舍建筑面积32356平方米。广州市贸易职业高级中学于8月顺利通过省重点职业中学评估复核，2011年毕业生就业率98%。

【九年一贯制教育】 2011年，越秀区属有九年一贯制学校2所，在校学生人数4194人（其中小学生2665人、初中生1529人），教职工268人；校园总占地面积38109平方米，校舍总建筑面积24626平方米，学生人均占地面积和建筑面积均达规范化学校标准。

【特殊教育】 2011年，越秀区有特殊教育学校2所（启智学校、培智学校），特殊教育培训机构1所（至灵培训学校）。依托区随班就读指导中心，加强对随班就读工作指导与管理，确保随班就读特殊少年儿童完成九年义务教育。开展普特融合，支持普通学校教师参加市、区组织的各类特殊教育培训，并对教师特殊教育工作质量和随班就读学生素质发展情况进行评估。开展特殊教育教科研工作，加强各类特殊儿童（如艾斯伯格综合症、儿童多动症等）教育研究，对普通学校的特殊教育个案予以技术支持和指导。

【社区教育】 2011年，越秀区教育局组织召开越秀区社区教育工作会议，表彰荣获第二批全国社区教

市教育局局长屈哨兵到七中调研。

育示范街道称号的广卫街社区教育分院。筹建“越秀区社区教育网”，搭建网络学习平台。组织开展社区教育论坛、“讲千年故事，传广府经典”越秀区青少年讲故事活动暨百名讲故事小能手选拔等系列活动，对已立项的广卫街和贸易职中等7个单位做好指导、结项及推荐评审工作。推荐诗书街和珠光街两个社区教育特色课程参加全国社区教育特色课程评选。组织参展“2011年成人继续教育（广州）博览会”，展示越秀区社区教育成果。成功承办2011年广州市“全民终身学习活动周”启动仪式。

【成人教育】 2011年，越秀区内有成人教育学校5所（越秀区委党校、越秀区教师进修学校、越秀区卫生培训中心、越秀区劳动就业训练中心、越秀区中华会计成人中等专业学校）。加强学校监督检查，确保课程、课时开全、开足。各成人教育办学单位在抓好学历教育、继续教育的同时，把开展短期培训作为增强办学活力和吸引力的一项重要举措。全面开展面向城市职工的再就业培训、面向外来务工人员的阳光工程培训等技能培训。

【民办教育】 2011年，区辖内有民办教育机构160所。依法促进民办教育可持续发展，加大政府对民办教育扶持力度，与区财政局联合制定《广州市越秀区民办教育发展专项资金管理办法》，规范民办教育发展专项资金管理。继续与区民政局联合开展2010年度检查，全区161个民办教育机构中年检优秀39所，合格90所，基本合格15所，年检不合格11所，终止办学3所。做好迎接省人大代表视察高山培训学校的有关组织工作。协助组织召开2011年越秀区民办教育协会年会，并顺利完成协会理事会成员换届工作。

【科研工作】 2011年，越秀区教育局开展区教育创新及“十二五”规划课题立项工作和区教育教学成果奖励评选工作。组织学校教师积极申报各级各类课题，2011年区属学校获省教育科学规划立项课题6项、广州市哲学社会科学规划立项课题5项、区科信局软科学研究计划项目45项。是年12项课题通过各级各类验收，5项教育科研成果通过鉴定。

【教育综合改造工程和中小学校舍安全工程】 2011年，越秀区投入约1亿元进行教育综合改造工程和中小学校舍安全工程。基本完成新建改建教学楼2.7万平方米和2.9万平方米校舍安全加固的民生工程，对前年度尚未实施或完成的教育综改项目和校舍安全工程加固项目进行全面推进。教育综改二期工程方面：三中新建学生宿舍楼已完工并交付学校使用；恒福中学新建体育馆、综合楼工程完工并进入验收阶段；培正中学初中楼工程、原七十九中北教学楼二期工程已完工并进行验收工作；育才中学综合楼工程已封顶；小北路小学体育馆、广铁二中教学楼正在进行主体建设；二十一中新建体育馆工程已完成招投标；原七十九中南教学楼已完成报建；东风西路小学盘福校区正在办理报建手续，校本部东侧地块用地置换控规工作已获市规划委员会批准并完成公示；完成豪贤中学第一期征地；回民小学征地拆迁工作已完成30%以上。完成2009年至2011年10月的校安工程审计工作，完成海珠中路小学、东川路小学和八旗二马路小学等19所学校23栋校舍的抗震加固任务，秉正小学和中山三路小学等14所学校18栋教学楼的抗震加固任务进行预算编制和招标准备工作，保证区校安工程年底开工率100%，竣工率65%。

【教育信息化工程】 2011年，越秀区以教育信息化的特色发展促进区域教育均衡发展。优化区域教育信息化硬件设施的质量监管，2011年区投入3547万元进行区教育信息化硬件更新和应用系统建设。实施区教育信息化资产管理、服务器虚拟化平台和重大工程监察系统等系列特色应用项目，开展越秀教育学习云平台、越秀教育学习网的需求调研；协助学区资源共享评价、区统考学科教学质量监测分析工作等应用项目实施。开展信息技术成果及网络教育创新应用研究。2011

年区教师多媒体教育软件作品获奖数量和质量继续居全市各区之首。启动和推进国家教育体制改革项目“依托教育信息化促进区域教育均衡发展”改革试点工作，组织做好第四批实验学校中期评估和第五批实验学校检查确认的准备工作。

【中小学、幼儿园党政班子换届工作】 2011年，越秀区教育局组织小学、幼儿园行政班子换届。考核69个单位、183名基层领导干部，考察50名干部。组建区属小学、幼儿园新一届行政班子。校长、园长正职留任48人，副职留任80人，提拔干部39人，干部交流102人。组织中小学、幼儿园党组织换届，明确不同建制党组织任期。党委、党总支建制单位下属支部实行公推直选。

【教师队伍建设】 2011年，越秀区属中小学、特殊教育学校和公办幼儿园在职教职工7858人。组织越秀区第四批名校长、名教师认定及教坛新秀评选工作，认定区第四批名校长5人、名教师35人，评选出教坛新秀109人。另有5名校长被认定为广州市第二批名校长，6名教师被认定为广州市第二批名教师。积极推进优秀校长出国培训项目。强化对高层次人才培养，委托中山大学开办“2011年中学校长高级研修班”，组织区34名校长（主任）参加培训学习。

2011年，完成区教育系统岗位设置聘任工作，核定的中小学专业技术高级职数比2006年原区人事局下达的职数增加331个，中级职数增加397个，向社会公开招聘教师28名，引进调动优秀学科教师4名，安置随军家属21名，系统内实现流动的教职员约100名，有效地补充缺员学校师资。

【素质教育】 2011年，越秀区教育局开展各类特色活动提升素质教育水平，长堤真光中学与广东省潮人海外联谊会联合举办纪念辛亥革命一百周年的德育活动，深挖校园历史文化。开展和做好体育传统项目学校的评估和命名工作；以开展各类环保漫画比赛等活动为载体，让学生在创作和竞赛过程中，收获“润物细无声”的教育效果；开展“童心向党”歌咏比赛、中小学校艺术团展演活动和科技创新大赛等，丰富学生的课余文化生活，提升学生的艺术素养和创新能力。

【教育资源布局调整】 2011年，越秀区教育局结合义务教育规范化学校的达标建设，对铁一小学和梅花村小学、回民小学和吉祥小学进行合并；第十中学从是年秋季起不再招收高一新生，过渡两年后改办为优质初级中学。本次布局调整是“打破两堵围墙，整合四所学校”，待梅花村小学在读学生自然过渡后，该校用址交育才中学使用；梅花中学从是年秋季起停止招收新生，待该校学生自然过渡至毕业后，该校用址交铁一小学使用。

【学区目标管理和绩效管理】 2011年3～4月，越秀区教育局对各学区的教育教学工作、办学水平及教师交流情况进行督导评估，对学区建设状况进行研究分析和发展性年度评价，根据评估结果予以奖励，对资源共享实施以奖代补政策。6月，进行2010年学区绩效评估，评出一等奖学区4个、二等奖

2011年，区教育局领导到信宜丁堡镇铁卢村开展扶贫工作。

学区6个，是年共划拨出以奖代补经费146万元，有效提高学校开展学区建设活动的积极性。

【区第二批依法治校示范校创建工作】 2011年，越秀区教育局对17所局属学校和民办育才实验学校进行创建评估工作。6月，在秉正小学举办以“依法治校，规范管理，敬廉崇洁，内涵发展”为主题的廉洁教育活动展示会暨“越秀区教育系统廉洁文化建设示范学校”揭牌仪式活动，把秉正小学作为“越秀区教育系统廉洁文化建设示范学校”建设基地，通过示范校建设工作，在系统内深入开展廉洁文化进校园活动。

【“千校扶千校”和“百校扶百校”工作】 2011年，越秀区教育局按照“一帮一、全方位、可持续、同发展”的模式，做好对阳春、从化、增城等地区的支教工作。在“百校扶百校”行动计划的实施过程中，华侨外国语学校和花都赤坭中学、三十七中和花都区长岗中学、署前路小学和狮岭镇联合小学、大沙头小学和雅瑶小学等结对学校，通过加强交流合作，在办学理念、教育管理、队伍建设、教育教学、学生发展、校园文化等方面实现相互取长补短。

2011年越秀区区属中小学、幼儿园基本情况一览表

名称	地址	创建时间	教职工数	专任教师	学生人数	学校级别	备注
广州市第三中学	大新路163号	1863年	302	264	3336	省一级	
广州市第七中学	烟墩路28号	1888年	228	185	2873	省一级	
广州市第十中学	维新路素波巷30号	1906年	137	111	1285	市一级	
广州市第十三中学	文德路83号	1902年	223	171	2015	省一级	
广州市第十六中学	中山二路37号	1934年	320	262	3269	省一级	
广州市第十七中学	小北路216号	1929年	153	126	1609	省一级	
广州市第二十一中学	环市东路天胜村16号之一	1954年	162	146	3269	省一级	
广州市第三十七中学	光塔路仙邻巷42号	1956年	82	66	895	市一级	
广州市第四十中学	东华西路海月西街5号	1958年	108	82	1033	市一级	
广州市第八十二中学	西华路新桥街1号	1977年	56	48	630	市一级	
广州市培正中学	培正路2号	1889年	206	173	2797	省一级	
广州市育才中学	福今路2号	1951年	272	242	3603	省一级	
广州市恒福中学	恒福路250号	1994年	182	146	1892	省一级	
广州市知用中学	百灵路83号	1924年	158	116	1674	省一级	
广州市东环中学	东风东路755号	1985年	108	91	1009	市一级	
广州市长堤真光中学	长堤大马路348号	1872年	83	65	855	市一级	
广州市五羊中学	寺右新马路	1986年	103	76	1004	市一级	
广州梅花中学	共和西路32号	1981年	65	48	470	市一级	
广州市豪贤中学	中山四路榨粉街91号	1999年	56	47	604	区一级	
广州市铁二中学	站西路机山一巷30号	1973年	63	52	808	市一级	

（续表）

名称	地址	创建时间	教职工数	专任教师	学生人数	学校级别	备注
广州市矿泉中学	三元里大道北站路37号	1992年	60	54	759	市一级	
广州市越秀外国语学校	盘福路98号	1948年	242	189	2315	市一级	
广州市贸易职业高级中学	中山六路瑞兴新街7号	1956年	242	184	3240	省一级	
广州市越秀区东山培正小学	培正路5号之六	1889年	115	105	1895	省一级	
广州市越秀区铁一小学	共和大街1号	1952年	175	159	3058	省一级	合并梅花村小学
广州市越秀区署前路小学	署前路署前横5号	1943年	68	61	1166	省一级	
广州市越秀区五羊小学	寺右北二街一巷1号	1987年	44	40	783	市一级	
广州市越秀区东山实验小学	五羊新城春风路南三街5巷1号	2003年	63	61	1056	省一级	
广州市越秀区大沙头小学	大沙头三马路8号之四	1957年	60	51	963	市一级	
广州市越秀区杨箕小学	中山一路雄镇大街1号	1930年	29	29	446	区一级	
广州市越秀区中山二路小学	中山二路菜园东街14号	1958年	52	48	858	区一级	
广州市越秀区文德路小学	文德路77号	1933年	84	76	1442	省一级	
广州市越秀区东川路小学	东川路47号	1905年	79	71	1427	省一级	
广州市越秀区红火炬小学	东华西路海月东街93号	1923年	76	70	1185	市一级	
广州市越秀区永曜北小学	永曜北街70号	1947年	42	36	584	市一级	
广州市越秀区八旗二马路小学	八旗二马路60号	1956年	64	56	831	市一级	
广州市越秀区清水濠小学	德政中路清水濠46号	1904年	62	57	975	省一级	
广州市越秀区珠光路小学	珠光路40号	1946年	43	36	614	市一级	
广州市越秀区秉正小学	德政中路担杆巷21号	1953年	48	43	651	市一级	
广州市越秀区教育路小学	教育路69号	1927年	32	26	449	区一级	
广州市越秀区朝天小学	朝天路81号	1864年	66	56	1142	省一级	
广州市越秀区旧部前小学	一德中路旧部前56号之三	1921年	84	77	963	省一级	
广州市真光小学	一德西路419号	1872年	43	35	539	市一级	
广州市满族小学	光塔路89号	1946年	62	55	1018	区一级	
广州市回民小学	解放中路398号	1929年	89	82	1275	市一级	合并吉祥小学
广州市越秀区七株榕小学	海珠中路七株榕9号	1949年	30	26	398	区一级	
广州市越秀区海珠中路小学	海珠中路15号	1968年	32	29	421	市一级	
广州市越秀区大南路小学	大南路173号	1964年	35	29	548	区一级	
广州市越秀区惠福西路小学	惠福西路毕公巷4号	1970年	33	28	409	区一级	
广州市越秀区东风东路小学	东风东路756号	1948年	149	133	2949	省一级	

（续表）

名称	地址	创建时间	教职工数	专任教师	学生人数	学校级别	备注
广州市越秀区育才学校	福今东路10号	1920年	115	108	1836	省一级	
广州市越秀区水荫路小学	水荫路94号	1995年	56	56	1014	市一级	
广州市越秀区先烈中路小学	先烈中路107号	1969年	56	52	1062	省一级	
广州市越秀区农林下路小学	农林下路76号	1964年	63	57	1051	省一级	
广州市越秀区执信南路小学	竹丝岗三马路11号	1972年	48	43	808	市一级	
广州市越秀区沙涌南小学	沙涌南村后街38号	1973年	35	29	506	区一级	
广州市越秀区中山三路小学	中山三路58号	1949年	61	56	808	市一级	
广州市越秀区豪贤路小学	豪贤路32号	1947年	56	51	884	市一级	
广州市越秀区雅荷塘小学	德政北路雅荷塘10号	1948年	46	39	631	市一级	
广州市越秀区中星小学	淘金东路106号	1990年	84	79	1605	省一级	
广州市越秀区黄花小学	原道路46号	1950年	55	49	975	省一级	
广州市越秀区登峰小学	下塘西路84号	1950年	60	55	1052	省一级	
广州市越秀区环市路小学	环市路318号	1966年	58	53	914	市一级	
广州市越秀区建设大马路小学	建设三马路71号	1952年	51	47	809	市一级	
广州市越秀区建设六马路小学	建设六马路5号	1951年	55	51	909	市一级	
广州市越秀区云山小学	广园东路云泉路151号	1959年	53	49	822	省一级	
广州市越秀区养正小学	广园西路78号	1938年	28	25	459	市一级	
广州市越秀区铁四小学	站西路机山1巷9号	1952年	55	52	918	市一级	
广州市越秀区东风西路小学	东风西路265号	1942年	149	137	2719	省一级	
广州市越秀区桂花岗小学	解放北路飞鹅路68号	1981年	52	44	1054	省一级	
广州市越秀区小北路小学	小北路80号	1907年	92	85	1744	省一级	
广州市越秀区八一希望学校	西华路司马街7号	1950年	79	69	1135	市一级	
广州市越秀区净慧体校	净慧路90号	1947年	105	93	1249	市一级	
广州市越秀区天秀小学	环市中路298号	1993年	32	28	428	区一级	
广州市越秀区瑶台小学	广园西路瑶台前进大街44号	1937年	39	36	707	市一级	
广州市越秀区广中路小学	广中路22号	1946年	36	32	478	区一级	
广州市越秀区东方红幼儿园	寺贝通津15号	1950年	84	37	420	省一级	
广州市越秀区烟墩路幼儿园	烟墩路18号	1909年	39	23	298	省一级	
广州市越秀区教工幼儿园	大沙头路27号之三	1956年	29	21	258	省一级	
广州市越秀区水均岗幼儿园	东风东路福今东9号	1987年	31	16	205	省一级	
广州市越秀区中六幼儿园	西华路司马街66号	1933年	33	20	353	省一级	
广州市越秀区云台里幼儿园	解放中路云台里28号	1952年	40	28	321	省一级	

（续表）

名称	地址	创建时间	教职工数	专任教师	学生人数	学校级别	备注
广州市越秀区黄花实验幼儿园	广州市越秀区原道路48号	2001年	29	13	216	市一级	
广州市越秀区小北幼儿园	小北路丹桂里14号	1959年	30	18	259	市一级	
广州市越秀区锦城幼儿园	东风东路858号A6A7底层	1999年	15	9	119	市一级	
广州市越秀区泰康路幼儿园	泰康路水母湾14号	2006年	34	16	240	区一级	
广州市越秀区真光幼儿园	一德路331号	2003年	24	14	242	区一级	
广州市越秀区登峰幼儿园	淘金北路75－77号麓湖阁	1955年	18	11	230	区一级	
广州市华侨外国语学校	环市东路华侨新村友爱路1号之一	1955年	120	105	1906	市一级	
广州市八一实验学校	达道西路5号	1948年	148	129	2288	省一级	
广州市越秀区培智学校	海珠南路濠畔街254号	1993年	33	29	109	区一级	
广州市越秀区启智学校	白云路义利街4号	1985年	66	60	253	未评级	

（区教育局　梁颖君）

科技和信息化

【概况】　2011年，越秀区科技和信息化局以加快转变经济发展方式为主线，以增强自主创新能力、加快战略性新兴产业发展为核心，通过队伍建设、效能提升、项目带动、载体拓展、资源整合、服务深化等举措，加快创新型城区和智慧越秀建设，促进战略性新兴产业成为区域经济发展方式转变的助推器和重要支撑。全区创意产业实现年营业收入813.15亿元，同比增长12.8%，占全区营业收入的9.69%。黄花岗科技园持续发展壮大，成为新兴产业发展的主要集聚地，全年实现技工贸总收入288.05亿元，比上年增长25.03%。顺利通过两年一度的全国科技进步考核，被评为“2011年全国科技进步考核先进县（市）”，继2007年和2009年后连续第三次受到表彰。武延军等三人被评为“全国科技进步先进个人”。12月召开全区建设创新型城区暨科技奖励大会，表彰2009—2010年度越秀区科学技术进步奖22项以及越秀区推动科技进步先进单位和个人、黄花岗科技园优秀领军人才和先进企业。

【科技项目】　2011年，越秀区科技和信息化局年度共安排区科技三项经费1.01亿元，立项194项，设立科技创新和创意产业发展、电子商务、专利产业化等一系列专项资金，对口安排国家中小企业技术创新基金、省部产学研项目等配套资金，引导并充分激发企业开展技术创新和成果产业化的积极性，组织申报国家、省、市、区科技项目800多项，其中企业类项目逾八成。获得国家、省、市科技立项132项，资金逾1.2亿元，培植出“面向海量数据处理的云计算应用支撑通用平台”等多项上级部门支持资金1000万元的战略性新兴产业重大项目。获得国家、省、市级科技进步奖励74项，其中广州市2011年科技进步奖项目20项，占全市25%（一等奖7项，占全市46.7%）。

【产业园区建设】　2011年，越秀区科技和信息化局加快产业园区建设并取得新进展，黄花岗科技园新建成5个合作产业园区，总园区数达25个，经营面积逾70万平方米。创新思路，率先提出发展移动互联网产业，10月，挂牌成立全市首个移动互联网产业园。“创意大道”项目主体工程竣工，正在进行内外部装修；园区招商、创意产业公共服务平台建设也同步进入具体组织实施阶段，入驻预登记企业超过30家。南方传媒文化创意产业园建设取得阶段成果，园区一期工程的南方传媒大厦已竣工，实施推进旧办公区升级改造二期工程。年底已有超过20家企业进驻。

【创新型企业和知识产权示范企业建设】 2011年，越秀区科技和信息化局实施“创新驱动”工程，选择技术先进、市场前景好、成长性强的100家科技型中小企业列入储备和重点培育发展名单，按照产业领域、技术方向等不同要求，分类给予指导、支持和帮扶等服务，推动企业走创新发展之路。是年新培育出3家广州市创新型企业，新认定8家创新型科技企业、20家知识产权优势企业和10家企业工程技术研发中心，至年底全区创新型企业共有国家级1家，省级3家，市级5家，区级13家，区认定的知识产权优势企业达到50家；新增一批认定高新技术企业，全区累计112家。梯队式培养创新型、科技型企业群体，新培育出国家、省、市级自主创新能力突出、示范带动效应显著的重点科技企业30家，其中包括“国家规划布局内重点软件企业”2家，“国家电子商务示范企业”2家；“广东省战略性新兴产业培育企业”2家，“广东省科技服务业100强企业”6家；“广州市创新型企业”3家，“广州市重点软件和动漫企业”11家。

【科技创新条件建设】 2011年，越秀区科技和信息化局科技创新服务平台建设取得新成效，“国家高新技术产业开发区黄花岗科技园公共技术服务平台”建设纳入国家火炬计划，3家企业被认定为广东省博士后创新实践基地，4个省重点实验室建设项目获得立项，7家企业技术中心获得省（市）级认定。广东省首个文化产权交易平台——南方文化产权交易所在南方文化传媒产业园区落成开业。广州博士科技交流中心被认定为“国家技术转移示范机构”，2011年服务合同额近2亿元，推动技术成果转移转化2000余项，成为华南地区知名的促进知识流动和技术转移转化的公共服务平台。挂牌成立广州黄花岗科技园新兴产业研究院和广州久邦移动互联网产业研究院，为越秀区战略性新兴产业发展提供研究、咨询、培训服务。

2011年7月8日，市长万庆良到黄花岗科技园视察。

【创新创业人才培养】 2011年，越秀区科技和信息化局加强高端人才的引培工作。强化政策扶持，参与制订《越秀区关于吸引培养高层次人才的意见》。加大资金支持力度，每年安排高层次人才创新创业专项资金，重点对接国家“千人计划”、广东省“珠江人才计划”以及广州市“创新创业领军人才百人计划”等高层次人才政策，通过政策倾斜和项目扶持，对领军人才及其团队加大支持力度。加速智力转化，引进和重点支持国家专利技术展示交易中心、南方文化产权交易所、广州博士俱乐部等一批专业服务中介，打造形成人才、技术、资金等“多位一体”的综合服务平台，加强高层次人才与市场、知识与经济的互动。发动和组织推荐优秀人才进入国家、省、市的专项培养计划，成功推荐1人入选国家“千人计划”，是广州市在信息技术领域首个也是唯一一个入选“千人计划”的高层次人才；1人入选广东省引进的第二批创新领军人才，3人入选广州市首批“创新创业领军人才”，占总数的12.5%。2011年越秀区辖内共有29人入选广州市公示的高层次人才，占总数的40.3%。

【科技招商工作】 2011年，越秀区科技和信息化局加大产业招商力度。融入广州市招商平台推进科技的选商引资工作，组织参加“新广州，新商机”系列推介活动以及香港资讯展、北京软博会、深圳文博会、中国服务贸易博览会等。围绕产业转型升级，通过以商引商、上门招商等方式，重点引进一批新兴产业大项目、新资本，新引进70多家企业，其中有国家规划布局内重点软件企业启明信息技术公司广州公司以及中大创投、中广传播等一批具有较高行业知名度和市场前景的企业。此外还有天奇动漫、华辰光电等30多家优质企业列入重点招商储备名单。

【科技金融工作】 2011年，越秀区科技和信息化局采取多方联动与市区联合开展科技金融工作。实施“促上市、搭平台、设专栏、拓渠道”四项举措，多次组织金融管理政府部门、银行、创投公司、科技企业、律师事务所等共同举办研讨会、项目对接会等活动，筛选近30家重点企业，建立上市企业资源库，联合十多家风险投资机构共同打造风投广场。市区联动，初步确定把黄花岗科技园区列为科技保险首选试点区，同时积极推进高新区的“代办股份转让系统”试点工作，引导与动员具备条件的企业挂牌。

【科技服务】 2011年，越秀区科技和信息化局制定《深入企业项目开展帮扶活动工作方案》，首批选择30家重点企业（项目），成立由局、委负责人牵头负责的专项工作组，深入企业（项目）开展帮扶活动，全方位、多层面帮扶企业（项目）协调解决“急”、“难”问题。举办一系列政策宣讲、项目申报辅导、企业文化建设等活动，如企业研发费用税前扣除培训会、高新技术企业复审（认定）培训会、科技型中小企业技术创新基金项目申报培训会、“送健康进园区”活动启动仪式暨“行为习惯与健康”讲座等系列活动。

【知识产权工作】 2011年，越秀区科技和信息化局开展省知识产权试点区工作进入验收阶段，试点区建设有效改善和提升越秀区知识产权环境，专利申请量、授权量位居各区县前列。

推进知识产权保护和宣传推广工作。组织推荐企业申报并荣获国家专利优秀奖1项，广州市专利优秀奖3项，广州市保护知识产权市长奖2项。联合广东工业大学举办越秀区外观设计专利大赛，组织推荐140份作品参与第六届中国外观专利设计大赛。组织企业参加市知识产权质押融资培训班、香港“创意产业知识产权保护培训班”、区知识产权保护动员大会等系列知识产权培训学习。鼓励企业推进关键核心技术专利权创造，组织实施专利产业化项目4项，安排经费60万元。全年共举办专利技术与产品展示交易10余场，展示专利技术与产品6480余件，交易总额800余万元。

实施“双打”专项行动。根据国家、省、市统一安排部署，安排专项经费10万元，组织实施打击侵犯知识产权和制售假冒伪劣商品专项行动，联合区属有关部门对中非商贸城及其周边对非洲出口市场开展一连串的联合执法行动，取得阶段性成果，通过国家专项检查。全年实现专利申请量3095件，授权量2186件，同比分别增长27.2%、6.1%。

【区信息化项目及投入】 2011年，越秀区科技和信息化局安排区信息化建设专项资金2150万元（其中区科技三项费用支出2100万元，市服务业引导资金50万元），安排17个单位共34个电子政务项目。建设和完善“越秀号”信息服务直通车“一网、一站、一库、一平台”，在加强城市管理、改善公共服务与提高行政效能等方面取得新成效。完善网上服务大厅，提供国家、省、市及各区共769项在线办理服务，其中本区在线办理服务111项，居民安坐家中通过上网办理相关业务，实现“足不出户，享受服务”，2011年访问量6.5万次，其中本区在线办理量20594件。率先在广州市开发“一平台”基础系统，已接入办公自动化（OA）、社区管理、老干管理和全区电话信息管理系统等23个系统，实现全区所有部门和街道用户无需输入用户名和密码，就能在“一平台”上处理OA公文、查询电话及登陆各接入业务系统。联合预审审批平台扩展至区工商分局、区环保局、区卫生局、区经贸局、区国土房管分局、区文广新局、区公安分局、区药监局共8个前置审批部门，平台的推广实现企业开业四提速（行政审批提速、上门服务提速、网上便民提速和审批流程提速）。

【科学技术普及工作】 2011年5月15日，越秀区科技和信息化局举办2011年越秀区科技活动周开幕式暨广州市科普一日游活动启动仪式。活动以“科技创造新生活，建设幸福新越秀”为主题，以“建设智慧广州、幸福广州”为主线，通过举办青少年科技成果展、“环保低碳新生活”项目图片展、人口计生科普知识宣传咨询、知识产权宣传咨询等一系列科技活动，突出体现科技创新对幸福生活的贡献。活动周期间，举办各类科技宣传、展示与咨询活动共87次，各类知识讲座65场，展出科普宣传板、挂图300余块（幅），发放科普资料近4.2万份，参与群众近3.5万人次。辅导和推荐辖区内有关单位申报市、区2011年科普项目，组织开展辖区科普统计工作，全面调查统计区属15个单位的科普人员情况、科普场地、科普经费、科普传媒和科普活动。开展“千名博士携手万名学生”科学大使进校园系列活动，完成对接学校9所，活动参与学生1140人，对接博士215名。

【防震减灾】 2011年，越秀区科技和信息化局举办宣传贯彻《防震减灾法》暨第三个全国防灾减灾日宣传活动，现场通过图片展、防震减灾科普示范学校成果展等多种形式，向市民宣传地震基本知识、建筑物抗震设防知识、应急避震知识和《防震减灾法》知识。以第二十二个国际减灾日为契机，举办一场主题为“建设具有抗灾能力的城市——让我们做好准备”的宣传咨询活动，邀请省地震局两位专家为市民提供专业咨询，同时免费发放《地震宏观前兆观测手册》、《地震防震知识100问》等宣传资料共200多本，直接参与群众约100人次。加强防震减灾科普基地建设，联合广州市地震办对广州市动物园防震减灾科普基地建设项目进行验收，实地考察动物与地震科普馆。协助黄花科苑社区做好防震减灾综合示范小区验收工作。

附表1　2009～2010年度越秀区科技进步奖获奖项目一览表

奖项	序号	项目名称	完成单位	完成人员
一等奖（共3项）	1	大型折叠升降LED显示屏风帆架施工关键技术研究	广州市建筑机械施工有限公司、中十冶集团有限公司	丁昌银、余建洲、黎丁、黄东阳、雷雄武、彭文海、何炳泉、李仕许、吴锦伟
	2	基于J2EE和SOA架构的国民旅游休闲公共信息服务平台	广东益民旅游休闲服务有限公司	林惠宣、张劲松、贝永桃、哈海华、秦岭、何铭就、郑国忠、祝小海
	3	光固化快速成型的树脂液面控制及树脂涂覆的方法和装置	中科院广州电子技术有限公司	李耀棠、李伟良、赵光华、冯洪安、刘玉鹏、张俊杰

（续表）

奖项	序号	项目名称	完成单位	完成人员
二等奖（共8项）	4	透明制造软件支撑平台	广州中浩控制技术有限公司	张昊、梁永宏、段鑫、王彦桂、陈宇、王媛、张强、江哲钊、王琳、李朝晖
	5	大面积水隐舞台施工关键技术研究	广州市建筑机械施工有限公司、广东浩和建筑股份有限公司	雷雄武、黎丁、黄东阳、彭文海、周岳、何炳泉、阮小华、李仕许、吴锦伟、刘晗晨
	6	基于3G网络的移动增值服务平台	广州市久邦数码科技有限公司	邓裕强、常映明、高峰、王磊、金健
	7	基于RFID的第四方物流关键技术及软件平台	广州中大百迅信息技术有限公司	詹宜巨、黎和生、黄江东、罗永基、杨洋、连桂枝
	8	ZI型节能自吸泵的推广与应用	广州水泵厂	王耀红、林吉赐、李德田、吴宏顺、邱熙、黄珏、徐堪国
	9	计算机数字直接制版机（CTP）	广州市保利特企业发展有限公司	唐晖、朱凡、陆怀恩、何正军、马修彦
	10	冰麝液加氧鼻吸静注法治疗慢性脑供血不足的临床研究	广州市越秀区中医院南院	陈国成、刘燕婉、蒋建晖、陈湛豪、梁志亮、张颖、潘林平
	11	地方课程资源建设的区域协作开发与共享机制研究	广州市越秀区教育信息中心	蔡定基、张远木、刘小莲、李广文、彭雪庄、黄佩仪、丁奕刚、高俊、冯巨恒、冯颖、李静、张安安、邓均燕
三等奖（共11项）	12	广州有线业务流程管理技术项目二期	广州珠江数码集团有限公司	孙亮、刘建文、李建华、陈瑞玲
	13	净化室内空气污染的植物生物的过滤装置	广州市捷鑫环保科技开发有限公司	周宏伟、闫兴、吴华、赵宁凡、丘伟忠、曾雄波
	14	从兴基于自主研发内存数据库的在线计费系统	广州从兴电子开发有限公司	答朝阳、袁晓鹏、王征、游耀祥、沈中华、郑胤壑、梁月琴、阳志勇、李治
	15	钙盐沉淀法处理磺化废水项目	广州茵绿环境科技发展有限公司	陈丰、郭志勇、丘国强、马玉明
	16	恒扬程/止回水泵专用阀们（一种水泵控制阀门）	广州三业科技有限公司	郑全、郑浩、郑建伟、叶镜雄、王伟、邓达理、张波、周柳开
	17	一种LED路灯	广州市海林电子科技发展有限公司	邢瑞林、汤丹
	18	餐饮业使用掺兑潲水油状况及快速鉴别检测方法的研究	广州市越秀区疾病预防控制中心	许斌、黄亮宇、曾玉梅
	19	含药血清培养成骨细胞对骨质疏松性骨折基因表达动态影响	广州市正骨医院、华南农业大学	李保林、熊平、黄崇博、庾伟中、叶勇光
	20	有效的地理课堂教学研究	越秀区教师进修学校（越秀区教育发展中心）	周慧、郁华、桂宁、李青、谭昆艳、杨向阳、王宇航、陈志安、周向平、乐淮辉、丘运芳
	21	学习型教师队伍建设的策略研究	广州市越秀区东风西路小学	陈伯良、易敏、杨文勇、李娟、付玉兰、朱思红、李海鹰、夏健君、黄泳莉、梁碧燕、刘凤霞、吴丹、杨娟、李丕英、陈笑榕、朱雪英、麦振宇、何海燕、邵敏清、季莹娟
	22	新课程背景下发展性互动有效课堂教学模式研究	广州市第三中学	梁国就、具惠兰、郑群、黄承炬、王殿林、胡峥嵘、梅金娣

附表2　2011年越秀区辖内单位获国家、省、市科学技术进步奖获奖项目一览表

序号	奖项	项目名称	完成单位	获奖等级	备注
1	国家科技进步奖	区域大气复合污染研究的技术体系及在珠江三角洲的应用	广东省环境监测中心	二等奖	第二完成单位
2		食品微生物安全快速检测与高效控制技术	广东省微生物研究所，广东环凯微生物科技有限公司		
3		肾结石及其慢性肾功能不全外科治疗新技术的建立与应用	广州医学院		第三完成单位
4		青光眼临床诊治模式的转变	中山大学中山眼科中心		
5	广东省科技进步奖	肿瘤基因治疗的基础和关键技术研究	中山大学肿瘤防治中心	一等奖	第一完成单位
6		数字化医院关键技术的开发与应用	广州军区广州总医院		
7		腹部器官簇移植及器官联合移植的基础与临床研究	中山大学附属第一医院		
8		数字化变电站电能计量装置检测技术研究	广东电网公司电力科学研究院	二等奖	
9		基于云计算的高可信网络安全技术研发及应用	中国电信股份有限公司广东分公司		第二完成单位
10		大跨空间结构施工监控技术研究及应用	广州市建筑集团有限公司		
11		珠江三角洲磨刀门水流泥沙运动规律及整治技术研究	广东省航道局		
12		已建大跨径梁桥长期下挠的对策研究	广东省佛开高速公路有限公司		
13		大跨度钢—混凝土连续结合梁的研究与实践	广州市市政工程设计研究院		第二完成单位
14		珠三角大气气溶胶辐射特性与灰霾天气的细粒子污染本质及输送特征研究	中国气象局广州热带海洋气象研究所		
15		新发传染病——广州管圆线虫病的病原生物学、流行病学、诊断及治疗研究	广州医学院		第四完成单位
16		肝炎病毒联合诊断、分型基因芯片的研制及临床应用性研究	广州军区广州总医院		
17		蟑螂过敏原诊断试剂的研制及临床应用研究	广州医学院		第二完成单位
18		超声弹性成像在乳腺癌诊断中的应用	中山大学孙逸仙纪念医院		
19		结直肠癌社区预防与综合治疗应用研究	中山大学肿瘤防治中心		
20		细菌耐药性资源库的创建和临床应用	广州医学院第一附属医院，中山大学附属第一医院，广州军区广州总医院，中山大学孙逸仙纪念医院，广州市第一人民医院		第一、二、三、四、六完成单位
21		基于信息化管理的肺癌标本库的建立	广东省人民医院（广东省医学科学院）		
22		呼吸中枢驱动评价、临床应用及其相关产品开发	广州医学院第一附属医院		

（续表）

序号	奖项	项目名称	完成单位	获奖等级	备注
23	广东省科技进步奖	原发性肝细胞癌规范的个体化外科综合序贯治疗系列研究	广东省人民医院（广东省医学科学院）	二等奖	
24		牙体牙髓疑难病例临床治疗的系列研究	中山大学附属口腔医院		
25		肠外肠内营养治疗在消化外科应用的基础与临床研究	中山大学附属第一医院		第二完成单位
26		顽痹的中医内外兼治疗法临床与实验研究	广州军区广州总医院		
27		JHM2028 血液透析装置	广东省交通医院		第三完成单位
28		一类新药—心肌肽对心脏围手术期心肌保护的基础和临床研究	中国人民解放军第四五八医院	三等奖	
29		法尼酰基转移酶抑制剂治疗肿瘤的机制研究	广东省人民医院（广东省医学科学院），中山大学孙逸仙纪念医院		第一、二完成单位
30		静息态脑功能神经网络成像技术初步应用	广州中医药大学第二附属医院		
31		透平发电机组及其调节系统的建模与应用新技术研究	广东电网公司电力科学研究院		
32		超临界机组奥氏体钢炉管内氧化物堆积分析检测以及安全性评价研究	广东电网公司电力科学研究院		
33		220kV 变电站数字化改造关键技术及工程实践	广东电网公司电力科学研究院		第二完成单位
34		中国电信领航平台研发与应用——企业SaaS服务支撑管理平台	中国电信股份有限公司广东分公司		第二完成单位
35		广东省电信网间通信质量管理系统	广东省通信管理局，中国电信股份有限公司广东分公司，中国铁通集团有限公司广东分公司		第一、二、五完成单位
36		公路养护大道班生产管理系统	广东省公路管理局		第二完成单位
37		省市共建广州地区大型科学仪器协作共用服务平台	广州生产力促进中心，中国广州分析测试中心		第一、二完成单位
38		沥青路面养护、维修关键技术研究	广东省高速公路有限公司		
39		高速公路车辆行驶速度管理技术研究	广东省交通集团有限公司		
40		水泥路面养护、维修关键技术研究	广东交通实业投资公司		
41		人 RH 基因结构与遗传特点应用研究	广州中医药大学第二附属医院		第二完成单位
42		神经与消化系统常见病中情感障碍的病因机制和临床诊治策略系列研究	广州市第一人民医院		
43		儿童造血干细胞移植 GVHD 和 GVL 的基础和临床研究	中山大学孙逸仙纪念医院		
44		携带治疗基因的特异性增殖型腺病毒在肝癌中的实验性研究	广州军区广州总医院		
45		鼻窦炎对中耳的影响和变应性炎症鼻黏膜改变的系列研究	广州市第一人民医院		

（续表）

序号	奖项	项目名称	完成单位	获奖等级	备注
46	广东省科技进步奖	水通道蛋白基因（AQPs）在羊水平衡途径中的分子机理研究	中山大学	三等奖	
47		瓷贴面修复的牙体预备三维分型基础及临床研究	中山大学附属口腔医院		
48		尿道下裂矫正术及尿瘘修复术的改良应用	广州军区广州总医院		
49		健胃舒颗粒治疗功能性消化不良（脾胃虚寒兼肝郁气滞证）的临床与实验研究	广东省第二中医院，广东省中医研究所		
50		疏肝泻火中药对肝经郁火证多囊卵巢综合征患者高雄激素血症的影响	广东省第二中医院		第二完成单位
51		复方血栓通胶囊指纹图谱质量控制新技术研究及产业化应用	中山大学		
52		机电一体化应用技术转移创新服务平台	广东赛杰自动化与信息技术转移中心有限公司		
53		大城市停车需求预测模型系统及规划应用	广州市交通规划研究所		
54		面向电子政务的空间信息可视化技术应用研究	广州市城市规划自动化中心		
55	广州市科技进步奖	自主开发的“传祺”系列中高级轿车及其技术	广州汽车集团股份有限公司	二等奖	
56		金税IT资源全网监管平台及在广电行业的应用	广州市电视台		第二完成单位
57		大型公共建筑场馆施工关键技术研究与应用	广州市建筑集团有限公司、广州市第一建筑工程有限公司		
58		大型近接暗挖换乘地铁车站施工关键技术研究	广州市地下铁道总公司、广东工业大学		第一、二完成单位
59		基于信息化和智能化的第16届亚运会交通组织	广州市交通规划研究所、广州至信交通顾问有限公司		
60		脱落细胞DNA分型及法医学应用研究	广州市刑事科学技术研究所、广东省公安厅刑事科学技术研究所		
61		γ-谷氨酰半胱氨酸合成酶在COPD发病中的作用与机制研究	广州医学院		
62		广东省标准《城市地下空间开发利用规划与设计技术规程》	广州市建筑科学研究院有限公司、广州市城市规划勘测设计研究院、广州大学、广州地铁设计研究院有限公司、广州市市政工程设计研究院、广州市设计院、广东人防建筑设计院有限公司		
63		TRPC蛋白在低氧性肺动脉高压发病中的作用与机制研究	广州医学院		
64		ORK-CAM引导的准分子激光非球面切削个体化手术优化设计方案的研究	广州市第一人民医院		
65		血小板分型库的建立和临床应用	广州血液中心		
66		GC-MS技术在遗传代谢缺陷病诊断中的应用研究	广州市儿童医院		

（续表）

序号	奖项	项目名称	完成单位	获奖等级	备注
67	广州市科技进步奖	支气管镜介入诊疗技术临床应用及创新	广州医学院第一附属医院广州呼吸疾病研究所	二等奖	
68		《民用建筑物室内噪声监测和评价方法》研究	广州市环境监测中心站	三等奖	
69		高速给水曝气生物滤池技术	广州市自来水公司		第二完成单位
70		地下工程突水灾害综合物探地质预报技术研究	广州市建筑科学研究院有限公司		
71		防治肾移植术后钙调磷酸酶类免疫抑制剂肾毒性的基础和临床研究	广州市第一人民院、中山大学附属第一医院		第一、二完成单位
72		吉西他滨为基础联用疗法治疗胰腺癌的临床和实验研究	广州市第一人民医院、中山大学孙逸仙纪念医院		第一、二完成单位
73		围产高危儿系统管理	广州市妇婴医院		
74		儿童支气管哮喘防治方案的临床和应用基础研究	广州医学院第一附属医院		

注：没有备注的获奖项目，所列完成单位均为第一完成单位

（区科技和信息化局　苏广超）

责任编辑　黄毅华

天字码头

天字码头在北京路南端珠江堤岸（原址在北京路接官亭南侧，20世纪30年代迁至现址），是广州使用时间最长的珠江轮渡码头。据《广东通志》记载：“明代省垣未有码头，时有埔（大埔）人李寿相操船业，广行善事，独主筑码头，现永汉南路（今北京路）天字码头即其遗址。”清代进士王士俊任广东布政使时于清雍正七年（1729）在码头附近修建“日近亭”，供接官之用，因此“日近亭”又称“接官亭”，从此，天字码头成为官家专用码头，民船不得在此停泊。

清光绪三十一年（1905），张之洞主持修筑广州近代城市第一条马路——天字码头岸堤马路，天字码头也在清末五口通商后屡加扩建至120米，是广州船舶的中心地点及各地航运的总站。来往广州的货船、疍船也都可以使用这个码头，官方色彩日渐式微。

现码头建于1964年，建筑面积416.7平方米，砖石混凝土结构，设活动桥2座，钢浮排2个。1980年改建为钢筋混凝土结构，长60米，宽11米，高5米。有至河南滨江东路、纺织路、中山大学等航线的轮渡。

文化·卫生·体育

文　化

【概况】　2011年越秀区文化局发挥文化引领功能，围绕“广府文化源地、千年商都核心、公共服务中心”的区域定位，以创建“全国公共文化服务体系示范区”为目标，以“创文”工作和“幸福越秀”广府民俗节庆活动为抓手，加强文化基础设施建设和文化遗产保护，开展文化惠民活动，全面推进公共文化服务均等化，优化文化旅游资源，强化文化旅游市场监管，推动文化旅游事业的新发展。越秀区完善区、街、社区三级公共文化服务网络，增强“10分钟文化圈”实效，被省、市推荐争创“国家公共文化服务体系示范区”。

【重点文化项目建设】　2011年，越秀区文化局推进南粤先贤馆建设。多次组织专家论证会，完成主体场馆的初步设计和概算、五仙观文物保护规划、控规调整的方案上报，继续推进方案审批和施工监理单位招标工作。积极推进大小马站书院群复建工程。争取广东省非物质文化遗产馆与大小马站书院群复建项目合并统筹建设，与北京路广府文化商贸旅游区周边的南方剧院、药洲遗址等整合成为文化片区。协助区国土局跟进广州市对“团一大”纪念广场周边环境综合整治工程的建设工作，2012年4月该项工程完成。

【图书馆事业】　2011年，区图书馆阅览座位1248个，总藏量（含电子图书）62.01万册，共接待读者136万多人次，外借书刊47万多册次，举办活动261场次，参加人次13万多人次；向读者发送便民短信26万多条，图书馆网站点击量近11万次，手机网站点击量2万多次。全年举办各类免费培训班36场次，培训4419人次；举办展览24场次，参观人数10万多人次。推进RFID自助借还二期、三期项目，简化办证流程，实现高效、灵活的智能馆藏管理。建设集办证、自助借还、预借、网站、电子阅读等多元化服务于一体的24小时自助图书馆。是年，越秀区图书馆成功申报成为广州市社会科学普及基地，获广州市军警民共建先进单位、广东省三八红旗集体、广东省基层宣传文化工作先进单位等荣誉。

实施文化慈善“三流动”（向困难家庭成员流动、向城中村人员流动、向外来工流动）。深入社区开展文化慈善捐书活动，为进城务工人员举办“让阅读温暖我们的生活”为主题的英语沙龙活动等。进一步深化图书馆免费开放服务项目，实现零门槛进入。

推进文化共享工程建设。打造“越秀数字学堂”，开创“平民大书吧”读者网上学习新时代，群众足不出户就可以在网上学习，推进学习型城区建设。拓展新的图书分馆，完成黄花岗街图书分馆的建设工作并举行揭牌仪式。书香送到区看守所、拘留所，给在押人员带去精神慰藉。深入街道、学校开展展览、讲座等系列活动。开展书香越秀——全民阅读系列活动，举办“越图‘童心坊’”、庆祝第28届国际盲人节等一系列活动。文化讲

2011年6月6日，越秀区举办广府民俗文化活动之粽情端午主会场活动。

座、文化展览、播放电影等日常文化活动影响力不断扩大。举办“广府学堂”，邀请省中医院等医院的专家推出系列健康养生讲座，受到群众欢迎。

【文博工作】 2011年，越秀区博物馆举办广府文化展示平台新闻发布会，开设以广府文化为主题的网站五羊网，提高五仙观的知名度，全年接待游客12.9万多人次。馆藏品由1175件增加到3350件，完成130余件文物的图文信息采集登记，其中一级文物1件，三级文物5件，初步推进馆藏文物的建档工作。举行广府文化宣传系列活动，彰显广府文化生命力；利用“广府文化艺术馆”流动展厅，举办广府文化工艺美术精品展等11个展览；举办五仙派福活动，为22个街道的84户居民代表送去福米与问候。加强馆校联动、馆街联动，与惠福西路小学签订长期合作共建协议，开展未成年人德育活动。联合区内各中小学、街道举办百年辛亥、清明习俗等活动。展览走出博物馆围墙，制作主题为“广府文化展之节庆”等的图片展，送到区各学校及多个公共场所展出。

【文物保护与开发利用管理】 2011年，越秀区文广新局做好第三次全国文物普查第三阶段工作，编印6万多字的《广州市越秀区第三次全国文物普查工作报告》；召开“越秀区‘三普’不可移动文物名录专家论证会”和“大小马站现有新发现文物线索是否列入区文物名录专家论证会”，形成《越秀区第三次全国文物普查不可移动文物名录（征求意见稿）》；开展越秀区不可移动文物摄像工作，建立越秀区文物数据库，编辑出版《千年风物——广州市越秀区文物景点集萃》、《五仙观诗词文赋选注》和《五仙观》（中英文）画册等书籍。

文物保护和管理。修缮区内文物保护单位，初步建立区文物行政审批制度。组织专家先后论证东山天主堂、区家祠、水母湾21号美洲同盟会旧址、广州军区广州总医院建筑群、启明四马路10号楼房围墙等修缮方案，并履行审批手续。组织专家论证菜园西37号红园、侨商街3-13号的保护范围和建控地带等，确定相关保护措施。全面维修岭南第一楼、仙人拇迹和五仙观大殿。组织位于越秀区的三元宫、万木草堂和春园等市级文物保护单位申报第七批省级文物保护单位。与相关部门和媒体、个人协调沟通处理许广平故居、“血泪洒黄华”碑、粤字第一号水准原点、邓荫南墓、端芬书院、两广浸信会医院旧址、海珠广场兰花围栏等热点问题。与相关部门协商张民达墓道牌坊受损、伍汉持墓的迁建保护等问题。配合市政府做好历史文化名城名镇名村“国检”工作。

非物质文化遗产保护工作。在区文化艺术中心二楼建设非物质文化遗产保护传承基地；与广州市城投资产经营管理有限公司合作，打造中山四路骑楼非物质文化遗产发展项目；推荐越秀区部分项目传承人进行第三批市级申报；出版《广州戏服》书籍，介绍广府特有的戏服文化及与戏服有关的粤剧文化。举行“文化遗产日”活动，在区文化艺术中心举办非物质文化遗产项目实物展，展出剪纸、箫笛制作、广州戏服等。同时在区内22个街道进行舞狮队伍摸查，选拔2支代表队伍参加广州市首届传统舞狮表演赛。

【群众文化活动】 2011年，越秀区文广新局开展“百姓的文化大院”主题活动。举办纪念中国共产党成立90周年暨辛亥革命100周年书画艺术鉴赏展等展览40场，吸引8万多群众参观；举办声乐、文艺创作培训等免费讲座近百场，参与人数590多人；在文化艺术中心大楼前广场放映庆祝建党90周年红色经典等系列电影40场，吸引2000多名群众观看；组织红色经典——区纪念中国共产党成立90周年文艺汇演活动，有近80个节目进入区选拔赛。5月21日、22日，举行“红色经典”活动，有舞蹈、语言、声乐、器乐四个专场，演员近1000人，观众2000多人。5月启动第二届“万人同唱文明歌”活动，选出10支合唱队伍参与8月6日、13日越秀区和天河区共同举行的巡演活动；10月

13～16日，区政府参与主办的“2011艺术广东·国际收藏品及艺术品博览会”在广州锦汉展览中心举办，吸引来自亚洲、欧洲、大洋洲、北美洲、南美洲和国内的香港、台湾等十几个国家和地区的艺术品前来展出。在锦汉中心场馆设立“越秀广府文化博览区”。活动期间，越秀区辖内的文博机构与中心场馆联动，开展文博活动，有广州博物馆等省、市文博机构的专题文博展、东濠涌博物馆的现场写生素描、东平大押的旧时典当情景表演等，形成以艺术广东为中心、辐射全区的广府文博盛会。

【文化市场管理】 2011年，越秀区文化局创新监管模式，将执法手段延伸到街道，与街道共建文化市场联合执法室，文化市场综合执法人员参与街道执法，解决10名文化执法编制面对22个行政街道的“小队伍、大市场”管理难题。区文管办与公安分局、工商分局、文化市场执法队联合成立网吧整治联合行动队，依法取缔“黑网吧”，加强检查网吧内消防、禁烟，依法巡查互联网相关服务场所，并指导各街道开展网吧整治工作。与广州市报刊亭有限公司、区报刊亭行业协会、各街道报刊亭管理工作负责人建立联系制度。每月以不同形式组织联系单位召开报刊亭管理座谈会、研讨会、通气会，互通情况，提出管理的相应要求。

建立文化市场管理信息平台。利用区政务信息平台资源，创建越秀区文化市场管理信息平台，及时发送工作信息，提高区职能部门和街道之间的快速反应能力。建立经营业户QQ群、短信平台，及时将市场管理工作要求、相关法律法规和政策发至各经营业户，强化依法经营意识，督促守法经营，提高监管效率。

创建平安文化市场。组织执法力量采取反复巡查、错时检查、蹲点守候等方式方法，先后开展“零点”、“假日”、“周日”、“凌晨”等突击行动，对各类文化经营单位做到每周一小查、每月一大查，坚持每天有执法人员在市场上有针对性地检查与巡查，全方位、全天候加强市场监管。结合上级部门组织的“红棉剑锋11”、“双打”专项行动、“春雷行动”等集中整治行动，严打“黄、赌、毒”、无证照、超范围经营等违法行为；联合公安消防等部门对文化市场经营场所开展安全生产大检查活动，排查整改安全隐患。成功取缔反复整治、反复反弹的超范围经营“东魅国际”和东山口隧道无证照经营非法出版物游商违法经营等顽疾。

越秀区举办庆祝建党90周年主题活动。

全年区文广新局共出动检查4253人次，联合行动62次，检查经营店档7696间次，查处有证违规经营店档178间次，查处、取缔无证经营音像制品和出版物及游商违法经营311档次，共收缴非法游戏机主板215个、卫星接收设备12套、非法音像制品20.97万张、电子出版物170张、非法书刊1.09万册。立案调查案件29宗，处罚金额18.13万元。2011年，越秀区文广新局在全市率先完成报刊亭“出版物经营许可证”换发工作，在全区率先载入“越秀号”联合预审平台直通车，实现申请行政许可的一站式服务。

【“十百千万”文化民生工程】 2011年，越秀区文广新局文化惠民“十百千万”项目列入2011年区政府“十件民生实事”中。

顺利完成黄花岗街军事科普博物馆等10个特色社区博物馆建设。5月共启动建设社区“微博”16个，12月完成社区“微博”建设11个，“广府文化博览区”初具规模。

超额举办“百”场文艺活动。区文化馆启动“文化重心下移”工作，通过流动电影、展览、演出进社区，将优质文化服务辐射到社区的各个角落。开展“百姓周末影院”等演出、展览、电影、培训活动140场，为群众送上丰盛的文化大餐。

落实“千”个青少年文艺免费培训学位。区文化馆利用“阳光艺术培训基地”开办春、夏、秋三季培训班，同时举办“文化小讲堂”等免费培训活动，受惠学生从低保、困难家庭子女扩展到外来工、特殊人群子女和优秀文艺人才。全年提供免费培训学位1000个，培训学员681名，培训人数12710人次。

完成“万”张免费读者卡发放工作。向区内低收入困难家庭赠送读者卡8700张，向区内中小学校的贫困学生赠送读者卡1041张，向赠送进城务工人员、残疾人等弱势群体赠送读者卡259张，合计1万张。

【首届“广府庙会”】 于2月17～23日在北京路广府文化商贸旅游区举行，以城隍庙为主会场，以府学西街、北京路、惠福美食街、大佛寺、五仙观等为活动分点，开展形式多样的广府传统民俗文化活动，涵括祈福文化、民俗文化、美食文化、商贸休闲文化等内容，共举行文艺演出9场、大型民俗文化巡游活动1场，同时在五仙观、大佛寺、六榕寺等场馆举行灯会、非遗展览、文化讲座等活动，参与人数超过350万人次，得到各界认可。

（区文化广电新闻出版局 古春华）

卫　生

【概况】 2011年，区卫生局围绕加快转型升级、建设幸福越秀的核心目标，推进医药卫生体制改革，强化行业监管，提升公共卫生服务能力，全面推进各项卫生工作。至2011年底，越秀区卫生局属医疗卫生机构28个（其中局属社区卫生服务中心19个），在岗职工2849人（其中卫生专业技术人员2295人），开设病床1124张。区卫生系统医疗机构总诊疗449.07万人次，同比上升8.22%；门急诊441.81万人次，同比上升9.59%；出院3.23万人次，同比上升8.71%。区财政投入医疗卫生经费1.36亿元。是年，国家中医药管理局确定越秀区为“全国第二批治未病预防保健服务试点地区”和“国家基本公共卫生服务中医药服务项目试点区”，越秀区卫生局获“2011年广州市卫生系统廉洁文化建设年活动组织工作优秀单位”。

【社区卫生服务工作】 2011年，区卫生局开展创建示范社区卫生服务中心活动，配合广州市卫生局制定《2011—2015年广州市社区卫生服务中心布局规划》，构筑城市“15分钟社区卫生服务圈”。推进社区卫生服务中心业务用房达标建设，白云街等20个社区卫生服务中心通过购买、新建、公建配套、置换及租赁方式落实房源，部分社区卫生服务中心抓紧改造施工。完善社区卫生服务中心设备配置和管理，保证社区卫生服务中心基本设备补助经费落到实处。加强优秀人才管理，与区9位社区首席责任医师签订协议书，发挥其在所属社区卫生服务中心示范带头作用。财政投入100万元，用于医疗卫生技术人员培训工作。提高人均社区公共卫生服务补助标准，从25元提高到30元。推进社区卫生服务网格化管理，全区共组成网格化团队100个，团队医务人员数472人，坚持主动服务和上门服务，逐步承担居民健康“守门人”的职责。继续为辖区内常住人口免费建立居民健康档案等9类国家基本公共卫生服务项目，是年累计建立居民健康档案7.54万份，建档率65.15%。有16个社区卫生中心开展家庭病床服务，18个社区卫生中心为行动不便或老年患者提供上门出诊服务，为居民建立家庭病床

1783 张，上门巡诊 3.8 万人次，出诊 9529 人次。继续做好低保对象免费社区门诊服务，增加 3 个免费门诊定点单位，扩大基本医疗服务免费范围，从原来的 7 大类 103 种一般常见病、多发病免费门诊扩大为不限制病种。全年享受免费社区门诊服务的低保对象 2.57 万人次，为 513 名低保对象免费体检。2011 年，洪桥街、光塔街社区卫生服务中心获"全国示范社区卫生服务中心"称号，白云街、六榕街和珠光街社区卫生服务中心被评为"广东省示范社区卫生服务中心"。

【妇幼保健工作】 2011 年，越秀区顺利通过妇女儿童发展规划纲要评审。在全面推开艾滋病母婴阻断的基础上，增加梅毒和乙肝母婴阻断项目，为孕产妇实施 HIV 抗体筛查 5.52 万人次。2011 年，孕产妇死亡率为 0，婴儿死亡率为 3.36‰，免费婚检率持续上升，达到 57.37%。

【健康教育工作】 2011 年，区卫生局完善基层健康教育网络建设，开展"健康生活 幸福越秀"社区健康节等系列活动，宣传普及健康素养 66 条。加强精神病防治卫生工作，全年精神病免费门诊和住院减免救助 2.1 万人次。制定《越秀区卫生局禁烟工作方案》，开展控烟知识宣传，在全区各级各类医疗机构全面开展无烟医疗机构建设，举办 3 期控烟业务培训班，编印健康传播品 4 万份。落实重大公共卫生服务项目，免费为 15 岁以下人群补种乙肝疫苗 1.2 万剂次，将儿童六龄齿免费窝沟封闭项目纳入重大公共卫生服务项目，完成辖区 60 所小学 9037 名学生的口腔检查，口腔检查率 98.14%，封闭牙齿 6363 颗。全区完成无偿献血 33179 人次，是全年招募任务的 130%。

2011 年 3 月 29 日，市卫生局副局长陈怡霓（右一）到六榕社区卫生服务中心调研。

【疾病预防控制工作】 2011 年，区卫生局加强落实流感、登革热、手足口病等重点传染病防控工作，全年传染病疫情平稳，乙类传染病报告 2318 例，发病率同比下降 19.29%。推进"消除麻疹行动计划"，麻疹发病率持续下降并达到消除的目标；继续开展艾滋病、结核病防治工作，慢性非传染性疾病防治工作有了新的进展。推进国家"十一五"重大科研项目——"广东省艾滋病、病毒性肝炎规模化现场流行病学和干预研究"越秀区分支项目工作，顺利通过省卫生厅、中山大学对该项目的结题验收工作。

【卫生监督工作】 2011 年，区卫生局强化对医疗机构和经营性公共场所卫生等行业的监管，在广州市创文"国检"期间，辖区内 3000 多间迎检单位在亮证、消毒、控烟等方面完全达标。调整公共卫生监督职能，完成餐饮服务食品安全监管职能的移交工作，区食品药品检验中心在区疾病预防控制中心挂牌落成。承接市卫生局下放的 53 间公共场所经营单位卫生监督任务。全年共出动卫生监督检查人员 9223 人次，检查各类场所 1.08 万间次，卫生行政许可登记受理 1740 间次，开展建设项目现场审核 1456 间次，对辖区内监管单位监督覆盖率达 100%，未发生重大突发公共卫生事件。

【医政管理工作】 2011年，区卫生局结合卫生部“医疗质量万里行”活动、“三好一满意”工作要求，重点开展抗菌药物临床合理应用专项整治、优质护理服务示范工程、医院感染管理、实施临床路径等工作。创建名院、名科挖掘、培育区属医院优势专科和特色项目，打造有区域性影响力的骨关节镜诊疗中心、儿童脑瘫康复中心。制定《越秀区医师定期考核实施方案》，组织多项监督检查，规范医师多点执业行为和医疗美容机构的执业行为，保障医疗质量和医疗安全。实施《越秀区医疗机构不良执业行为记分办法》，引导医疗机构依法执业。全年受理医疗投诉和信访101宗。接收市卫生局移交的广州德明医院等11家医疗机构档案，并现场审查及换发10间医疗机构执业许可证。完成医疗机构设置批准5家，执业登记注册3家，变更注册71家、校验133家、注销12家，审核发放“放射诊疗许可证”10家，完成执业（助理）医师注册等954人次、护士执业注册574人次。完成春运、花市、广府庙会、高考和区政府指令性等各类医疗保障37宗，共出动264人次，应急备勤106人次。完成越秀区1167名征兵体检任务。

【卫生体制改革】 2011年，区卫生局全力推进社区卫生服务机构综合配套改革。基本完成定编定岗工作，核定社区卫生服务中心的事业编制数，明确流花街等19个社区卫生服务中心为政府举办公益一类事业单位，配备911名事业编制，经费按财政补助一类拨付。制定实施竞聘上岗及分流安置等方案，完成734名符合竞聘条件人员的任用或竞聘上岗工作。制定实施机构绩效考核办法和激励分配方案，清理核查区属公共卫生与基层医疗卫生机构的津补贴工作，确定绩效工资总量水平，各社区卫生服务中心开展绩效考核和发放绩效工资。建立多渠道补偿机制，在实行一般诊疗费和基本药物零差价销售补助基础上，完成基层医疗卫生机构经常性收支差额补助测算，所需医改资金纳入2011年调整预算中安排，全面实施国家基本药物制度。配备国家、省551种基本药物及广州市增补的129种非基本药物，实行零差率销售。实施后社区卫生服务机构平均每诊疗人次医疗费同比下降4.32%，平均每个出院者住院医疗费同比下降12.48%。此外，已将市、区配套的实施基本药物制度和综合改革专项资金1469万元，下拨至实行基本药物制度的社区卫生服务中心。2011年10月始，全面实行“收支两条线”管理。

【行业作风建设】 2011年，区卫生局结合收受医药回扣专项治理、“阳光用药”电子监察系统建设、民主评议医疗机构医德医风和基层站所政风行风等工作，在全区卫生系统开展服务好、质量好、医德好、群众满意的“三好一满意”活动。各医疗机构落实医疗窗口创先争优、为民服务各项措施，完善和扩大“一站式”服务岗工作的功能，提供优质、规范、高效基本医疗和公共卫生服务。在民主评议医德医风调查中，局属各医疗机构评定结果均为“满意”。结合创先争优活动，评选表彰“医德医风先进个人”10名、“医德标兵”5名、“岗位能手”20名，在全系统树立“爱岗敬业、开拓创新、乐于奉献、文明行医”的行业荣誉观。督导检查各基层单位医德考评工作，加强局属单位财务、物价及收费执行情况的监督管理，成立越秀区卫生系统财务价格收费检查工作小组，检查局属3家专科医院、2家中医院、15个社区卫生服务中心的财务管理和药品、医疗服务价格。开展卫生系统内部审计工作，完成经济责任审计4户，提出审计意见和完善管理建议。

【国家基本公共卫生服务中医药服务项目试点区工作】 2011年，越秀区被国家中医药管理局确定为“国家基本公共卫生服务中医药服务项目试点区”，具体承担中医健康教育试点区协作组副组长单位及中医儿童保健试点区协作组成员单位的工作任务。根据项目要求，越秀区积极探索中医药参与基本公共卫生服务的模式和内容，开展人均经费测算、绩效考核及效果评估。通过试点工作，明确中医服务内容和流程，统一服务标准，落实《基本公共卫生服务中医健康管理技术规范（试行）》，进一步推进中医药服务项目和内容有效参与到基本公共卫生服务中。

2011年越秀区卫生局属卫生机构人员数及构成

项　　目	人员数	各类人员占总人数（%）	构成（%）占卫生技术人员
总计	2849	100.00	
卫生技术人员	2295	80.55	100.00
执业医师	892	31.31	38.87
其中：中医执业医师	288	10.11	12.55
执业助理医师	83	2.91	3.62
其中：中医执业助理医师	24	0.84	1.05
注册护士	664	23.31	28.93
药剂人员	281	9.86	12.24
检验人员	111	3.90	4.84
影像人员	21	0.74	0.92
其他卫生技术人员	209	7.34	9.11
其他技术人员	72	2.53	3.14
管理人员	167	5.86	7.28
工勤人员	315	11.06	13.73

注：卫生技术人员中不含各单位管理人员

2011年越秀区卫生局属卫生机构、床位、人员数及构成

	实有数			构成（%）		
	机构（个）	床位（张）	人员（人）	机构	床位	人员
总计	28	1124	2849	100.00	100.00	100.00
一、医　院	4	603	942	14.29	53.65	33.06
二、妇幼保健院	1	55	268	3.57	4.89	9.41
三、社区卫生服务机构	19	466	1415	67.86	41.46	49.67
四、专科疾病防治所	2	—	97	7.14	—	3.40
五、疾病预防控制中心	1	—	91	3.57	—	3.19
六、卫生监督所	1	—	236	23.57	—	21.26

2011年越秀区属卫生机构一览表

序号	机构名称	地址	卫生机构类别	机构分类管理
1	广州市越秀区中医医院（区第一人民医院）	正南路6号	中医（综合）医院	非营利性
2	广州市越秀区第二中医医院	越秀南路124号	中医（综合）医院	非营利性
3	广州市正骨医院	东风中路449号	中医骨伤医院	非营利性
4	广州市越秀区儿童医院	大南路130号、82号A座3楼、82号A座7楼、82号A座202－203号、82号A座802号	儿童医院	非营利性
5	广州市越秀区大塘街社区卫生服务中心	德政中路拾桂坊16号，德政中路311号地下，中山四路秉政街（地铁JY7地块内），德政中路秉政街里仁坊16－24号	社区卫生服务中心	非营利性
6	广州市越秀区流花街社区卫生服务中心	解放北路桂花岗一街13号首层	社区卫生服务中心	非营利性
7	广州市越秀区广卫街社区卫生服务中心	越秀区吉祥路66号\广卫路21号1楼、3－9楼	社区卫生服务中心	非营利性
8	广州市越秀区人民街社区卫生服务中心	泰康路木排头65号、一德路190号1－4楼	社区卫生服务中心	非营利性
9	广州市越秀区东风街社区卫生服务中心	西华路凉亭街2号	社区卫生服务中心	非营利性
10	广州市越秀区洪桥街社区卫生服务中心	小北路小石街3号、小北路111号首层\夹层 2层	社区卫生服务中心	非营利性
11	广州市越秀区六榕街社区卫生服务中心	解放北路679号、盘福路医国街115号	社区卫生服务中心	非营利性
12	广州市越秀区大新街社区卫生服务中心	天成路晏公街10号、大新路142号	社区卫生服务中心	非营利性
13	广州市越秀区北京街社区卫生服务中心	惠福东路457号	社区卫生服务中心	非营利性
14	广州市越秀区华乐街社区卫生服务中心	淘金路淘金街34号	社区卫生服务中心	非营利性
15	广州市越秀区光塔街社区卫生服务中心	朝天路64号、朝天路60号、光塔路怡乐里3号之一	社区卫生服务中心	非营利性
16	广州市越秀区白云街社区卫生服务中心	白云路62号、东华南路159号、筑南大街14号	社区卫生服务中心	非营利性
17	广州市越秀区农林街社区卫生服务中心	中山三路东皋大道6号3楼	社区卫生服务中心	非营利性

（续表）

序号	机构名称	地址	卫生机构类别	机构分类管理
18	广州市越秀区东山街社区卫生服务中心	明月二路E21地下，寺右新马路南二街六巷19号首层之二，寺贝通津寺贝新街22号101房	社区卫生服务中心	非营利性
19	广州市越秀区梅花村街社区卫生服务中心	东风东路水均大街72号、中山一路金羊花园金羊一街48号	社区卫生服务中心	非营利性
20	广州市越秀区珠光街社区卫生服务中心	万福路166～168、190、203号，东石新街13号，文德南路海傍福安里6号2、3楼	社区卫生服务中心	非营利性
21	广州市越秀区黄花岗街社区卫生服务中心	先烈中路永泰西约6号之三	社区卫生服务中心	非营利性
22	广州市越秀区大东街社区卫生服务中心	东华东路623号、庙前西路仑园19号、东华西路永胜街43号恒仕大厦2楼38号	社区卫生服务中心	非营利性
23	广州市越秀区诗书街社区卫生服务中心	海珠中路83号之一	社区卫生服务中心	非营利性
24	广州市越秀区妇幼保健院	越华路50号，中山三路东皋大道6号，中山三路东皋二横路4号，较场西路东关汛3号首层	妇幼保健院	非营利性
25	广州市越秀区口腔防治所	越秀区仓边路青史里9号首层、11号101房、旧仓巷74号首层、东风西路126号首层、起义路9号	口腔病防治所（站、中心）	非营利性
26	广州市越秀区口腔医院	白云路竹南大街14号，署前路庙前直街53－55号2楼，德政中路150号1楼	口腔病防治所	非营利性
27	广州市越秀区疾病预防控制中心	较场西路23号	疾病控制中心	其他卫生机构
28	广州市越秀区卫生监督所	中山三路东昌大街18号	卫生监督所	其他卫生机构

2011年越秀区第二批名中医名单

序号	姓名	性别	出生年月	职称	工作单位	职务
1	吴健雄	男	1965年1月	主任中医师	广州市正骨医院	
2	钟士元	男	1949年8月	副主任中医师	建设街社区卫生服务中心	
3	王曼苏	女	1962年4月	主任中医师	越秀区中医医院	
4	潘永雄	男	1962年1月	副主任中医师	广州市正骨医院	
5	黄瑀	女	1964年4月	副主任中医师	愈生中医医院	院长
6	刘幼平	男	1957年1月	副主任中医师	越秀区中医医院	

（区卫生局　王巧民）

体　育

【概况】　2011年，越秀区体育发展中心围绕“依靠创新驱动、建设幸福越秀”核心任务，开展创先争优主题活动，推进各项工作落实。以创文迎“国检”为契机，挖掘“后亚运”体育资源，开展健康阳光的全民健身活动；狠抓技能训练，备战广州市第15届运动会，夺得团体总分数、奖牌总数两项第三名，金牌总数第四名；加强体育设施建设和体育市场管理与监督，取得较好的社会效益和经济效益。是年，越秀区体育发展中心先后获得“广东省体育工作突出贡献单位”、“广东省第十一届‘体育节’优秀组织奖”、“广州市、越秀区广州亚运会亚残运会先进集体”、“2007—2011年广州市群众体育先进单位”、“广州市第十五届运动会突出贡献奖一等奖”、“越秀区2010年度创建全国文明城市贡献单位”、“先进基层党组织”等荣誉。

【群众体育】　2011年，越秀区体育发展中心抓住广州亚运会亚残运会带来的体育事业跨越发展的新机遇，运用亚运的无形资产和有限资源，组办各项赛事。1月组织50人参加市体育局主办的“2011年广州市元旦万人健步行”活动；4月在东山体育场与区总工会联合举办“越秀区第一届外来务工人员运动会”暨庆祝“五一”国际劳动节活动，1300多名运动员代表及2000多名职工群众参加开幕式，此届运动会共设置8个项目比赛；6月组织两支参赛代表队参加广东省第一届健身气功站点联合赛总决赛，获健身气功易筋经第一名、六字诀第一名、优秀组织奖、道德风尚奖、最佳表演奖等。7月参加第四届全国健身气功交流比赛，获得集体项目比赛一等奖1个、三等奖1个、个人项目比赛三等奖1个，1名运动员获体育道德风尚奖；6月在区全民健身活动中心举办“全民齐参与、申办世锦赛”第五届“市长杯”2011年广州市业余羽毛球系列大赛男女混合团体赛（越秀赛区）的竞赛，有30多所学校、70多个社会团体的1300多名运动员参赛；6月在区全民健身活动中心举办广州市第三届“市长杯”2011年乒乓球百姓系列和谐赛（越秀赛区）的预赛；7月组织区域内100名游泳爱好者参加广州市横渡珠江活动；8月组织800名市民参加省、市、区体育局在花城广场联合举办的“全民健身日暨广东省第十二届体育节开幕式”活动；11月组织开展纪念广州亚运会一周年全民健身展示活动，承办全市青少年俱乐部乒乓球、足球、羽毛球、三人篮球、体育趣味等竞赛活动；组织区法院、园林局、教育局、街道等部门400人开展国民体质监测。协调、指导区属单位组织开展群众体育活动100多场次。至年底，全区参与体育活动人口占全区总人口的64.8%。

【体育设施建设】　2011年，区财政投入100万元，完成二沙岛体育公园二期工程建设规划设计（方案先后进行10次修改完善）。至12月完成新建30条、维修120条社区体育健身路径任务。

【竞技体育和学校体育】　2011年，越秀区体育发展中心积极筹备、狠抓队伍调整和训练，全力以赴参与7～8月在广州市举行的第十五届运动会。1月，与区教育局联合召开全区竞技体育工作暨越秀区参加广州市第十五届运动会筹备工作会议，会上批准成立越秀区参加广州市第十五届运动会筹备工作领导小组。3月，筹备工作领导小组启动，下设竞赛、训练保障、后勤保障和训练督导组，全力做好参赛队伍的服务保障工作。5月，完成组建35个运动队，共869名运动员、150名教练员和工作人员的体育代表团，参赛项目和人数是历届市运会之最。6月20日，在珠江宾馆召开“广州市第十五届运动会越秀区体育代表团成立暨誓师动员大会”。是年，在抓好参加市运会筹备工作的同时，组队参加上级体育部门组织的竞赛活动。5月，由越秀区输送的运动员陈艾森在国际泳联跳水大奖赛德国站比赛中，获男子10米跳台冠军，并获全国跳水冠军赛男子双人10米冠军。

运动员张嘉杰代表广州市参加全国“耐克杯”青少年足球锦标赛中获团体第二名。3～6月，越秀区游泳队参加广州市少儿游泳系列赛两站比赛中，获团体第一名，并夺得金牌57块，银牌28块、铜牌21块。10月，在江西南昌举行的第七届全国城市运动会上，越秀区有21名运动员代表广州市参加9个项目的比赛，共夺得8枚金牌、7枚银牌、2枚铜牌，为广州体育代表团首次囊括金牌、奖牌、总分三项第一名作出贡献。全年越秀区运动员在参加市级以上的比赛中，共获得275枚金牌、151枚银牌、153枚铜牌，共向市体育职业技术学院输送26名、省体育职业技术学院输送4名运动员。

【场馆经营管理】 2011年，越秀区全民健身活动中心加大对全体员工特别是部门主管人员、救生员、服务员服务质量和业务技能培训力度，特别强化应对突发事件应急处置知识的培训，并专门组织突发事件应急处置实战演练。坚持社会效益为主、经济效益为辅的原则，落实各项惠民措施。1～11月，营业收入1170万元，与上年基本持本，平均每天进场（园）活动5500多人次（含东山体育场、二沙岛体育公园），实现社会效益和经济效益双赢。

【规范运营体育市场】 2011年，越秀区体育发展中心坚持把日常安全防范工作作为常态化管理，定期监督检查，落实安全责任制，全年没有发生重特大事故。4月，与区安监、工商部门联合召开“越秀区游泳场所安全工作会议”，对游泳场所开放工作提出要求，明确检查内容。6月，与区安监部门联合检查辖区内30多处游泳场所的安全卫生工作，整治不规范场所，排查安全隐患。是月，与市体育局签订《移交行政审批事项协议书》，接收“举办健身气功活动及设立站点审批”、“高危险性体育项目经营许可（含变更与延续）”、“高危险性体育项目竞赛表演活动许可（含变更与延续）”三项行政事权，于7月起实施三项事权监管和审批。加强体育彩票销售点的管理，不定期进行检查和指导，1～11月全区795个体育彩票销售点共销售彩票3.38亿元，同比增长22.62%。

2011年6月20日，在珠江宾馆召开“广州市第十五届运动会越秀区体育代表团成立暨誓师动员大会”。

【参加广州市第十五届运动会成绩优异】 广州市第十五届运动会于2011年7月4日开赛，8月13日结束。本届市运会共设35个比赛项目，越秀区体育代表团派出35支代表队、109名教练员、869名运动员，参加25个大项目比赛。全体运动员奋力拼搏，越秀区体育代表团共夺得团体总分8172.72分，金牌205.75枚，奖牌总数447.25枚，获团体总分和奖牌总数第三名、金牌总数第四名、小球三项总分第一名、陆上三项总分第三名、水上三项总分第三名、大球三项总分第三名、重竞技三项总分第七名、代表团体育道德风尚奖、市运会体育突出贡献奖一等奖及体育后备人才输送奖一等奖等荣誉。

（区体育发展中心　严小玲）

责任编辑　黄毅华

社会·生活

人口和计划生育

【概况】 2011年，越秀区常住户籍人口117.12万人，已婚育龄妇女21.35万人，出生9499人，政策生育率97.99%，出生率8.14‰，自然增长率1.83‰，出生人口性别比100:112.43。流动人口34.55万人，已婚育龄妇女3.69万人，出生1260人，政策生育率95.56%。

全面完成市下达的各项人口指标和工作任务，全区低生育水平进一步稳定，人口素质进一步提高，继续保持全省计划生育一类地区工作水平。顺利通过省、市2011年度人口与计划生育目标管理责任制考核，越秀区被评为“广东省人口与计划生育工作先进单位”、“广东省人口计生阳光统计示范区”；区人口计生局获评“十一五”时期“广东省人口与计划生育工作先进集体”；越秀区“诚信计生”获全省人口计生项目创新奖，“一门式”婚育公共服务获得广东省宣教创新项目奖。

【人口文化建设】 2011年，区计生局开展“幸福家庭促进”宣传活动，举办“弘扬人口文化，关爱计生家庭”宣传咨询服务文艺演出、纪念建党90周年暨第二届“和谐人口·幸福家庭”漫画优秀作品展览活动和区“团结协作、争先创优”主题人口计生系统运动会；诗书街等4个社区人口文化广场举办“关爱流动人口，共创幸福越秀”人口计生电影周活动；加强人口文化阵地建设，完成东山湖“生命·阳光”园设计招标和征询意见等工作；升级改造辖区内492个人口文化宣传栏，街道人口文化阵地凸显“一街一品一特色”，北京街推进“幸福家庭7F计划”工作模式，打造家庭综合服务中心；黄花岗街建立“幸福家庭指导站”，实施幸福家庭五项服务。开展群众文化和新闻报道工作，选送两名“新越秀人”参加广州市首届流动人口才艺大赛，获优秀奖和组织奖。大塘街人口计生办等6个单位获评“越秀区2010年人口计生新闻宣传工作先进单位”。全年在省级以上各种媒体上发表宣传报道53篇，其中国家级11篇。

2011年11月22日，“越秀区2011年纪念建党90周年暨第二届‘和谐人口·幸福家庭’漫画优秀作品展”活动开幕。

【人口计生公共服务】 2011年，区计生局优化拓展人口计生公共服务网络，加强与区卫生局和12家产科医院联系，继白云街后在人民街、洪桥街和珠光街社区卫生中心建立家庭计划指导室。拓展“一门式”婚育服务，增加人口计生宣传、生殖健康咨询、优生检测、发放叶酸、网上办理计划生育服务证等功能，全年参加免费婚检医学检查1.55万人，免费婚检率57.22%。推进出生缺陷干预工作，发放《越秀区优生优育服务手册》3370份，参加免费产前优生筛查现孕夫妇3063对，已筛查2409对，发现出生缺陷异常36例，已施行终止妊娠术21人，继续跟踪15人，病残儿医学鉴定33例。发挥“计卫联手”作用，通过“绿色通道”为育龄群众免费提供基本技术服务，为4.2万名育龄妇女提供妇女常见病普查普治，孕情检查6.05万人次，发放避孕药具金额75万元。全年参加网上婚育学习人数5507对，网络避孕节育知情选择方法学习1235对。

【落实利益导向政策】 2011年，区计生局全面推进独生子女父母计生奖励和计生家庭特别扶助工作，发放独生子女父母计生奖励和计生家庭特别扶助金2724.67万元，兑现避孕节育措施奖励934例，奖励金额26.8万元。发出《征收社会抚养费决定书》331份，征收社会抚养费1313.57万元，申请法院强制执行50例，流动人口社会抚养费征收有较大突破，成功征收7例。坚持文明执法，做好信访维稳工作，信访结案率100%，无群体上访、集体上访及恶性上访事件发生。

【推进人口信息化建设】 2011年，区计生局推行“阳光统计”，提高人口数据质量。开展省新统计口径和信息系统培训，邀请省人口计生委发展规划与信息处专家对全区人口计生干部进行培训。以广州市全员人口计生系统数据为基础，整合区一级人口基础数据，落实清理清查和查漏补缺工作，入户核查，收集资料，与公安、卫生、防疫和民政部门数据相比对校验，补充、完善有关数据，户籍人口全员入库率100%。落实“以屋管人、以证管人、以业管人”机制，形成流动人口计生责任到栋、到户、到人的网格化管理模式，为流动人口提供计划生育免费服务，推进流动人口公共服务均等化，做好积分入户审核等工作。与区出管、卫生、公安等部门联合开展专项清理清查行动，清查住宅小区、工地、窝棚、商铺等3万个；对22个街进行专项督导检查工作。加强区域间协作、动态监测，在全国流动人口管理平台核实、通报信息3754人次。

【开展示范居委创建和“生育关怀行动”】 2011年，区计生局在全区22个街道41个居委开展人口和计划生育基层群众自治示范居委创建活动。国家人口计生委、中国计生协诚信计生和基层群众自治示范村居调研评估组组长李艳秋一行到越秀区进行调研评估。北京街盐运西社区居委会被评为2011年国家级人口计生基层群众自治示范居委；广卫街都府社区居委被评为2010年国家级人口计生基层群众自治示范居委。

【开展“生育关怀行动”】 2011年，区计生局对53个独生子女死亡家庭和30个独生子女伤残家庭予以每个家庭1500～2000元慰问金。开展活动13626次，帮扶27035人次。慰问独生子女贫困家庭1007户，慰问金额31万元。开展幸福工程捐款工作，募集善款134万元，列全市首位。

【《诚信计生在越秀》出版】 该书由越秀区人口计生局于2009年组织编印，历时3年，由中国人口出版社出版发行，共1500册。该书得到国家、省、市人口计生部门、越秀区委和区政府的鼎力支持和精心指导，省人口计生委主任张

2011年11月23日，省人口计生委组织全省通讯员100多人到越秀区调研。

枫题写书名，南开大学人口所教授、国家人口计生委人口理论首席专家原新作序言一，越秀区委书记武延军作序言二，区长王焕清题词，罗明忠、陈晓丹、陆凌主编。该书全面准确地展现越秀区“诚信计生”的建设历程，总结越秀区开展“诚信计生”建设取得的初步成效，为下一步继续深入推进“诚信计生”建设提供决策参考。该书的出版对越秀区人口计生工作具有里程碑的意义，对各级干部群众了解区人口计生工作，更好地推动新时期人口计生事业发展，有很好的参考价值和借鉴意义。

（区人口计生局　李婷）

劳动和社会保障

【概况】　2011年，区人力资源和社会保障局坚持以“依靠创新驱动，建设幸福越秀”为目标，以“民生为本，人才优先”为主线，以惠民、利民、便民为工作出发点和落脚点，促就业、扩保障、构和谐，为建设幸福越秀作出新的成绩。是年，越秀区被评为广州市就业工作目标责任制考评先进单位。

【劳动就业】　2011年，区人力资源和社会保障局在全市率先建立创业服务指导中心和越友创业联谊俱乐部；成功建立11个市、区创业基地，共鼓励471人自主创业，带动3322名失业人员实现就业；举办失业人员职业技能培训班196期，培训失业人员4233人，参加免费职业指导的失业人员共21498人，培训后就业率达76.9%。全年全区城镇登记失业人员总数为86211人，实现再就业62030人，就业率72%。“零就业家庭”3户，实现1人以上再就业3户，就业率100%；特困失业人员208人，实现再就业152人，就业率73.08%，提供就业岗位65824个。

【职业技能培训】　2011年，区人力资源和社会保障局设立一站式创业服务平台，为失业人员提供创业培训、开业指导、小额担保贷款、税收减免、市场开发、信息咨询等“一条龙”服务。探索将技能培训引入企业，将定点培训、需求培训、技能培训、创业培训、人才培训等有机结合起来的方法。完善统筹城乡就业培训制度，为“双转移”人员、外省农民工提供免费的职业指导和技能培训。全年为25731人次失业人员免费提供职业指导和技能培训，培训后就业率达76.9%。

【劳动维权】　2011年，区人力资源和社会保障局共需处理劳动人事争议案件5625宗，其中立案1918宗，涉及经济标的0.97亿元，结案率98%。办理失业人员正常退休4756人，提前退休679人，早期离开国有集体企业人员退休3601人，审核视同缴费连续工龄1450人，处理工伤认定案件796宗，办理退休人员移交社会化管理255人164个单位，安置随军家属18人。审查集体合同136份，审批综合计算工时和不定时工作制单位201个，处理行政复议18宗，行政诉讼4宗。检查用人单位1.4万家，处理劳动者举报投诉案件289宗，为1794名员工追回工资、押金813万元，处理突发案件63宗，金额1596.4万元。全年受理群众来信来访来电34375件次，信访结案34365件次，结案率99.97%。

【社会保障】　2011年，区人力资源和社会保障局举办宣传培训班，开设“政民互动—在线访谈”栏目，做好《社会保险法》宣传。全面落实社会保险惠民政策，分别为32.2万人和1.7万人办理城镇居民医疗保险和城镇老年居民养老保险，解决早期离开国有、集体企业人员养老保险问题4.2万人。开展大中专学生居民参加医疗保险，至12月底，全区14.2万人大中专学生参保。以登峰、寺右两个转制社区为试点，开展农转居人员纳入城保统筹工作，共712人按月领取城镇职工养老保险待遇。全年1.64万人次享受生育保险待遇，金额1.2亿元；2909人次享受工伤保险待遇，金额1901万元；6.2万人次享受失业保险待遇，金额6844万元。完善工作机制，扩充办公场地，强化人员培训等方式，全面落实社会保险经办“服务下沉、管理上移”工作和做好离开机关事业单位人员一次性缴纳养老保险费工作。

【退管工作】 2011年，越秀区退管工作大力拓展养老服务储蓄服务，健全退休人员社会化管理服务体系。将光塔街、广卫街、洪桥街、六榕街、东风街5个街道作为试点全面铺开养老服务储蓄工作。成立越秀区养老服务储蓄爱心志愿者总队工作室，开通“健康快车进社区”绿色通道和社区空巢老人“心声热线”，提供“家政小帮手”上门服务，年底志愿者达1696名，服务工时累计35669小时，已兑现工时14713小时。开发特殊退休人员信息管理系统和建立养老服务储蓄信息平台，在全市首创“退管政策服务之窗信息平台”，为退休人员提供网上了解最新退管动态和政策渠道。接收社会化管理退休人员13183名，上门探访孤寡、特困、重病等社会化管理退休人员33万多人次，探访率100%。是年止全区纳入社会化管理退休人员15.25万人（含挂牌企业26563人）。区退管办、光塔街道退管所和大东街道退管所被评为广州市退休人员社会化管理服务工作优秀集体。

【公费医疗】 2011年，越秀区享受公费医疗人数39574人，其中干部31707人，家属7867人，医疗费支出合计1.8亿元。

【开展公共就业人才服务工作】 2011年，区人力资源和社会保障局推进公共就业人才服务功能建设、信息化建设和标准化建设，强化重点业务、重大活动和就业服务信息的主动策划宣传工作。丰富、充实“越秀就业通”，设立在线咨询服务，开辟“就业、创业指导宣传”和“公开招考招聘”栏目，建立以信息为支撑、以就业为重点的网上促就业模式。抓好民办职业培训机构审批、备案和管理工作，掌握人力资源服务中介机构现状，探索建立符合越秀区实际的监管制度。

【维护劳动者合法权益】 2011年，区人力资源和社会保障局制定《越秀区协调劳动纠纷工作规程》，加大与工会组织、用人单位代表对涉及劳动纠纷重大问题的沟通协调力度。开展农民工工资支付专项行动、最低工资标准执行情况检查及企业工资支付和劳动用工情况检查；在越秀区信息网网上服务大厅增设劳动监察信息板块；推行劳动保障年审和建筑企业工人工资支付保证金网上申报服务。全年为143户建筑施工企业办理保证金，涉及金额2505万元。此外，做好农民工积分入户受理和初审工作。全年受理符合条件农民工1459名，经市审核并排名公示733名，占市入户人员的24.4%。

【健全维稳长效机制】 2011年，区人力资源和社会保障局定期排查社会矛盾纠纷，建立系统完善的本级台帐和上报台帐，评估重大信访事项社会风险。建立重大节假日、敏感时期值班制度，实行信访信息“零报告”制度，提升应对突发事件的能力。针对“两会”、国庆节、大运会等重要敏感时期组织专项排查，做到预防在前、处置在前。全年未出现非正常信访事件。此外，从政策层面向区委、区政府提出合理化建议，解决区检察院在职人员住房维修金和物业管理补贴发放等历史遗留问题。

（区人社局 卢苹屏）

民　政

【概况】 2011年，越秀区民政工作以保障和服务民生为重点，推进基层社会服务管理创新，带动民政各项事业全面发展。是年，区民政局被国家民政部评为“救助管理工作先进单位”；越秀区以全市总分第一被省委、省政府、省军区命名为“省双拥模范区”；全区连续五年实现殡葬管理达标，被评为“广州市‘十一五’期间殡葬管理工作先进单位”；全区92.9%的社区成功创建为省“六好”平安和谐社区。

【基层政权和社区建设】 2011年，越秀区开展基层管理体制改革试点工作，优化居委会专职人员的配置，明晰社区管理职责，理顺街道编外人员管理体制，提升城市管理和服务水平。依托全区性的人才孵化基地，通过专业培训、讲座交流等方式逐步提升居委会专职人员专业素质，全年共培训3500多人次。制定《越秀区开展社区民生应急专项工作的意见》，做好关系居民群众生活、安全的应急保障性民生工作。推进全国综合减灾示范社区创建工作，7个社区均按计划完成创建任务，其中6个社区通过省、市的检查验收，并上报“全国综合减灾示范社区管理平台”。全区共有22个街道、267个社区居委会1632名专职社区工作者。年内无社区拆分或合并。

【社会救济】 2011年，越秀区共有在册低保对象4848户、9029人，纯低收入困难家庭1217户、3075人，累计发放低保金3613.53万元。发放实物救助2.4万份，折款185万元，顺利完成全区低保调标工作，城镇低保标准提高至480元，全区救济户在4月份领到增加的救济金共59.25万元，向全区低保、低收入困难家庭发放各级春节慰问金828.88万元，发放各类物价补贴达709万元。继续扩大低保对象免费社区门诊定点和免费病种范围，有2852人（次）办理免费社区门诊，为1595名困难群众办理医疗救助，救助金额243万元。

【老龄工作】 2011年，越秀区做好社保卡年审宣传和落实工作，全年办理老年人社保卡1.5万人次。贯彻落实区十件民生实事，为60周岁以上的独居老人免费安装“星光平安宝”，全年新开通用户3920户，总在册用户达9348名。落实70周岁以上老人长寿保健金发放工作，发放符合条件老人长寿保健金11.5万名、5043万元。按时完成全市70间民办福利机构收住近3700名本区户籍年满60周岁的老人、残疾人的运营资助初审工作，审核运营资助额共计369万元。

越秀区重视社区管理服务的队伍建设。

【优抚安置工作】 2011年，越秀区民政局以创建“省双拥模范区”为契机，重视双拥优抚安置工作。落实走访共建部队和奖励驻区部队、立功官兵的制度；组织“花好月圆”军地联谊活动及大东街与广州军区联勤部21分部“十个一工程”共建工作；协调部队共同做好“创文”工作；推动军休服务管理规范化建设，购买1000平方米场地用作军休服务用房，接收军队离退休干部29名，发放符合房改条件的军休干部房改经费347万元，确保军休老干部“两个待遇”的落实。落实民政代管及无军籍退休人员的生活待遇及医疗待遇1368名，发放各类费用共4245万元，完成退休费及生活津补贴调整工作，补发546万元。接收239名退役军人，接收安置率100%，推进自谋职业安置，发放退役士兵一次性自谋职业安置补助金、待安置期间生活费及购买一年养老保险金共2287万元，完成年度退役士兵的接收安置任务。完成全区2121名重点优抚对象优抚金的发放及调标工作，发放抚恤、优待金1506万元，补发调标金额101.2万元。

【社会事务】 2011年，越秀区有依法结婚登记14847对，离婚登记

2986对，出具无婚姻登记记录证明13945份。组织动员社区按时完成亚运公交补贴发放工作，全区共发放6308万元；开展流浪乞讨救助，整治露宿行为80多次，共救助各类流浪乞讨人员2022人次，其中劝导指引1316人次，护送至市救助站706人次。新成立社会组织22家，依法变更社会组织28家，注销社会组织6家。全区共有332个社会组织，社团80个，民办非企业单位252个，备案管理社区社会组织14个。实现殡葬火化率100%。

【慈善事业】 2011年，越秀区民政局通过发动和宣传，吸引一批社会慈善力量参与救助帮扶、助学、助老等社区服务，全年共向1418户低收入边缘困难家庭派发米油折合人民币11.7多万元，资助200名困难学生免费补习课程，吸引区东山福利院四期工程定向捐赠1500万元。

【基层社会服务管理机制改革】 2011年，越秀区民政局积极参与全区深化创新基层社会服务管理试验区相关文件的研究和制定。在2010年起实行"双试点"的北京街，探索推行"大民生"、"大综治"、"大城管"的管理模式和"前店后厂"的服务模式，实现多个部门资源整合和数十项业务归整办理，较好地化解基层社区管理"政出多门，多头管理"的弊端。理顺社区居委会职能，把136项社区居委会工作任务划分为"政务协助、居民自治、可转介服务"三大类，其中34项归位街道，11项转介社会组织承接。在社区推行错班工作制，方便居民办事。建立"政府承担，定项委托，合同管理，评估兑现"的政府购买公共服务机制，向非营利性社会组织购买家庭、老年人、青少年、社区矫正、就业培训服务等，为社区居民提供更专业、更精细的社区服务。会同区发改局研究草拟《越秀区关于开展"智慧社区"建设的意见》，配合做好基层社区服务的梳理和信息共享。

越秀区民政局举办迎春茶话会。

【社区居民自治稳步推进】 2011年，越秀区民政局以社区居委会"两委"换届选举为契机，积极推进社区居民自治。制作宣传标语和街情简报，给全区居民家庭发出《致居民的一封信》，并通过社区网络、手机短信、走访慰问等形式进行宣传，以"四倡导、四鼓励"激发社区居民参与意识，顺利完成换届选举工作任务，其中北京街实现直选率100%。分期、分批、分层次培训专职社工及社区居委会成员共55个培训班次，培训2800多人。做好专职社工报考社工师、助理社工师和市社工员的宣传发动和培训资助，全年有463名专职社工取得社工员资格。设立居民自治工作专职岗位，成立社区居民片长、楼长的自治管理队伍。在街道探索建立居民议事、矛盾化解、民意沟通、转介服务、便民服务等"七个机制"。组织开展居民自治活动，促进政府行政管理与基层群众自治的有效衔接和良性互动。

【全省首个长者综合服务平台——越秀长者综合服务中心】 2011年，越秀区民政局投入近870万元，通过办公用房置换的方式，建成2000平方米的全省首个长者综合服务平台——越秀长者综合服务中心。以政府购买服务形式，引入香港专业社会工作机构承接中心的管理和运作，在装修设计、功能设置、服务项目等方面均借鉴专业机构丰富的实践经验。中心在全区养老服务体系中承担统筹、服务、培训、转介、示范五大功能。中心设置“健康评估”、“康复理疗”、“长者日托”、“长者培训”、“护老支援”、“辅导服务”、“团康活动”、“兴趣小组”等8大直接服务。中心通过“越秀长者一线通”转介功能，链接社会资源，为长者提供居家养老、医疗、星光平安宝呼援等9大服务。中心开办至年底吸引823名长者会员参与，服务2万多人次。

【推进社区服务多元化参与】 2011年，越秀区民政局降低社会组织的准入门槛，简化登记程序，对公益服务类、专业社工服务类的社区社会组织实行备案和登记相结合方式，扶持建立一批社区社会组织。是年全区共有社会团体80个，民办非企业单位252个。组织首届“政府购买社会服务供需见面会”，让更多的社会服务机构参与和承接社区服务。组建区义工网站，通过“专业社工带义工”方式，培育和发展义工队伍。组织社区居民积极参与“文明百日行”、“文明交通岗”等志愿服务。

【转变新时期信访维稳的方式方法】 2011年，越秀区民政局把信访维稳工作作为社会服务管理创新的一项基础性工作，通过转变工作方式方法，变被动接访为主动走访、探访，“被动维稳”向“主动创稳”转变。慰问走访民政服务对象，了解他们的生活情况和思想动态，重点跟踪探访无军籍退休人员、低保低收入困难群众、重点优抚对象等群体，了解他们需求，为他们解决困难和问题，把矛盾消灭在萌芽状态。

（区民政局　田镁燕）

物价管理

【概况】 2011年，越秀区物价局坚持将维护价格秩序、稳定物价水平作为工作目标，突出抓好“调结构、优环境、抓改革、惠民生”工作主题，稳妥推进价格管理，全面加强价格监督，提升服务质量。

【市场物价趋势分析】 2011年，广州市价格总水平上涨明显，居民消费价格总水平比上年上涨5.5%。越秀区作为广州市中心城区，广州市价格走势在越秀区反映明显。从价格运行情况看，大部分商品和服务价格都呈现上涨，在纳入统计的八大类商品和服务中，除交通和通信价格略有下降外，其余的食品、烟酒、衣着、家庭设备用品及维修服务、医疗保健和个人服务、娱乐教育文化用品及服务、居住七大类商品和服务价格均有不同程度上涨。从价格上涨的程度看，消费品价格涨幅高于服务价格，食品价格涨势猛于其他商品价格。

服务项目价格上涨明显，涨幅高于工业消费品。与上年相比，服务项目价格上涨3.4%，涨幅比上年增加2.2个百分点，主要受家庭服务、个人服务、旅游上涨拉动。

工业生产值价格总体上涨显著，年末涨幅逐渐收窄。2011年广州市工业生产者购进价格较上年上涨9.9%，九大类原料价格全部上涨，其中化工原料、纺织原料、燃料动力类涨幅居前。

【价格监督检查】 2011年，越秀区物价局坚持对教育、医疗领域常态化监管，着重加强对区内重要商品服务价格领域监管力度，开展商品房明码标价检查、药品及医疗收费检查、街道收费专项检查等18项专项检查工作。全年检查各类单位1792个，其中立案查处案件28宗，查出违法金额210.92万元，责令退还消费者208.27万元，罚没金额合计208.32万元。受理各种价格投诉、咨询案件275宗，按时办结率和及时回复率均100%。

【物价收费管理】 2011年，越秀区开展经营服务性收费年审及教育收费年审，核发”广东省收费许可证“（含年审）共557个（其中行政证129个，教育证129个，经营证245个，停车场证54个），全年核定收费标准共41个单位；组织指导区22个街的社区义务物价员，每月逢5日、15日、25日将所属街道主要市场（店铺）采集监测品种，开展价格监测工作。与区纠风办、财政局、审计局等单位组成联合年审小组，重点抽查区人力资源和社会保障局等6个单位2010年度行政事业性收费情况，年审154个收费点收费项目及收费标准，年审收费总额2.1亿元。开展停车场经营成本监审，组织调查区内72间各类型车场（包括商住、商业、公共露天、内街内巷）经营成本，分析汇总，为市物价局对停车场价格成本调查提供有力数据支撑。

【价格认证】 2011年，区物价局鉴定侵犯知识产权案29宗，涉案金额3471.46万元。调解“嘉和苑水浸车”事件纠纷，将价格认证拓展到公共服务领域。做好赃物价格鉴定和交通事故价格损失鉴定工作，受理赃物鉴定1423宗，完成交通事故车物损失价格鉴定257宗，涉案金额分别为5176.57万元和249.29万元。

【落实国家收费减负政策】 2011年，区物价局落实国家收费减负政策精神，从2011年2月1日起，统一取消31项行政事业性收费，涉及到区属7个部门23项收费，可减轻社会负担约537万元。

【平价超市建设】 2011年，区物价局推进农超对接平价商店建设工作。全年建成39间平价商店，同时以平价商店建设为纽带，推进农超对接，西亚兴安超市与区扶贫点增城小楼镇就冬瓜、番薯等农产品建立产销对接关系，为贫困地区农产品找到销路。

（区发改局　唐蔚）

人民生活

【城镇居民可支配收入与消费支出】 2011年，越秀区城镇居民人均可支配收入34901元，同比增长12.3%，其中工薪收入28902元，同比增长11.4%。城镇居民人均消费性支出28371元，同比增长11.3%，其中服务性消费支出10403元，同比增长8.6%，占消费性支出比重为36.67%。交通和通信、食品、家庭设备用品及服务等项目支出增长较快，分别同比增长23.5%、12.9%和12.8%。

城市住户调查基本情况一览表（一）

项　目	计量单位	2011年
调查户数	户	100
主要消费品拥有量		
家用汽车	辆/百户	16.00
彩色电视机	台/百户	141.00
家用电脑	台/百户	144.00
组合音响	套/百户	65.00
摄像机	架/百户	30.00
普通电话	部/百户	96.00
移动电话	部/百户	266.00
住房情况		
现住房总建筑面积	平方米/人	24.56
家庭人口数	人/户	3.00
负担系数	人/就业者	1.65
可支配收入	元/人	34900.72

（续表）

项　目	计量单位	2011 年
（一）工薪收入	元/人	28902.25
（二）经营性收入	元/人	1146.96
（三）财产性收入	元/人	902.26
（四）转移性收入	元/人	8554.28
消费支出	元/人	28371.22
#服务性消费支出	元/人	10402.63
消费倾向	%	81.29
1. 食品	元/人	9333.97
#在外饮食	元/人	3658.76

城市住户调查基本情况一览表（二）

项　目	计量单位	2011 年
恩格尔系数		32.89
2. 衣着	元/人	1706.24
3. 居住	元/人	2518.67
4. 家庭设备用品及服务	元/人	2085.80
#家政服务	元/人	208.37
5. 医疗保健	元/人	1460.90
#药品费	元/人	497.03
#医疗费	元/人	237.56
6. 交通和通信	元/人	5031.65
#交通费	元/人	1012.13
#电信费	元/人	1360.07
7. 教育文化娱乐服务	元/人	4965.29
#文化娱乐服务	元/人	2666.03
（1）参观游览	元/人	124.92
（2）团体旅游	元/人	2004.61
（3）其他文娱活动	元/人	482.24
#教育费用	元/人	1331.16
（1）非义务教育学杂费	元/人	549.66
（2）义务教育学杂费	元/人	8.22
8. 杂项商品和服务	元/人	1268.70
社会保障支出	元/人	3853.17
（1）个人交纳的养老基金	元/人	1690.98
（2）个人交纳的住房公积金	元/人	1566.60
（3）个人交纳的医疗基金	元/人	483.84
（4）个人交纳的失业基金	元/人	111.75

（区统计局　冯嘉茹）

民 族

【基本情况】 据2010年全国第六次人口普查统计，越秀区辖内常住人口中散居有回族、满族、壮族、蒙古族、维吾尔族、藏族、苗族、彝族、布依族、朝鲜族、侗族、瑶族、白族、土家族、哈尼族、黎族、傈僳族、畲族、水族、土族、达斡尔族、仫佬族、羌族、仡佬族、锡伯族、京族、傣族、佤族、高山族、纳西族、柯尔克孜族、布朗族、毛南族、俄罗斯族、哈萨克族、拉祜族、东乡族、景颇族、撒拉族、塔吉克族、保安族共41个族别的少数民族。

散居少数民族人口15300人。其中，散居少数民族人口以回族人口最多，壮族、满族次之。回族人口有4296人，壮族人口有3779人，满族人口有2257人。区内有回民小学、满族小学各1所，其中满族小学是全国仅有的2所满族子弟学校之一，回民小学是广东省唯一的一所回民子弟学校。

区内有少数民族群众团体3个，即广州市满族历史研究会、广州市回族历史研究会、越秀区民族团结进步协会。

【全国人大民族委员会领导到越秀区调研民族工作】 2011年3月27日上午，全国人大常委会委员、全国人大民族委员会副主任委员雷鸣球率全国人大民委会调研组9人，在市人大及市、区等领导陪同下，到越秀区检查指导城市民族工作。调研组参观回民小学、怀圣光塔寺、光塔路清真食品店、光塔街少数民族文化活动中心和光塔民族民俗文化长廊等。越秀区人大、区政府领导就越秀区民族工作情况向调研组作简要汇报。

【推进民族团结进步工作】 2011年4月19日上午，越秀区民宗局召开城市民族工作培训暨创建全国文明城市民族团结进步工作、创建民族团结进步模范社区工作会议。区属各职能部门负责人、各街道党工委副书记和统战干部及区民族团结进步协会正、副会长等共60多人参加此次会议。会议培训骨干并部署下一阶段民族团结进步工作。会后与会人员到海珠区瑞宝街考察民族团结进步模范社区，学习该社区管理外来少数民族的经验和做法。

【越秀区政府等单位荣获市民族团结进步模范集体】 2011年8月1日下午，广州市第四次民族团结进步表彰大会在广州市委礼堂隆重举行，区政府、区政协、区委统战部、各街道、区民族团结进步协会等领导、越秀区受表彰的模范集体和模范个人参加会议。省委常委、市委书记张广宁出席大会并作重要讲话。越秀区政府、区民宗局、区民族团结进步协会、回民小学4个单位被评为市民族团结进步模范集体，4人被评为市民族团结进步模范个人。

【组团参加市少数民族暨宗教界体育花会】 2011年12月17日上午，市民族宗教事务局、市体育局在天河体育中心联合举办2011年广州市少数民族暨宗教界体育花会。该届体育花会有8个区体育代表团、五大宗教代表团约600名运动员参加，设6个大项12个竞技项目和12个表演项目。越秀区组织近100人的少数民族代表团，参加12个竞技项目和2个表演项目比赛。越秀区代表团获团体一等奖、组织贡献奖、10个项目一等奖及总分、单项成绩位居第一等多个奖项。

宗 教

【基本情况】 越秀区有着悠久的宗教历史文化。区辖内汇聚佛教、道教、伊斯兰教、天主教、基督教等五大宗教，经政府批准登记开放的宗教活动场所（点）19个，占全市宗教活动场所的30%，居全市10区2市之首。2011年有教徒14万多人。

经政府批准、登记，开放的宗教场所（点）有佛教光孝寺、六榕寺、大佛寺、无着庵，道教三元宫、城隍庙，伊斯兰教怀圣清真寺、小东营清真寺、濠畔清真寺、先贤古墓，天主教石室圣心教堂、东山天主堂，基督教东山堂、救主堂、光孝堂、锡安堂、沙河堂、青龙坊聚会点、进步里聚会点；此外，佛教精舍有志德字院、太平莲舍、慈云阁。辖区内驻有12个省、市宗教团体，分别是广东省佛教协会、广州市佛教协会、广东省伊斯兰教协会、广州市伊斯兰教协会、广东省基督教三自爱国会、广东省基督教协会、广州市基督教三自爱国会、广州市基督教协会、广东省天主教爱国会、广州市天主教爱国会、广东省道教协会、广州市道教协会。

【各级领导视察宗教场所】 2011年3月27日下午，全国政协文史和学习委员会驻会领导一行3人，在市政协及区有关部门负责人陪同下到区辖内天主教石室圣心大教堂、佛教六榕寺等宗教场所进行视察指导；7月14日，区人大副主任刘尚斯、袁群英、吴茂珠、郑培钢等带领区人大华侨外事民族宗教工作委员会委员、人大代表一行30多人，在区民宗局领导陪同下，视察区辖内基督教锡安堂、天主教石室等宗教活动场所后亚运时期建设和周边整治工作。市基督教三自爱国会主席、市天主教爱国会副主席就有关工作情况作介绍；12月1日，区委常委、统战部部长齐小平携同区委统战部班子成员，以及区城管执法分局、流花管委办、光塔街、北京街等主要负责人到怀圣光塔寺、大佛寺等宗教活动场所开展创新社会管理服务工作调研。市伊斯兰教协会会长、佛教协会会长汇报有关本宗教事务管理工作，并对宗教界在创新社会管理服务工作中如何发挥积极作用进行座谈。

【伊斯兰教传统节日】 2011年8月31日，是一年一度的伊斯兰教盛大传统节日——“开斋节”，越秀区做好全面部署，采取得当措施，确保节日期间安全稳定，让在穗参加会礼的1.8万多名中外穆斯林度过一个欢庆、祥和、安全的“开斋节”。11月7日，是伊斯兰教传统“古尔邦节”，大量的中外穆斯林聚集区先贤古墓、怀圣清真寺举行会礼活动，越秀区委、区政府精心组织、周密安排，通过建立组织领导、沟通协调、宣传动员、部门协作、应急处置、防控保障“六个机制”，确保在穗参加会礼的1.5万多名中外穆斯林度过一个欢庆、祥和、安全的“古尔邦节”。

【“爱心行——情系城市弱势群体”捐赠活动】 2011年6月29日，广东省佛教协会、越秀区民族宗教事务局、广州中医药大学、广州药业股份有限公司、广州光孝寺等单位联合在广州光孝寺举行“爱心行——情系城市弱势群体”捐赠活动。省委统战部、省民族宗教委员会、区民族宗教局等政府职能部门、捐赠企业、团体有关负责人，以及特困群众等150多人参加活动，越秀区100名特困家庭代表（主要是孤寡残弱人群）接受广州光孝寺发放1000公斤大米和若干斤花生油。同时，广州中医药大学请来3家附属医院的20多位知名医学专家教授，现场为100多名孤寡残弱困难群众免费义诊，广州药业股份有限公司下属7家药企向困难群众免费派发价值10万元药品。

【举办佛教三坛大戒法会】 2011年传授三坛大戒法会于是年11月4日至12月3日分别在辖区内佛教场所光孝寺、无着庵举行。三坛大戒是中国大乘佛教特有之授戒仪式，佛教戒律中规定的程序，即初坛传授沙弥戒，二坛传授比丘戒，三坛传授菩萨戒。这种仪式都在全国各大丛林举行。越秀区科学筹划，做到组织领导、职责落实、协调解释、安保工作、医疗食品监控“五到位”，确保法会安全有序、如法如律、成功圆满举行。活动期间，区委副书记、区长王焕清，区委常委、常务副区长卞勇，区委常委、区委统战部部长齐小平以及副区长段德海等领导分别多次到光孝寺、无着庵检查指导工作。相关职能部门、属地街道等单位分工有序，做到零事故、零差错，使整个“法会”安全、平稳、有序。

（区民宗局　麦泽群）

责任编辑　黄毅华

行政街

流　花　街

【基本情况】　流花街地处越秀区西北部，东邻登峰街，西与荔湾区站前街接壤，北靠矿泉街和白云区三元里街，面积1.77平方公里。设桂花岗、桂花苑、火车站、流花桥、兰圃、花果山6个社区居民委员会。2011年有户籍居民4391户17575人，常住人口21758人。辖内有广州火车站、省汽车客运站和市汽车客运站，有白马、壹马、红棉国际时装城和天马、流花、地一大道等大型服装批发市场，还有中国大酒店、东方宾馆、流花宾馆、广州军区广州总医院等单位，以及名胜古迹有清真先贤古墓、回教坟场和兰圃公园等。主要机关有广州市城市综合执法局。

街党工委书记：钟桂林

街道办事处主任：王元革（任至2011年6月）；王小丽（2011年7月任）

街道办事处地址：解放北路桂花岗南街8号

电话：86234875、86234870

【城区综合管理和公共服务】

城市管理　围绕创建全国文明城市，加强日常保洁、“除四害”工作，开展“清洁家园”系列行动，扎实开展各项城市管理工作。创建花果山绿色社区，建设桂花苑社区健身设施，完善桂花岗全民健身广场体育健身设施，着力打造宜居环境。整合辖内城管、治安资源，构建有公安、城管、治安员、协管员组成的城市综合治理模式，在站南、站前、站西路等地区实行联合办公、联合执法；强化火车站广场周边等重点区域整治，进一步规范兰圃路临时摆卖区管理。8～9月创文期间，与派出所等部门开展联合整治行动共清理乱摆卖480多批次，现场调解城管执法纠纷32次，化解乱摆卖人员集体起哄、拦马路等事件7起，查扣非法拉客手推车180多辆，清理占道经营行为96起，对扰乱公共秩序和乱摆卖人员治安传唤320多人次、行政拘留26人，清理流浪乞讨员并送救助站430多人次。全年清理、整治教育乱摆乱卖1232宗、占道经营1151宗，有效遏制辖内“六乱”现象。加强三防工作，落实24小时值班制度，年内未发生水浸等危情。全年受理投诉145宗，办结率100%。

综治维稳工作　整治火车站治安重点地区，认真落实社会面整体防控措施。2011年流花地区刑事立案499宗、治安立案1220宗、“两抢”立案81宗、“两盗”立案6宗，同比下降62.5%；火车站广场刑事零发案295天。综治维稳中心工作顺利开展，全年受理调处“5·11”壹马天桥凶杀案死者家属索赔纠纷、市汽车客运站与羊城铁路总公司用地纠纷和地中海群体性租赁纠纷等重大群体性纠纷13宗；街道、社区两级调委会调解辖区合同纠纷，邻里、家庭等其他民间纠纷共66宗，成功率100%；受理信访件51件/次，办结率100%。全街在册刑释解教人员7名（刑释6人，解教1人），社区矫正人员2名，刑释解教人员帮教率100%，安置率100%。全年无特重大安全、消防和交通安全事故。

2011年1月20日，流花街社区卫生服务中心新址建设工程奠基仪式在广州大学桂花岗校区举行。

民政工作　全街在册低保家庭31户57人，纯低收入家庭4户9人，全年累计发放低保金236.25万元，优抚金101万元，给各类优抚对象发放生活补助6.38万元。全年完成111户困难家庭申请经济适用房，8户申请廉租房，55户申请住房租赁补贴。全年办理残疾人专项补助金申请28人/次，发放专项补助金3.13万元。积极救助白血病女孩刘碧心，向有关部门和民间组织申请求助金15.62万元，募集各类善款46.58万元，其中“广东扶贫济困日”活动筹集捐款20.5万元。发放亚运交通现金补贴居民4105户、集体户3768人，现金共计80.42万元。全年参加无偿献血770人，流花街被评为广州市无偿献血先进单位。

社区建设和社区服务　流花街社区卫生服务中心新址建设工程奠基仪式于2011年1月20日在广州大学桂花岗校区举行。全年完成岗位收集2260个，开发公益性岗位132个，举办就业现场招聘会等4场，成功就业437人，就业率84.6%。完善退休人员社会化管理体系，为20名特困老人办理特困救济补助，圆满完成在册1111名退休人员年审工作。全年接受城镇居民医保参保767人、城镇居民养老保险182人，办理政府公益资助社会保险222人。全年受理劳动监察投诉举报8宗，追讨工资64.87万元，投诉案件处理率100%。积极配合做好社区家庭综合服务中心组建前期摸查工作，举办居民需求征求意见座谈会3次，派发调查问卷4000多份，上门入户调查200户。

出租屋管理　强化流动人口和出租屋管理。实现出租屋100%登记，流动人员100%登记，《治安责任书》100%签订；部门联动，加强流动人员管理服务，着力建立“后亚运”时期流动人员出租屋常态化管理机制。新登记流动人员2442人，注销流动人员7205人，新办居住证2185个，续期916个。2011年，全街共有出租屋1608套，其中住宅1176套，非住宅432套；外籍人出租屋62套，外籍人自购房屋25套，常住外籍人197人，外国人申报率100%。租赁合同备案率95%。超额完成区公安分局下达的1450个新办居住证任务。出租屋治安、刑事发案率为零。

【精神文明建设】　2011年，流花街圆满完成社区“两委”换届选举工作，全街6个社区通过选举产生新一届党组织班子成员22名，社区居民委员会班子成员34名。完成区第十五届人大代表换届选举工作，全街共有75个单位参加选举，选民登记数39679人，参加投票的选民38348人，参选率97%，应选代表11人，正式代表候选人19人，选出当选代表11人。深入开展创先争优活动，街班子领导带头在建设学习型党组织、为民服务、扶贫济困三个方面创先争优，凸显基层党组织模范作用。流花旅客咨询中心以党建带团建，设立“党员服务岗”、“共青团服务岗”，积极参与街道每月开展的创文主题实践活动，为广大旅客提供乘车指引、提携行李等志愿服务。大力倡导文明出行、友爱互助的文明理念，全年为广大旅客提供电话通讯、整钞换零、电脑咨询等服务300多万人次，其中服务外籍人士8000多人次，春运期间母婴候车区服务达6万多人次，受到社会各界好评。扎实推进“六五”普法工作，街道被评为区“五五”普法先进集体。以创建全国文明城市工作为抓手，广泛开展“红色经典——流花街纪念中国共产党成立90周年文艺汇演”、“共创文明城—万人同唱文明歌”暨“爱国歌曲大家唱”和“社区院线”等活动。街道积极参与区文广新局、区文化馆、区体育局组织的各项文艺表演和体育竞赛活动，在“红色经典——越秀区纪念中国共产党成立90周年文艺汇演活动”、区第32届“羊城之夏”系列活动、区首届外来工趣味运动会等活动中获多个奖项。街文化站顺利通过省一级文化站复评。

【地域经济概貌】　2011年，流花街辖内有法人单位1168个，产业活动单位12户，个体私营企业10125户，批发零售业528家，房地产建筑业4家，住宿餐饮业29家，交通运输仓储业35家，服务业137家。有专业市场28家，包括白马、天马、壹马、红棉、地一大道和美博城等25家服装专业市场，以及广州市耀华贸易发展有限公司（钟表批发专业市场）、广东成人用品市场和桂花岗肉菜市场等。配合区政府举办“2011中国国际流花服装节暨广东时装周”活动，白马服装市场“汤姆莉莉”、壹马服装市场“霞湖世家”、红棉时装城“后街男孩”和“U. D. A源源不断”、新星服装商场“新攀荣”、金顺服装市场“远行客”等6家品牌商户获得“2010—2011流花—矿泉服装专业市场园区网上交易示范商户”称号。辖内越秀区服装商会在“全市行业协（商）会资质评估”中获得3A资格。据统计，商品销售收入689.5亿元，比上年增长25.95%；社会消费品零售总额107.98亿元，增长15.26%；商品交易市场成交额324.5亿元，增长29.59%；服务业总产出64.28亿元，增长20.11%；资质内建筑业总产值23.15亿元，增长47.89%。2011年纳入漏征漏管户平均每月294户，全年收税款3.13万元，总计入库税款69.55万元。全年“一费一税”585.01万元。

【创文迎国检工作】　2011年是广州市创建全国文明城市的“大考之年”，街党工委、办事处以“为民创建、创建惠民”为立足点，克服流花地区公共交通、服装批发商场、外来流动人口密集等不利因素，在完善基础设施的基础上，重点整治城市“六乱”等薄弱环节，全面做好各项迎检工作。营造创建宣传的浓厚氛围，加强街道社区宣传，广泛发动辖内专业市场利用企业文化阵地，投入20多万元增加30多幅、1700多平方米的大型创文公益广告；组织开展创文月主题实践活动20多场，发动社区和机关单位志愿者参与文明交通、友爱互助等志愿服务1600多人次，大力倡导文明风尚。国检期间，国检组人员分别检查辖内的广州火车站等5个点，国检人员17批次到辖内白马服装市场及周边检查、购物。全街上下士气高昂，科学迎检，圆满完成受检工作。

【扶贫“双到”工作】　自从街道对增城小楼镇庙潭村扶贫“双到”工作启动以来，街党工委组织街机关、社区、非公经济党支部负责人和流花地区各专业市场和主要商家代表，多次入村开展扶贫考察和访贫慰问活动。在“6·30”广东扶贫济困日活动中，积极发动社会力量筹措扶贫资金高达20万元，大力发展村集体经济项目，解决群众实际困难，加快脱贫致富进程，有效推动庙潭村经济可持续发展。2011年投入帮扶资金34.68万多元，推动农户种养35户，劳动力培训104人次，推荐就业18人次，10户贫困户已经脱贫，村集体经济创收15万元。村基础设施建设得到进一步改善，红棉国际服装城出资维修庙潭小学教学楼，安装窗帘、防盗网，给图书馆增加工具书，维修、更换电脑等，为庙潭村主干道及周边安装50盏太阳能路灯。

（流花街　谢艳珍）

东风街

【基本情况】　东风街位于越秀区西部，坐落在风景秀丽的流花湖畔，面积1.26平方公里。辖内有德坭新村、四方塘、彭家巷、流花湖、第一津、盘松苑、凉亭坊、司马坊、迎寿里、嘉和苑、驷马涌11个社区居民委员会。2011年辖内户籍居民12329户39938人，常住人口47096人。辖内名胜古迹有光孝寺、流花湖公园；主要机团单位有共青团广州市委、广州医学院、广州市少年宫、市旅游局、市容环境卫生管理局、市外经贸局、市卫生局、市第一人民医院。

街党工委书记：周小慧

街道办事处主任：李　瓯

办事处地址：西华路第一津街50号

电　话：81082241

【城区综合管理和公共服务】

城市管理　街道稳步推进驷马涌创建市“绿色社区”工作，举办“绿色社区”宣传咨询活动和居民座谈会，顺利通过市“绿色社区”考评。2011年，东风街被评为广州市二星级卫生街道、环保工作先进单位、食品安全工作先进单位。街道以嘉和苑社区为试点，联合嘉和苑服务管理中心、业主委员会开展“垃圾分类全民行动日”宣传活动，向居民派发《广州市城市生活垃圾分类指导手册》等1万多份。全年办22期健康教育宣传墙报；多次开展健康教育活动、健康讲座，派发健康宣传品8000多张；采取巡查、联合整治和突击难点等方法维护市容环境秩序，全年治理乱摆卖465宗，占道经营523宗，制止新违法建设5宗，清拆违法建设2703.5平方米，拆除违法户外广告构筑物24宗、44.5平方米。落实市容环境卫生整治工作，彻底清理22栋居民楼的杂物，街辖内无垃圾裸露现象，环卫设施设备完好率达98%以上，垃圾袋装、上门收集率100%，卫生质量100%达标，街内卫生清扫保洁100%，街区道路环境整洁有序。全年共发动学校、居民群众3000人次，张贴宣传海报，派发宣传单，清理卫生死角200处，清理垃圾余泥439立方米，投放除“四害”药物475公斤。联合各社区居委会和辖区内各机团单位开展第一次全国水利普查工作。协调和组织东风工商所、区卫监所、区食品药品监管局等部门开展各类打假打私、取缔无证照、打击私宰肉专项整治行动。处理12319转办案件以及群众来电来访案件，定期开展城管接访日接受群众咨询和投诉，群众投诉和12319转办案件办结率100%。

综治信访维稳工作　全年未发生重大、恶性刑事、治安案件；未发生重大火灾、伤亡事故；无发生重大安全生产事故和重大群体性事件。全街刑事发案228宗，同比下降2.6%；治安案件立案351宗，同比下降0.8%。全年受理群众来信、来访和来电共84宗，办结率达97.7%。筹集25万元建设治安设施，在永安约至人民北路口安装围闭铁门，将第一津社区作为年度重点治安整治社区进行整治，减少该社区各类案件的发生。2011年7月采取“三结合”方式（定期与不定期相结合、平时与重要时期相结合、集中与分散相结合），组织开展整治道路交通秩序活动，有效遏制“五类车”违章行驶、停放，净化辖区交通环境。结合街消防安全大整治行动，开展消防和用电等安全隐患大检查，发现消防隐患500处，已整改495处；清查整改“二合一”、“三合一”场所42处；清查发现“三小”场所木制阁楼38处，已清拆（改）35处；整治消防通道不畅通和无“逃生口”65处；整治电气线路和违规使用线路情况76处。

民政工作　为全街237户低保救济户发放救济金15.75万元，审核发放“低收入困难家庭证”23个，为156户低保家庭实施基本医疗救助，报销医药费7.94万元，为20人（次）发放临时生活补助1.92万元，办理免费门诊48户73人，重大疾病零星报销84人次，药费4.07万元，特别医疗救助13次，药费13万元，越秀区城市医疗救助40人（次），报销药费98415元，区慈善救助5人次，报销药费3.97万元。为全街325户（次）困难家庭发放实物救济1080

2011年6月2日，东风街举办“社区闪光”活动座谈会。

份（折款7.24万元），为275户低收入家庭发放超市实物领取卡275个、分值2.84万分。为全街低保家庭发放春节慰问金和生活补贴61.82万元、中秋慰问金2.75万元、7～9月临时物价7.66万元。全年累计完成133户住房保障资格审核工作。共办理老人优待证403份，为老年优待待遇证升级约287人。为2614名70～79岁、1179名80～89岁、136名90～99岁、1名100岁以上老人发放高龄老人长寿保健金，合计24万元。

计划生育工作　全街出生309人，人口出生率7.78‰，自然增长率0.28‰，计划生育率97.73%；全街流动人口出生26人，计划生育率96.15%。流动人口政策生育率100%；全年落实节育奖25人，发放慰问金和营养费共1.3万余元；开展计生宣传咨询活动10次，印制计生宣传单5000多份，计生宣传品入户率90%以上，全年投入经费2.8万元。为361个居民办理《城镇独生子女父母奖励金》的资料收集和汇总，成功办理并已拿到奖励金的居民有249人。为11个居民申报“伤残、死亡独生子女父母退休奖励”，流动人口录入率达100%。投入3.4万元开展“计卫联手”服务，为492名失业育龄妇女进行妇女常见病普查普治。已婚育龄妇女避孕节育措施知情选择率100%。为42名下岗职工提供“三生服务”，其中，为23名失业下岗育龄夫妇解决就业问题。发动计生协会会员为幸福工程捐款9.92万元。全年共办理“流动人口婚育证明”800余本、“广东省计划生育服务证”320本、一孩登记220个、“独生子女父母光荣证”110个、接收计生档案120余份。

社区管理和服务　登记失业人员2670人，其中已就业1488人，就业率55.7%；“4050”失业人员1238人，已就业690人，就业率46%；特困失业人员4人，已就业4人，就业率100%。办理社区就业社保资助732人，城镇居民医保1312人，城镇居民养老保险316人。登记用工备案194宗，800余人参加职业指导课，有效促进充分就业。全年共举办4次招聘会，进场招聘单位63个，提供岗位250多个，签订就业意向102人，大力帮扶失业人员再就业。深入分析居民“无本”创业需求，创新拓展“网上创业服务”，先后开展4次专业培训，上门帮扶6名残疾人员开店，有25人先后成功开店，并吸纳约70名困难失业人员实现在家门口就业，人均收入达500元以上。全年上门探访“十二类人员”20409人次，为192名已故退休人员办理丧葬费申领手续，为9名孤寡及患癌症等重病人员申领特困救助，在“春节”、“五一”、“中秋”期间慰问重病、劳模等探访对象共1395人。处理突发劳动纠纷案件1宗，追讨被拖欠工资20000元，处理劳资纠纷投诉23宗，追讨拖欠工资91845元，日常巡查564家企业，用人单位信息卡登记502户，其中录入信息备案459户，为维护社区经济发展稳定发挥应有作用。

出租屋管理工作　东风街出租屋管理服务中心是区内唯一获得ISO认证的单位。落实日常巡查责任，联同派出所等部门开展25次专项检查整治行动，共出动537人次，新登记流动人员3608人，新发现出租屋220间，新签订治安责任保证书891份。经统计，现有出租屋4936间，登记流动人员6934人。全年为2886名流动人员办理居住证，共受理新办居住证2723个，受理完成率104.73%。加强出租屋消防安全整治力度，对存在问题的出租屋发出书面整改通知书1328份，整治没有灭火器的出租屋215间，没有逃生口的出租屋11间。落实房屋租赁登记备案制度，共上报40份审批表，超额完成300%。

【精神文明建设】　2011年，东风街及时更新宣传海报，开辟创文专栏，组建创文宣传队伍，定期到社区宣传、监督创文工作。举办以创建全国文明城区活动为主题的知识讲座，现场发放《致广大市民朋友的一封信》，并进行认真讲解。组织创文有奖问答比赛、全民健身活动等多形式文体活动，用居民喜闻乐见的形式开展创文工作。动员学校组织开展一系列创文活动，如开展庆元宵、植树活动等，让学生成为创文宣传大使。联系辖内企事业工会，发放创文宣传材料，鼓励工会组织员工开展形式多样的创文活动。开展“创文先锋”等多项主题活动，号召党员发挥先锋模范作用。

【地域经济概貌】 东风街辖内共有法人单位668个，个体私营企业2103个。其中工业3个，批发零售业1251个，房地产建筑业7个，住宿餐饮业219个，交通运输仓储业129个，服务业351个，有东风市场、越富购物广场、富城百货、金茂电脑城、流花鸟苑5个专业市场。征收出租屋“两费一税”800万元。

【创先争优党建系统闪光工程】 2011年，东风街党工委持续开展创先争优党建系列闪光工程，即在离退休党员中开展“余热闪光”工程，在在职党员推进“岗位闪光”工程，在驻街单位党组织和党员推进“社区闪光”工程，在青年党员中开展“青春闪光”工程。党员“余热闪光”工程开展以来，退休党员参加义务治安巡逻活动共2300人次，配合街道开展创建全国文明城市巡检活动15次，增强社区退休党员的党性。2011年全面铺开在职党员“岗位闪光”工程，不断提高在职党员的综合素质。5月起全面铺开驻街单位党组织和党员“社区闪光”工程。各驻街单位积极参加“创先争优庆建党90周年，迈上台阶建平安和谐东风”征文活动，参与创建全国文明城市的各项工作。对48户身染疾病的贫困家庭患者、贫困家庭学生有针对性地开展帮助，其中广州东建物业管理公司党组织对2户需要帮助的贫困家庭提供2个工作岗位；街社区卫生服务中心党组织派出党员医生免费上门问诊身染疾病的贫困家庭患者，为2户特困家庭办理低保免费医疗证。建成四星级街道党员电教站1个，五星级社区党员电教点5个，四星级社区党员电教点6个，建成党员干部现代远程教育网络。全年累计播放电教片132场次，党员收看率90%以上，党员受教育面98%。

（东风街　张　蓉）

洪　桥　街

【基本情况】 洪桥街位于越秀区中部偏西，东起东濠涌，南至东风路，西临解放北路，北靠环市路，面积1.58平方公里。有东风路、环市路、小北路、解放北路、应元路、越秀北路和法政路7条主要交通干道，82条内街巷。全街设德源里、丹桂里、洪庆坊、应元、豆腐寮、三眼井、越秀山、天秀、小北、马庄巷、法政11个社区居民委员会。2011年有户籍居民14003户46437人，常住人口38554人。常住人口以汉族为主，另有满、藏、蒙古、土家、瑶、苗等18个少数民族。越秀公园坐落其中，拥镇海楼、五羊石雕、明古城墙、四方炮台、孙中山纪念碑等名胜古迹。辖内有洪桥客家山歌协会、小北乐社、北秀书画会等民间文艺团队。驻有广东省人民政府、中共广州市委、广州空军后勤部、省粮油集团、广州市第二中学、广东大厦等众多党政军机关和企事业单位。

街党工委书记：官振坤（任至2011年6月）；江桂洪（2011年6月任职）

街道办事处主任：段德海（任至2011年11月）；冯宝文（2011年12月任职）

街道办事处地址：小北路小石街3号

电话：83564959

【城区综合管理和公共服务】

城市管理　洪桥街以创建全国文明城市为契机，大力推进社区升级改造，实施后亚运时期“精细化”管理，以高标准的城市管理工作打造“窗口街道”形象，环境建设成果惠及于民。建立完善网格化城管体系，落实定时定岗、往返巡逻、逐家门面巡检制度，定期开展市容环境秩序整治行动，对无证照和超范围经营的“五小行业”落实分类整治，做到主干道严禁、次干道严控、内街内巷有序，形成管理规范、联动高效的大城管格局。全年清理“六乱”7152宗，查处违法建设17宗1073平方米，拆除违法招牌3宗、户外违法广告

3块，工地文明施工率100%。实现辖内绿色社区全覆盖，北园社区被评为市级绿色社区，9个社区达到市级以上绿色社区标准。在党政机关、中小学、幼儿园等11个单位推广垃圾分类试点，绿色、低碳、环保理念深入人心。城市管理综合考核稳居全区前列，营造环境优美、管理规范、洁净舒适、宜商宜居的花园式社区环境。

综治信访维稳工作　坚持打防结合、预防为主、专群结合、依靠群众的方针，构筑信息科技与社会力量相结合的多层次防控体系，全年刑事发案139宗，同比下降2.1%。开展联合专项行动21次，整治4间、关闭1间超范围经营场所，破获毒品案件13宗，有力打击各类违法犯罪行为。建立覆盖全街的“维稳预警、预案应急、调解化解”的社会维稳新机制，建立1个中心和12个社区、企业工作站，顺利完成广州市涉外“双打”重点维稳工作任务。受理群众信访案件50宗，调处率100%，调处成功率100%。狠抓安全生产和消防工作，全年出动1251人次，整改“三小”场所46间，为411户出租屋配置灭火器，排除消防隐患135处，组织安全培训教育1130人次，全年没有重大安全事故发生。实现“社会治安综合治理力度不减，社会治安局面持续稳定，群众安全感、幸福感保持在高位”的工作目标。

民政工作　2011年发放低保金84.44万元，临时救助5人次，实物救助5.47万元，基本医疗救助金4.13万元，物价补贴11.29万元，受理经适房申请112户。1～3月主动上门和定点发放亚运交通补贴，惠及家庭13234户、集体户2251人。年内举办社区长者百人团圆宴及2场社区关爱活动，扶助困难群体330户。全面落实残疾人优惠政策，组织工疗站学员活动123人次，推进残疾人“人人享有康复服务”工作。继续推进养老服务储蓄机制试点工作，大力推进省托老服务示范点——洪桥托老中心建设，打造社区养老服务品牌。扶贫开发工作成为广州市表扬单位之一。新增3个社区为广东省“六好”平安和谐社区（共7个）。通过走访慰问、军民座谈、结对帮扶、落实政策、联办活动等方式，持续深化街道与驻军部队的共驻共建，收到预期效果。

社区管理和服务　完善社区文化中心、休闲小广场等“五个一”工程建设，覆盖全街的公共文化服务体系基本建立。年度实现再就业2021人，再就业率86.7%，“4050”失业人员就业率85.17%，促进残疾人就业9人。组织失业人员招聘会、创业政策宣讲会6场，提供公益性岗位557个，通过青年学生社区实践平台实现就业56人。处理劳资纠纷45宗，为工人追回欠薪30万元。办理居民医保和居民养老保险1675人，社会退管率100%。

计划生育工作　2011年常住户籍人口出生402人，其中一孩出生360人、二孩出生42人、三孩出生2人，计划生育率98.5%。流动人口出生32人，无政策外出生，流动人口计划生育率100%。普查普治率100%，查环查孕率达95%以上。为目标人群提供以优生优育和生殖

11月12日至12月12日，由区委宣传部，区文明办，区文广新局，洪桥街党工委、办事处联合主办的“放歌越秀山　越唱越响亮——2011越秀山客家山歌邀请赛”，在越秀公园小天使广场举行。

保健为主的技术服务，积极探索创新计生工作新模式，在社区卫生服务中心建成多功能计生服务区，实现服务阵地前移。大力推进幸福家庭促进计划，促进人口素质提升。

出租屋管理　截至2011年12月，登记纳管出租屋9253间（其中住宅6041间，非住宅3212间），登记流动人员9362人。开展出租屋、流动人员清查行动110多次，清查出租屋9000多间、流动人员1万多人，处罚违规出租20例，协助清查外籍人员3788人，处罚371人，清拆房中房2间，人、屋分类100%，流动人员办证率95%，租赁登记备案率95%。以社区服务管理站为依托，提供主动服务、上门服务、弹性时间服务等人性化服务，将推行居住证服务延伸到社区和厂企。投入建设一批社区流动人员和出租屋服务示范管理站，以多语宣传、老外课堂、外籍人士管理服务站为载体，形成流动人员和外籍人士特色管理服务。

【精神文明建设】　2011年，洪桥街深入开展创建全国文明城市活动，开展文明主题月、宣传咨询活动24场，举办居民座谈会11场，组建文明督导、党员义工等志愿队伍11支，提供文明交通劝导等志愿服务1108小时。举办街坊音乐会、社区论坛、社区讲座等各类文化活动13场，广泛开展中国共产党成立90周年纪念活动，举办洪桥地区“颂歌献给党”文艺汇演和“薪火相传，创先争优”新老党员座谈会。团工委组建辖内“两新”团支部12个，以“西关小屋”小北花圈站和“志愿时”社区服务综合管理系统为平台，构建志愿服务新体系。街科协持续开展“科普进社区”系列活动，打造科普精品社区。

【地域经济概貌】　2011年，洪桥地区有工商企业2056户，其中企业法人单位及产业活动单位935户，约占45%；个体经营户约1121户，占55%。辖内产业以服务业为主，专业市场主要有顺邮坊邮币交易中心、环市中路涉外商贸楼；限额以上批发零售商业24户、住宿餐饮业10户、商品交易市场5户、限额以上服务业及行政单位170户、劳动情况调查198户、私营企业劳动情况调查46户、固定资产清查93户、基本单位调查103户、外地驻穗建筑企业摸查3户、旅游卫星账户调查6户、保障性住房存量调查213间，形成企业“一套表”报送。全年征收出租屋“两费一税”450万元。

【东濠涌二期整治动迁工作】　2011年，洪桥街积极支持和配合市、区立项的东濠涌二期整治动迁工程，做好3个到位：

领导到位。迅速成立整治工作领导小组，定期召开专题会议，了解工作进展，研究措施，制订工作方案，逐步推进。

宣传到位。街领导亲自带队，上门走访重点大户，积极联系辖内机团单位，做好协调解释工作。召开拆迁户座谈会，组织邀请辖内区人大代表、政协委员到现场办公，认真听取意见。

措施到位。强化全员培训，提升摸查人员业务水平和应对能力。认真组织摸查，街成立26个工作小组，通过设点及主动上门收集信息和听取意见。防止突击违建，组织城管中队对历史违法建设进行调查、立案，建立动态巡查制度，杜绝整治范围内新建违法建设的出现。

【全国文明城市创建工作】　2011年，洪桥街大力探索创文迎检工作新模式，做好各种方案与预案，实施常态化、网格化管理机制，在周检、月检、省检实地考察中都取得较好成绩。在9月的“国检”中，洪桥街承担小北路、17中等实地考察必检点和越秀山社区入户调查等任务，全街干部职工和志愿者队伍300多人放弃节假日休息，奋斗在迎检工作前线，以良好的街区环境和精神风貌顺利通过检查，圆满完成迎国检任务。

【出租屋与外籍人口管理服务】　2011年，洪桥街辖内居住经商的外籍人士达2000多人，覆盖马里、几内亚、也门等70多个国家和地区。通过设立宣传栏、警示牌、“老外课堂”和外国人管理工作站，发放中英文宣传单，定期摸查整治等方式强化出租屋及流动人口、外籍人士的管理服务，同时加强信息化建设，充分提高人、屋纳管率和服务水平。

【创先争优活动】 2011年，洪桥街破解发展难题，推动社区建设上水平。街党工委通过创建活动进一步理清发展思路，提出工作规划，通过社区改造、惠民工程、完善长效机制、加强基层组织建设等重点工作，全面提升社区环境，使社区更加和谐。大力兴办一批居民群众普遍期待的实事好事，确保居民群众得实惠。先后开展"一对一"帮扶结对帮助困难党员活动，在社区党员中开展"送温暖、聚党心"主题实践活动，积极推动以"一队三中心"为支撑的社区服务体系建设，满足不同群体居民多样化需求。推进"四有一化"建设，增加党组织活力。抓住社区换届契机，选优配强党组织带头人，探索区域化党建领导体制，为辖内党组织和党员创先争优创造良好的条件和环境。

（洪桥街 吴琪）

六 榕 街

【基本情况】 六榕街位于越秀区中西部，东倚中山纪念堂，北靠越秀山，西临海珠北路、人民北路，南至中山五路、中山六路，面积0.78平方公里。辖内有解放北路、东风西路（一段）、盘福路、应元路、六榕路、百灵路等14条马路、78条街巷。设有将军东、旧南海县、文园巷、稻谷仓、兴隆东、盘福、清泉、兰湖里、双井、象岗山10个社区居民委员会。2011年末有户籍居民14938户46760人。分属汉、壮、满、回等15个民族。明、清时期曾有官府设于辖内。名胜古迹有西汉南越王博物馆、六榕寺、三元宫、越王井。驻有省科技厅、省科协、省计算机中心、省丝绸公司、南方影视传媒集团、广东迎宾馆、广州市总工会等机团单位。

街党工委书记：张英明

街道办事处主任：阮 雄

街道办事处地址：六榕路129～133号

电话：83317174

【城区综合管理和公共服务】

城市管理 2011年，六榕街道通过巡查守点和执法，加强将军东地区、医国街、朱紫街等重点、难点地段城市管理力度，促使辖区"六乱"现象得到有效控管。优化街区道路绿化环境，改造盘福大街、源溢里、六榕路、盘福路、解放北路5条主次干道的人行道和惠吉西、福泉三巷、双井街5号3条内街巷路面，新建福泉三巷、福泉二巷、六榕寺后门3处社区绿地，升级改造兴隆东、旧南海、周家巷、西华二巷、象岗山口、将军东居委前、百灵商务楼等20多处社区绿化，打造百灵路、六榕路环境卫生样板路。兰湖里社区、文园巷社区顺利通过区级绿色社区验收，街内实现绿色社区全覆盖。实行16小时环卫保洁制度，严格落实垃圾上门收集和日产日清制度，年内清运生活垃圾9800吨，清理卫生死角59宗，清运无主建筑垃圾、杂物等36吨，清理沙井430个，清洗路面污迹645处，清理乱张贴14600处。

6月28日上午，六榕街党工委在广东电网公司广州供电局变电管理二所礼堂举行"庆党九十华诞 共建幸福六榕——六榕地区纪念中国共产党成立90周年文艺演出暨创先争优表彰大会"。

综治信访维稳工作　依托综治信访维稳中心，加大维护社会稳定力度。2011年全街立刑事案件175宗，治安案件191宗（同比下降24.8%）。受理信访事项233宗，办结232宗，办结率99.5%。加强矛盾纠纷排查调处力度，排查调解各类民间矛盾纠纷147宗，调解成功率99.1%，全年没有发生重大群体性纠纷事件。全面做好禁毒工作，共破获毒品案件12宗，收戒34人。全面加强安全生产、消防安全工作，全年共派出检查组58个657人次，检查企业783家次，对不合格的企业进行相关整改落实工作。

民政工作　为216户低保户发放低保金137万元，为280户低收入住房困难户办理廉租住房保障申请，审核经济适用房申请350余宗。完成义务献血1167人次。为5400多名70岁以上老人办理长寿保健金，低保、低收入户375人办理广州市城镇居民医疗保险，48人报销住院医疗费3.8万元，4人办理越秀区慈善门诊医疗证，299人办理越秀区低保对象免费社区医疗门诊卡。发放实物救助粮油814份。有11户困难家庭的11名中小学生申请区综合救助扶困助学资金。成立全市首个社区残疾工疗专项志愿服务站，开展“阳光家庭”计划，为辖内1060名残疾人提供助残优质服务。

社区管理和服务　推进家庭综合服务中心建设，整合街文化站、工疗站、康复站以及社区居委会等服务场地，构建“一中心三服务点”的基本架构。加强创业基地建设和职业指导培训力度，不断完善就业机制，有效拓宽就业渠道。2011年全街城镇登记失业人员2512人，实现再就业或创业2189人，就业率87.14%，其中“4050”人员实现再就业992人，就业率86.79%；特困失业人员实现再就业35人，就业率为100%，为1040多名符合社区灵活就业岗位的就业人员办理社保资助。做好劳动监察工作，全年督促15个企事业单位共288人补签劳动合同，为288人办理劳动备案和补办社保。加强退休管理服务工作，全年有355名退管人员办理医保手续，审核生存认证5582人。

计划生育工作　强化街、社区计生干部队伍建设。2011年街计生办在计划生育“八访视”的基础上开展计生随访“四上门”服务新模式（即新婚期上门、产后上门、二孩审批后上门、政策外生育户上门），构建和谐计生服务管理模式。加强流动人口计生服务管理，录入信息8436条，建档率99%。审核落实343人享受独生子女优惠政策。

出租屋管理　2011年末街辖内有6792套流动人员居住房、4887套出租屋（其中303套为新采集），新（续）办租赁备案2123宗，新采集流动人口3796人。全年受理居住证5952个，并实行“一条龙”送证上门服务；发出整改通知书1659份，配置灭火器133个，整治重点隐患47宗，拔“钉子户”6宗。全年出租屋综合税费征收达566.7万元。

【精神文明建设】2011年，六榕街党工委加强基层党组织建设，以庆祝中国共产党成立90周年为契机，广泛开展创先争优活动和各项党内关爱活动，表彰一批在创先争优、服务亚运等工作中涌现出来的先进基层党组织和优秀共产党员。年内全街有30人递交入党申请书，16人确定为入党积极分子，5人通表成为预备党员，17人转为正式党员。开展形式多样的“创文”主题实践活动，组织发动居民开展“我参与、我奉献、我快乐”等志愿服务活动；发动社会各界力量全方位清洁整治解放北路主干道等必检路段，圆满完成迎“国检”任务。继续深化“花艺节”、“青少年动漫文化周”、“社区大课堂”等社区品牌文化建设，推动民俗文化、创意文化、科普教育进社区。广泛开展社区教育活动，旧南海县社区完成创建学习型社区实验结项工作，并成为全国创建学习型家庭示范社区。

【地域经济概貌】2011年，六榕街辖内有法人单位940个，个体私营企业数1847个。其中批发零售业40个，房地产建筑业3个，住宿餐饮业11个，交通运输仓储业3个，服务业90个。有3个专业市场，分别是将军东电器城、汇升小五金商场和盘福肉菜市场。

【扶贫开发“双到”工作】2011年，六榕街协助区教育局做好对茂名信宜市丁堡镇铁炉村的扶贫开发“双到”工作。街道主要领导带领工作组先后4次前往铁炉村落实帮扶计划，送去一批运动服装、文体用品，协助铁炉小学举办第一届运动会。建设铁炉小学爱心图书阅览室和九冲文化室，满足学生和村民的精神文化需求。建设商铺综合楼，发展以马铃薯、竹子为主的种植业和以猪、鸡为主的禽畜养殖业，夯实村集体经济基础，增加村民经济收入。参与村道水泥硬底化建设工程，加快贫困户泥砖房改造，提升村民出行居住水平。

【家庭综合服务中心建设】2011年，六榕街选好服务机构，实地考察服务开展情况，认真分析，细致甄选，顺利与广州市普爱社会工作服务社签订合作协议。整合街文化站、工疗站、康复站以及社区居委会等服务场地，构建“一中心三服务点”的基本架构，实现家庭综合服务扎根社区，将服务资源前移辐射至社区内部。依托现有社区公共服务资源，深化“一社区一品牌”社区服务建设，开展多层次的家庭综合服务。

【社区文化品牌建设】2011年，六榕街深化“花艺节”品牌建设，推动民俗文化进社区。以“花”为主题，结合传统节庆，开展插花艺术、丝网花编织、剪纸等讲座，培育六榕插花协会等民间艺术团队等。深化“青少年动漫文化周”品牌建设，推动创意文化进社区。组织社区青少年学生围绕城市文明、科学饮食、绿色能源和低碳环保等主题进行动漫自由创作，并尝试在作品评选中采用学生代表投票打分的模式。探索通过室内涂鸦等方式，进一步拓展创意文化在社区青少年中的传播。深化“社区大课堂”品牌建设，推动科普教育进社区。与广东科学馆合作建设“科普资源共建共享基地”，完善科普声光电展厅展品，展示“守卫绿色家园”、“多姿多彩的生物世界”系列海报，宣传低碳环保理念。举办“六榕街巷历史文化知多少大讲堂”，邀请社区名人讲课，加深居民对六榕深厚历史文化的了解。

（六榕街　周丽霞）

广　卫　街

【基本情况】　广卫街位于越秀区中部。东以德政北路为界；南以中山四、五路为界；西到解放北路，与六榕街为邻；北至应元路、东风路，与洪桥街相接。面积0.76平方公里。辖内主要马路有东风中路（一段）、越华路、广卫路、连新路（一段）、吉祥路、北京路（一段）。辖内设莲花井、雨帽、华宁里、昌兴、财厅前、越华大院、都府、长胜里、登云里、雅荷塘、仁生里、青莲里12个社区居民委员会。2011年有户籍居民12664户44228人，常住人口47020人。居民中有汉、满、蒙古、回、壮、瑶、白、黎、苗、仫佬、朝鲜11个民族。名胜古迹有中山纪念堂、“三·二九”起义指挥部旧址、城隍庙、广府文化会馆、广州市委机关旧址、小东营清真寺等。辖内省、市、区机关单位和机团单位100多个，主要有省民政厅、省财政厅、市人民政府、市人大、市中级人民法院、市地税局、市国土局、市规划局及越秀区人民政府等机关单位，有阿迪达斯、耐克、安踏、康威、李宁、曼奴等多家国际体育用品名牌店。

街党工委书记：许　波

街道办事处主任：赵淑清

街道办事处地址：越华路7号

电话：83640067

【城区综合管理和公共服务】

城市管理　2011年，广卫街全面发挥城市综合执法效能，在巩固联席会议制度的基础上，理顺管理体制，由城管科牵头，将工商、城管执法、卫生监督、食品药品监督、安全生产、环境保护、治安管理等执法部门组建成街道综合执法队，定期开展“六乱”、“两违”、无证照经营、卫生安全、食品药品、安全生产等专项整治，有效遏制各种违规、违法现象的滋生与蔓延，形成“大城管”工作格局。

年内综合执法队罚款127750元，整治乱摆乱卖415宗，占道经营489宗；清拆违法建设和违法广告招牌400余宗、613.8平方米，清理乱张贴350宗；受理各类投诉132宗，处理回复率100%。10月底在全街范围内推进生活垃圾分类工作，在都府社区打造垃圾分类宣传驿站，让居民更直观了解垃圾分类的意义、标准、投放方式以及处理流程等。市城管委多次将广卫街垃圾分类的工作模式向全市推广，年终被评为生活垃圾分类评价等级二级标准（目前为全市最高等级，有3个街道获此殊荣）。从组织管理、健康教育、市容环境卫生、病媒生物防制和传染病防治、公共场所卫生、食品卫生、单位和社区卫生、市民满意度等8个方面改善社区环境，协调各方力量筹集资金完成豪贤市场、广大市场的升级改造工程，9月获评“二星级卫生街道”。

综治信访维稳工作　街道以综治信访维稳中心为工作平台，以司法所为基础，以人民调解、行政调解、司法调解为手段的大调解工作格局，全面提升综治维稳信访中心的功能。建立健全各项工作制度，做到早发现、早介入、早化解。坚持领导主动走访群众、领导每日巡查、“基层信访日”领导接访活动等日常工作机制。全年街综治信访维稳中心、社区维稳工作站两级平台共受理群众信访案件339宗，办结333宗，办结率为98.2%；共开展各类矛盾纠纷排查调处集中行动205次，成功调处矛盾纠纷215宗，成功化解银山大厦住户租金纠纷、“2·13”对越参战退役人员要求提高优抚待遇等一系列涉稳问题，避免大规模群体性事件和群体越级上访事件的发生，确保社区和谐稳定。积极开展安全生产“四进”活动，开展安全知识竞赛及咨询活动10多次，完成292名安全主任的培训工作。按照“四个抓”（抓住重点领域，深化专项整治；抓住层级责任，做好监督管理；抓住重心下移，强化基层责任；抓住严格执法，加大处罚力度）和“五到位”（组织保障到位，思想认识到位，具体措施到位，责任明确到位，考核督促到位）的要求，对重点区域和领域开展专项整治行动，共检查各类场所1929间，现场整改安全隐患628处，发出检查整改通知书316份、责令限期整改指令22份，联合区安监大队对3家重点隐患企业行政处罚10000元。积极推进街道“全国安全社区”创建工作。成立创建全国安全社区工作机构，制定工作计划。至年末完成31家规模以上企业安全生产标准化创建工作任务。

外来人口与出租屋管理　研究制定《广卫街流动人员管理服务“四实”行动方案》，按照“以屋管人、以业管人、以证管人”的工作思路，将全部流动人员纳入实有人口管理、实时登记办证、提供实惠服务、实行到位考核，逐步完善宣传教育、信息登记、日常巡查等常态化管理机制，有力提升“后亚运”时期流动人员和出租屋管理服务水平。2011年全街有出租屋6220套，代征房屋综合税896万余元，同比增长8.8%；办理房屋租赁登记备案1310宗，办理居住证5915张；积极协助公安、计生部

2011年4月12日广卫街举办“垃圾分类”大家谈社区论坛活动。

门与出租屋主签订治安、计生责任书，签约率达100%。

民政工作　全年为289户低保户528人发放救济金217.3万元；全额资助366名低保对象参与医保，共计13.09万元；发放伤残军人、在乡老复员军人、参战退役人员、“三属”等优抚对象生活补助金93.05万元。为80岁以上老人发放长寿金共计134.89万元，新受理70～79岁老人长寿保健金办理3215人，共计48.23万元。为141户居民审核经济适用房申请，为61户审核廉租房申请，为298名重残、特困残疾人办理城镇居民医疗保险，31名贫困残疾人办理慢性病医疗保险。实施“人人享有康复服务”计划，拓展“康园工疗站”服务内涵，与家庭综合服务中心紧密联系，开展生活教育及各种训练，提高残障人士自我照顾和社交能力，发展并鼓励残障人士利用自身优势实现就业或服务社区。完成白内障复明手术2例，为109名低视力患者配用助视器，为6名听力残疾人免费配备助听器，为17名盲人申请启明音听读机。

社区管理和服务　通过建立再就业层级责任制，打造群防群治、精品加工、大学生就业见习等社区三大再就业基地，完善就业困难人员就业援助机制，实行创业指导、项目开发、税费减免、跟踪扶持等“一条龙服务”等自主创业和自谋职业激励机制等方式，提高就业率。成功打造动漫星城创业基地，该就业基地被广州市授予“广州市创业孵化基地”。2011年全街登记失业人员2690人，实现再就业2333人，就业率达86.73%。其中，“4050”失业人员就业率达95.91%，就业困难群体就业率高达100%。协助1776名社区就业人员申领市社保岗位补贴180多万元，申领区岗位补贴100多万元；为23名成功创业人员申领小额贷款总计115万元；累计为1800人办理居民医保、475人办理居民养老保险。开展和谐劳动关系示范街创建活动，辖内985家企业建立工会组织，组建率达85.13%，100%以上企业均建立劳动争议调解机制；帮助105名外来务工人员向企业追讨拖欠薪酬30.2万元，督促33间企业为182名员工签订劳动合同；处理突发事件1宗，涉及金额25万元，有效促进辖内劳动关系的稳定与和谐。努力做好社会化管理退休人员服务工作，全年共上门探访慰问累计12816人次，帮助125名老人安装平安钟，帮助62名老人申请居家养老服务，为45名老人提供志愿服务，累计储蓄服务工时860小时。

计划生育工作　坚持宣传先行，通过制作精美实用的计生宣传品、举办一系列宣传咨询培训活动、创办“广卫计生宣传期刊”、开通“广卫计生博客”、实行“三上门”入户宣传（送《条例》上门，送生殖健康知识上门，送避孕药具上门）等方式，将生育关怀送到千家万户，使人口计生政策深入人心。坚持层级动态管理责任制，强化基层基础工作，严格推进监控考核奖惩机制，做到目标明确、层层分解、责任到人。充分发挥计生协会的作用，开展“幸福工程”捐款活动，为计划生育贫困家庭献爱心，共筹集捐款22万多元。慰问独生子女家庭672户、金额8.5万元，为育龄妇女查环查孕1477人次，妇科病普查普治267人，办理各类计生证件839人，发放各项计生费用5万多元，下发避孕药具3000多盒。开展城镇独生子女父母计划生育奖励工作，共为326人办理独生子女父母奖励纸质和网上申报工作。全年共发出处罚决定书7份，征收社会抚养费17万多元，被区计生局推荐上报为“全国依法行政示范街道”。全街户籍人口、常住人口、流动人口计划生育率分别达到99.51%、99.47%、100%。

【精神文明建设】　2011年，广卫街坚持创建在民、创建为民，全面调动居民群众共建共享的积极性和主动性，不断提高群众的归属感和幸福感。综合运用“社区邻居节”、街道局域网、电子荧屏、社区宣传栏等一切社区公益宣传资源，向居民宣传创文的意义、内容和方法，征求群众意见和建议，加深居民对创文的认同和理解，使广大市民真正成为创建全国文明城市的参与者和推动者。多次组织机关干部、社区人员进行入户上门，宣传市、区两级惠民政策和举措，提高惠民政策的惠普率和知晓率。深入开展机团单位“共建共驻”活动，广泛发动机关干部参与城市公共文明建设，用实际行动影响和带动广大市民群众，共同维护城市文明和城市形象。紧紧抓住广卫街地处广州传统中轴线地带，辖内的居民主要属于广府民系这一特点，全面提升广州城市原点、古城十八门、广府文化会馆、城隍庙等城市景观的文化内涵，打造广府文化源地的聚集区，从历史文化层面提升广大居民的生活品位，从精神层面来凝聚人心。挖掘社区人才，成立文艺表演、健康养生、法律宣传、科普学习、书法绘画、老年健身等30多个专项活动团队，组织开展粤曲传承、讲古、大众论坛、知识讲座、茶艺传授等一系列具有广府文化特色、群众喜闻乐见的文娱活动，努力构筑居民群众共有的精神家园。是年，街合唱团在“万人同唱文明歌”比赛活动中获越秀区金奖，参加广州市比赛获得三等奖和最佳风采奖。

【地域经济概貌】 2011年，广卫街辖内有法人单位816个，产业活动单位592个，个体私营企业893个，批发零售业55个，住宿餐饮业11个，服务业180个，房地产建筑业37个，专业市场3个（分别为动漫星城广场、豪贤肉菜市场、广大肉菜市场）。本年度完成本辖区109个单位的《广州市基本单位清查核实》；统计定期报表月报送率完成100%。做好协税护税工作，全年完成印花税入库154.17万元。

【社区矫正试点工作】 2011年，广卫街组建由司法所干部、社区居委会主任、专区民警组成的主体队伍，由社区治保主任和公益劳动基地工作人员组成的联络员队伍，由辖内律师所律师、街法律服务所工作人员组成的志愿者队伍等三支社区矫正工作队伍，并制定请销假、思想汇报、个别谈话、集中教育、公益劳动（将环卫站作为社区矫正公益劳动基地）、测评考核等六项制度，使社区矫正工作逐步走上制度化、规范化、科学化的轨道。广卫街累计接收社区矫正对象13名，顺利解除2名矫正对象并转入刑释解教人员安置帮教工作阶段，未出现社区矫正对象脱管、漏管问题，未发现重新犯罪及其他严重违法行为。

【街道家庭综合服务中心】 2011年，广卫街街道家庭综合服务中心以“助人自助、发展潜能、全面支援、促进共融”为服务宗旨，设置老年服务、青少年服务、家庭服务、残障康复服务、社区矫正、志愿者培训及服务等六大服务项目。采用以个案服务为“点”、以六大服务群体为“线”、以“区域特色”为面，以播种“幸福种子”为主题的“点线面结合”的推进模式，建立起社工、义工与居民的良性互动，形成共建和谐幸福社区的强大合力。目前，中心共开展个案、家访、外展、文体等各类服务活动210多次，累计服务12000多人次，基本上覆盖整个广卫地区的各类群体，受到居民群众的热烈欢迎。

（广卫街　梁玉琼）

诗书街

【基本情况】 诗书街位于越秀区西部，面积0.52平方公里。辖内主要路段有人民中路、惠福西路、中山六路、光塔路、海珠北路、海珠中路、诗书路、纸行路、观绿路等。设有观绿、七株榕、温良里、白薇、通宁道、枣子巷、三元巷、福地巷、陶家巷、祝寿巷10个社区居民委员会；2011年底有户籍居民14273户、41622人，常住人口34140人。分属汉、满、回、壮、蒙古、瑶、侗、苗、畲、土家、布依、朝鲜、毛南、藏、维吾尔等15个民族。辖内名胜古迹有基督教光孝堂、基督教锡安堂、妙吉祥室（广州市满族联谊会会址）；专业街有全国最大眼镜集散地——人民中路眼镜市场，海珠北路冷冻配件、惠福西路电动工具五金配件、光孝路宗教文化工艺品一条街。辖内主要机团单位有广东省人民医院惠福院区、广州市妇女儿童医疗中心（妇婴医院、儿童医院）、广州日报社、广州市地方税务局越秀分局、越秀区净慧路少年体校、捷泰广场、中六电脑城、乐购超市、颐高数码广场、珠海特区大酒店、美东大厦、樱花大厦、回民饭店等。

街党工委书记：顾彦华

街道办事处主任：莫振山（任至2011年7月）；何劲（2011年7月任）

街道办事处地址：诗书路78号

电话：81887073

【城区综合管理和公共服务】

城市管理　2011年，诗书街打造中山六路、惠福西路和七株榕社区无“六乱”、福地巷户外广告招牌整治试点街区。全年开展食品安全卫生、无证照经营、屠宰、打假、打私专项整治行动100多次，清理乱摆卖493宗，整治占道经营248宗，清理乱张贴和乱涂写2500多宗。制止新违法建设2宗，清拆违法建设386平方米；查处清运余泥195立方米。每月第四周星期六开展“垃圾分类行动日”活动，通过学校—家庭—社会扩大影响。试点社区居民90%做到垃圾干湿分类、废物回收、废物利用。全年外环境防病消杀面积35.5万平方米，辖内未出现一例登革热病例及其他管控传染病例。全街1053家商铺完成《告知书》签订工作，签订率100%。全年环境整治一般社区、达标社区、重点花园社区60项面积12500平方米。建立“三防”应急预案，落实防范措施，是年未出现因暴风、雨导致水浸等危情。

维稳和综治工作　完善综治信访维稳中心硬件软件建设，年初与辖内企事业单位、社区居委会签订综治责任书78份、消防重点安全生产责任书89份。加强社会治安群防群治网络建设，加大中山六路、人民中路等重点场所防控力度。开展燃气专项整治、消防安全大排查大整治、安全生产月活动，全年未发生重大、恶性群体性事件、安全生产事故。实行领导包案责任制，包案领导全程参与案件调查、协调和处理。制定《诗书街处置突发涉访行为应急预案》、《诗书街处级领导干部开展“信访接访日”活动方案》。全年排查矛盾纠纷63宗，成功调处60宗，调解率95%。成功处置信江眼镜城租赁纠纷、儿童医院医患纠纷等维稳事件。受理来电来访来邮信访149件，信访内容主要是投诉和反映民生、城市管理问题，如困难群众住房就业、消防隐患、违章建筑、噪音扰民、环境污染、无证经营等。

民政工作　诗书街继续借助综合救助中心提供救助帮扶“一站式”服务，办理低保户188户、372人，发放各类低保救济160.58万元，实物救助边缘困难群众99户、6.62万元。发放低收入困难群众慰问品224份、10.07万元。困难家庭申请廉租房租赁补贴41户，完成廉租房租赁补贴资格年审234户，直接发放租赁补贴74户，“双特困户”原址续租4户。审核发放基本医疗费1090人次8.25万元，办理特困人员医疗零星救助80人次67804.91元、困难家庭慈善医疗门诊24户，发放越秀区慈

2011年5月19日，诗书街与广州市青少年科技馆在伦文叙纪念广场联合开展科技活动周活动。

善门诊记账单56人次7560元，提供“以老养残”特殊困难家庭每月300元政府购买居家安养服务49户、“阳光家庭服务”11户，办理困难残疾人专项补助668人次，发放金额19.78万元。全街重度低保、低收残疾人全面实现居民医疗保障。开展“文明祭扫，和谐殡葬，幸福广州”主题活动，依法土葬2人，在册死亡人员依法火化率100%。上门慰问知名烈属杨爱兰以及患病住院和重点优抚对象76人次，派送慰问金2.97万元；发放退役士兵待安置期间生活补助费6150元。

社区管理和服务　规范社区基础建设，组织社工参加职业水平考试培训，新招聘录用2名社工。完成祝寿巷、温良里、陶家巷、福地巷、枣子巷社区居委会装修工程及三元巷、七株榕、祝寿巷、观绿社区体育健身路径维护与更换工程。为星光老年之家购置棋牌、健身器材、报刊书籍等配套设施一批。联合广东狮子会明日之光服务队开展“走进社区，携手成长”现场捐赠粮油慈善活动。派发越秀区图书馆读书卡341人/个。联合美国友邦保险广东分公司举办“聚你我为力量—友邦广东2011志愿者活动日大型爱心献血活动”，组织广州市公安消防支队越秀中队10名官兵，参加无偿献血暨捐献造血干细胞活动。全年参加无偿献血1461人次，献血总量29万毫升，献血率159.32%。坚持每日一访孤老关爱制度，接收退管人员6928人，发放长寿金41389人次258.96万元，安装平安钟服务258人。普及居民健康基本知识和技能，创建市“无烟单位”5个。落实“中医中药进社区”便民利民措施，举办各类健康咨询活动9场次，参加人员2382人次。建立特殊人群健康档案12000份。举办现场招聘会，推荐就业250人，成功就业226人。扶持劳动者自主创业，办理小额担保贷款手续3人。全街城镇登记失业2898人，实现再就业2484人，再就业率85.71%。健全医保管理制度，全年医保参保2011人。完善企业建档“一户一卡”600户，涉及3000人。受理投诉18宗，成功为160人讨回工资560511元。处理突发事件1宗，成功讨回工程款及工资10万元。

计划生育工作　推进计生惠民服务，建立审核奖励对象信息档案454人，发放街属企业独生子女父母奖励金89人。定期与多家医疗机构合作举办大型宣传、咨询、义诊等服务活动，投入经费4.8万元慰问计生困难家庭。经“绿色通道”落实计生手术46人，发放奖励金近2万元。发动计生协会、机团单位、个体商铺和广大干部群众为国家幸福工程——救助贫困母亲行动捐款3.7961万元，《广州日报》报业集团公司、广州市妇女儿童医疗中心荣获“捐款纪念奖”。摄影作品《征婚》获“杰士邦”全省家庭人口文化摄影大赛二等奖。全年常住人口出生326人，出生率7.78‰，自然增长率-0.93‰，无政策外多孩出生，计生率98.47%，征收社会抚养费188.46万元。流动人口出生44人，计生率97.73%。

出租屋管理　加强出租屋消防治安监管，整治“五小场所”、“二合一”和废品收购站出租屋经营场地。全年未发生治安、刑事案件和火灾责任事故。开展流动人员“四实”（实有、实时、实惠、实考）管理服务，每周进行“四实洗楼”专项行动。加强外国人聚集地、餐饮娱乐场所、涉外单位等涉外重点区域和场所管理。是年出租屋主补缴历年欠交税款16.34万元。年末在册出租屋登记5898套，出租屋平均租金住宅28元/米^2、非住宅150元/米^2。

【精神文明建设】　2011年，诗书街开展义工活动近百场，参与活动党员500多人次。开展“革命红歌大家唱”、社区党员运动会和参观爱国主义教育基地等“庆祝建党90周年系列活动”，组织“送温暖，聚党心”活动，慰问困难、高龄独居党员近200名。组建保安中队党支部，党员服务站电化教育站成为全区唯一市级示范站。落实文体惠民措施，建立业余文体团队18个、文化示范点5个，组建民间艺术团队4支。开展春节联欢活动、迎春新年音乐会、“颐高杯”青少儿才艺大赛等系列文艺活动，原创舞台剧《热血英魂》获得全区二等奖。推进“两个微博馆”——黄少强纪念馆、广州市满族文化陈列馆建设；挖掘文化资源，打造诗书街特色文化项目“曲艺大舞台”“状元讲古坛”。是年，通过广东省特级文化站复评。举办“创新支撑智慧广州，科技引领幸福生活”科技周活动。加强创文监督和管理，严厉查处城市“六乱”，精心组织主题教育活动，制作《诗书状元话你知》和《诗书创文更给力》宣传海报推动文明互动，提高整改工作效率。推广好人好事，“助人为乐好人”崔同碧、夏高杨、林俊生及“诚实守信好人”张雪梅入选中国好人榜。《信息时报》“寻找最幸福社区”栏目专题报道温良里、三元巷社区，七株榕社区获广州市民族团结进步模范社区。

【地域经济概貌】 2011年，诗书街在七株榕、温良里、通宁道、三元巷、陶家巷、祝寿巷6个社区300居民户中继续开展第三年广州市万户居民调查。是年11月开始，祝寿巷社区按每月20户进行入户月度劳动力调查登记，5月、8月进行越秀区基本单位调查核实工作。商贸、服务业经济是推动全街经济增长主力军，年末统计辖内法人单位807户，其中工业2户、批发零售业454户、房地产建筑业34户、住宿餐饮业35户、交通运输仓储业41户、服务业241户。产业活动单位242户，个体经营户2066户。限额以上商业企业35户，经营电子产品和冷冻设备。专业市场有广州市越秀区新同乐眼镜城、广州颐高数码广场西门口店、广州市中六电脑城、广州市越秀区理力电子城、广州市精鸿电子城、广州眼镜城、广州信江眼镜贸易中心、广州越和（国际）眼镜城、广州市大德市场、广州市越秀惠福西肉菜市场10户，以眼镜批发为主。限额以上服务业单位53户，以报刊发行、专业服务经营为主。征收出租屋“一费一税”818.51万元。

【地情】 诗书街户籍知名人士有革命烈士杨殷长女杨爱兰，户籍温良里社区；粤语讲古艺术传承人颜志图，户籍三元巷社区；南箫王郭大强，户籍白薇社区；岭南派画家黄少强儿子黄缵文，户籍通宁道社区；创办福利性民间医院爱国名医王德光外孙冯健威医生，户籍陶家巷社区。

【《诗书福地》出版发行】 2011年，广州市文史研究馆与诗书街道办事处合编出版历史性书籍《诗书福地》，全书近十万字，具有历史性、真实性、知识性、故事性和可读性，是反映诗书街历史文化、人文地理、广府文化的作品。该书记载辖内历史人文、地域文化等重要史实，详细叙述街巷名字、历史名人、地域经济、民族宗教。越秀区委武延军书记为该书亲笔题词。该书主编陈泽泓，诗书街社区卫生服务中心、广州日报老新闻记者协会、市满族历史文化研究会、基督教锡安堂、光孝堂以及居住诗书街辖内街坊名人颜志图、黄缵文、郭大强等参与编纂工作。6月24日下午，诗书街在伦文叙纪念广场隆重举行首发式。

【健康扶贫惠村民】 2011年，由越秀区人大、诗书街相关部门干部与广东省人民医院、广东省中医院、广州市妇女儿童医疗中心、广州海军医院和诗书街社区卫生服务中心等专家医生和护士组成40多人义诊队伍进驻对口帮扶信宜市北界镇红光村。义诊队分成两组活动，一组在红光村小学临时搭建联合院区，专门接待前来求诊的村民；另一组开展流动医疗服务，到中风瘫痪、行动不便的贫困村民家中进行上门诊治。当天接待村民患者500余人次，赠送药品价值约2.5万元，派发医药保健宣传资料1000多份，派发健康知识宣传册150份、农村常见病用药一批、老花眼镜400副。

【《诗书粤语讲古》评为全国社区教育特色课程】 2011年，诗书街推进状元文化系列活动——诗书状元讲古坛，每周二下午3：00～4：30时在中山六路伦文叙纪念广场开坛讲古。聘请省级非物质文化遗产—粤语讲古传承人颜志图高足广州市最年轻讲古艺人彭嘉志为诗书街讲古文化大使。开坛以来，听众由初期几十人发展到上百人。诗书街借助辖内名人颜志图影响力，组织开展粤语讲古教学、演出等活动，不断挖掘培养粤语讲古后备人才，“粤语讲古”这一岭南文化奇葩在诗书街迎风绽放。是年，《诗书粤语讲古》被评为全国社区教育特色课程。

【“好人好事银行”对账簿】 2011年，诗书街使用“好人好事”银行储蓄“道德财富”方式，让青少年在日常生活中养成诚实自觉、乐于助人习惯。对账簿封面印有富有诗书状元特色的“伦文叙”卡通形象，内页印着“开户名（海珠中小学）”、“签发日期”和“属性：好人好事”，存折的项目有“存入日期”、“发生地点”、“存入内容”、“自我感受”、“服务对象满意度”、“证明人”，与现实生活中商业性银行的存折有几分相似。同学们从身边的点滴小事做起，争当“好人好事银行富翁”。

（诗书街　黄晓玎）

光塔街

【基本情况】 光塔街位于市区中心。东起广州起义路北段，与北京街相接；西到海珠路，与诗书街相依；南临惠福西路，与大新街相交；北至中山五路西段、中山六路东段，与广卫街、六榕街相望。面积0.43平方公里。辖内马路有中山五路西段，中山六路东段、光塔路、朝天路、米市路、起义路、解放中路，另有内街小巷125条。街道设马鞍北、诗家里、师好巷、云台里、玉华坊、回龙里、和义巷、怡乐里、杏花巷、孝友东10个社区居民委员会。2011年辖内户籍人口12616户、37800人，常住人口29110人，流动人口9733人。居民中除汉族外，还有回、满、黎、苗、壮、瑶、侗、蒙古、土家、维吾尔等14个少数民族。辖内有怀圣寺光塔、广州起义纪念馆等名胜古迹；有陶街、新陶街、米市路等电子商业街；有广东省委统战部、广东省工商联、广东省残疾人联合会、广州市地铁公司、广州市公安局等省市机关。

街道党工委书记：邹春燕

街道办事处主任：史明军

办事处地址：解放中路云台里26号

电话：83315441

【城区综合管理和公共服务】

城市管理　2011年，光塔街继续做好亚运整饰工程调整变更完善等手续，排查街辖内公共设施、树木安全隐患，普查水利设施，落实“三防”工作，全年未发生水浸街现象。年内修补路面缺损、盲道、路基侧石89处，约120平方米；新铺内巷路面100米，修裁树木15棵，修补花基10个，更换排污管120米，推进杏花巷、回龙里2个社区创建省、区绿色社区工作，有2个居民家庭被区环保局评为“越秀区环境友好家庭”。落实16小时环卫保洁制度和网格化管理制度，防止出现卫生“脏、乱、差”问题。整合城管、工商、卫监、派出所等职能部门的执法力量，以社区为依托构建网格化管理体系，形成“三片十格”管理模式，对辖内的大型超市、餐厅、肉菜市场等进行重点监控。开展各类社区健康教育活动，落实病媒生物防控措施，预防传染性疾病。出动1250多人次参加清理、清扫活动，清除卫生死角25处、疏通沟渠9处、清理垃圾9吨；开展食品安全专项整治行动10次、100多人次，清查63间肉菜市场、超市及饮食店档，查封“三无”食品约2吨，加工设备2台，涉案人员2名；投放鼠药180公斤，清洁、喷洒药物水车69台次、药物26公斤。五仙观绿化广场工程拆迁工作已达成拆迁协议并搬迁业主或租户259户，完成率95.9%。对洪德新街12宗约347.99平方米的过期临建和历史违章建筑进行查证、拆除。采取说服教育、落实整改、罚款整治等有效措施，严格控制辖区“六乱”问题，达到中山五、六路，解放中路、起义路等主干道严禁，光塔路、朝天路、米市路等次干道严控，甜水巷、仙邻巷、陶街、粤华街等内街内巷规范管理的要求。加强光塔怀圣寺等重点区域的管理，保证广大穆斯林节日活动期间的祥和平安。2011年，共说服教育流动商贩1540宗，处理取缔流动商贩382宗，劝导超占商户532宗，处理超占商户80宗，协助救助流浪乞讨人员46人次；共处理12319投诉案件有413件，处理率100%。

综治信访维稳工作　2011年，全街刑事案件立案87宗，同比下降7.45%；治安案件立案数383宗，同比上升49.6%；“两抢”案件发案4宗，同比下降50%；入屋盗窃案15宗，同比下降11.8%；马鞍北、诗家里、云台里及杏花巷社区继续维持入屋盗窃零发案。全年分别对百佳超市租赁纠纷、甜水巷违建物证据保全公证、建业大厦烂尾楼等纠纷进行干预介入，采取有效措施化解，切实减少影响社会的不稳定因素。此外，受理案件169宗，其中信访案件104宗全部办结，办结率100%，全年未发生有影响的群体性事件。广泛开展宣传教育和出租屋消防安全，扎实推进“三小场所”、“一畅两会”专项整治行动，落实流动人员分类登记和分级管理工作，从源头上消除各种安全隐患（如10月份查处进步里2号大院内出租屋涉嫌聚赌的活动）。全年开展各类消防及安全生产专项整治36次，出动1450多人次，检查人员密集场所15处、出租屋3223间、仓库1958间、酒楼65间、商铺524间、住宅356间；消防检查企业1235间，“三小场所”864间，发出整改通知书1221份，排查消防安全隐患457处，整改451处，整改率98.7%。

民政工作　全年办理居民医保1559人，居民养老保险541人，公益性岗位保险888人。为6014名社会化管理退休人员接收档案640份、开具相关证明1450份，发放医保卡331个、退休存折331份。为低保户276户565人发放救济金近20万元；低收入户73户，低保家庭学生助学20人，发放实物救助333户690份。为169人发放残疾人专项补助金184680元；办理老年人优待证775个，残疾人证69个；为4542名70岁以上的老年人发放长寿金。申请贫困精神病人免费门诊69人次；为11名残疾人办理免费居民医保手续；为15名残疾学生和45名贫困残疾人家庭的学生申请扶残助学金；为226人办理残疾人免费乘坐市内交通工具优惠票卡；为89名残疾人申请“以老养残”特殊困难家庭居家安养。

全年筹得32万元善款、物，慰问孤老、特困家庭、低收入边缘人群500人次，受惠困难家庭300户。

社区管理和服务　以帮扶高校毕业生、农民工和就业困难群体就业为重点，以零距离就业和失业人员再就业孵化基地为依托，通过召开招聘会、职业介绍、就业培训、开发公益性岗位等为社区居民提供更多的就业机会。扶持位于解放中路495号广州誉隆手机城的市场型创业基地、位于解放中路200号的门面型创业基地扩大就业市场并促进就业。年内全街城镇登记失业人员3107人，有2656人实现就业和再就业，就业率85.48%（区全年考核指标为75%）；“4050”登记失业人员1539人，有1309人实现就业和再就业，就业率85.06%（区全年考核指标为55%）；辖内登记失业的高校毕业生就业率保持在90%以上；零就业家庭、特困失业人员就业率100%。

计划生育工作　2011年全街户籍人口当年统计出生260人，政策内出生255人（1孩出生231人、2孩出生29人、无3孩出生），出生率6.85‰，死亡率8.74‰，自然增长率－1.9‰，政策生育率98.08%。2011年出生的260人中，男性140人，女性120人，性别比为100∶117，继续保持低生育率。计生清查出租屋636间，商铺560间，共清查流入已婚育龄妇女425人，查验婚育服务证350人，对流动人口查环查孕298人次，通报信息475条，反馈信息302条，反馈率100%。共办理各类计生证451件，政策内二孩生育审批32宗，完成独生子女父母奖励申报审核328例。

出租屋管理　切实加强流动人员和出租屋动态管理，积极推行居住证办理工作，实行少数民族流动人口免费办理居住证惠民利民政策，提高流动人员办证积极性。2011年，共办理居住证4359张（区下达的新办居住证任务指标1773张，光塔街超额完成2317张），新增租办理租赁备案241宗，续期1086宗，收缴税额819万元。

【精神文明建设】 2011年，光塔街党工委围绕“组织创先进、党员争优秀、群众得实惠、工作上水平”的创先争优活动要求，共开展各种专题活动9项，社区、非公企业党组织开展主题实践活动载体31项，参与活动党员干部、辖区群众536人次。严格执行和认真落实预防职务犯罪、干部选拔任用、任前公示、建立廉政卷宗等有关规定，不断建立健全机关作风建设、财务管理、车辆使用管理以及办事指南、一次性告知、限时办结、首问责任制等各种制度。以重温入党誓词、举办专题组织生活会等系列活动为载体，广泛利用远程教育、专题辅导、参观交流等方式，组织全街领导干部认真学习《中国共产党党员领导干部廉洁从政若干准则》，提高广大党员的党性修养和综合素质，坚定广大党员的理想信念。坚持民主生活会制度，积极认真开展批评和自我批评；坚持民主集中制，定期召开各类会议，注意广泛征求意见（竞岗增设大众评委），并邀请纪检派驻工作人员参加。做好政务公开，推行“阳光政务”，公开办事程序、设立投诉电话和投诉信箱，主动接受基层群众监督。加大对非公企业党组织的指导、服务力度，不断提升社区党建水平，年内发展新党员7人，确定为入党积极分子人选16人，递交入党申请书14人。

【地域经济概貌】 2011年光塔街辖内共有法人单位815个，个体私营企业1695个，其中工业6个，批发零售业1895个，房地产建筑业38个，住宿餐饮业153个，交通运输仓储业26个，服务业383家。有广州惠福市场发展有限公司（米市新街市）、广州市中旅商业城商业有限公司、广州市越秀区陶街电器商贸城、广州誉隆数码手机城、广州市越秀区解放中电器城、广州市新陶街电子电器市场、广州市越秀区米市电子商场、广州市越秀区惠中商业服务中心、广州市越秀区今海冷冻配件市场9个专业市场。

【文化引领工作】 2011年，光塔街组建街少数民族艺术团、少数民族歌舞队、民族合唱团等各类艺术团队，全面推行“一社区一品牌”的社区文化服务模式。加大免费开放微型民族博物馆的力度，开展“民族团结　魅力光塔”、“庆祝建党90周年民族民俗文艺演出暨共创文明城，万人同唱文明歌”、“红色电影周”等形式多样的社区文化活动，提升群众文化素养，丰富“10分钟文化圈”。编印发行涵盖光塔地区历史地情的《蕃坊觅踪——光塔街史萃》一书，扼要介绍光塔地区深厚的历史人文底蕴、悠久的历史渊源等知识，发给辖内的学校、机团单位作为宣传教材，宣传广府文化。

【社区民族团结进步工作】 2011年，光塔街被广州市民宗局作为模范街道召开民族团结工作的现场会。民族文化活动中心共接待包括全国人大民宗委副主任委员雷鸣球等各级领导及兄弟省、市、区的各类参观考察团23次、参观人员6000多人次，先后被省、市各大新闻媒体报导，为广府文化注入了新内涵。年内光塔街杏花巷社区获得广州市民族团结进步模范社区、广东省民族团结进步模范社区的荣誉。

（光塔街　钟回正）

人民街

【基本情况】 人民街位于越秀区西南部，面积近1.02平方公里。辖内主要马路有沿江路、长堤大马路、人民南路、一德路、泰康路等。设有安业里、仁济东、兴贤里、盐亭东、海珠石、果菜西、青兰里、靖海门、太平通津、泰康城、素波巷、木排头12个社区居民委员会。2011年有户籍人口13941户、40965人。人民街是一个文化底蕴十分丰厚的街道，全街共有市级以上文物保护单位9个，其中国家级文物保护单位1个、省级文物保护单位1个，尚有未定级文物保护单位15个。辖内有广州的外滩长堤，历史悠久的天字码头，孙中山先生创办的中国第一家中央银行，有中国现存最完整、最大的天主教教堂——石室圣心堂；有爱群大厦、海珠大戏院等近现代优秀建筑；还有升起广州解放第一面红旗的东亚酒店、广州解放纪念石像等。辖内有广州市第十中学等中、小学校4所。

街党工委书记：李树深（任至2011年6月）；张文胜（2011年6～12月）；叶文辉（2011年12月任）

街道办事处主任：骆　韧

街道办事处地址：一德路154号

电话：83337023

【城区综合管理和公共服务】

城市管理　2011年，人民街城管部门多次牵头组织大型联合整治行动，拆除违法建设面积951平方米。组织各类无证照整治专项行动30次，依法取缔60户，处罚230户，引导办证16户，举办第23个“全国爱国卫生月”、“第24个世界无烟日”等大型户外咨询活动8次；举办“高血脂的防治”“中医夏季养生”“乙肝防治知识”“艾滋病的社区预防”等讲座9次，刊出健康教育宣传栏57个。打造靖海门花园社区，拓宽白米巷到石室路段，改造白米巷环卫站点，重新铺设白米巷周边人行道。全面综合整治一德路，协调市、区交警部门，安装交通护栏，沿路安装3个固定式和1个移动式监控摄像头。联合城管、公安、工商等部门不定期整治；共派发宣传单3000余份。组织志愿者500人次以上，开展文明秩序劝导大型宣传行动4次。组建一支10人的日常综合执勤巡查队，宣传劝导一德路各种不文明行为及违规现象。

综治信访维稳工作　街综治信访维稳中心受理群众反映的问题183宗，现场调解率76%，现场调解成功率100%。全街各类警情10911宗，同比上升9%；刑事立案389宗，同比下降4.9%。其中“双抢”案27宗，同比下降30.8%；入屋盗窃案23宗，同比下降14.8%；盗窃机动车案零发案。“大运会”期间，组织3000余人（辖内机团单位干部职工1600人、义工1400人）实行定点定岗，参与治安社会面整体防控。检查娱乐场所、宾馆旅业、出租屋、仓库、工地、废品收购站等重点场所1112间次，发出消防隐患整改通知书48份，消防行政处罚5间；组织辖内生产经营单位安全主任培训133人，企业负责人培训37人。

民政工作　全街在册低保户396户、低收入户62户。为低保、低收入户办理基本医疗894人、社区免费门诊90人、慈善医疗门诊22人、发放实物救助250份。为38名困难学生在区慈善会申请每人800～3000元不等的助学金。195户家庭办理申购经济适用住房初审手续，18户家庭办理经济适用住房准购延期手续；94户家庭办理廉租住房资格初审手续，办理廉租住房年审284户，76户住房、收入、资产、人口等发生变化的廉租住房保障家庭办理变更手续。851名残疾人登记康复需求，98名残疾人申请“阳光家庭”计划的有关服务，199名残疾人办理专项补助，29名贫困残疾人和残疾人家庭子女申请助学金；289名残疾人办理乘车优惠卡，51名精神病人办理免费门诊治疗；17名贫困残疾人办理慢性疾病医疗救助卡新增申请。

人口和计划生育　全街出生人数353人，出生率8.55‰，人口自然增长率0.61‰。开展计生清查行动，对外来已婚育龄妇女293人登记造册。与户籍地计生部门联合，动员流动育龄妇女落实避孕措施。流动人口出生登记率和符合政策生育率均达到100%（登记出生42人）。投入24万元开展人口计生宣教活动，宣传品入户率90%以上。开展城镇独生子女父母计划生育奖励工作，累计完成该项奖励申报3642余人。投入12万元开展“计卫联手”服务，组织妇女常见病普查普治475人，查环、查孕2105人次；已婚育龄妇女避孕节育措施知情选择率100%、落实节育率82.39%；征收社会抚养费68.85万元；妥善处理群众来信来访122宗。

社区管理和服务　全街失业人员总数3469人，实现再就业人数2987人，就业率86.11%，其中社区就业367人。建立“用人单位信息卡”825家，涉及人数1874人；共化解劳资纠纷7宗，为131名劳动者追讨工资及押金84万元。全年登记在册退管人员6863人，空挂人员3034户，为独居老人安装“平安宝”119户。为262位空巢老人建立结对帮扶工作台账；为591人发放老年人社保卡；4624名高龄老人办理长寿保健金申请发放手续。抓好社区“两委”换届选举，以公开、公平、择优的原则，经过民主选举，一批学历高、能力强、年纪轻的社工脱颖而出，被选到社区党组织的领导岗位上来。新一届委员的平均年龄从原来的50岁降至44.5岁，当选书记者平均年龄从原来的44岁降至38.5岁，其中最年轻的书记仅27岁。

出租屋管理 及时掌握出租屋和流动人员情况，督促业主和承租人自觉签订《出租屋治安责任承诺书》、《出租屋消防安全责任承诺书》、《计划生育责任书》，要求业主办理房屋租赁登记备案和缴纳出租屋税、流动人员办理居住证。登记出租屋9057套、流动人员12675人。出租屋和流动人员纳管率95％以上；办理IC卡居住证9095个，应办居住证流动人员持证率90％；办理房屋租赁登记备案970宗，租赁合同登记备案率90％；协助区房屋租赁管理所处罚不办房屋租赁登记备案15宗、处理违规中介公司2宗；协助区房管二所取证和查处公房转租61套；代征税费1300万元。

【精神文明建设】 2011年，人民街深入开展创先争优活动，以强化党员教育为载体，在互比帮学中提升队伍素质。全街共有党员1394人，其中社区党员1117人，社区退休党员占74％，空挂户党员占61％。深化“结对共建 服务社群”“八个一”活动，组织辖内医院、学校、酒店等单位与结对社区开展活动20余场；在社区党组织开展“六个一”活动，提升党员创先争优的活力。开展“颂党恩、继传统、跟党走——老少同庆建党90周年广场文化活动”、“创建幸福人民，争做岗位能手”党团共建知识竞赛活动、“重温革命历史，见证光辉历程”党史教育日活动、城乡基层党组织帮扶大行动等纪念建党90周年主题活动13场，表彰5个先进基层党组织、51名优秀党员、10名优秀党务工作者。

【地域经济概貌】 2011年，人民地区有工商企业6466户，其中企业法人单位及产业活动单位1174户，约占22.01％；个体经营户约5334户，占82.49％。辖内产业结构中100％为第三产业，以批发、零售、住宿餐饮、其他服务业为主。完成限额以上批发零售商业29户、住餐业22户、商品交易市场28户、限额以上服务业及行政单位62户、限额以下单位及个体户调查30户的劳动情况调查，完成私营企业劳动情况调查35户、固定资产清查42户、基本单位调查102户、外地驻穗建筑企业摸查4户、旅游卫星账户调查4户、保障性住房存量调查95户，形成企业“一套表”报送。

【街区发展新举措】 2011年，人民街围绕凸显景观、改善人居、提升功能的目标，加强一德路周边重点、敏感路段的整顿，优化沿江风景带整体环境。协调有关部门，推进海珠广场、泰康城、北京南等8个地块旧城更新改造项目建设，促进传统产业转型升级。立足于地区困难群众多、慈善资源多的特点，利用社区资源，打造具有地区特色的民生服务平台和慈善服务机构，增强民生工作的统筹力、支撑力、辐射力，构筑横到边竖到底的民生服务体系。挖掘和整合地区丰厚的文化资产，将文化元素融入社区建设，打造地区文化名片；发动街坊寻找人民地区古街巷、历史建筑的故事，提升街坊的归属感、自豪感。

【综合整治一德路】 2011年，人民街以交通整治为突破口，规范交通秩序。协调市、区交警部门，投入50万元设置交通护栏约1200米，增设警示牌、斑马线，严禁大型货车停放咪表位；安装4支“3G电子警察”摄像头，抓拍违章停车行为。以行业自律为长效管理方向，规范经营秩序。发挥商会协调、组织作用，争取广大从业人员自觉配合有关管理要求，努力将社会管理的要求转化为商户的自觉行动。以联合整治为辅助手段，规范执法秩序。联合交警、公安、工商、交通等部门，整治非法物流等难点问题；组建一支10人的日常综合执勤巡查队，并多次组织志愿者开展文明秩序大型宣传行动。

【区人大代表选举“四个到位”】2011年，人民街完成区人大代表选举，实现组织领导、宣传动员、调查摸底、指导督查“四个到位”。

组织领导到位　从街班子成员和机关中层干部中抽调工作能力强、熟悉换届选举工作的人员组成指导组，明确目标要求和完成时限，规范选举方法及步骤。

宣传动员到位　在各机团单位、专业市场、社区服务中心等场所，张贴宣传标语36条，悬挂横幅12条，出墙报12个，发放各类宣传资料2000份，营造浓厚的宣传氛围。

调查摸底到位　为方便代表联系选民和选民对代表的了解、监督，以社区、学校、机团单位为基本单位划分8个选区，并按选区人数的实际情况分配人大代表名额。

指导督查到位　工作组深入各选区分类指导，确保选民登记不漏、不重、不错。建立选举工作督查通报、信息汇报和工作会议制度，及时掌握工作进展，总结交流经验，确保选举工作依法有序按时完成。

（人民街　马利霞）

北　京　街

【基本情况】　北京街位于越秀区南部。东与大塘街相交；南与人民街接壤；西与光塔街相连；北与广卫街为邻。面积0.51平方公里。设有禺山市、大马站、流水井、白沙居、龙藏、盐运西、仙湖、高第、许地9个社区居民委员会。2011年有户籍人口11493户、32809人，常住人口16184人。北京路商业步行街是闻名省内外的繁华商业中心；辖内有拱北楼旧址、古药洲、西汉水闸遗址、大佛寺等文物古迹；有省劳动和社会保障厅、市公安局办证中心、市教育委员会、市民政局等机团单位。

街党工委书记：李剑怆

街道办事处主任：冯碧纱

街道办事处地址：惠福东路龙藏街17号

电话：83334483、83360739

【城区综合管理和公共服务】

城市管理　2011年，北京街实行专项整治行动与长效常态化管理相结合模式，建立完善街区“大城管”联动机制、“六乱”网格化制度等，稳步提升“六乱”防控水平。全年受理办结12319投诉939宗；清理乱摆卖10660宗、占道经营10136宗、乱张贴17200宗；制止新建违建4宗，清拆违建115平方米，拆除不规范雨篷201米。建立以街道城管科、城管协管队伍为骨干力量的三防应急队伍，落实24小时值班制，2011年出动6台水泵排水20次，辖内未发生车辆受浸、房屋倒塌等灾情。高质量完成广府庙会、总书记视察、“创文”国检、广府文化旅游嘉年华等重点保洁任务，相继开展垃圾分类试点、创建餐饮环保综合监管示范街工作。全年开展灭蚊、灭鼠等大型除四害行动48次，举行大型社区清洁行动40余次，清理卫生死角220余处。是年1月，许地、高第、禺山市社区被评为越秀区级绿色社区，6月盐运西社区挂牌省级绿色社区，北京街成为越秀区首批“一片绿”街道。

综治信访维稳工作　建立街道联合派出所、司法所、工商所等职能部门的联调联处机制，每月不定期开展“飓风”“春雷”行动。妥善调处广百员工劳资纠纷、光明广场拆迁户纠纷、名盛广场小业主纠纷等案件，帮助辖内企业员工203人追回工资46.55万元，全国大运会期间及重大敏感日子辖内未发生群体闹访事件。加强街道、社区与企业之间沟通协调，与辖内150个机团单位、9个社区居委会签订目标责任书。采取多种措施做好防邪防范控制工作，实现“三零”目标。全年发生刑事案件286宗，同比下降0.3%。其中，“两抢”案11宗，同比下降8.3%；“两盗”案18宗，同比下降18.2%。治安立案317宗，与2010年持平。完成禁毒收戒26人，强制戒毒19人，破获毒品案件16宗，美沙酮维持治疗7人。是年街综治信访维稳中心受理案件132宗（其中信访类89宗、司法类17宗、综治类14

宗、劳监12宗），妥善解决128宗；社区工作站受理案件277宗，办结269宗，办结率97%。构建安全生产三级管理、监控网络，重点开展“清剿火患”专项行动，2011年开展安全生产专项检查4次，全街性安全生产大检查6次，排查、整改事故隐患176处；检查“三小”场所1400家（次），查处隐患120宗。摸查辖内20年楼龄居民楼公共消防设施情况，投入8万元资金维护更换设施，居民楼配备义务消防员。

民政工作　2011年，核定低保家庭307户、557人，低收入家庭101户、269人，发放低保救济金253.20万元。实施基本医疗救助200人次、11.5万元，重大疾病医疗救助150人次、30余万元。发放489户低收入家庭廉租住房补贴，解决廉租住房189户，完成年度廉租住房保障任务100%。累计完成592户经济适用房预登记审核报批工作，其中456户已领取准购证。全年为7411人办理老人优待证的申办和发放，65岁以上老年人优待证升级378人次，累计发放70～79岁老人长寿保健金3888人、46.7万元，80岁以上老人1385人、155.8万元。创新民生便民服务，社区工作站实行错时工作制和周末办事预约制，并提供低保救济、老人证年审升级、廉租房经适房申请等56项服务的初审受理和在线办理业务，通过面对面、上门服务形式提供91项政务服务。

社区管理和服务　2011年，全街登记失业人员2218人，实现就业1948人，就业率为87.83%；其中“4050”人员1016人，实现就业855人，就业率为84.15%；帮扶特困失业人员2人，实现全面就业。举办4场大型现场招聘会，97家用人单位提供就业岗位368个，526人入场应聘，现场与用人单位初步达成协议97人。免费培训失业人员813人，培训后就业率78%，同比增长31%；自主创业7人，发放小额贷款3笔24万元。换发失业证955本，续期807人，办理灵活就业备案318人，流动人员备案39人；新增城镇居民养老医保629人，新办资助申请151人。全年接收社会化管理退休职工5788人，协助退休人员领取养老金资格认证5653人次，提供社会保险政策和业务查询1320人次，协助生存认证、养老、医保跟踪服务650人次；开展上门探访特困人员2207人次，提供一对一帮扶服务180次，提供特殊困难（无法负担医疗费用）救助16人。

计划生育工作　实施“幸福家庭”六项服务，加强流动人口服务管理。2011年，全街常住人口为3.30万人，出生217人，计划生育率97.70%，出生率6.51‰，人口自然增长率-2.67‰，死亡率9.18‰。全面落实计划生育目标管理、层级动态管理责任制，无政策外多孩出生。常住已婚育龄妇女5372人。全年依法依规征收社会抚养费146万余元。11月4日，国家人口计生委、中国计划生育协会专家调研评估组对盐运西社区创建全国诚信计生和基层群众自治示范村居情况进行评估验收，给予社区计生工作充分肯定和高度评价。

出租屋管理　推进出租屋管理服务创新，开设商户便民服务点，提供流动人员居住证移动式上门办证服务等个性化服务。全街登记出租屋6743套，在册登记流动人员6809人，其中，新登记流动人员4145人，比上年增长63.4%。新增租赁备案173套，新办理居住证2947张，超额完成区下达的居住证受理任务22.97%；出租屋《治安责任书》和《计生责任书》签订率100%。落实出租屋消防安全管理，2011年开展联合整治行动17次、夜检行动16次，检查出租屋2063套，整治消防安全隐患341处。建立社区出租屋巡查督导制度，全年巡查出租屋24661套（次），发现隐患6287处，发出告知书4978封。

【精神文明建设】　2011年，北京街建立社区党建与居民自治联动机制，统筹推进社区党建工作。实施“两代表一委员”（街辖区党代表、人大代表、政协委员）“民生之窗”制度、社区党员社情民意分析会制度，以接访、上门家访等形式收集社区民情民意，协助解决问题。着力抓好培养、发展年轻人入党的“源头工程”和培养“两新”

组织企业骨干入党的“双培双促”工程。全年全街发展新党员5人，新成立家庭综合服务中心党支部。开展党员义工服务队集市活动105次，服务居民5356人次，免费维修家用电器691件。开展党员谈心963人次，各社区党员之家走访党员433人次。党员爱心超市向社区61户困难群众发放物资2.16万元。落实文化惠民“十百千万”项目，为社区困难群众免费发放图书借阅卡180张。全年举办科普、文明礼仪、摄影沙龙等讲座23场次，社区院线免费放映电影、电教片256场次，绿色网园提供免费上网3483人次。2011年9月8日完成越秀区第十五届人大代表选举工作，选出10名代表。参加投票选民20058人，参选率95.05%。

【地域经济概貌】 2011年，北京街辖内法人单位922户，产业活动单位160户，个体经营户1600户；批发零售业476户，房地产建筑业41户，住宿餐饮业65户，交通运输仓储业9户，服务业276户；拥有五月花商业广场、惠福新街市、泰古灯饰城、太白鞋业皮具城等30家专业市场。实施出租屋管理与协税护税联动，全年征收“两税”2296万元，比上年增长13.53%，代征印花税295万元，同比增长11.74%。

【“一队三中心”建设】 2011年，北京街在开展基层管理体制综合改革和社区综合服务中心双试点工作中，完善“一队三中心”建设。整合城管科、城管执法中队，以及城管协管员、社区联防队员、社区城管专干，纳入街道综合执法队；将综治办、信访办、出租屋和流动人员管理服务中心、劳动监察、安全生产监察、司法所等统一纳入街道综治信访维稳中心。整合社会事务管理科、人口计生办、社区服务中心、劳动和社会保障中心、综合救助中心、离退休人员管理所、残联等部门业务建立街道政务中心，实现一站式综合受理服务89项。街道家庭综合服务中心正式落成，围绕“老人、青少年、家庭、义工、残疾人、社区矫正”六大块，以“核心服务+特色服务”模式运作。是年开展家庭个案辅导203个，跟进完成个案113个；老人饭堂服务735人次/每季度，老人日托服务6590人次/每季度；招募义工710人，开展义工服务活动28次、服务5196人。

【“幸福社区”建设】 2011年，北京街完善社区互助超市，全年社区互助超市服务社区居民689人次；举办居民旧物交换“换购乐”活动4次。开展“幸福港湾”社区公益行动，在9个社区先后开展社区“百叟宴”敬老慰问、高第街商户助困结对、“五月花”党支部帮扶社区“亲戚”结对等公益帮扶活动。建立北京街社会组织孵化基地，“青宫社工”进驻基地。同时建立“幸福社区志愿服务站”，启动“志愿时信息管理系统”，提高街区志愿者队伍和志愿服务的“本土化”程度。培育社区居民自治休闲空间，在盐运西社区建立居民俱乐部，设有乒乓球、健身、书吧、茶室、居民荣誉展示区等设施，由社区居民自我管理、自我服务，共同使用。

【社区“两委”换届工作】 2011年，北京街被越秀区选定为率先开展社区居委换届100%直选街道。3月1～2日，全街9个社区党总支按照“三推一评一选”程序，选出新一届社区党总支书记、副书记及委员。党员参选率91.05%，当选委员得票率在90%以上，平均年龄48.2岁，队伍的文化程度和年龄层次有较大提升。3月23～25日，辖内9个社区完成新一届社区居委会选举工作，居民一人一票选出新一届居委会成员63人。选举过程严密有序，实现“三高”：选民登记率高，81.6%；参选居民投票率高，92.8%；当选成员得票率高，95%以上的当选成员得票率超过90%。

（北京街　蒋玮）

大　新　街

【基本情况】 大新街位于越秀区西南部，东至起义路，与北京街相邻；南至一德路，与人民街相邻；西至人民南路，与荔湾区交界；北至惠福西路，与光塔街相邻。辖区面积0.61平方公里。主要马路有解放南路、海珠南路、天成路、大新路、大德路等。设有石将军、魁巷、象牙北、庆福里、大德中、大新中、南华园、玉带濠、濠畔中、三府前、大新西、和宁里、状元坊、一德西14个社区居民委员会。2011年有户籍居民17826户、51033人。居民中有汉、回、壮、藏、傣、侗、满等7个民族。名胜古迹有五仙观、状元坊、濠畔清真寺。专业街有状元坊、天成路、大都市、濠畔街等。主要机团单位有广东省中医院、广州市第三中学等。

街党工委书记：宋志伟

街道办事处主任：叶月萍

办事处地址：大新路257号

电话：81092835

【城区综合管理和公共服务】

城市管理　2011年，大新街按照创建文明城市工作要求，坚持“创建惠民”的工作目标，以整治环境脏乱“黑点”为重点，以解决居民投诉“热点”为突破口，逐步提升社区人居环境水平。城市“六乱”整治工作立足常态管理，采取网格化管理与机动巡查整治相结合、常态化管理与专项整治相结合的方法，整合城管执法、工商、卫生和公安等执法资源，对辖内乱摆卖、无证经营、夜间烧烤扰民现象进行突击重点整治，逐步形成高压整治态势，确保整治效果，切实解决居民投诉“热点”。年内共整治乱摆卖1600多宗、占道经营960余宗，整治各种乱张贴乱涂写2000余宗；暂扣烧烤炉具和乱摆卖用具35件，货物46批；查处违法施工、噪音扰民共14宗，处罚金额4.9万元。

维稳和综治工作　健全街道——社区两级排查调处网络，依托基层，定期排查，加强督查督办，把矛盾纠纷化解在基层，消除在萌芽状态。通过联席会议、联合行动等方式，与司法、信访、公安、劳监、安监等部门配合联动，落实矛盾纠纷化解工作责任。组织矛盾纠纷排查10次，排查解决矛盾纠纷19起，其中排查解决重大疑难纠纷3起，群体性事件3起，调处成功率98%以上。针对出租屋多、流动人员多的现状，加强对重点人群、重点部位的清查整治，对存在治安隐患的“旅业式”出租屋、“日租房”加强监管，不定期联合公安部门进行突击清查，确保监管到位。基本实现流动人员和出租屋99%登记纳管，《治安责任书》签订率95%以上。做好重点区域消防隐患整治工作，投入近100万元整治玉带濠鞋业专业街的消防隐患。刑事立案250宗，同比下降7%；治安案件813宗，同比上升1%；抢夺、抢劫案件发案率大幅下降。

民政工作　在全街开展“环境秩序最佳社区”、“安全系数最佳社区”、“邻里互助最佳社区”、“文化品味最佳社区”、“党建工作最佳社区”五大品牌创建。通过品牌社区及示范点的打造，以点带面，深化基层社会管理，提高对辖区居民群众的管理、服务效能。2011年发放低保户、低收入户救济金232.6万元；为744名特困人员发放3次临时物价补贴，共计27万余元；为615名低保人员核发基本医疗救助14万余元；为患有19种重大疾病的六类人员办理二次救助达45人次，金额4万多元。为908户居民办理经适房申请手续，成功申请的有688户；还为1060户居民办理廉租房申请，让居民群众真正享受到政策的实惠，把党和政府的温暖送到困难群众心上。

计划生育工作　全年出生率为6.29‰，自然增长率为-3.05‰，计划生育率为97.84%。开展为民、爱民、亲民“阳光工程”活动，免费为597名已婚育龄妇女（包括流动人口育龄妇女）提供普查普治，普查费用共计1.8万元。积极推进街无政策外多孩生育、社区无政策外出生的“两无”工作，发出计生宣传品3000多份、发放避孕药具3箱，接待群众咨询450多人次，解答育龄妇女生殖健康咨询60多人次，发放《优生优育服务手册》57册。

社区建设和社区服务　做好困难群体就业援助工作，针对失业人员和用人单位的不同特点进行再就业分类培训，就业率86.93%，其中“4050”失业人员就业率

84.11%。定期与企业联合举办招聘会，实行岗位帮扶，先后联系用工单位80多家，开发就业岗位1026个，与用工单位达成录用意向有514人。完善退休人员社会化管理和服务工作，加大对星光老年之家配套设施的投入，举办老龄人卫生保健和心理健康知识讲座，对有病在家、行动不便的退休人员，上门慰问和做好年审工作。投入资金近120万元，整治辖内重点地域和薄弱社区，其中新装雨篷1000多平方米，架设晾晒架600多米，新装报刊信箱1030个，整治三线2300米，修补花基100多平方米，修补破损路面200多平方米，疏通和修复下水道排水设施10多处。全面筛查辖内居民大楼，投入2万多元清理3个化粪池和排污管，辖内社区市容得到全面提升。

【精神文明建设】 2011年，大新街以创文明城市为契机，以提高居民群众素质为根本，大力加强文明礼仪、道德模范、公益活动、低碳生活等方面宣传，让文明成为居民群众的自觉行为。结合广府文化讲座、妇女读书班、“羊城之夏”等活动，每月定期开展创文“主题月”宣传，以邻里互助、诚信教育、文明出行等为主题，组织居民参与讨论，派发相关宣传资料，提高居民文明素质，提升创文工作的支持率和参与率。开展“爱国歌曲大家唱”活动，道德模范宣传活动以及每月的身边好人投票活动，广泛发动辖区内居民、企事业单位、个体商铺参与，在社区形成热爱祖国、崇尚先进的文明新风尚。深入贯彻落实“全民行动”志愿服务工作，组建一支以社区居民为主体、机关干部参与的文明交通志愿服务队，每周一至周五在辖内主要交通路口和公交车站持续开展文明交通志愿服务，热情接受问询，倡导文明出行。加强与各志愿服务团体的合作，暑期结合学生校外实践活动，与越秀有缘志愿服务队联合，组织天河中学学生在周六日到大新街志愿驿站开展宣传活动，向居民及游客介绍广州历史文化、宣传创文、参与社会实践活动，派发各类宣传资料近2000张、宣传品500多份。

【社区“两委”换届工作】 2011年，大新街充分调查摸底，开展基层调研活动，全面优化换届环境。召开“严肃换届纪律、营造风清气正的换届环境”专题学习会、中心组学习扩大会议；成立大新街社区“两委”换届领导小组，建立社区“两委”班子成员学习培训机制、考核评价机制、联络员制度；落实街领导挂钩社区、干部驻点指导，全程督促检查。做到党委统筹总抓，领导坚强有力，使整个换届选举工作在党工委的领导下健康、有序开展。本届社区“两委”委员比上届精简26人，提拔三四十岁左右年轻社区领导5人，大专以上学历占67%比上届提高17%。14个社区全面实现区委要求的社区书记、主任“一肩挑”。

【建党90周年系列庆祝活动】 2011年，大新街党工委组织近500名党员干部参加全街表彰大会。表彰先进基层党组织10个、优秀共产党员90人、优秀党务工作者10人，以先进促后进，以典型带群众，在全街营造学习先进、崇尚先进、争当先进的良好风气。举办大型文艺汇演，出版纪念画册《大新之新》，展现大新地区深厚的历史文化底蕴和近年来在学习实践、创先争优活动中取得的成果，全方位、多角度展示大新地区新貌。举办新党员入党宣誓仪式，组织“党旗为我指方向，我为党旗添光彩”签名活动，制作纪念辛亥革命活动展板，举办社区运动会、党史知识竞赛、参观革命旧址等专题活动，引导教育新党员继承和发扬党的优良传统，增强自豪感、使命感，参与党员超过2000人次。

【扶贫开发“双到”工作】 2011年，大新街对口帮扶增城市小楼镇竹坑村，经过实地调研，对有劳动能力和缺乏劳动能力的贫困人员进行分类，通过就业帮扶、种植帮扶、保障帮扶、物资帮扶以及教育帮扶等形式，有针对性地开展帮扶脱贫工作。组织街机关干部与竹坑村贫困户开展“一对一”结对帮扶活动，提高机关干部参与帮扶工作的积极性，确保帮扶对口、帮出成效。截至2011年底，大新街除区拨“双到”专项经费外，还自筹投入扶贫资金约41.6万元。

（大新街　陈　磊）

东山街

【基本情况】东山街位于越秀区东南部。东起广州大道与天河区接壤，西到龟岗大马路与大东街相邻，北连中山一路，南至珠江岸边。辖区面积2.88平方公里。设新河浦、德安、小东园、寺贝、寺右、幸福、五羊北、五羊东、五羊南、明月、达道南、达道北、乐景、培正14个社区居民委员会。2011年末，户籍人口23868户、78420人，常住人口98586人。辖内驻有广东省委、广州军区机关、广东省政协、广州市政协、广铁集团总部；有中共三大会址、新河浦民居保护区、五大侨园等文物古迹；有长城大厦、凯旋华美达大酒店、金桥宾馆、珠江宾馆等知名旅业以及龟岗商业街。

街党工委书记：冼丽冰（女，任至2011年7月）；官振坤（2011年7月任）

街道办事处主任：陈军（任至2011年7月）；马美霞（女，2011年7月任）

街道办事处地址：寺贝通津17号

电话：87603200、87621303

【城区综合管理和公共服务】

城市管理　2011年，东山街以打造“市容整洁、环境优美、秩序井然”的城市管理品牌为目标，顺利通过广州市二星级卫生街道和新河浦省级绿色社区的考核验收。全年坚持疏、堵结合，切实消除“六乱”滋生的土壤，工作重点由解决流动摊贩、夜间烧烤、占道经营等行为向城市管理纵深发展，严格控制道路开挖、余泥堆放、乱拉挂、乱张贴等行为，查处乱张贴送派出所处理人员达110人次。全年共拆除违建1307.47平方米，其中拆除违法建设647.47平方米，违法广告招牌660平方米；违法建设立案14宗，罚款立案20宗，罚款14.19万元。与辖内120家机团单位和餐饮店签订除“四害”消杀承包合同，对外环境喷杀71万平方米，清理积水530余处，安装毒鼠屋460个，投放鼠谷475公斤，安装防蚊闸板260个，有效防止登革热等疾病传播。制定《东山街居民实施垃圾分类规范要求及保洁工人分类收集垃圾规范要求》，辖内4个市场（明月、寺右、东山、龟岗）和10个社区每天减少8吨垃圾。

2011年12月25日，东山街在广州市第七中学操场开展东山地区第一届社区趣味运动会。

综治信访维稳工作　2011年，全街共立刑事案件278宗，同比下降4.5%。下降幅度排在全区前三位，刑事案件连续8年下降。全街刑事案件183天零发案，入屋盗窃案306天零发案。全街共成功调处各类矛盾纠纷133宗；妥善处置45起群体性突发事件（其中20人以上的34起）；成功处理劳资纠纷32起，没有因处置不当引发的恶性群体性事件。东山地区各类群防群治人员有771人，其中派出所辅警67人，保安中队75人，联防队员105人，机团单位自建保安力量524人。发动54个机团单位筹集资金近80万元，聘请70多名群防群治队员加强单位及周边路面巡控。据统计，各类治安辅助力量协助公安机关抓获犯罪嫌疑人350多名，抓获涉嫌“黄、赌、毒”人员131名。

民政工作　2011年，东山街结合元旦、春节、中秋等重大节日开展走访慰问困难户活动，到市精神病院、区福利院慰问住院救济孤老和街托老中心老人、散居救济户和特困户共370户，发放米和食用油370份、慰问金7.5万元；为家有子女就读大学的13户困难家庭提供助学金1.3万元。全年办理经济适用房、廉租住房申请491户，免缴居民医保业务287宗，低收入困难家庭证126户，为66户、96人次审批报销基本医疗费2.01万元，为低保家庭办理免费医疗门诊卡15人，为119户特困家庭发放和续期慈善超市物品领取卡共170张。组织召开迎新春、“八一”军政座谈会，为辖内重点优抚对象军烈属、残疾军人、参战退役人员等发放节日慰问金及慰问品13.05万元；为无军籍、民政代管退休人员办理各项医疗检查申请85件，办理医疗证遗失补办手续10件，更改医疗定点医院9件。

社区管理和服务　2011年，辖内登记失业人员3174人，已就业2713人，就业率85.5%；“4050”人员1446人，已就业1167人，就业率达80.7%；特困就业人员6人全部就业，就业率100%。全年举办失业人员职业技能培训40期，免费培训失业人员2120人；组织4次就业招聘会，65家企业提供1789个职位，959人应聘，1200多人咨询，现场成功就业73人。办理就业保险资助1192人；100%失业人员享受职业介绍和指导服务；办理675人就业补助，金额达201150元；企业办理流动人员备案58宗，自由职业备案550宗，小额贷款6宗；为798人办理城镇居民基本医保和老年居民养老保险。建立就业基地，258人实现零距离就业。春节、“五一”、端午、“八一”、中秋等重大节日或人员住院期间，探访慰问56340人次。“幸福广州”小屋定期运作，参与志愿者1200人次；街康园工疗站成立“点点阳光”手工小组，加工首饰品义卖，捐赠慈善事业；关爱孤寡老人54人次；参与垃圾分类、学雷锋、节能减排、携手地球日等活动485人次。医疗保健讲座22期，居民1100人受益；文艺类培训240次，7200人次参加；公益活动12次，1600人次参加；党员活动20次，1000人参加。

计划生育工作　2011年，东山街14个社区居委会无政策外多孩出生。常住人口98586人，其中已婚育龄妇女19024人、政策生育率97.48%；流动人口21341人，其中已婚育龄妇女2382人，政策生育率96.77%；户籍人口78264人、出生711人，计划生育率97.33%。全年出动2500多人次，清查重点出租屋3400多间、商铺1071间、专业市场5个，发放计生宣传资料5000多份。加强与流出地、户籍地沟通和配合，开展联合行动3次，清理清查367人次。落实流动人口结扎9人、上环48人、查环查孕594人，征收社会抚养费16宗，解决信访投诉4宗。

出租屋管理　2011年，登记在册出租屋12768套，征收“两税一费”1478.3万元。办理居住证9783个，注销17969人，超额完成区下达的居住证办理任务。加强出租屋安全消防日常巡查和监督，发出书面整改告知书466份、宣传资料13500份，整改消防隐患出租屋367套，配备灭火器284个，开设逃生口66个；捣毁制作假公章窝点1个，关闭黑网吧3家，通过与公安系统信息比对，公安机关成功抓获在逃犯7名。

【精神文明建设】　2011年，东山街开展“送温暖、聚党心”党内关爱活动，慰问辖内各社区建国前入党的党员、60岁以上独居党员、曾获省市级以上个人荣誉的党员及困难党员共60人。街新文化站正式施工建设；采用社区建设规划和拆违复绿腾出空地等方式在14个社区分别建起面积200～2000平方米不等的文体、科普活动小广场，为发扬群众广场文化提供广阔的舞台。全年举办东山地区纪念中国共产党成立90周年“文艺汇演大型文艺演出”、东山街“唱响红色旋律”社区广场红歌会等大型文艺演出10场，科普宣传便民服务活动6场，开展扫黄打非专项行动10次。与奥龙堡亲子运动中心合作为社区居民开办免费太极拳培训班，与广东省群众艺术馆合作举办免费艺术讲座、贫困家庭学生免费书法绘画培训班、社区中老年免费书画班、舞蹈班，共培训900多人次。广大机团和居民群众以良好的文明素养和高度的参与热情，支持配合街道圆满完成2011年创文国检组住地珠岛宾馆周边环境和秩序管理等任务。

【地域经济概貌】　东山街辖内五羊新城、龟岗商业街是商贸繁华之地，集商贸、餐饮、写字楼、宾馆于一体，以现代服务业为主，配套设施齐全。2011年共有8个专业市场，分别是广州市寺右市场、广州市东山肉菜市场、广州市越秀区龟岗农副产品市场、广州市天合贸易有限公司、广州市新城前线市场、广州市商邦置业发展有限公司、广州市越秀区益隆商贸城、广州市越秀区明月农贸市场；辖内有寺右集体经济组织。

【“强基础、优服务”活动】　2011年10月，东山街党工委、办事处提出以“强基础、优服务”为核心的“五知五访”工作思路，“五知”即知社区的基本情况（边界、面积、楼宇、人口情况等），知本社区每个家庭的基本情况（主要特点和特殊情况），知群众的服务需求，知市、区、街为居民提供的各项服务政策和内容，知办理业务的各项程序。“五访”即社区的孤寡独居老人必访，民政服务对象必访，重点对象必访，育龄妇女必访，困难党员必访。为使活动深入开展，全面梳理市、区、街各项惠民政策、办事程序、上门探访要求，编印成册下发，促进全街干部职工、全体社工熟练掌握各项应知应会的业务知识。举办惠民政策培训班，提高和巩固学习效果。上门探访孤寡独居老人、困难群体、育龄妇女、困难党员、重点对象，摸清、熟悉各类服务对象，采集此类人群基本情况和服务需求等基础信息，健全和完善五个基本台帐。举办业务知识竞赛和技能大比拼活动，召开总结表彰会议，对表现优秀的社工给予通报表扬及奖励。发挥党员的先进性和带头作用，创先争优，争当“五知五访”的业务能手，做服务群众的贴心人。

【东山地区第一届社区趣味体育运动会】　2011年12月25日，东山街搭建地区趣味体育运动会平台，在广州市第七中学操场组织开展以“倡导低碳健康生活、共建平安和谐东山”为主题的东山地区第一届社区趣味体育运动会。运动会共设有“同心协力”折回跑、五人六足往返障碍赛、“穿越时空”跳大绳、袋鼠跳迎面接力赛、“扶老携幼”接力等7个项目，街辖内19个党政军、企事业单位及14个社区近200名群众运动员参加比赛。

（东山街　刘文学）

梅花村街

【基本情况】　梅花村街位于越秀区东部，东起广州大道中，与天河区毗邻；西至福今路、达道路，与农林街、东山街相连；南抵共和八巷、东兴南路，与东山街接壤；北达东风东路、天河路，与黄花岗街连接，面积1.56平方公里。2011年末户籍人口25193户、84313人，常住人口85380人。设福今、梅花村、水均、共和西、西元岗、共和、共和东、共和苑、中山一、东兴南、东兴中、梅东、东风二、环市东、杨箕15个社区居民委员会。杨箕村是越秀区五大城中村之一。街辖内有省妇女联合会、省气象局、省外贸局、广东电网、南方电网、市气象局、市社保局、中铁二十五局、广州空军医院等机团单位。

街党工委书记：陈振强

街道办事处主任：麦碧环

街道办事处地址：梅花路6号

电话：38627711、38627712

【城市综合管理和公共服务】

城市管理　2011年1月，成立共和村、外围两个地区整治专项工作组，加大“六乱”整治力度，初步解决共和直街农贸市场“脏、乱”扰民问题，“六乱”投诉和转办案件数量同比减少156宗。组建社区环保宣传、垃圾分类、市容巡查、爱国卫生等11支志愿服务队，开展城市管理志愿服务。开展食品安全专项清查工作，从严打击共和南、铁中桥等重点地域违法经营私宰肉行为。全年共组织、参与联合执法行动136次，违法案件罚没金额41.8万元；教育处理占道经营1243宗、乱摆卖1771宗，收缴拆解人力三轮车140辆；清理乱拉挂、乱张贴423宗；移送流浪乞讨人员17宗；整顿建筑工地5个；拆除违法户外广告121块面积1267平方米；12319信访投诉回复率100%。开展福今、东兴中、共和片区、水均大街等重点地段和街巷"门前净化"行动，落实街巷16小时保洁制。全年查处、拆除违法建设18宗、1870平方米。成功拆除梅花村22号1601室欧阳山故居楼宇天面搭建的违章建筑。在街辖内6个机团单位、9所学校、2个住宅小区、5个农贸市场、237间饮食店先行实施垃圾分类收集工作。在梅花村社区开展生态社区建设试点，福今社区获评市"绿色社区"，共和苑、西元岗社区获评区"绿色社区"，街获评一星级卫生街道。抓好次干道路提升、内街小巷道路改善和居民小区配套设施等项目建设。修复东风路、中山一路、福今路等破损人行道、路面125处（次），面积700平方米；更新水均、共和片等社区共3955户旧居民楼破损信报箱，在梅花路、共和大街等路段安装单车存放防盗栏；在环市东社区、福今社区制作安装180米户外晾衣架；整治多个水浸"黑点"，疏通改造东郊市场排水通道、白沙墩下水道、水均社区化粪池。当"10·13"罕见大暴雨来袭，中山一、东风二、水均等社区商铺和民居受到水浸街影响时，街迅速启动应急预案，紧急安置和救助水浸户139户近400人，协助转移价值近12万元的商品，强制抽排积水3000立方米，发放救灾食品、物资1.5万元，应急救灾工作得到社区群众认可。

综治信访维稳工作　创建平安社区活动向纵深推进，活动覆盖率达100%，达标率100%。坚持领导接访、下访、包案制度，组织公开大接访4次，正面回应群众的合理诉求。三类可防性案件呈下降趋势，2011年立案268宗，同比下降7.6%，杨箕治安重点整治社区刑事案件同比下降47%；受理各类矛盾纠纷77宗，调解成功75宗；排查各类纠纷隐患8宗，防止重大矛盾纠纷引起的进京上访6宗。成功化解广铁集团劳资纠纷、锦城花园部分业主与广空水运大队营房建设纠纷、东山领汇工地强行拉闸断电劳资纠纷等一批矛盾纠纷案件。全年未发生工商贸安全生产伤亡人员事故。东风二、共和西、梅花村、梅东4个社区被省住建厅、民政厅联合授予"2010年广东省宜居社区"；共和苑社区被市综治委授予"安全社区标兵"。完成收戒和破案指标任务，14个社区被授予"无毒社区"。

民政工作　全年共发放各类保障金68.9万元，物价补贴4.41万元。慰问225户"三无"孤老、低保户、低收入和困难边缘家庭以及514名社会化管理人员，发放各类慰问金24.75万元及米、油等慰问品一批。广东狮子会岭南服务队端午节和中秋节前为300户困难家庭送上价值5.3万元的节日慰问品。"广东扶贫济困日"共募捐21.44万元；为70岁以上老人发放长寿金132.153万元。落实街辖内重点优抚对象、参战人员、民政代管、无军籍退休职工和新兵家庭各项优抚政策。完成23579户家庭、4542人（集体户）、408.94万元的亚运公共交通现金补贴的发放。做好第六次人口普查的后续工作，街被评为省第六次全国人口普查先进集体，东风二社区被评为市第六次全国人口普查先进集体，张凌等24人受到市、区政府表彰。为有困难的残疾人提供各类服务和救助，康园工疗站和社区康复站学员做到一人一康复档案，一季一访视服务。登记1597名在册残疾人的康复需求，新建立864人康复需求服务档案和23名15岁以下残疾儿童服务档案；通过市、区对"人人享有康复服务"工作体系目标创建工作的评审验收，为6名有就业能力的残疾人找到工作。推进居家养老服务和"星光平安宝"呼援服务，加强老年之家建设，在街托老中心开展老人托养服务。

人口计生工作　抓好流动人口计划生育管理，强化已婚育龄妇女信息采集、录入、信息通报工作，实施“流动人口计划生育服务证”异地办证“一证通”，近2000名流入育龄妇女享受到“属地化管理、市民化服务”。支持湖南籍乡友计生协会自我服务、自我管理，免费为近600名育龄妇女开展普查普治服务。落实层级动态管理责任制，推行网上办理独生子女父母奖励办理程序，发放奖励金2.39万元，依法征收社会抚养费43万元。2011年出生730人，出生率8.8‰，计划生育率97.4%；死亡364人，死亡率4.39‰，人口自然增长率3.52‰，全面完成上级下达的各项指标任务。街辖75个计生协会单位计划生育率、晚育率、独生子女办证率、避孕节育率、计生服务证领证率均为100%。顺利通过市、区年度人口计生工作目标管理考核。

社区管理与服务　街劳动保障中心在22家企业和用人单位聘请劳动就业信息联络员，在15个社区居委会设立劳动保障服务站，建立街道、社区、用工单位信息互通绿色通道，落实岗位储备制度，就业“贴心”工程成效明显。2011年创建充分就业社区达标率100%，为8名成功创业人员申请小额担保贷款，申请自主创业补贴6人。全街登记失业人员2696人，就业2322人，就业率86.13%；其中新成长失业人员就业率、持失业证的“农转居”人员就业率均在85%以上，“4050”人员就业率93.31%，困难失业人员就业率100%。185人办理灵活就业参保备案，815人享受社保资助，街获评区“创充分就业示范街”和“争创就业特色工作街”。对在建工地、餐饮行业等用工重点企业，实行分类建档、重点监控，新完成用人单位信息采集255户13759人，帮助企业减少劳资纠纷。妥善处理群体性劳资纠纷3宗，为44人成功追讨工资23.6万余元。完成近5000名社会化管理人员的年度生存认证工作。超额完成全年献血任务，街道和辖内12个机团单位获市政府表彰。7月，启用“越秀号”信息服务直通车平台和新综合业务受理系统，实现大部分社区服务业务网上实名办理、实时查询、接受群众监督。街道选派一名公务员进驻对口帮扶增城小楼镇罗坑村，开展为期两年的帮扶，投入资金53万元，发动辖内机团单位定向为该村捐款10万元，筹建2个村集体公益项目。完成“村集体10万元收入、贫困户人均5000元年收入”的年度扶贫任务。

出租屋管理　实行外来人口分类管理制度，街司法所、劳动保障中心成立外来人口管理小组，互通外来人口信息，开展联合执法。确立“以房管人”的工作模式，逐一进行登记造册。出租屋及流动人员纳管率不断提高，在册出租屋6527套，流动人员8993人，新办居住证3722个，全年出租屋住宅租赁均价20～55元/平方米/月，商业用房租赁均价70～120元/平方米/月，“人屋”登记纳管率100%，《治安责任书》签订率100%。代征“两费一税”1048万元，同比增长24%，成功整改10宗严重消防治安隐患，全年出租屋无刑事案件、消防安全事故发生。

【精神文明建设】　2011年，梅花村街继续巩固发展自治型社区建设。完成社区“两委”换届选举，15个社区党组织书记与社区居委会主任经过民主选举由一人担任，交叉任职比例100%。完成区第十五届人大代表和党代表换届选举工作，选举产生20名区人大代表和8名党代表。创先争优工程为地区党建工作注入新活力，全年召开党员座谈会21次，慰问孤老党员、特困党员和住院卧床党员共158人（次），申请市党内互助金9人2.2万元，党支部“一帮一”结对帮困扶贫36户。完善“两新”组织党建活动布点，优化离退休党员属地管理机制、流动党员和人户分离党员跟踪管理机制，引导社区党员积极参与社区党建和社区建设。

落实网格化长效管理机制，做好东风东路、中山一路主次干道和迎检辐射区域的备检，加强重点区域、路段的环卫作业监督管理力度，举办各类创文迎检培训班、社区论坛、文艺汇演。协调、组织党政机关志愿者和社区居民志愿者千余人次与交警、交通协管员一起维护辖区内重要交通路口、公交站点交通秩序。

加强青少年思想道德教育，注重发挥气象、科普、教育等五大未成年人特色教育基地的作用。强化社区文化功能，举办各种体育花会、展览、讲座、文艺演出、文化交流活动22场（次）。

梅花合唱团参加“全国文化信息共享工程迎接建党90周年群众歌咏活动”获优秀奖；梅花康乐武术队获“2011年广东省传统武术锦标赛”4个第一名、10个一等奖；在“2011年第六届中国焦作国际太极拳交流大赛”中获“24式太极拳集体二等奖”和个人单项奖7项。

【地域经济概貌】 2011年，梅花村街辖内有法人单位1582个，产业活动单位1896个，工业企业18个，批发零售业企业352个，住宿餐饮业企业28个，交通运输仓储业企业62个，服务业企业690个，专业市场7个。

【精品文化社区建设】 2011年，通过挖掘梅花村人文历史资源和社区环境建设，使该社区梅花文化氛围更加浓郁。福今社区配合“绿色社区”建设，在福今路建起120米长的气象科普宣传长廊，打造气象科普和环保节能社区文化；充实共和村社区中心铁路文化微型博物馆的内涵，使之更吸引居民群众。利用铁路党校、广铁一中等教育资源，在东兴南、东兴中社区打造社区教育文化，通过开设社区课堂、社区讲座等形式为社区居民提供教育学习，不断提高居民的文化素质。

【杨箕村拆迁工作】 2011年，梅花村街在杨箕城中村改造工作领导小组的领导下，克服重重困难，通过反复、深入细致的群众工作，有效化解矛盾。杨箕村李、姚、秦、梁四姓祠堂于6月19日顺利迁建，取得杨箕城中村改造的突破性成果。抓住村民股东代表大会授权杨箕村经济联社向法院起诉机会，坚持以审促谈、以执促谈，积极推进拆迁谈判工作。在法院对部分案件作出生效判决时，协助区法院和相关部门对判决生效的3户4幢“钉子户”房屋于9月7日和11月17日顺利执行判决。至12月底，杨箕村10.5万平方米规划面积内需拆除的1390幢房屋中，仅剩15户19栋未签约，签约率99%，房屋交付率99%。

（梅花村街　王雪霞）

农　林　街

【基本情况】 农林街位于越秀区东部，东以福今路为界，与梅花村街相邻；南以中山路为界，与东山街、大东街相连；西至烈士陵园东门，与大塘街相接，北以东风路为界，与黄花岗街、华乐街接壤。面积1.08平方公里。辖内主要马路有东风东路、中山一路、中山二路、农林下路和执信南路等。全街设有中山二路、马棚岗、执信南路、竹丝岗、竹丝二、农林上路、东园新村、三育路、东风东路10个社区居民委员会。2011年底有户籍人口13518户、53944人，常住人口43271人。省人大办公厅、省机要局、省电信有限公司、省冶金建筑设计院、省汽车集团有限公司、省冶金工业总公司、省机械进出口公司、铁青旅游公司等单位驻街辖内。

街党工委书记：何庆婷

街道办事处主任：陈乌面

街道办事处地址：竹丝岗四马路9号

电话：87765520

【城区综合管理和公共服务】

城市管理　2011年全街共拆除违法建设16宗、1740.5平方米；清拆小型户外广告招牌24宗、64平方米；开展“六乱”专项整治行动20余次，教育制止乱摆卖635宗、占道经营457宗、乱丢乱吐333宗；各类违章罚款55277元；处理各类投诉案件613宗，回复率和办结率均达100%。在市、区、街党政机关、中小学校、肉菜市场推广垃圾分类工作。10月，市城管委、区城管局、市各大新闻媒体分别到万科金色家园、东风东路小学参观垃圾分类工作开展情况。落实措施，加大病媒生物防控力度。全面整顿检查街辖区所有“五小”行业食品安全、环境卫生、除四害和经营证照等内容，发现问题督促及时整改。摸排检查危旧房、学校、企业、车站、人员密集场所，共排查出4项86个存在安全隐患问题，墙体、板裂缝等房屋隐患16处，危险树木29棵，下水道隐患6处。台风、暴雨天气时，迅速启动三防紧急预案，及时疏散群众，确保辖内居民群众的生命与财产安全。

维稳和综治工作　街综治信访维稳中心建立和健全社会治安联合防控、矛盾纠纷联合调解、重点工作联勤联动、突出问题联合治理、基层平安联合创建、流动人口联合管理服务“六联”工作机制。整合综治、信访、司法、劳监等部门力量，建立和健全全方位服务的一站式工作平台，统一受理、统一分流、统一督办各类矛盾纠纷和问题隐患。2011年共受理案件39宗，其中中心受理5宗，社区工作站受理34宗，受理的各类问题均按照扇形流程图进行调解、处理。受理案件当场办结率90%，司法所参与调处率100%。与区有关职能部门沟通协调，通过反复与当事人调解疏导，妥善处理社区卫生服务中心选址案、姚某货币分房案等重大矛盾纠纷。全年派出劝返工作小组进京劝返上访人员5次，有效化解竹丝岗社区居民因反对在原区委党校旧址设立卫生服务中心准备集体上访的隐患。通过收集情报信息、加强与医院沟通协调、协调部门联动联调、法律引导等有效措施，探索出一套处理医患纠纷的有效方法，全年妥善处理辖内9宗医患纠纷。

民政工作　认真落实分类施保政策，做到“应保尽保”、“不错保”、“不漏保”，全年为低保、低收入居民发放低保金38.71万元，临时物价补贴4.76万元，春节慰问金4.49万元、慰问品69份，中秋慰问金5300元、慰问品70份；慰问无军籍、民政代管退休人员61人次。办理残疾人专项救助72人次、发放救助金13万元，办理残疾人乘坐市内交通优惠卡400个，精神残疾人申请免费门诊、住院56人次，为87名低保及边缘困难户办理慢性病医疗救助；办理经济适用房申请77件、变更10件，廉租住房保障申请21件、廉租住房保障资格年审85件，为居民群众发放亚运交通补贴188.5万元。

2011年12月14日，由农林街主办的十一省市友好街道研讨会在三寓宾馆举行。

社区管理和服务　全街年末共有失业人员1478人，已就业1252人，就业率85%。其中“4050”失业人员617人，再就业512人，就业率83%；特困失业人员2人，已就业2人，就业率100%；零就业家庭就业率100%；协助区开展再就业培训，职业指导369人次，失业人员职业技能培训再就业率85%以上。全年共举办4场大型招聘会，提供3000多个岗位。置换和开发495个社区公益性服务岗位，安排93名失业人员分别从事家政服务、车辆管理、机团单位后勤服务、书报亭、治安巡防等服务岗位。有7个社区实现充分就业，占全街10个社区总数的70%。大力推进“家庭服务中心”建设，深化基层社会管理服务。腾出300多平方米自有物业，打造街道家庭综合服务中心平台，开设以老年人、未成年人、残疾人服务为主，以心理疏导、社工培训、活跃社区文化为辅的家庭服务项目，着力解决好独居老人、空巢老人、残疾人、精神疾病患者、未成年人的服务需求。

计生工作　2011年全街常住人口已婚育龄妇女计划生育率达98.97%，流动人口已婚育龄妇女计划生育率达100%，顺利完成全年人口和计划生育工作任务。实行人口计生目标层级管理责任制，在对育龄妇女进行分类管理的基础上，通过育龄管理信息系统和反馈平台，提高社区居委会计生基础工作水平。落实例会制度、检查制度、培训制度等“三项制度”，提高政策水平和工作能力。坚持抓好三查工作，实现孕前型管理。全年共查环查孕2915例，全街育龄群众使用绿色通道21例。坚持以人为本，为育龄妇女免费开展生殖健康普查工作，全年无业已婚育龄妇女共484人（次）参加妇女常见病普查，妇检率96%。

加强与街出租屋管理中心、综治办、派出所等部门沟通协调，落实“一证先行，无证否办”制度，落实对出租屋暂住人员的计划生育管理责任，定期交换辖区内出租屋流动人口信息，签订出租屋主的计划生育责任书。加强与专业市场沟通联系，做好市场承租人持证验证登记工作，建立和完善已婚育龄妇女计划生育登记册，做好计划生育信息通报，确保齐抓共管到位。

出租屋管理　加强辖内流动人员、出租屋、机动车和重点场所管理，落实各项巡查措施，消除出租屋消防和治安等安全隐患，全年共发出整改通知书535份、告知书795份。根据市、区专项整治行动要求，在全街范围内开展“洗楼”专项行动26次，摸清辖区内出租屋和流动人员的底数，实现“底数清、管得住、服务好、涉案少”的总目标。协助市公安机关网上抓捕2名在逃犯罪嫌疑人。加大“二费一税”的征收力度，全年征收“两费一税”468万元，登记出租屋3369套、流动人员6648人，办理居住证5388张，新办租赁备案339宗，出租屋治安刑事发案率继续保持零。

【精神文明建设】　2011年，农林街广泛开展群众性精神文明创建活动。全年开展“亚运广州行”机关效能月、礼仪推广月、志愿服务月、爱绿护绿月、诚信教育月等10多个主题实践活动，取得很好效果。大力营造创建宣传氛围，多次开展集中上门入户宣传工作，派发《致居民群众一封信》4000多份，派发创文纪念品1000多份，更新社区宣传栏50多个，张贴创文宣传海报900多份，发动组织社区卫生志愿者、交通志愿者、市民文明督导员等1500多人次参加到创建活动中。开展以“创先争优促发展，幸福农林谱新篇”为主题的庆祝建党90周年系列纪念活动，开展“共建文明城，万人同唱文明歌”、“党员参与广东扶贫济困日捐款”等丰富多彩的活动。开展第32届“羊城之夏”青少年学生暑期系列活动，以加强青少年思想道德建设为目的，以“快乐成长，活力社区”为主题，组织全街青少年参加各类寓教于乐的文化活动，促进青少年身心健康成长。

【地域经济概貌】　2011年，农林街辖内有法人单位925个，产业活动单位310个，个体私营企业578个。其中工业企业4个，房地产建筑业企业89个，批发零售业企业289个，住宿餐饮业企业46个，交通运输仓储业企业43个，服务业企业452个；辖内有农林市场和福今市场2个专业市场。是年农林街“两费一税”征收入库468万元，其中税457万元，费11万元。

【扶贫开发“双到”工作】　2011年，街党工委重视市、区下达帮扶增城市小楼镇正隆村的扶贫开发工作，及时成立街扶贫开发工作领导小组，负责全街扶贫开发“双到”工作的指挥协调。建立街干部与正隆村贫困户一对一结对帮扶关系，不断改进和推进扶贫开发工作。建立党工委月度例会制度，共召开街党工委扶贫专题会议6次。建立街扶贫开发领导小组与村两委，街驻村干部与村两委、镇挂村部门两个层次的扶贫开发“双到”工作联席会议制度，解决扶贫开发工作中遇到的实际问题。通过落实保障帮扶、教育帮扶、医疗帮扶、物资帮扶、种养帮扶、就业帮扶或发动贫困户自主就业等形式，使28户贫困户达到年收入5000元以上的标准，完成市、区下达的扶贫工作任务。

【创建文明城市迎国检工作】 2011年，农林街制定并完善《农林街2011年创文迎国检网格化分工安排》，在农林下路商业街路段每隔200米、每个路口都安排一名工作人员守点，切实严控“六乱”和路面垃圾，确保各备检点不留工作死角。国检期间，街道每天出动机关干部、职工，社区居委会社工，各类协管员队伍300多人次，发动社区居民志愿者120多人次，从早上六点到晚上十点参与到迎国检工作中。各有关科室和社区居委会认真对照《全国文明城市测评体系》标准，以备检点周边500米为半径，全面细致地抓好巡检排查，抓紧整改存在问题，确保各备检点不留工作死角。街城管执法队取消轮休，守好东风路、农林下路等重点路段，严控“六乱”；街环卫站成立一支3~4人的保洁应急小分队，做好农林下路、东风路的应急保洁工作。延长环卫保洁时间，对农林下路商业街的卫生死角、水沟进行冲洗，全面清理卫生死角。迎检期间，全街投入3万多元更新一批保洁工具，参加保洁人数共1500多人次，清洗路面3万多平方米，清洗沙井250多个，清扫雨篷100多个，清理卫生死角120多处，清理余泥杂物150吨。经过努力，农林下路商业街、东风路主干道等重点备检点以高标准迎接国家检查组的检查考核。

【社区“两委”换届选举工作】 2011年，农林街对社区“两委”换届选举工作进行总动员。在10个社区设置宣传栏，张贴宣传标语，开展现场宣传咨询活动，在各社区设立现场咨询点，为党员、居民群众解答换届选举工作的疑难问题，提高广大居民群众对依法推进社区建设重要意义的认识。成立换届选举工作领导小组，街党工委书记、主任亲自挂帅，分管领导分片负责，包干到点、责任到人，为换届工作顺利进行提供组织保证。制定《农林街2011年社区居委会换届选举工作实施方案》、《农林街第四届社区居委会换届选举工作安排》，做到“四个细化”，即细化工作内容、细化工作责任、细化工作环节、细化工作时间。组织各社区居委会主任参加区、街举办的专项培训，熟悉换届选举的政策法规，明确换届选举工作各个环节具体操作方法。全街10个社区通过选举产生新一届党组织班子，其中建立社区党委4个，社区党总支6个，共选出社区党组织成员58人，书记10人；社区居民委员会委员70名，专职社工兼社区委员共30人。从而增强社区居民民主自治意识，推动社区基层政权建设。

（农林街　林碧）

黄花岗街

【基本情况】 黄花岗街位于越秀区东北部。东接天河区、梅花村街，分别以广州大道中、内环路梅东路段为界；南以天河路、东风东路为界；西以执信南路、先烈南路、原道路为界；北以内环路永福路段、广深线铁路为界。面积3.20平方公里。设永福、科苑、永泰、御龙、云鹤、空司、区庄、犀牛北、东环、菜寮、执信、农本、水荫、水荫南、水荫西15个社区居民委员会。2011年，户籍人口26430户、97100人，常住人口111196人。名胜古迹有黄花岗七十二烈士墓、庚戌新军烈士墓、史如坚墓、朱执信墓、冯如墓、邓仲元墓、华侨五烈士墓、杨仙逸墓、张民达墓、范鸿泰墓、潘达微墓、五十四军赴印缅作战阵亡将士纪念亭、执信中学建筑群等。专业街（城）有永福汽车用品商业街、东都大世界饮食街。中国科学院广州分院（省科学院）、省地震局、省教育厅、省文化厅、省公路局、广州军区空军司令部、广州警备区、广东工业大学、市委党校、广州工程技术职业学院、中山大学中山眼科中心、省新闻出版局、羊城晚报社、省海洋地质调查局、省地质勘查局等单位驻在辖内。2011年6月底，黄花岗街办事处迁新址水荫路33号。

街党工委书记：宋文祥

街道办事处主任：许小思

街道办事处地址：水荫路33号

电话：87687787、87680790

【城区综合管理和公共服务】

城市管理　2011年，黄花岗街以打造“整洁有序黄花”为目标，狠抓水荫路和先烈路（含内街巷）两条亮点路段打造工作。牵头联合整治无证照经营79次218户，其中引导办照40户，取缔9户，开出责令改正通知书169份，立案查处36宗，工商罚没金额11.775万元。组织集中整治行动60余次，教育乱摆卖2000余宗，教育整改占道经营234宗，取缔320宗。年内，街执法队办理文明施工案件100余宗，“六乱”有效处理案件1000余宗，合计处罚金额9.62万元。重视群众投诉，处理投诉回复率和按期办结率为100%。做好除“四害”和防治“登革热”工作，大力推进垃圾分类工作。在全区率先开展创建防震减灾综合示范社区试点工作，御龙社区被评为全国综合减灾示范社区；科苑、永泰社区获评“广东省宜居社区”。

综治信访维稳工作　2011年，黄花岗街秉承社会治安综合治理的原则，逐步建立和完善三大体系：以公安为主体，企事业单位联动，社会团体和社区居民参与的群防群治体系；以司法为主体，各职能部门联动，多方共同参与的矛盾化解体系；“天网”“地网”交织的人防技防相结合的立体防范体系。年内黄花岗街立刑事案件365宗，同比下降0.54%；治安案件802宗，同比下降4.7%；投入经费50多万元，打造水荫片群防群治示范社区，成效显著。年内水荫片刑事案件同比下降21.2%，治安案件同比下降35%。受理信访251件，已办结248件。调处各类民事纠纷136件，涉及587人，其中人数在20人以上的群体性事件7起，案件调解成功率100%。落实安全生产目标管理责任制，共检查各类单位1012家次，发出整改通知书57份，消除安全隐患96个，隐患整改率100%。

民政工作　完成居委会主任换届选举，广东工业大学校长陈新当选菜寮社区居委会副主任，获得社会各界肯定，《人民日报》等多家媒体进行报导。慈善互助超市共筹慈善款4万余元，捐赠物资折合8.4万元。积极开展社会救助工作，全年发放生活困难保障金59.57万余元，临时物价补贴313户6.68万余元；实物米油469份；申请特困救助11人，救助金额2.05万元；春节发放节日慰问金和慰问品价值18.79万余元。办理捐资助学17宗，金额2.25万元；5984名老年人申领长寿保健金；24户中低收入家庭领取廉租住房补贴的发放确认书，123户中低收入家庭办理经济适用房申请。组织544名精神病残疾人进行精神病防治评估，评估率100%；17户“以老养残”特殊困难家庭享受每月300元的政府购买居家安养服务；18名新增孤寡、精神病人申请管理服务费。水荫西社区获“六好平安和谐社区”称号。

社区管理和服务　精心打造省特级文化站，向居民免费或低偿开放，成为居民文化休闲、艺术交流、科普教育、辅导培训的文体活动中心，获评“广东省百佳文化站”。社区便民理发室为社区低保、低收入、残疾人员等提供免费理发服务720人次以上，为社区居民提供低偿理发服务5000人次以上。街在册登记的失业人员2719人，已就业2337人，就业率85.95%，其中“4050”失业人员980人，已就业848人，再就业率86.53%，特困失业人员、零就业家庭再就业率100%。全年组织失业人员668人参加就业指导培训课，举办各种招聘会4场，吸纳用工规范的用工单位130家，提供就业岗位1000多个，对失业人员进行一对一职业指导的360人，成功推荐就业305人，成功推荐就业率85%。办理个人岗位补贴2308人次，补贴33万元，引导帮助30名下岗失业人员成功创业。监督检查街道辖区内用人单位的劳动用工情况，日常巡视检查405家用人单位。受理劳资投诉9

宗，为12人追讨工资4.3万元；参与处理突发事件4宗，涉及125人，涉及金额139.18万元；建立一户一卡764户，涉及1.08万人。

计生工作　制定和落实《黄花岗街人口计生层级动态管理责任制奖惩细则》、《2011年目标管理责任制考核办法》，与15个社区和130个机团单位签订计生目标管理协议书和责任书。年内常住人口出生973人，出生率10.13‰，政策生育率98.15%。以街道政务楼落成为契机，建立计划生育"幸福驿站"，致力于传播优生优育知识。落实流动人口查证验证制度，新建流动人口已婚育妇女卡885张，补充和完善全员流动人口数据库信息2936人。发出征收社会抚养费决定书121份，征收631万元。开展以"生男生女一样好"、"幸福家庭"等为主题的生育宣传服务活动10余场次，为569人提供免费"妇女常见病普查普治"服务，慰问计生困难家庭99户，慰问金2.15万元。农本社区居委会被推荐为省"计生基层群众自治示范居委会"。

出租屋管理　深化落实流动人员和出租屋"五位一体"的"三个一"管理工作制度，开展流动人员管理服务"四实"行动，组织各工作片每周定期上门"洗楼"，联合整治人屋复杂社区，排查安全隐患，着力建立"后亚运"时期流动人员、出租屋与外国人常态化登记管理机制，实现各项工作指标稳步增长。全街累计纳管出租屋1.32万套；登记流动人员1.7万人，其中持居住证1.5万人，持证率95%；办理境外人员临时住宿登记3219人次，登记率96%，"两费一税"征收入库总额2155万元，同比增长28%。

【精神文明建设】　2011年，黄花岗街打造特色文化品牌，引领地区建设。结合建党90周年和辛亥革命100周年等系列纪念活动，打造革命历史文化品牌；进一步丰富"军事科普博物馆"建设，树立军旅文化品牌；设立2处动漫科普长廊，打造动漫文化品牌；开展"我的社区我的家"系列文化活动，打造幸福家庭、文化楼道品牌；开展全民阅读行动，完善图书借阅功能，并为困难群众赠送免费图书借阅卡120张，打造文化黄花品牌。结合创建文明城市活动，举办"红红火火过大年"、"京剧大家唱"、"读书感恩思源，志愿服务社区"、庆"五一"劳动者之歌文艺晚会、"永远跟党走"庆祝建党90周年文艺晚会等文艺宣传活动30余场次，丰富社区群众文化生活。水荫南社区建设妇女心声站、妇女之家、家庭书屋等，有效提升妇女带头参与社区家园建设的热情与能力，被授予"全国妇联基层组织建设示范社区"。

【地域经济概貌】　2011年，辖区内经济单位8331个，以商业和服务业为主要组成部分，集中分布在环市东路、先烈中路、东风东路等路段。其中法人单位3967个，实现生产总值7561613万元；产业活动单位4364个；个体私营企业1230户。工业27个，营业收入31115万元；批发零售业1620个，销售收入3739416万元；房地产建筑业465个，营业收入1046664万元；住宿餐饮业139个，营业收入36188万元；交通运输仓储业103个，营业收入364481万元；其它服务业企业1613个，营业收入2379937万元。专业市场9个，其中黄花岗商业街（广州万桥投资顾问服务有限公司）商品交易达亿元以上。永福路的汽配交易市场3个：盛大国际汽车用品广场、广州南方永福国际汽车用品广场、永福中心汽车用品广场。农产品肉菜市场5个：犀牛肉菜市场（广州市越秀区骏峰副食品商行）、黄花肉菜市场（广州市黄花市场发展有限公司）、先烈中肉菜市场、永福肉菜市场、广州市越秀区水荫惠德肉菜市场。出租屋"两费一税"征收入库总额2155万元，同比增28%。

【公共服务阵地建设】　2011年，黄花岗街以政务楼建设为契机，加强和创新公共服务阵地建设，完善为民服务平台，提高为民服务水平。政务楼于6月落成投入使用，建筑面积约3500平方米，首层为近1000平方米的综合服务大厅，内设出租屋和流动人口管理、计生、社区服务、综治维稳等15个对外服务窗口，安装7个大型电子显示屏，不间断地播放办事须知及各类服务信息，向辖内10多万居民群众提供更细致、更高效、更优质的种类齐全的“一门式”便民服务，践行党全心全意为人民服务的宗旨。

【永福变电站顺利动工】 为彻底解决中心城区用电短缺问题，广州市于2005年计划在越秀区黄花岗街太和岗路北端建设一座占地面积约6615平方米、建筑面积8574平方米的永福变电站。自该项目规划公布以来，遭到附近居民强烈反对，致使该项目一度搁浅。2009年下半年，黄花岗街党工委和办事处贯彻落实中央和省、市关于做好新形势下群众工作的意见，坚持群众工作路线，深入调查，找准问题症结；反复宣传，消除群众疑虑；积极疏导，有效化解矛盾，变群众强烈反对为积极支持。使一件利国利民的好事历经6年之久，于2011年10月25日顺利动工，为新形势下科学、民主、和谐开展涉及公共利益的市政配套设施建设树立成功案例。

（黄花岗街　刘　洁）

华　乐　街

【基本情况】 华乐街位于越秀区中部，东起区庄立交桥、原道路、黄花岗纪念公园西侧围墙，与黄花岗街为邻；西抵麓湖路、建设六马路，与建设街相连；南至东风东路，与大塘街、农林街连接；北达原广九铁路路边，与登峰街接壤。面积1.20平方公里。主要路段有环市东路、东风东路、先烈南路、建设六马路、淘金路和华乐路。2011年有居民14414户、53320人，常住人口64656人。设有花苑、淘苑、淘金、白云、麓苑、天胜村、华侨新村、黄花新村、邮电、螺岗、青菜东、青菜岗12个社区居民委员会。辖内有区庄螺岗秦墓、西汉初南国贵族李嘉墓、淘金坑16号墓（西汉）、淘金坑1号墓（西汉）、广州府义冢（清乾隆二十年置）、邓荫南墓园、兴中会墓场等古迹；驻有花园酒店、广州中心皇冠假日酒店、广州文化假日酒店、白云宾馆、华泰宾馆、远洋宾馆、国际电子大厦、广州世界贸易中心大厦、中国远洋集团、南方影视广播传媒集团、珠江实业集团、广州友谊商店等200多个单位。

街党工委书记：潘二华

街道办事处主任：龚靖

街道办事处地址：麓苑路49号二楼

电话：83592714

【城区综合管理和公共服务】

城市管理　2011年，深入推进“三本一册”（日巡查记录处理本、会议记录本、除“四害”药物发放登记本、社区单位本底资料册）电子工作平台建设，建立汇报例会制度，对“六乱”整治工作实施月考核制度，建立要点工作备忘录，提高服务效能。开展以除“四害”为主的爱国卫生运动，组织450人次清理各类孳生地131处，化粪池35个，沟渠135条，外环境喷洒药物面积304.6万平方米，喷沙井1500个。对在建工地共喷药15次，全街清理卫生死角80多处、无主余泥100多吨、乱张贴7000处，塞鼠洞380个，捉活老鼠340只，清积水510宗，使用各类灭蚊药剂1905公斤、鼠谷2100公斤、粘鼠胶2800件，防止登革热、甲型H1N1等流行性疾病发生。综合执法队全年共处理教育2171宗，罚款处理326宗、罚款金额140755元；清拆违章建筑13宗（860.64平方米）；清拆户外广告1宗（350平方米）。扎实推进“六好社区”和“宜居社区”的创建工作，制定《华侨新村防台风暴雨应急预案》等13个应急预案以及《华侨新村综合减灾工作制度》等14个制度。

综治信访维稳工作　全年全街立刑事案件269宗，同比下降4.9%。其中“两抢”案件4宗，同比下降77.8%，“两盗”案件18宗，与上年同期持平；治安案件518宗，同比下降24.3%。黄花新村、天胜村和邮电3个社区保持全年入屋案件零发案。在春节、“两会”和深圳“大运会”期间，华乐地区治安刑事案件及维稳信访案件都保持稳定，到省市进京上访人数为零。2011年综治信访维稳中心前台受理矛盾纠纷20宗，调处率100%，12个社区工作站受理矛盾纠纷396宗，调处率100%，未发生群体性越级上访事件。

民政工作　全年核定低保户113户、237人，低收入户14户、38人。全年办理双特困房47户，办理经济适用房19户。开展慈善帮扶活动，在“广东扶贫济困日暨广州慈善日”活动中全街共捐善款63737.7元。优化关爱老年和残疾人工作，新办理60岁以上老年人社保卡962个，为辖内65岁以上老年人建立健康档案。全年为老人安装平安钟35个，视频看护系统9个。认真做好残疾人工作，为困难残疾人发放专项补助金126450元（77人），新办理残疾人证23个，为重度残疾人新办理免费乘车证31个，完成全街重症精神病人评估142人，为0～14岁儿童4人次办理康复救助；为22位残疾人办理越秀区“以老养残”特殊困难家庭资助金。2011年火化率100%。全面落实拥军优属工作，“八一”、春节等重大节日召开座谈会，慰问辖内驻军单位和复退转业军人。

社区管理和服务　加强公共设施改造和管理，更换环卫工具房4间，新购置垃圾桶460个，更换信报箱500只。成立华乐街创业服务部，建立创业对象数据库。全年办理失业登记1914人，已就业1636人，就业率85.48%。其中“4050”失业人员880人，再就业701人，就业率79.66%；特困失业人员2人，就业率100%；零就业家庭、“两劳”、“双低”等困难就业群体就业率100%；社区服务岗位资助374人，发放社区就业资助性岗位补贴4076人次20.55万元；办理城镇居民医保2044人、城镇老年居民养老保险315人；办理流动人员就业备案128人、灵活就业人员社保备案140人；参加失业人员职业指导课470人，免费技能培训282人。2011年新增退休人员406人，退管人员基本信息入库率100%。帮助退休人员家属办理丧葬费抚恤金46宗，帮助重病、建国前老工人、孤寡等特殊退休人员申请特困救助20人，申请救助金额3.4万元。全年劳监中队日常巡查570户，涉及6882人，建立一户一卡825户，涉及7580人；追讨工资涉及14人，追回工资金额8.37万元。推进“健康管家”进社区、上商厦活动，出版健康教育专栏12期，发放健康教育资料8600多份，组织健康教育讲座112场次，居民健康知晓率90%以上。

2011年6月23日，由华乐街编排、辖区中外居民参加演出的《“华乐”乐融融》舞蹈节目在区文艺汇演中获一等奖，并在越秀区纪念建党90周年活动中演出。

计划生育工作　2011年，华乐街常住人口出生为427人，计划生育率98.36%。流动人口育龄妇女739人，出生34人，32人为政策内生育，计划生育率94.12%。充分发挥信息平台的作用，全年向全国各地通报信息247条，反馈协查信息226条，函达及复函121份。全年为流动人口免费提供查环查孕服务765人次，随访658人次。全年开展“六期”教育12期，培训6377人次，开展专题宣传活动8次，撰写信息报道12篇。积极开展“幸福工程”、关爱患病育龄妇女家庭等活动，组织辖区237名育龄妇女参加免费体检，赠送75份妇女安康保险，协助解决就业15人次，提供“三生”服务420人次。全年征收社会抚养费315.38万元。接听热线电话434人次，接待群众来访126人次，办结率100%。

出租屋管理　2011年全街登记在册出租屋1056栋，登记出租屋8293套；与出租屋主签订《治安责任书》1098份，签订《计划生育责任书》1098份；登记流动人员8543人，外国人963人；出租屋管理员上门巡查27000多人次，发出催办租赁登记备案通知书855份，催缴税款通知书1564份；登记办理居住证5365个；“两费一税”收入1065万元，办理租赁登记备案2348宗；全年为出租屋配备灭火器355个。创新轮班制，利用晚上及周六、周日上门服务，前台服务窗保持每周七天上班，同时向大型企业、机构开通绿色通道，推行上门办证、取件、送件等服务。为外来流动人口提供医疗服务600多人次，举办讲座35场。

【精神文明建设】　2011年，华乐街非公企业和社会组织党组织发展到18个，全街党员1422人，其中新发展党员9人。组建非公企业工会10家（其中外资企业3家），涵盖小组36家（其中外资企业6家），新发展会员1915人。制作创建文明城市和创先争优活动的宣传海报、宣传展板等，在12个社区播放和展出。印制《华乐情》4期共4万份和《创文明城市，建美好家园——华乐地区创建全国文明城市工作历程》1万本，免费分发给辖内机团单位和居民群众。定期组织干部职工上门入户宣传调查，并赠送创文小礼品。开展“文明出行月”、“礼仪推广月”等主题创建活动，引导居民群众共同参与。新建“广州华侨新村纪念馆”。由华乐街编排，有中外居民参加演出的《“华乐”乐融融》舞蹈节目在越秀区文艺汇演中获一等奖，并在区纪念建党90周年活动中演出。

【地域经济概貌】　华乐地区地处广州市环市东中央商务区，全市18个领事馆有9个领事馆和1个文化事务处设在街辖内，发展“总部经济”有着得天独厚的传统优势和良好的基础。2011年，华乐街年营业额超亿元企业28家，驻有世界500强企业的地区总部或分支机构20多家。辖内限额以上的法人单位240家、产业活动单位444家、个体私营企业80家。限额以上的工业1家，批发零售业57家，房地产建筑业10家，住宿餐饮业32家，交通运输仓储业5家，服务业135家，市场5家。

【汪洋书记到华乐街调研社区建设工作】　2011年3月30日下午，中共中央政治局委员、省委书记汪洋在越秀区副区长陈大跃等有关领导陪同下，再次来到华乐街麓苑社区调研社区建设工作。在听取华乐街党工委书记潘二华有关情况汇报后，汪洋书记与麓苑社区出租屋管理服务站的2名出租屋管理员交流，了解街道和社区流动人员、居住证办理等情况；了解他们在广州的生活情况以及对幸福广东建设的建议。向居委会主任询问社区人口、社工编制、社区活动开展、义工队伍、社区党建和社区治安等方面的情况。汪洋书记强调，社区建设工作量大、社工编制偏少，但现在社区管理手段先进了，社区的配套也完善了，希望广大社区工作者承担起建设幸福广东的重任。

【华乐地区外来务工人员创业发展畅谈会】　华乐街党工委、办事处重视做好外来务工人员工作，把优化外来务工人员服务作为推动社会服务管理机制创新的突破口，关心、关爱外来务工人员，把外来务工人员纳入基本公共服务体系，主动为外来务工人员提供出租屋、计生、劳动保障、民政帮扶、文化、公共卫生等服务。2011年6月28日上午，华乐街党工委、办事处在华侨新村内的绿道上举行“华乐”乐融融——华乐地区外来务工人员创业发展畅谈会。华乐街邀请辖内居住、工作的外国友人和外来务工人员一起畅谈他们在华乐街的工作、生活和对街道的一些建议。在街道党工委书记潘二华的主持下，各位外国友人和外来务工代表畅所欲言，一致认为在华乐街生活和工作很安全、环境很好，并给华乐街提出不少好的建议。

【“华乐人”慈善助学工程活动】 为帮助贫困学子圆上学梦，点亮他们人生的梦想和希望，在各爱心单位和善长仁翁的支持赞助下，华乐街慈善会专门设立“华乐人”阳光助学金（简称助学金）。助学金资助对象主要是华乐街户籍的低保户、低收入户、边缘困难家庭和持“居住证”在华乐街居住或工作的困难家庭中的中小学生、大中专院校就读学生。2011 年 8 月 18 日，华乐街举办“用爱心点亮希望”——“华乐人”慈善助学工程启动仪式，向第一批困难孩子（26 人）捐赠助学金，捐赠的金额为本科、大专、中专每人 5000 元，高中每人 3000 元，义务教育阶段每人 2000 元。

（华乐街　冯爱红）

建设街

【基本情况】 建设街位于越秀区中部，东起建设六马路，西至小北路的东濠涌边，南抵东风东路，北达南坑东广深铁路，面积 0.91 平方公里。主要路段有环市东路、东风东路、建设六马路、建设大马路、黄华路。2011 年有户籍居民 15047 户、63769 人，常住人口 30413 人。设六马路、中马路、二马路、大马路、黄华南、黄华塘、黄华北、旧北园、麓湖路 9 个社区居民委员会。辖内有广大附中和广州市十七中 2 所中学，有环市路、建设大马路和建设六马路 3 所小学以及省育才一幼、市一幼等 6 所幼儿园。辖区有省委党校、省公安厅、省安监局、省监狱管理局、省劳教局、市林业和园林局、广东物资集团公司、广州市第一建筑有限公司、市政总公司、市城市勘测规划设计院等机团单位，及中环广场、好世界广场、宜安广场、亚洲大厦、粤海大厦等高级写字楼宇。

街党工委书记：温斌

街道办事处主任：张雅丽（任至 2011 年 6 月）；李嘉斌（2011 年 6 月任）

街道办事处地址：建设五马路 18 号

电话：83766399

【城区综合管理和公共服务】

城管工作　2011 年街道环卫保洁采取分段分时包干责任制，每天保证 16 小时全路段保洁，做到垃圾不落地、容器有密封、随时搞清运；病媒消杀工作全年共投入资金 39 万余元，派发宣传资料万余份，处理积水万余宗，烟熏沙井 5000 多个。加大“六乱”整治力度，全年共组织联合整治行动 80 余次，集中整治流动无证摊档 130 余宗，教育超占经营 62 宗；立案清拆中环广场和建设四马路 49 号等多处违章建筑 1300 余平方米，拆除违法广告招牌 10 宗。切实加强各社区创文责任意识，加大环境巡查力度，及时报送道路整改要求 200 余处，绿化整改要求 30 处，绝大多数整治要求得到妥善处理。扎实推进河涌整治前期工作，摸查待整治范围内 A 地块、B 地块的详细户数和人口数，完成南洋电器厂共 30 家企业的备案手续。查出居民违法建设 47 宗约 610 平方米，制止整治范围内的近期装修共 6 宗约 3690 平方米。

综治信访维稳工作　以提高化解矛盾能力、拓展调解工作内容、提高矛盾调解质量为目标，受理的信访总量为 168 宗，其中来信 29 件，来电 17 次，来邮 82 件，来访 40 批。加强对重点人员的监控和管理，未发生进京、去省、到市以及区的集体上访，确保大运会等重大活动和敏感期间社会面没有出现不稳定事件。通过加大宣传力度，抓好分析研判，提高治安防范的针对性。全年刑事案件 291 宗，同比上升 13.2%；治安案件 900 宗，同比下降 2.4%；“双抢”案件立案 9 宗，同比下降 40%；诈骗案件立案 94 宗，下降 8%。全年没有发生重大治安案件、安全生产事故、交通安全事故、重大火灾事故，确保辖区政治稳定、确保人民群众生命财产的安全。

民政工作　全面落实低保制度，全年办理低保户 192 户 415 人、低收入户 35 户 90 人、免费门诊卡 309 人、慈善超市卡共 227

张、慈善医疗证17个、基本医疗共20人、医疗救助21人、实物救济80户、经适房170户、廉租房60户。为24户特殊家庭申请居家安养服务，享受每月300元的政府补贴；为4109名70～79岁老人办理高龄老人长寿保健金；完成义务献血指标1028人次。在广东省扶贫济困日暨广州慈善日募集捐款14万余元。

社区管理和服务　稳步推进政务服务中心建设，积极落实促进就业和再就业的各项优惠政策，做好失业人员的登记、培训、推荐和跟踪服务，提供劳动技能和再就业免费培训，举办职业指导课40场，技能创业培训263人，推荐介绍工作385人次，培训合格就业率85%，实现再就业率79%。办理自主创业小额贷款申请4人，社区资助岗位保险573人，给予岗位补贴金额4.5万元，社会保险补贴金额15.74万元。针对高龄孤寡、独居的边缘退休人员实行“社区巡查、专人专户、上门访视”的服务形式，做到包干到人，对他们的身体状况及出行做好记录，每日一记、每月一册，做到及时发现存在问题及时采取相应措施，为特殊人员排忧解难，让他们安度晚年。

计生工作　坚持以强基础、促业务、求创新为工作目标，以“计生例会”和“信息维护”为切入点，积极开展“计生岗位练兵”和“点对点挂钩帮扶”活动，进一步夯实基础，创新奖惩制度，完善社区自治，深化优质服务，使全街计生工作上台阶。完成区计生例会下达的工作任务，连续多月被区通报表扬，并在全区进行经验交流。信息维护与日常管理工作进步明显，全年全员系统入库率由95.15%上升至101.47%，综合节育率由77.22%上升至87.43%，流动人口查环查孕率更是由72.68%上升为98.57%。宣传手段便捷效果好，充分利用政务短信平台将各时期的管理服务信息发送到育龄妇女手机上，提高育龄群众对计生的知晓率及参与率。关爱流动人员增加归属感，开展“四送”（送政策、体检、保险、畅游）关爱服务活动。此外，组织清理历年违法生育应征未征案115例，征收社会抚养费258万元；为贫困母亲幸福工程筹集善款11万元，名列全区第三名。

市委副书记苏志佳、副市长陈国视察建设街家庭综合服务中心。

出租屋管理　登记在册流动人员8349人，同比增加45.05%；办理居住证3353个；出租屋991栋、6409套，同比分别增加0.41%和3.2%，其中住宅出租屋3479套，非住宅出租屋2930套，总出租面积达67.021万平方米。多次开展出租屋清查行动，向境外人员派发临时住宿登记温馨提示32743份，发出致屋主、流动人员、用工单位整改通知书5818份，向出租屋主和流动人员派发办理租赁登记备案通知书5059份、居住证告知书6172份。

【精神文明建设】　2011年，建设街坚持文化渗透，优化街区文化环境。着力打造榕树头文化艺术品牌，引进社会文化资源，打造名家进社区活动平台，挖掘社区文艺骨干，培育业余团队组织，通过有序引导，带动全社区居民开展丰富多彩的文体活动。积极推进“一社区一品牌”建设，指导各社区结合自身优势，发挥各类文艺团队的作用，积极开展各种特色文化活动，二马路社区获评为2011年首届广东省优秀文化社区。开展“创文明”主题文化宣传活动，以“共创文明城——万人同唱文明歌”等形式，在社区文化阵地开展系列活动近30场，培训讲座100多场，参与活动的干部群众达1万多人次，营造积极向上的文化氛围。积极开展“庆祝建党90周年”文化宣传活动，定期组织各社区以歌咏、曲艺、舞蹈、棋牌、器乐等群众喜闻乐见的形式，开展爱国主义教育，弘扬革命精神，在建设地区掀起同唱红色经典歌曲，共建幸福美好家园的热潮。紧扣幸福家园主题，开展“幸福聊天室”试点工作，建设街作为广州市的两个试点之一，率先设立幸福聊天室，引进华南师范大学心理学专家，面向社区居民开展心理咨询服务。

【地域经济概貌】 2011年，建设街区域内现有法人单位1609个，产业活动单位600个，其中个体户1008个，工业、批发零售业536个，房地产建筑业148个，住宿餐饮业80个。全年出租屋税费征收入库总额1144.79万元，印花税入库总额为120.79万元，同比增幅分别为34.86%、74.78%。

【创新社区党建新体系】 2011年，建设街在开展政府购买服务、推进社区管理服务改革的同时，注重将社区党建工作融入社会管理服务中，致力于社区党建工作品牌建设。

首先，依托“三方合力”构建社区党建新体系。2010年建设街成立第一个社会组织党组织阳光社工党支部，确定“以社会管理创新促进党建创新”的工作思路，着重将街党工委、社区党组织、阳光社工党组织三方连接起来，形成社区党建工作合力，提出打造“双培”工程党建品牌，即把社区党员培育为社区领袖，把非党员社区领袖逐渐发展为党员。

其次，运用“三种方式”，创新社区党建工作模式。通过组织各种兴趣小组提升社区党员、居民骨干参与社区事务的热情和解决社区问题的能力，对党员骨干、社区领袖以启能、增能、展能、传能为目标，采取定期课堂授课与电化教育相结合的方式进行专业的系统培训，社区党组织成员、社区领袖中的党员通过介入兴趣小组活动和系统培训过程，在各种活动中以身作则、带头示范，让大家真正感受到党员在社区建设与发展中的作用。

再次，搭建“三个平台”，提升社区党建工作影响力。以义工服务增强社区领袖的责任感，以“两管一带”（管好自己，管好家人，带动身边的人）活动增强社区领袖的号召力，以矛盾协调机制增强社区领袖的公信力。开展“双培”工程以来，社区党建工作富有成效，民意表达渠道更为畅通，社区党员的先锋模范形象亮起来；社区服务总体品质提升了，社区党建工作由重管理转向管理与服务并重；居民的归属感增强，凸显出社区党建工作的实效性；居民自治意识提高，增强社区党建工作的活力。

【以创文工作提升居民文明程度】 2011年，建设街有效深化推进创文工作，整体提升街区居民文明程度。

整合力量，发动全民参与创建。对全街党员干部、社工、机团单位、居民群众和商户进行全民总动员。先后组织区、街机关干部和志愿者650人次参与文明交通示范岗执勤活动，累计服务时间超过3000小时，大力宣传文明出行的良好风尚，提高人们文明出行的自觉性。认真宣传和落实《广州市创建全国文明城市工作问责实施办法》，分别召开多场驻地单位、企业和商铺代表参加的创文动员会议，督促驻街各单位落实“门前七包”责任制。

加强宣传，营造良好创建氛围。通过开展评选身边好人好事、志愿者服务等系列宣传活动，先后制作创文宣传墙报64期，在社区派发创文宣传品6000多份，上门派发创文宣传资料和礼品共2万多份，提高居民群众的知晓率和支持率。通过开展创文“五个一”宣传活动（即一报、一信、一卡、一箱和一戏），大力宣传创文工作成效，提高居民群众对创文工作的认知度和参与创文的积极性。通过发挥街文化站和家庭综合服务中心的作用，举办各式各样以创文为主线的健康活动，以唱歌、跳舞和现场提问等形式丰富社区居民的创文知识。

【家庭综合服务中心试点工作】2011年，建设街在阳光服务初步成功的基础上，以建设平安、优美、文明、温馨、和谐的幸福家园为目标，秉承“让阳光照进每一个角落，让温暖抚慰每一颗心灵”的社会管理工作理念，不断推进社区管理和服务改革试点工作，成立建设街家庭综合服务中心，全面搭建起老年、青少年、家庭、义工和社区特色服务五个专业化服务平台，形成街道各部门、社区居委会、街区各单位、义工和专业社工协同联动的基层街区服务管理工作新格局。家庭综合服务中心成立运营以来，累计开展家访2676户，访问居民8067人次；开展各类小组活动76个，服务受益者累计达4439人次；挖掘潜在个案125个，派专业社工跟进服务223次，完成个案服务91个，社区居民享受到更温馨、更人文、更贴心的深层次关怀和服务。

（建设街　贾英）

大　东　街

【基本情况】　大东街位于越秀区东南部，东起署前一街、龟岗大马路，西抵三角市东濠涌边，南至新河浦涌，北到中山三路。辖内面积1.00平方公里。主要有东川路、东华东路、东华西路、较场东路、较场西路等路段。2011年，有户籍居民27381户、89739人，常住人口104383人。设有署前、启明、东华市场、新南、菜园东、长庚门、东源、东川、青龙里、东华西新街、元运街、兴仁里、仁秀新、仁秀里、三角市、启正、东里、东贤里、荣华南、中山三20个社区居民委员会。辖内有中华广场、流行前线、地王广场、海印东川名店运动城等大型购物广场和商场；主要机团、企事业单位有省商业集团公司、省供销社、省人民医院、省人民体育场以及市卫生监督所等。

街党工委书记：李　荣

街道办事处主任：梁建海

街道办事处地址：东华东路东源东街17号

电话：83831135

【城区综合管理和公共服务】

城市管理　2011年大东街不断加强城市管理工作，进一步巩固亚运城区环境整治成效，推进城区环境精细化管理，提高环境品质，营造“整洁大东”。加强辖区内“六乱”整治，维护有序的市容秩序。街执法队不定期组织全体队员对全街开展集中整治大行动，继续加强对“乱摆卖”整治的高压态势；增加力量，重新招聘16名协管员，协管员总人数已达42人，加强辖区重点地段巡查，防止“六乱”回潮，共取缔“乱摆卖”、烧烤档以及占道经营920宗。推行垃圾分类，减少环境污染。为了提高垃圾分类收集处理的知晓率，营造氛围，坚持每月第四周周末开展“垃圾分类全民行动日”宣传活动，向小区居民宣传垃圾分类知识，让居民懂得如何分类，提高居民的知晓率和参与积极性，为下一步实施垃圾分类打下基础。落实“三防”工作，保护居民生命财产安全。认真落实值班防御工作，辖区没有出现水浸街、房屋倒塌等事件。

综治信访维稳工作　大东街积极构建社区联动网络，把各项工作落到实处，把“稳定压倒一切”的工作理念贯穿于构建平安和谐社区的全过程。加强完善地网建设，在按要求落实网格化管理的基础上，重新划定网格责任区。加强天网建设，及时维修保养，确保正常运作。投入资金8万多元，新装探头9个，目前辖内监控覆盖率达100%。在落实“五五普法”、禁毒等专项宣传教育的基础上，积极开展各类法律宣传教育，出各种宣传板报120多期，印发各类宣传单2万多份。抓重点，筑牢要害防线，首先是突出重点对象的管控，其次是突出重点事件的稳控，再次是突出重点地区布控。加强矛盾的排查和调处工作，全年共受理各类矛盾纠纷132宗，成功调处解决122宗，调处率92.4%。街道及时化解矛盾，努力做到小事不出居，大事不出街。据统计，2011 年刑事发案同比下降率为两位数以上，没有发生影响恶劣的重大刑事案件。

民政工作　千方百计办实事、办好事，全心全意为辖内居民群众谋福祉。完善救济系统，救济工作实现居委、街道、民政局的三级联网办公，通过综合救助系统，实现网上报送、审批、查询、统计、公告。现有在册的低保户 334 户、582 人，救济户共 410 户 813 人，在册的纯低收入户 85 户 217 人。为困难家庭 21 人共 81 次办理医疗救助零星报销款项 4.68 万元，为老人办理优待证 973 个。继续深化“十个一”双拥共建工作，开拓新内容，双拥共建“十个一”工程被省指定为推进珠江三角洲地区发展纲要的民政工作内容之一，并接受国家和市双拥办检查。

社区管理和服务　健全完善各项制度措施、奖惩机制和基础设施，重新设立党员示范岗，打造优质服务窗口。创建失业大学生 QQ 群，通过电话、手机短信、QQ 群、电子邮件等方式及时向未就业的毕业生提供就业信息和政策指导，开设“大学生创业就业讲堂”，帮助学生了解劳动力市场供需情况，做好就业创业的心理准备和职业生涯规划。2011 年，大东街共举办讲堂 3 场，150 多人参加。拓宽就业渠道，提高就业率。针对失业人员特点，深入到辖区用人单位调查了解岗位信息情况，发挥社会力量献爱心、送岗位、送政策、送技能、送服务，对失业人员开展职业指导和技能培训，转变他们的就业观念和提高他们的技能水平。推进“零距离就业”的就业模式，共举办 3 场大型招聘会，当场招聘成功 76 人，达成招工意向 215 人。创建“乾丰润”创业基地，建立健全创业基地的支撑服务体系，全面开展政务代理、辅导培训、技术支撑、企业诊断、融资五大支撑服务，2011 年基地共新增企业 27 家，带动人员就业 183 人，取得较好效果。

计生工作　积极推进基层人口计生工作例会规范化建设，拓展计生工作领域，逐步提高计生工作水平。加强宣传力度，倡导人口计生新风尚。健全流动人口计生协会网络，开展多层次全方位服务，打造金雁计生 e 家园服务品牌；大力普及性与生殖健康知识，依托区、街婚育学校和金雁学校开展“六期”教育。据统计，至 3 月止，共举办讲座 6 期，1300 多人参加，组织宣传服务活动 29 次，增强居民群众的认识。夯实工作基础，建立已婚育龄家庭婚育资料档案制度，完善领导干部挂点包干工作制度，建立街道计生办挂钩联系社区居委会、社区居委会负责人包干的工作制度，推行目标考核管理和岗位层层分解工作指标，签订目标责任书，实行全程跟踪管理和奖惩。开展人性化的优质服务，大力宣传“一孩首选上环、二孩首选结扎”的政策以及“落实长效节育措施奖励制度”，通过奖励引导广大群众踊跃落实长效节育措施，自觉参与“两无”活动。做好依法行政工作，严格按照《越秀区社会抚养费征收操作规范》，发出征收社会抚养费决定书 75 份，征收社会抚养费 282.7161 万元。认真落实计生各项奖励扶助制度，抓好查环查孕和落实长效节育措施的关键，确保术后一次性奖励及时到位，兑现奖励 6400 元，其中奖励流动人口 2700 元。

出租屋管理　建立“后亚运”时期流动人员和出租屋常态化管理机制，在工作中以提高出租屋管理服务为理念，不断改变工作方式，以服务促管理，着力做好“四实行动、创文明、金雁示范点”的工作。以开展广州市出租屋和“房中房”巩固工作为重心，不断提高出租屋管理服务质量，为居住人员提供良好的生活居住环境，使出租屋合格率和新增出租屋不断增加，人屋纳管率越来越高。2011 年，全街登记纳管的出租屋总套数 7435 套，登记纳管的流动人员总数 14308 人。

【精神文明建设】　2011 年，大东街根据街道的特点和居民群众的实际需求，分片区建设社区文化广场，举行卡拉 OK 比赛、合唱比赛、交谊舞比赛、时装才艺大比拼、书画摄影展、灯谜竞猜等活动，充实居民群众的业余文化生活。2011 年 1 月 12 日，在大东街文化站隆重举行第三届“星光杯”卡拉 OK 大赛，近 70 名中老年歌手参加比赛，近200名歌唱爱好者前往观看。1月25～28日在全街组织开展“欢欢喜喜迎新春 红红火火过大年——大东街2011年迎春游园暨社区巡演”活动，在东源广场、糙米栏广场、荣华广场、东华广场各举办一次文艺演出及游园活动，覆盖全街20个社区，让居民群众都能就近参加活动。6月29日，在大东街文化站隆重举行大东地区第二届“共创文明城—万人同唱文明歌”暨庆祝建党90周年“爱国歌曲大家唱”群众歌咏活动。

【地域经济概貌】 2011年，大东街有法人单位846个，产业活动单位411个。批发零售业452个（其中限额以上31个），房地产建筑业29个，住宿餐饮业35个（其中限额以上9个），服务业400个，有广州市流行前线商业有限公司、广州市海印东川名店运动城有限公司、广州市金凯商业城有限公司、广州市东川新街市有限公司、东富肉菜市场、东华西永胜肉菜综合市场、地王广场、广州市金蒂濠通讯商业城有限公司、广州岭南艺术品商业城、中华广场购物中心等10个专业市场。出租屋征收的“一费一税”1423万元，税收入库比上年增加10.33%；印花税179万元。

【社区“两委”换届和人大代表选举工作】 2011年，根据区委、区政府关于社区“两委”换届和区人大换届的指示精神，大东街超前谋划，精心组织，圆满完成各项换届选举工作。严格按照社区党组织候选人民主推荐、自下而上、上下结合、充分酝酿、上级审批、差额选举的程序，实现选举大会一次成功。122名新当选委员的文化程度明显提高，大专以上学历89人，占委员总数的73%，比上届提高17.2%。委员平均年龄46.6岁，比上届降低2.9岁，年龄结构更趋合理，基本形成合理的梯次配备。街党工委提前对社区党组织班子成员候选人进行酝酿，坚持早思考、早准备、早谋划、早统筹。通过公开选拔，适时调整，令一些年轻人脱颖而出。一批驻社区民警、机团单位、非公企业党组织负责人兼任社区党组织委员职务，充实社区党建力量，有效整合社区党组织委员的构成。全街共划分为11个选区，投票日当天参加选举投票的选民共32738人，参选率达98.6%。经过选民投票选举，顺利产生区第十五届人大代表21名，圆满完成选举任务。

【金雁文化】 为进一步打造大东街“金雁文化”特色活动品牌，丰富外来人员的文化生活，2011年11月，大东街举办首届金雁文化艺术节系列活动，包括诗歌散文演讲、歌唱比赛、文艺大汇演等，受到社区居民群众和外来人员的热烈欢迎。比赛呈现以下三大特点：

组织到位，有条不紊开展。艺术节的协调、宣传、后勤等工作分别由专人负责，做到有条不紊，各项活动及颁奖大会顺利开展。

主题突出，喜庆气氛浓厚。结合元旦、春节的到来，艺术节紧扣主题，融合巩固“创文”成果等街道近期重点工作，吸引辖内广大居民群众观看，营造浓厚的节日喜庆气氛。

2011年12月29日，“龙腾幸福越秀 利泽千年商都——‘金雁之声’歌唱大赛暨金雁文化艺术节颁奖仪式”在大东街文化站隆重举行。

广泛发动，机团单位参与度高。通过宣传发动，艺术节得到辖内机团单位的热烈响应。76160 部队、广州凤凰国际旅行社、中华广场等单位踊跃参加活动。通过艺术节活动极大地提高社区文化生活水平，激发广大外来人员热爱广州、热爱社区的激情，并表达对文明广州的美好祝愿，达到预期目的。

【双拥工作】 2011 年，大东街与 76160 部队以军民共建“十个一”工程为主要内容，不断创新双拥工作载体，拓展双拥工作领域，丰富双拥共建活动内涵，增强双拥共建活动成效，使军政军民团结的大好局面得到进一步巩固和发展，平安和谐社区建设在双拥共建中稳步推进。街道连续三年被评为越秀区双拥共建工作标兵和先进单位，获广州市双拥共建标兵街、广州市“爱心献功臣行动”先进集体等。7 月 4 日，全国双拥工作领导小组成员兼全国双拥办副主任、国家国防教育办公室主任、总政群工办主任汤奋少将一行 7 人，在省军区副政委张志国少将，省政府副秘书长颜学亮，广州市委常委、广州警备区司令员颜小明大校，广州市副市长陈国，越秀区区委书记武延军等省、市、区领导的陪同下来到大东街与广州军区联勤部第 21 分部双拥共建点，检查考评军民共建工作情况。

（大东街 邱家炎）

大 塘 街

【基本情况】 大塘街位于越秀区中部，东与农林街、大东街相接，南与珠光街相邻，西与广卫街、北京街接壤，北与洪桥街、建设街、华乐街毗邻，面积 1.06 平方公里。辖内主要马路有东西向的中山三、四路，东风路，文明路；南北向的陵园西，越秀北、中路，德政北、中路，文德路等。设有东平、东皋、北横、豪贤、德政北、芳草、东方里、龙腾、秉政、德政中、大塘、朝阳、文德 13 个社区居民委员会。2011 年末，有户籍居民 18045 户、56755 人，常住人口 21242 户、63726 人。

辖内有文物保护单位 12 个，其中国家级有广州农民运动讲习所、国民党一大旧址、广东咨议局旧址 3 个；省级有广州起义烈士陵园、广东贡院明远楼、中山大学天文台旧址、广东省农民协会旧址 4 个；市级有四烈士墓、整理东濠下游碑记、万木草堂、市立中山图书馆旧址、番山亭 5 个。此外，还有省立中山图书馆、广州图书馆、广东省博物馆、广州市文物考古研究所等文化机构，有广州军区联勤部、市文联、市房屋拆迁办、市城管委、市汽车工业集团、市纺织集团等单位。

街党工委书记：胡仲华

街道办事处主任：蔡志强（任至 2011 年 6 月）、王元革（2011 年 6 月任）

街道办事处地址：中山三路东皋大道 17 号之一

电话：83806297、83816406

【城区综合管理和公共服务】

城市管理 2011 年大塘街以创建全国文明城市为契机，以加强城市管理为抓手，街区环境显著改善，城市形象大幅提升。在东濠涌整治过程中街始终坚持“以人为本”工作理念，深入社区做好动迁、拆迁工作。联合有关部门加强东濠涌周边环境的“六乱”监管及环境卫生、治安巡逻工作，有效巩固东濠涌水环境整治成果。2011 年 8 月 13 日，胡锦涛总书记视察东濠涌水环境治理示范点，对整治成果给予肯定。辖内主要干道全方位、全路段不定期巡查，发现问题迅速处理。拆除东风路鸿裕道、陵园西路口的巨幅户外广告，根治中山四路珍之味餐厅利用违建厨房露天经营宵夜油烟扰民的现象。全年处理各类案件 2442 宗，行政罚款 59700 元；拆除违法建设 8 宗、面积 224.8518 平方米；拆除违法户外广告、招牌 35 块，面积 1901.44 平方米；处罚占道经营、乱摆卖、乱丢吐 363 宗，工地无证施工、夜间违章施工 9 宗。年内多次出现暴雨和特大暴雨，街“三防”办、社会事务科及各社区居委会群策群力提前预防、现场疏散及后期安置工作到位，未发生任何事故。

综治信访维稳工作 以提高居

民群众安全指数为目标，扎实开展综治信访维稳工作。清明节、“五一”等重要敏感时期开展矛盾纠纷大排查专项行动，排查出军人退役、劳资纠纷等20个矛盾隐患。对重点人员、重点单位采取真心关怀、盯牢“活跃分子”、双向联动、掌握动态的措施，未形成负面影响，实现无人员进京滋事、公开聚集闹事以及插播有线电视的“三零指标”。加强治安防控体系建设，形成“天网”、“地网”的社会治安防范网络。全年刑事总发案290宗，同比上升4.3%；治安立案959宗，同比下降0.4%；“两盗”发案48宗，同比下降2%；“两抢”发案23宗，同比下降14.8%。街道与13个社区居委会主任、119个辖内企事业和机团单位主要负责人签订《大塘街2011年安全生产目标管理工作责任书》；与“三小”企业签订《消防责任书》。坚持周督查、月检查、季例会制度，落实12个企业参加年度企业安全生产达标考评工作。全面摸查房屋或场所3740间（处），发现隐患或问题492间（处），发出告知、整改通知和现场整改492间（处）。提请越秀区执法大队予以东莞市久易广告有限公司等5个单位2.4万元行政处罚，广东电白第二建筑工程公司等单位2600元简易程序的行政处罚。

民政工作 以建设“幸福大塘”为目标，推进“十件民生实事”。稳步推进双特困户租赁住房补贴工作，配合市房管部门做好廉租房困难户、经济适用房的年审、新申请审批、上网登记公示、社会群众监督等工作。全年共对225户低保和178户低收入家庭实行救助和政策优惠减免，摸查落实解决廉租房308户、经济适用房256户。100%完成除民族政策外的死亡人员火化率。为400多名老人免费安装“星光平安宝”，办理老人优待证776人次，办理长者长寿金申领70岁以上3915人、80岁以上1659人、90岁以上245人、百岁老人4人，养老服务工作水平不断提升。积极开展优抚、民政代管、献血工作，累计慈善捐款26.1万元，完成亚运交通补贴发放294.8万元，完成总发放量的93%。做好“人人享有康复服务”创建工作，完成1394人康复服务档案，为74户“以老养残”的特殊困难家庭提供每月300元的政府购买居家安养服务，办理残疾人乘车优惠卡379人次，对在册72名车主进行五类车整治宣传。为6户无生活自理能力、智力残疾等重度残疾人开展阳光家庭活动，上门送去社会服务和人文关怀。利用花市、广府庙会等户外活动，宣传工疗站学员手工作品。

社区管理和服务 落实税费减免、小额贷款、就业服务等优惠政策，搭建劳动力供需现场见面平台，推动下岗失业人员再就业。全年共推荐“4050”就业155人，登记在册失业人员就业335人，社区就业社会保险资助498人。加快劳动力市场“一对一门诊式”职业指导，完成求职登记41人、职业指导479人、职业介绍50人、职业培训167人。

计划生育工作 全年政策内出生439人，政策生育率97.95%，出生率7.70‰，自然增长率0.44‰。开展多场宣传活动，被国家级报刊采用新闻报道10篇，省级以上报刊采用2篇。推进“两无”和“示范居委”创建工作，实现计生专职人员与出管员责任捆绑、网格化管理，提升流动人口计生工作水平。在东平、德政北、龙腾、秉政、大塘5个社区安装免费避孕药具领取指示灯箱，在旅店、专业市场设立流动药具发放网点，通过“绿色通道”为流动人口、无业、个体及困难育龄群众提供免费计生服务。发挥计生协会群团优势，慰问独生子女家庭1400户，派发慰问金及慰问品13.5万余元。

出租屋管理 扎实开展“四实”（实有、实时、实惠、实考）行动，切实加强流动人员管理服务工作。加大“人屋车场”综合治理力度，开展联合整治行动16次、出动人员630人次，检查出租屋3760多间，发出整改消防隐患通知书390份，落实整改出租屋390间，处罚非法营运车辆2辆。越秀中路58－60号宝贝城、东风中路515号东照大厦等新落成大楼纳入管理，税费征收大幅度增长。全街登记流动人员7630人，制发居住证5605张；登记出租屋5856套，同比上升6.34%；办理房屋租赁登记备案1944宗，同比上升57.54%，未发生刑事和治安案件。

【精神文明建设】 2011年，大塘街坚持固本强基，加强党的建设。选出一批思想过硬、群众公认、组织认可、热爱社区的“两委”班子，“两委”班子的结构、男女性别、年龄、学历比例等均得到优化，社区党支部书记和居委会主任“一身兼”比例达100%。圆满完成区第十一次党代会代表、区第十五届人大代表选举工作。街党工委以纪念建党90周年为契机，带领各社区党组织、非公党组织开展丰富多彩的创先争优活动。如在中山图书馆举办“创先争优”活动先进事迹宣讲会，在烈士陵园举办“创先争优谋发展、共创文明幸福城”红歌会广场活动，在农讲所举办“颂党恩　继传统　跟党走”纪念中国共产党成立90周年书画展。继续深化健全党组织建设，大塘街作为全省固本强基示范点，街党工委通过中心组学习、民主生活会加强街领导班子、社区“两委”班子、社区党建三个支撑点的建设。

【地域经济概貌】 2011年，大塘街有第三产业法人单位982个。其中服务业415个，批发零售业300个，行政事业单位108个，住宿餐饮业38个，房地产开发14个，物业管理及房地产中介72个，建筑业31个，交通运输业4个。辖内有个体户1492户。2011年辖内限额以上企业150个，其中服务业84个，批发零售业28个，住宿餐饮业12个，建筑业9个，房地产业12个，物业管理中介5个。主要专业市场有文德北路古玩字画业、陵园西路通讯器材业、越秀中路金属门窗业、陶瓷浴具业，文化、通讯、金属门窗业及陶瓷浴具业。共征收“两费一税”835.39万元，同比增长36.15%。

2011年6月11日，由越秀区关工委、大塘街党工委、广州农讲所纪念馆、广州军区联勤部东皋干休所联合主办的大塘地区“颂党恩　继传统　跟党走”纪念建党90周年书画展活动在农讲所举行。

【地情】 2011年10月29日上午，以“永远跟党走　创建学习型社区”为主题的广州市“全民终身学习活动周”启动仪式在广州农讲所纪念馆隆重举行。广东省教育厅、广州市教育局、越秀区文明办、越秀区教育局、越秀区大塘街党工委、越秀区社区教育学院、越秀区图书馆、广州农讲所纪念馆等相关部门的领导出席启动仪式。在启动仪式上，市区领导向大塘街社区居民、贫困家庭学生赠送书籍和读者卡，文艺节目有管弦乐演奏和歌舞表演以及社区教育成果展览。

【党员义工服务队】 越秀区大塘街党员义工服务队成立于2003年。义工们坚持每月15日在大塘街秉正文化广场举办“大塘街党员义工活动日”，组织并带动辖内机团单位、两新组织共同为社区居民群众提供志愿服务。服务项目涵盖免费理发、磨刀、修理自行车、维修电器、测量血压和血脂、健康咨询、法律咨询、企业招聘等30多个。这些看似微不足道的服务却正是社区居民的必需。八年中党员义工服务队从原来的10多个人壮大到200

多人，服务项目也不断求精、求新、求变，从日常生活需求服务延伸到营造社区文化、群众互助互爱、社区文明督导、文明交通志愿服务等，深受群众喜爱。大塘街党员义工活动已成为辖内党员联系服务群众常态化和长效化的有效载体，也是大塘街党员和党组织服务社群的一面旗帜。

【重点备检点迎检工作】 大塘街龙腾社区、秉政社区分别于2009年8月和2010年8月代表广州接受城市公共文明指数测评，街党政领导高度重视，多次召开党工委会议研究、部署迎检工作，全力以赴做好入户宣传发动及社区环境整治工作。2011年大塘街辖内广州图书馆、农讲所纪念馆、文明路“纯剪”发型工作室、中山图书馆、宝贝城、东濠涌博物馆、豪贤路小学、中山四路、越秀中路等多个路段以新的面貌接受“国检组”检查。

（大塘街 罗志雄）

珠光街

【基本情况】 珠光街位于越秀区中部偏南。东起东濠涌，与大东街、白云街为邻；西到北京路，与北京路、人民街相接；北起文明路，与大塘街毗连；南到珠江，与海珠区相望，面积0.92平方公里。2011年末有户籍居民22554户、70342人。辖内设东沙角、广舞台、越秀南、定安里、万福东、湛塘路、东园路、福行、珠江园、祖庙前、新福里、清水濠、文德路、文明路、仰忠、厂后、爱家园、海傍18个社区居民委员会。主要文物有中华全国总工会旧址、省港罢工委员会旧址、越南青年革命同志会和越南青年政治训练班旧址、中共广东区委军委旧址、中共广东区委员会旧址、文德楼、南关电影院、无着庵等。辖内有省总工会、交通部珠江船务管理局、广州仲裁委员会等单位。

街党工委书记：陈　思

街道办事处主任：冯宝文（任至2011年12月）；吴丽灵（2011年12月任）

街道办事处地址：珠光路54号

电话：83187278

传真：83181636

【城区综合管理和公共服务】

城市管理　2011年，珠光街提升城市管理精细化水平。加强城管资源整合，通过巡查、蹲点等方式，使辖内市容管理顽疾“六乱”得到有效遏制，教育1933宗，处罚106宗，立案1宗，罚款13950元，清理无主杂物共30余执勤车。立足常态管理，切实做好文明施工及违法建设的行政综合执法工作。加强辖区内5个在建工地管理，配合区做好东濠涌二期工程东沙角片区等3个违法建设的查处工作。查处违法建设74宗，清拆39宗、552.51平方米。查处清拆不规范户外广告牌71宗，清拆面积440.3平方米。投入15万元完善海傍等社区的市政基础设施；在江湾大酒店东侧小公园安装防护网、保安值班亭洒水喷头及总电箱、漏电开关等设施。推进共青团“一大”旧址周边环境综合治理工作，稳步推进环保、绿化、市政、危破房整治处理工作。整饰外墙2589.96平方米，安装雨篷430.1平方米，安装晾衣竿85平方米，为社区居民配铁门钥匙86条。做好环境卫生和蚊虫消杀工作，消杀面积19.25万平方米，清除积水308处。

综治维稳工作　建立健全应急管理体制，狠抓防灾减灾工作，制定和完善《珠光街2011年防汛应急救助工作方案》等各类方案，有效应对各种自然灾害和突发公共事件。发挥社区星光老年之家灾害临时庇护所作用，及时、迅速应对10月13日晚特大暴雨灾害。与辖区机团单位齐抓共管维护辖区稳定，与辖内企事业单位签订各类责任书共计634份。通过在社区宣传栏张贴主题宣传墙报、举办“敞开大门访民意，打开心扉听民意”专题座谈会和开展禁毒“流动课堂”等系列宣传活动，及时收集社情民意，增强辖内居民群众自我保护意识。每月开展出租屋消防安全大排查行动，消除出租屋治安、消防隐患，全年安全生产监督检查2143次，排查安全隐患287宗，复查整改354宗。积极化解社会矛盾，及时掌握辖内涉军人员情况，有效稳控全街32名重点人员和其他防控帮教对象。充分发挥“天网”、“地网”和“信息网”结合的维稳治安防控体系的整体优势，及时维修保养辖内的技防设施。年内全街刑事案发案232宗，比上年下降1%；治安发案334宗，比上年下降11%。平安校园、平安社区覆盖率100%。受理各类调处案件290宗。组织社会治安重点地区及突出问题排查整治11次，其他矛盾排查198次。

民政工作　积极开展扶贫助困献爱心送温暖活动，逢重大节日街领导带队走访慰问困难群众、优抚对象、驻穗部队等。圆满完成2011年广州市万户居民调查工作。全年共为185户家庭办理低保，为91户家庭办理低收入困难家庭证。受理159户困难家庭廉租住房保障申请、447户经济适用住房申购。对全街1394名残疾人完善服务并分类归档。组织1804人次参与教育活动，发放资料1700份。摸查89名优抚对象的医疗状况，为3名无医疗保障参战人员办理居民医保、7362名老人办理老人长寿保健金。献血工作完成区下达珠光街献血任务的112.21%，殡葬工作火化率100%。

社区管理和服务　以便民、高效为工作出发点，全面落实区“惠民48条”和“补充25条”。积极发挥劳动保障中心和社区就业服务站二级服务网络的作用。受理参加城镇居民基本医疗保险800人，成功发放医保卡750多张，范围覆盖所有低保户；受理参加城镇老年居民养老保险65人。帮助辖内失业人员实现再就业200多人；举办免费职业指导90期，有2500多人次参加培训。开办3期创业培训，鼓励10多个有创业愿望的失业人员走上自主创业之路，小额贷款资金总额达80万元，全街实现就业率65.62%。专项检查25户企业最低工资执行标准情况，未发生一起因劳动监察行为引发的行政复议或行政诉讼。举办各类健康教育活动，增强居民群众的保健意识，全年共开办各类健康讲座17场，参加人次1804人，发放资料1434份。年末累计接收社会化管理人员9927人，建档率100%。

2011年2月24日，珠光街在区委党校举行“建设学习型党组织、提高社区工作技能”培训班开班仪式。

计划生育　积极开展十年出生人口基础信息清理清查和协查反馈工作，健全完善街道计生例会制度。以会代训，通过每月例会开展业务知识培训。通过制定《珠光街流动人口计划生育管理工作实施方案》等制度、办法，开展专项行动，试行集中办证、分片清理的新模式，促进流动人口计生管理工作。打造越秀南汽车客运站流动人口宣传阵地“幸福驿站”品牌，订做入户宣传品近3.8万件，制作有关计生知识宣传的小张贴共计6.7万份。募集幸福工程捐款近3万元。联合辖内幼儿园老师，开发教育0~6岁幼儿——“保护自己有妙法”的新课题。实施计划生育优质服务，对符合条件的育龄夫妻免费提供计划生育手术服务的“绿色通道”免费单。加大普查普治工作经费的投入力度，联系区第三人民医院增加妇科常见病免费治疗项目。全年全街常住人口出生544人，计划生育率97.98%。

出租屋管理　2011年全街登记出租屋8109套，登记在册流动人员15058人。街内出租屋没有发生重大刑事案件和火灾事故。完善管理制度，与出租屋协管员签订责任书，修订《珠光街出租屋管理员责任状》，落实目标责任。组建、完善“税收综合征收小组”，有效提高居住证的办证率和出租屋税费征收率。严格按照《广州市出租屋档案管理办法》的要求，建立完整、规范的出租屋档案，确保准确录入出租屋信息。狠抓流动人口管理工作，利用每月开展珠光街出租屋消防安全大排查，对屋内居住人员再次进行筛查和信息登记。

【精神文明建设】　2011年，珠光街以活动为纽带，凝聚居民群众对社区的向心力。通过举办第六届“珠光璀璨”社区文化节和开展暑期青少年活动，引领社区居民以文明为风尚，提倡健康的娱乐和生活。完善群众文化团队登记制度，构建业余社区文化骨干210人、社区体育三级指导员近600人的网络队伍。打造广府音乐文化特色社区，充分挖掘和整理珠光街人文历史，做好物质、非物质文化遗产摸查和保护工作。着力完善文化惠民工程，推进全民健身活动，有效实现居民健身生活化。推进终身教育活动，申报实施全国社区教育实践项目——打造“广府音乐文化特色社区”进入结项验收，“广东音乐培训”申报成为全国社区教育特色课程，并编写整理1套广东音乐培训简易教材。积极组织、协调“扫黄打非”工作，维护辖区文化市场环境和文化繁荣。改造江湾文体广场内的羽毛球场和建造篮球场共1000平方米，在江湾工地围墙和玉带濠分别建造特色文化长廊近3000平方米、科普文化长廊近100米。辖内增加社区体育路径约600平方米。是年，珠光街被市体育局评为“2008—2010年度广州市体育先进单位”，并被推荐创建“全国城市体育先进社区”；珠光健身操队参加全国优秀群众健身队伍评选和表彰。

【地域经济概貌】　2011年，辖内法人单位1104个，其中工业10个，批发零售业410个，房地产建筑业108个，住宿餐饮业52个，交通运输仓储业48个，服务业393个，行政事业及社团单位80个，产业活动单位有1247个，个体私营企业2701个。2011年年报珠光街统计应报送定报的单位：劳动工资232家，批发零售业40家，住宿餐饮业16家，服务业92家，市场7家。全年出租屋征收“两费一税”705.4万元。

【迎接创文大考】　2011年，珠光街把创文工作作为全年工作的“头号工程”来抓，交出“创文大考”的满意答卷。街道成立由街党政领导挂帅的珠光街迎国检总指挥部，落实创文网格化管理机制，构建300多人的迎检队伍。整理完善建档资料，组织人员在重点备检社区内逐户开展创文知识宣传，并利用街出租屋管理中心的平台，做到创文知识宣传全覆盖。国检期间按照职能划分，分路段区域定点、定岗，责任到人，实现无缝衔接、不留死角。宣传渠道宽畅，在辖内居民楼道、人流量较多的街巷、所有工地张贴各类创文宣传海报，形成创建文明城市的社会化大宣传格局。在全街范围内动员辖内大专院校的学生、社区退休老党员和青年团员志愿者队伍积极参与文明交通宣传整治活动。利用江湾桥脚小公园内的新生活驿站，为路人提供信息、交通、翻译等咨询服务，全年制作各类牌匾共计126块。先后开展“洗楼”行动7次，近千人次参与上门入户宣传。对辖内11699名外来人口开展创文宣传，先后发出区、街各类宣传资料2.65万份，维护和整修破损、陈旧的宣传栏84个，完成工地围墙创文宣传海报1567.5平方米，宣传标语65米。在辖内3个公交站点、14个交通路口安排文明督导志愿服务17480人次。

【基层党的建设】　2011年，珠光街以能力建设为重点，着力加强基层党组织和干部队伍建设。深入开展创先争优活动，以建党90周年为契机，以“关爱党员、增强党性”为切入点，狠抓岗位承诺机制，设立宣传教育、治安巡逻、环境维护、扶贫助困等党员服务岗，不断创新党内服务新体系。通过开展“文明出行”、“平安社区”以及“服务为民”等各类活动，增强党组织的亲和力和凝聚力，激励党员在创文、迎亚运服务和民生保障中建功立业。深入推进学习型党组织建设，与区委党校联合举办“珠光街建设学习型党组织，提高社区工作技能”为主题的培训班，以深化创新基层社会管理服务为主要内容，结合街道、社区工作所面临的热点、难点问题，组织全体干部、社工实施专项“后亚运时期的创文工作”等8个专题全员培训。推进关爱党员工作，广泛开展结对子、送岗位、送医上门等互助活动，及时为困难党员申请党内互助金。依托远程教育平台，按需送教。注重党员义工队伍建设，积极发挥失业党员作用，增强居民对党员的信赖和对社区的认同感。选好配强社区“两委”班子，圆满完成社区“两委”换届选举工作，社区党支部书记和主任“一身兼”100%，“两委”成员交叉任职实现100%，突出社区党组织的领导核心作用。固本强基，充分发挥工、青、妇等群团组织的引导、服务群众和维护群众合法权益的桥梁纽带作用。是年，参与各类活动的党员9440人次，受益群众23190人次，1326名党员公开承诺办好事实事231条。

（珠光街　苏双双）

白云街

【基本情况】　白云街是广州市越秀区下属的行政街，前身是1950年成立的广九街。位于珠江河畔，东起东湖路，东南至二沙岛东端，南至珠江，西至东濠涌，北起新河浦涌，面积3.25平方公里。辖内主要马路有沿江东路、大沙头路、东华南路、白云路、东湖路、大通路、大沙头三马路。设堤畔、筑南、麟安坊、东湖新村、湖滨、花园新村、东船上、海印、大沙头以及二沙岛10个社区居民委员会。有户籍居民13020户、42435人，常住人口45694人。辖内有白云楼、首架国产飞机纪念碑、鲁迅纪念公园、林则徐纪念园等文物古迹。有省侨办、市政协、羊城铁路总公司、省交通厅、省高速公路股份有限公司、广东新华发行集团有限公司、省工商银行营业部、省第四建筑公司等单位。著名商业街有海印电器总汇、海印布匹城、星之光电器城、盛贤布匹城等。

街党工委书记：高维荣

街道办事处主任：韩志鸿

街道办事处地址：白云路38号之一

电话：83878177

【城区综合管理和公共服务】

城市管理　2011年街道以迎接创文“国检”和胡锦涛总书记视察广州为契机，不断推进城市管理网格化、精细化、信息化建设。通过定期开展市容环境秩序专项整治行动，巩固亚运整治成果。采取“劝、围、扰、收”，联合新疆籍民警开展调解以及抓好专业市场齐抓共管等灵活多变的执法方式，有效遏制少数民族无证照烧烤档蔓延的势头，震慑周边“游商”。通过邀请无证游商担任城管巡查志愿者与协管员一起守点巡查等方式，加强沟通，赢得他们的理解和支持。斥资6万多元购置一批通话距离较长、清晰度强的对讲机，街领导班子、党政办、城管科、执法中队、环卫站、各社区等部门人手一部，建立街道无线通讯指挥系统，提高指挥联络网格化、信息化管理水平。自筹经费将城管辅助队员由28名扩大到36名，投入4万多元添置防护装备，购买一批防刺背心、手套、安全头盔，增强城市管理能力。加大“两违”查处力度，在逐步拆除历史违法建设604.96平方米的同时，将多宗新的违法建设制止在萌芽状态。开展清洁家园大行动和除害防病、禁烟宣传工作，增强居民防病意识。在东湖新村社区、党政机关以及学校开展垃圾分类试点工作。整治东湖新村社区环境，顺利通过市级绿色社区验收。

综治信访维稳工作　以“人屋车场”整治为重点，通过抓巡防、抓宣传、抓激励、抓技防，有效防控案件的发生。全年刑事立案共158宗，同比下降14%；其中，“两盗”案22宗（入屋盗窃案22宗、盗窃机动车案0宗），与2010年持平，“两抢”案件5宗，同比下降44%。与辖内各社区、各企事业单位签订综治、维稳、禁毒和信访目标管理责任书，有效增强综治工作合力。通过开展居民情况大排查行动、组建一支综治协管员队伍每天开展夜间巡查、开展联合整治等措施，综合治理海印绿化广场、沿江东休闲带等亚运整治重点地段。强化出租屋服务管理力度，为出租屋管理员配备手提电脑和身份证读卡器等先进设备，加快居住证办证流程。流动人口登记率、人走注销率、居住证办证率、信息系统输入率、出租屋纳管率、治安责任书签订率均达100%；出租屋内没有发现消防、治安隐患及房中房情况。成功处理“满秋月”超市与供货商商业纠纷案，妥善处理广州市新理念汽车美容有限公司逾70人的劳资纠纷案以及海印花园地下停车场纠纷、大沙头三马路2号首层住改商问题、东山华庭地下停车场买卖纠纷等案件。获省人社厅、省总工会等部门联合授予全省第一批创建和谐劳动关系示范区工程示范点。全年信访总量70宗，同比下降55%；成功化解劳资纠纷7起，涉及80人共34万多元；共调解案件70宗，办结率100%。推进安全社区创建工作，组织开展一批富有成效的安全促进项目，经过两年创建，获国家安全生产监督管理总局和中国职业安全健康协会命名为“全国安全社区”。

民政工作　全年发放低保金71.78万元、发放实物救济1.76万元，发放慈善超市卡145人次、1.5万元；发放基本医疗金1943.91元、城市医疗救助金7413元、慈善医疗金6728元；办理临时医疗和生活救助13人次，救助金额1.94万元；办理免费门诊医疗卡167人次，办理全民医保295人次。为158户符合廉租住房保障条件的困难户办理廉租房、经适房申请，10户在册救济户成功申请实物配租。开展新春慈善慰问和助学活动，发动辖内海印实业集团（第15年）、广州新衡盛典当有限公司及美国人国际学校（第4年）开展新春慈善捐赠活动，慰问697户困难家庭，慰问金额22万元，资助133名困难家庭大、中、小学生，资助总金额12万元。组织无偿献血活动9场，有1168人参与献血，完成全年任务指标数143.67%。建成东湖新村社区文化室，翻新整治东湖新村小区内健身路径及海印广场健身路径，结合纪念建党90周年组织开展红歌大联唱活动，丰富群众文化生活。

2011年9月8日，白云街开展人大代表选举宣传活动。

社区管理和服务　成功举办市政府纠风办开展的政风行风电视节目《沟通无界限行风大家谈》首次进社区活动。以深化社会服务管理机制体制创新为突破口，在街道社区服务中心设立总部，分别在东湖新村社区文化室、花园新村星光老年之家以及二沙岛社区设立分部，努力打造覆盖全街的家庭综合服务中心，年内完成机构招投标。以社区为依托，不断夯实隐性就业摸查、再就业援助政策宣传以及落实再就业援助政策等基础工作，完善“置换岗位”机制，加大特困、零就业等弱势群体的帮扶工作力度，促进就业、再就业。全年，累计在册失业人员2329人，已实现再就业2014人，就业率86.47%。其中："4050"失业人员1100人，再就业961人，就业率87.36%；特困失业人员16人，"双低"失业人员为12人，全部实现就业。为421人办理社区就业资助（其中特困失业人员17人，"零就业家庭"失业人员2人，"双低"家庭失业人员36人）。举办现场招聘会3场，共有56家单位提供397个就业岗位，384人登记求职，达成就业意向103人次，实现就业67人。通过日常探访、节日慰问、健康知识讲座、社区义诊、敬老服务月等活动，不断提高退管服务水平。全街在册社会化管理退休人员4609人，全年共为4339名退休人员进行养老金年审认证，年审率100%。

计划生育工作　继续推进计生、出租屋管理"巡查登记力量组合、行政处理独立"的流动人口管理工作格局，完善利益导向机制，全力推行"幸福家庭促进计划"，强化服务促管理，免费为准妈妈发放叶酸片、提供出生缺陷筛查服务，推动出生缺陷干预工作。坚持基层例会制度，落实挂钩帮扶制度，加强计生文化阵地建设，细化计生优质服务，低生育水平持续稳定。是年全街户籍已婚育龄妇女8074人，出生336人，政策出生率98.51%；常住流动育龄妇女944人，出生57人，政策生育率100%。

出租屋管理　全年登记在册出租屋4922套，同比增长12%；新办理房屋租赁合同备案1444宗、居住证3386个；征收"一费一税"1075.75万元，同比增11%，提前一个月完成全年税收任务。流动人口登记率、人走注销率、居住证办证率、信息系统输入率、出租屋纳管率、治安责任书签订率均达100%。出租屋内未发现消防、治安隐患及房中房情况。

【精神文明建设】　2011年是广州创文的冲刺年，白云街全力以赴做好创建工作。通过派发创文倡议书、以街道党政主要领导名义发送温馨提示以及结合社区"两委"换届、党员专题活动日、举办传统节日游园晚会等活动宣传创文工作的意义，取得辖内机团单位、商家以及居民的支持配合。加强宣传力度，在社区宣传栏、商家广告栏、二沙岛等重要显眼地段张挂大幅创建海报，在大型LED显示屏滚动播放创建宣传片，营造浓厚的创建氛围，提高居民群众的知晓率。开展惠民小工程，投入35万元安装便民晾衣架、疏通下水道等。

【地域经济概貌】　辖内有法人单位1155家，产业活动单位223家，个体私营企业3234家；工业2个，批发零售业482个，房地产建筑业42个，物业管理及其他房地产业65个，住宿餐饮业33个，交通运输业22个，服务业413个。辖内有广州市建翎贸易有限公司大通体育精品总汇、广州市海印广场商业有限公司、广州市越秀区白云新街市、广州市越秀区信和海印电器市场、广州市越秀区海印电器总汇、广州市海印布艺总汇有限公司市场、广州市越秀区东湖新村市场、广州市越秀区田华服装商场、广州海印实业集团二沙体育精品廊有限公司、广州市弘如安防城、广州精鸿数码手机城、广州市星之光家电市场、金海印电器广场、广州盛贤大沙头旧货交易市场分场、广州市盛贤摄影器材城、广州盛贤纺织（布艺）城、广州盛贤大沙头旧货交易市场、广州市澳讯旧货交易市场、广州市海印布料总汇、广州海印摄影器材城等20个专业市场。

【接受创文"国检"】　2011年，白云街作为创文"国检"核心、重点受检区域，肩负着国检组每天出入必经路段的保障以及筑南社区接受入户调查重任。白云街充分做好宣传、动员、迎检等准备工作，整治筑南社区外部以及社区居委会内部环境，让社区居民群众有一个良好的办事环境，优美的居住环境。在受检期间，通过运用对讲机系统及时反馈调查组的进展情况，使各迎检人员迅速掌握情况并做好应对措施。整个过程没有出现一丝纰漏，顺利完成入户调查任务。在街党工委、办事处的领导下，全街干部职工上下一心，扎实做好迎"国检"工作，顺利完成"国检"任务。

【街道社会管理热点问题接受访谈】 2011年，由广州市政法纠风办、广州市监察局、广州市文化广电新闻出版局、广州广播电视台主办的一档沟通政府与市民关系的时政电视谈话节目《沟通无界限》，在白云街辖内的海印文化广场对白云街党工委书记高维荣进行现场访谈节目录制。广州市纪委副书记、监察局局长杨建城，越秀区常委、纪委书记李永超，广州市纪委常委江咏虹等领导亲临节目现场。现场吸引众多居民热情参与，气氛热烈。节目主持人结合栏目组日前暗访拍摄的短片，围绕街道在交通、治安、市容环境、劳动就业保障、服务老年人等方面的热点问题进行访谈。街党工委书记对问题逐一进行解答，并表示街道一定深入了解民情、科学决策、想方设法为民办实事，特别是在社会管理方面，下大决心整治，争取为广州创建文明城市做出积极贡献。

（白云街 周晓庆）

矿泉街

【基本情况】 矿泉街位于越秀区西北面，毗邻广州火车站、广东省汽车站，京广铁路贯穿境内，机场高速公路环绕其间。周边以走马岗、站西路、三元里大道、同德涌为界，是越秀、荔湾、白云三区结合部，面积2.80平方公里。2011年户籍居民10884户、33987人，常住人口79709人，外来流动人口超10万人。辖内设机务段、机山巷、机新、王圣堂、兴隆、站西、铁通、松岗、瑶台、瑶池、瑶华、沙涌南、华泉、北站14个社区居民委员会，转制社区集体经济组织瑶台实业有限公司（瑶台村经济联合社）下辖第一至第十个经济社和瑶台经济发展公司。辖内有广东省社会主义学院和广东省技术师范学院2所院校，矿泉中学、广铁二中2所中学，瑶台小学、养正小学、沙涌南小学和广铁四小4所小学；有广东省妇幼保健医院以及山西省驻穗办、河南省外贸厅驻穗办、云浮市驻穗办等机团、企事业单位200多个；有服装、钟表、皮料鞋材、化妆品等类型的专业市场66家。

街党工委书记：张文胜（任至2011年5月）；于鲁民（2011年5月任）

街道办事处主任：于鲁民（任至2011年5月）；云山武（2011年5月任）

街道办事处地址：沙涌南洪荫围13号三楼

电话：36376830

【城区综合管理和公共服务】

城市管理 2011年拆除违法建设14宗、4294平方米；拆除违章广告2宗、480平方米；教育取缔乱摆卖6787宗，清理占道经营5058宗；整治乱张贴、乱拉挂16680宗，教育乱丢吐2215宗；罚款总金额199065元。妥善处理通过12319城市管理监控系统、越秀区社情民意网、电话、信访、上访等市民群众反映城市管理建设问题800多宗。开展无证照整治行动31次，取缔无证经营店档65间（次）。选定瑶华社区作为垃圾分类试点社区。组织遏制登革热宣传活动10多场，派发灭蚊药物10箱，鼠谷9吨。结合健康月、世界无烟日开展防癌、中医治未病、家庭健康素养——家庭急救知识等讲座。制定《广州市越秀区矿泉街三防应急预案》，组建和完善街道防汛防台指挥部、抗灾抢险组、物资供应交通运输组等三防工作机构。矿泉街城管中队被区评为先进执法中队。

综治信访维稳工作 完成14个社区综治信访维稳工作站建设，指导39家机团、企业单位综治信访维稳工作站工作。在辖区娱乐场所、建筑工地、大型商贸批发市场、工厂、用工密集单位等重点行业设立100多名综治维稳信息员，建立综治维稳信息员制度。街综治信访维稳中心全年受理群众矛盾纠纷128宗，办结率100%；协调街有关科室、职能部门，机团企业单位、社区、村社，成功调处化解瑶台中心花园办证纠纷，瑶台六社、八社、十社、王圣堂联队等社员股东上访事件，以及7宗租赁纠纷。2011年矿泉街被列为市社会治安重点巩固街道，街道充分发挥公安主力军作用，严厉打击“两抢两盗”、“黄赌毒”等多发性犯罪，全年共立刑事案件696宗，同比下降1.5%。整治非法营运车辆，查扣“五类车”1625台。全年送培安全主任再培训165人，完成安全生产标准化建设达标企业14个。全年排查生产安全和消防安全隐患4370项，整治隐患4250项，整改率95%。与区安监执法大队联合办案，对16家存在安全生产隐患拒不整改的单位进行一般程序处罚，处罚金额9.7万元。

民政工作　2011年，全街发放低保保障金95.11万元，共有125户262人享受最低生活保障。发放低收入人员亚运补贴12.4万元，发放“三无”人员生活补贴6.58万元，发放粮油实物救济295份共2.95万元。为遇重大疾病的8户特困户申请重大疾病资助12.62万元，办理低保对象免费社区门诊卡11张。向112户低保户发放市、区政府和区民政局的新春慰问金11.62万元，为131户低收入困难家庭、120户贫困家庭赠送节日慰问品。向143户低保低收入困难群众返还2009年低收入困难家庭污水处理费1.27万元。为6名低保户学生申请区政协委员资助帮扶，3名低保户学生申请展翅助学计划，符合条件的14名中小学生申请助学金。为60名优抚对象累计发放35.89万元、24名安置对象累计发放9.17万元、27名2009、2010年义务兵办理补贴。全街60岁以上的老年人有6457人，街道为其中70岁以上的2884位老人办理长寿金，其中有1名是百岁老人。全年共收到廉租房申请45户，受理45户，获得廉租住房补贴21户；收到经济适用房申请525户，其中办理符合条件的有365户，获得经济适用房准购证202户。协助市民政、区民政、区妇联等帮扶和医治辖区被遗弃的精神病少女黄某。

2011年9月23日，矿泉街瑶台第八经济合作社社委向街党工委、办事处赠送锦旗，感谢街党工委、办事处妥善处理了该社与可维物业管理公司的经济纠纷。

社区管理和服务　成功申报和开展具有矿泉特色的社区教育实验项目课题——《打造转制社区祠堂文化，推进转制社区都市化步伐——矿泉街新市民素质专题培训实验》。联合区社区教育学院，在广州美博城举办越秀区社区教育论坛。全年举办各种社区教育培训活动26期，组织社区居民群众26344人次参加。完成街道社区综合服务中心场地装修工程，与阳光社工机构签订服务协议，开展各项社会服务。抓好3个路内停车场的规范营运工作。全年组织13次无偿献血活动，有1527人参与，超额完成区下达的目标。为187人次发放残疾人专项补助金6.8184万元，82名符合条件的残疾人办理半价乘车卡，27名符合条件的残疾人办理城镇居民医疗保险卡续保，8名残疾人申请“广州市贫困残疾人慢性病医疗救助”。为24名残疾人或其子女办理“扶残助学工程”申请，2名聋儿和2名智障儿童申请每年1万元训练费，为34名残疾车主发放2009年、2010年燃油补贴12.8万元。为17名精神病人申请“免费门诊”，协助2名精神病人办理“住院救助”。街道全体社区专职人员参与发放亚运公交补贴，共发放家庭户10339户、155.09万元，集体户4952人、24.76万元。分批组织专职社工参加社工职业培训57人，取得社会工作师职称3人、助理社会工作师8人。8月底顺利完成全国第六次人口普查工作任务。

计划生育工作　向85个机团单位下发《计划生育工作任务书》，与14个社区居委会签订《计划生育工作协议书》，与16个齐抓共管单位、部门签订《越秀区矿泉街人口和计划生育工作责任书》。每月开展2次计划生育重点地段清查摸底专项行动。推出《矿泉街出租屋流动人口计划生育信息采集与信息共享工作规范》，构建由出租屋协管员、计生服务队、社区专干组成的基层信息采集网络。利用节假日开展“优质服务进社区”活动，以人口文化、生育关怀、幸福工程、青春健康为主题举办各种宣传活动。利用街道综治地理信息平台，录入过万条计生信息，打造矿泉数字计生工程。在广州市财政局和区计生局的挂钩帮扶下，顺利启动“矿泉街流动人员服务管理中心”建设项目。全年发放避孕套48300盒，外用膜155本，外用栓190盒，胶冻1280支，短效口服药21板，叶酸225盒，优生优育手册127本。全街应查环查孕人数为9573人次，已查9450人次，平均查环查孕率达98.7%以上。成功收缴社会抚养费52例，追缴225.3万元。街计生协会的22个机团单位共交会费1.1万元，幸福工程募集资金3452元。2011年，全街出生408人（户籍295人、流动113人），年度政策生育率98.31%，有10个社区居委会无政策外出生，社区居委会“两无”率71.4%，全面完成区下达的人口和计划生育任务，顺利通过省、市目标管理责任制考核。

出租屋管理　2011年，全街出租屋31065套，在册管理流动人员68937人，全年出租屋税费总收入1047万元，首次突破千万大关，同比增长9%，街道出租屋税费收入的组成逐渐从“以费为主”过渡为“以税为主”。日常检查出租屋57477套次，签定治安责任书6517份，开展出租屋专项整治行动124次，发出隐患整改通知书9477份，排查出租屋12400套次、厂企宿舍和工地工棚等流动人员密集区域45处，排查餐饮场所209处，夜总会、酒吧、网吧等娱乐场所365处，发廊、美容店等373处，废旧物品收购站115处。整治治安隐患164宗、消防隐患1342宗。取缔出租屋无牌无证饮食店档54间，捣毁各类非法加工场71个，收缴各类制假造假物品241618件，价值超千万元。全年没有发生重特大消防安全事故和恶性案件，出租屋刑事案件74宗，治安案件39宗，同比分别下降2.63%和2.5%。通过流动人员信息系统资料抓获3名在逃人员，抓获犯罪嫌疑人22名；13人获得市协助打击违法活动有贡献人员奖励。完成5万多名流动人员的亚运交通补贴发放工作，发放率60%。瑶池服务站副站长冯穗生因工作表现突出，成绩显著，被评为2011年广州市百名优秀流动人员出租屋管理员；街出租屋管理服务中心被评为广州市流动人口和出租屋管理服务先进单位。

【精神文明建设】　2011年街党工委、办事处坚持以“为民创建、创建惠民”为立足点，克服矿泉地区地处城中村、专业市场和外来流动人口密集等不利因素，连续11天开展创文迎国检工作。推进和谐家庭建设，评选43户区级文明家庭、4户区级幸福家庭。大力宣传瑶池社区妇女萧要明无私帮助一名非洲父亲救助先心患儿的感人事迹。机务段社区被评为市级“巾帼文明岗”，矿泉街申报广东省创建平安家庭先进示范街道。为80多名满50年以上党龄的老党员颁发南粤纪念徽章，为辖内2名困难党员申请区党内互助金，走访慰问困难党员72人次，为困难党员办实事30多件。组织机关党员干部观看爱国主义教育片《建党伟业》，召开“加快转型升级、建设幸福广州”专题生活会。大可以企业发展有限公司党支部开展的“相聚党旗下重温入党誓词”活动被区委组织部评为创新组织生活“十佳优秀案例”，该党支部被越秀区非公党工委评为区第一批非公企业党建工作示范点。全街共发展党员18人，为党员队伍增添新鲜血液。重新梳理完善街道35项规章制度，并对创文等工作启动效能监察。重点推进王圣堂科普长廊工作，重修瑶台文体活动中心，开展各类象棋赛、毽球比赛、羽毛球比赛、曲艺表演、趣味游园活动等10多次。组织“七一”文艺表演、“文艺进社区”等多场群众表演。

【地域经济概貌】 矿泉街辖瑶台村、沙涌南村和王圣堂村3条自然村，面积2.4平方公里，约占全街总面积80%。瑶台实业有限公司暨瑶台村经济联合社（以下简称公司与联社）是“一套人马两个牌子”的转制社区集体经济组织，第一至第十个经济合作社以及瑶台经济发展公司为其下属单位。公司与联社现有“农转居”居民1512户、3045人。2011年，公司与联社全年经济总收入为1.87亿元，增加3256万元，同比增长21.1%；社员股东年人均收入47336元，增加8842元，同比增长23%；社员股东年劳动力人均收入56173元，增加9212元，同比增长19.6%。

【地情】 2011年1月25日，召开矿泉街第八届妇女代表大会，选出新一届街妇联领导班子。3月18日，圆满完成第四届社区居委会换届选举工作，全街14个社区居委会采取居民代表投票方式一次性选举成功。全街共915名居民代表，选出社区居委会委员76名（其中主任14名，副主任14名，委员48名）。2011年7月下旬至9月中旬，街道组织区第十五届人大代表选举工作。全街选民人数19699人，参加投票的选民18738人，参选率达95%以上。全街划分为7个选区，全部1次选举成功，选出矿泉街出席区第十五届人大代表11名。选出的代表中，中共党员代表7名，非中共党员和群众代表4名；妇女代表3名；大专以上文化程度10名；连选连任的代表3名。当选的代表来自各行各业，也有来自基层一线的群众，具有广泛性和先进性。

【扶贫工作】 矿泉街结对帮扶对象是增城市小楼镇秀水村。该村共有7条自然村，14个经济合作社，415户、1913人。其中贫困户32户、83人，包括扶贫类9户、30人，济困类23户、53人；贫困学生21人。全村总面积3.84平方公里，其中耕地面积1100亩，林地面积3000亩。矿泉街成立扶贫开发“规划到户、责任到人”工作领导小组，下设矿泉街扶贫开发“双到”工作领导小组办公室。根据市的统一安排，矿泉街扶贫开发双到派驻工作，于3月9日准时派驻到位，4月底完成《小楼镇秀水村情况调查》调研报告。全年街道领导到秀水村调研共8批、23人次，并带领辖区服装、皮材、钟表等专业批发市场的老板、负责人和瑶台三社干部共10多人，分两批到秀水村考察调研扶贫项目，筹得扶贫民生项目启动资金33万元。村在册的贫困家庭学生领到助学金，贫困户适龄子女入学率100%。18户贫困户实施泥砖房改造，为35～59周岁的贫困户逐年购买新农村养老保险，为60周岁以上的贫困户购买15年新农村养老保险金。为32户贫困户发放秋耕生产农用化肥每户2包。截至2011年11月底，9户30人扶贫类（重点考核对象）全部达到脱贫标准；23户53人济困类贫困户全部达到年人均收入5000元以上。越秀区和富力集团统一安排在何仙姑广场建设商铺，是年村集体经济年收入达10.5万元。6月28日，秀水村新建并投入使用2公里的道路共安装太阳能路灯58盏，老人活动中心的装修项目也基本完工。

（矿泉街　王穗红）

登峰街

【基本情况】 登峰街位于越秀区北部，面积4.70平方公里。设童心、下塘、狮带岗、黄田、横枝岗、淘金北、恒福、西坑、云泉、清水塘、宝汉、金麓12个社区和登峰实业集团有限公司、西坑企业集团有限公司2个撤村改制公司。2011年末有户籍居民16018户、47959人，外来常住人口61896人。辖内有旧金山华人千人墓、白云仙馆、星海园等历史文物遗迹；有广州市有名的永福汽配城专业街；有广东广播电视大学、广州市广播电视大学、广东省理工职业技术学校、广东省成人科技大学、广州市电子信息学校等7所大中专院校及恒福中学、云山小学、登峰小学3所省一级中小学；有广州市科协、广州市地方志编纂委员会办公室、广州艺术博物院、广东省第二中医院等机团单位；有95154、95259、95107等7个驻街部队。

街党工委书记：刘丹

街道办事处主任：廖颖达

街道办事处地址：麓景东路55号

电话：83509510

传真：83573959

【城区综合管理和公共服务】

城区管理　2011年，登峰街健全城管巡查制度，重点清理乱摆卖、店铺超占等“六乱”，处理卫生脏乱，确保重点路段无“六乱”情况发生；大力开展“六乱”专项执法整治行动，对“六乱”较严重的地段实施网格化管理，遏制“六乱”发生和反弹，查处占道经营3270宗，乱摆卖3677宗，乱丢乱吐108宗。维护街主次干道的市政设施，改造清水塘社区、金贵西小区等下水道管网。制止拆除违法建设9宗，面积1579平方米；拆除违法户外广告牌7块，面积91平方米；对云泉路163号违法用地加强日常管理，进行复绿复耕。联合区国土房管分局巡查监控辖内围墙、挡土墙，记录使用状况，排除安全隐患；加强监测省理工学校、下塘象岗山、西坑后山村等地质灾害点，协调、督促相关单位落实各项整治措施。

综治信访维稳工作　推进综治信访维稳中心和工作站建设，街辖12个社区、2个村改制公司设立综治信访维稳工作站，充分发挥综治信访维稳中心作为基层工作平台的龙头作用。定期召开联席会议，及时分析掌握工作动态，解决综治、信访工作中的重点难点问题，推动社会事务管理工作。街综治信访维稳中心两级平台受理各类信访案件559宗，办结553宗，办结率98%，现场办结率75%。加强对重点人员、重点事件等突发性群体事件的稳控工作，成功处置热比亚等新疆籍流动摊贩集体上访，登峰村“农保”转“城保”信访，足满堂健康休闲中心员工集体到省、市、区上访等10多宗较为重大信访案，实现重点人员不失管、重点事件不失控的防控目标，顺利完成“两会”、大运会、创文国检等重要、敏感时期的稳控工作任务。

2011年12月6日，全国人大法工委副主任信春鹰（左二）到登峰街金山象商贸城视察外国人员管理工作。

民政工作　完善星光老年之家建设，开展各项老龄服务工作，为376名60岁以上的老年居民办理老年人社会保障卡，为4035名70岁以上的老年人申请办理长寿保健金。全街新增低保10户20人，现有低保户98户194人，其中“三无”人员11户11人，纯低收入困难家庭9户23人，实物救助62户，广州市慈善医疗3户，越秀区慈善医疗5户。区基本医疗报销免费门诊78人。向街辖内在册低保户及纯低收入户发放2次物价补贴6.34万元。发放低保户困难群众基本医疗救助230人次，救助资金支出3.8万元。募集善款17.34万元；发动政协港澳委员资助街辖内9户中小学生三年学习生活费用1.1万元。完成新申请经适房153户，新申请廉租住房59户，廉租房年审申请97户，提前超额完成区下达的廉租住房工作任务。

社区管理和服务　新增失业登记人员1472人；已就业1352人，就业率73.07%；受理流动人口招工录用备案44次共67人，灵活就业备案203人。受理居民养老389人，居民医保1380人。举办招聘会4场，进场单位103个，提供岗位数2680个，进场求职人数345人，初步达成招工意向109人，当场成功56人；越秀区登峰街创业和就业基地自成立以来提供铺位424个，安置502人就业，89人创业；积极联络单位提供岗位2321个，前来求职登记1324人，成功就业365人，加强企业劳动用工巡查，检查各类用人单位1100户，建立一户一卡1100户，涉及人数3647人，完成用人单位信息卡的建卡工作。顺利完成基层居委会两委换届选举工作，社区党组织书记和社区居委会主任交叉任职实现100%。

计划生育工作　2011年，登峰街的计划生育率为97.4%。辖内有9个社区居委会完成街下达的计生工作任务，其中7个社区居委会为“两无”社区居委会。街道办事处与社区居委会、辖内机团单位、物业管理公司、人口计生工作综合治理责任单位分别签订目标管理协议书12份、任务书52份、责任书65份。街全年投入计生宣传经费21万元，制作多款有登峰特色计生宣传品，计划生育宣传品入户率95%。根据街出租屋多、流动人口多、外国人多的实际情况，开展特色宣传，在下塘片区建“外国人生育关怀小区”，重点进行生殖关怀和艾滋病防治的宣传教育。推进协会服务行动拓展年活动，举办“生育关怀行动”，全年慰问独生子女家庭、贫困母亲108户，慰问金额2.2万元。

出租屋管理　加强和建立出租屋各类安全隐患排查整治和宣传教育工作常态化长效机制。推进居住证办理工作，加大上门巡查、查验证、督促办证的力度，确保居住证办证率达到90%以上；出租屋管理员通过携带手提电脑和身份证读卡器上门登记流动人员信息和读取身份证信息，第一时间掌握流动人员信息。创新管理模式，以社区为单位建立服务站，实行责任到社区的管理模式。开展流动人员管理“四实”（实有、实时、实惠、实考）行动，对在册的“人屋”信息进行全面梳理，删除无效流动人员信息46745条。街登记在册出租屋36904套，办理房屋租赁合同备案16230宗；新办理居住证18991个；流动人口登记率98%、人走注销率90%、信息系统输入率100%、出租屋纳管率98%、治安责任书签订率95%。全街出租屋征收“两费一税”1066万元，比上年增长14.66%。

【精神文明建设】　2011年，登峰街围绕创建全国文明城市的主题，以创先争优活动为抓手，组建“文明督导队”、“治安巡逻队”等党员义工队伍，积极开展治安联防、创文、扶老助残等各类公益活动。辖内熊猫烟花燃放有限公司新组建党支部，逐步扩大街非公有制组织党建工作。图书室、电子阅览室办理通借通还图书借阅卡200余个，年内接待读者近万人次。落实十分钟文化圈的要求，在12个社区及2个村改制公司设立14个社区文化室、4个社区书屋，纳入全国文化信息资源共享工程。整合机团单位、学校等文化资源，以“我们的节日”为主题，分别开展新春游园、群众联欢、书画摄影、少年儿童欢乐月、书法进社区、读书月等文化系列活动，4月19日在广州市艺术博物院广场举办幸福广东免费观看电影活动，6月24日在广州艺博院广场举办登峰地区《相约党旗下》庆祝建党九十周年地区文艺晚会。结合社区教育项目，认真抓好“手拉手”中外居民交流系列活动。积极挖掘本土特色文化资源，开始建设“留住城中村的记忆”微博馆。登峰街文化活动中心获得广州羊城之夏系列活动先进集体、广州市公共文化示范基地等荣誉，被区推荐为广州市30间群众最喜爱的文化站。

【地域经济概貌】　2011年，辖内有法人单位1560家，产业活动单位1742家，个体私营企业1918

家。工业17个，批发零售业236个，房地产建筑业30个，物业管理及其他房地产53个，住宿餐饮20个，交通运输企业12个，服务业322个。辖内有广州市越秀区登峰宝汉农贸综合市场、广州市越秀区横枝岗肉菜市场、沙河登峰综合市场、金贵肉菜市场、淘金北肉菜市场、永福汽配市场、广州倚云汽车用品广场、福怡汽车用品市场、致友汽车配件市场、致友汽配分场、隆福汽车配件市场、利远汽车配件城、金永福汽车配件市场、广州金山象商贸城、广州市越洋商贸城、广州市越秀区下塘西街市、永福国际、广州市新泓汇商贸城。

【创建全国文明城市工作】 2011年是创文冲刺关键年，登峰街认真落实市创建办提出开展环境卫生、市容面貌、公共卫生、交通秩序、市政设施、食品安全、安全生产、文化管理等十二大专项整治行动的工作要求，加强创文工作的组织领导，对照全国文明城市标准，查找薄弱环节，强化城市环境管理，落实惠民措施，完善市政基础建设和公共配套设施建设，大力绿化美化环境。同时制定巡查督导、网格化管理、联席会议、迎检应急等制度，以落实创建工作的长效管理。适时召开宣传和部署创文工作专题会议，及时传达和贯彻落实上级创文工作精神。全面落实16小时保洁制，采取集中普扫，轮流保洁与空当时间飞行保洁相结合等办法，加强卫生保洁工作力度，规范“城中村”环境卫生管理。落实社区卫生日常巡查制度，实行责任区域包干。开展各项创文主题活动，动员全民齐参与创建活动，采取宣传栏、电子荧屏宣传、工地围墙宣传画、派发宣传单及小物品、征求单位意见等多种形式，形成浓厚的创文氛围，提升市民创文知晓率和满意率。

【获得“广东省百佳综治信访维稳中心”的荣誉】 2011年，登峰街紧扣“围绕中心、服务大局、维护稳定、促进发展”的工作思路，以“平安大运会”、“和谐登峰”为主要目标，将综治信访维稳工作作为全年的中心工作来抓。3月，登峰街被确定为市治安重点整治街道后，街专门组建登峰街治安重点整治工作领导小组及办公室，制定《登峰街2011年治安重点整治工作方案》，加大人财物的投入，实行网络化、精细化管理，定期分析形势，及时调处矛盾纠纷，稳控重点人员和突发群体事件，整合力量整治云泉、下塘等治安重点社区，维护社会治安和社会稳定。12月6日下午，全国人大法工委副主任信春鹰一行到登峰街金山象商贸城、金麓山庄视察外国人员管理工作。2011年，登峰街综治信访维稳中心被广东省政法委、综治委评为“广东省百佳综治信访维稳中心”；被广州市综治委评为“广州市十佳综治信访维稳中心”；党工委副书记兼中心主任李家仁被评为“广东省百名优秀综治信访维稳中心主任”、“广州市十佳综治信访维稳中心主任”。

（登峰街 董丽佳）

责任编辑 周元峥

人物

人　物

【概述】　2009～2010年，全区广大干部职工坚持以邓小平理论和“三个代表”重要思想为指导，深入贯彻落实科学发展观，紧紧围绕建设国家中心城市核心区的总目标和“加快转型升级、建设幸福越秀”的核心任务，解放思想、锐意进取、扎实工作、无私奉献，出色完成迎亚运、创文明等重大任务，为越秀区促转型、优环境、强文化、惠民生、保稳定作出积极贡献，涌现出一大批先进个人和先进集体。2011年全区共有54人被授予省（部）级荣誉，有47个单位获得67项省（部）级荣誉。获奖先进个人和先进集体名录详见下表。为表彰先进，学习先进，还特地附录了获得全国五一劳动奖状的越秀区建设和水务局、广州市越秀区地税局2个单位的先进事迹。

【先进人物表】

2011年获市以上劳模和省（部）级荣誉的个人

姓名	性别	籍贯	出生年月	工作单位职务（职称）	荣誉的名称	授荣誉时间	授荣誉单位
黄崇博	男	广东广州	1961	广州市正骨医院院长	广东省五一劳动奖章	2011.4	广东省总工会
张冠华	男	广东兴宁	1973	越秀区信访局副局长	广东省广州市亚运会亚残运会先进个人	2011.4	中共广东省委、广东省人民政府
郭葱葱	女	广东梅县	1968.6	越秀区司法局副局长	广东省基层组织建设年度先进个人	2011.3	中国致公党省委会
杨政	男	广东平远	1962.4	越秀区司法局副局长	广东省司法行政系统亚运安保工作先进个人	2011.11	广东省司法厅
蔡子奇	男	广东台山	1953.5	越秀区司法局调研员	2006～2010广东省司法行政系统“五五”普法工作先进个人	2011.3	广东省司法厅
黄燕	女	广东开平	1967.12	东风司法所所长	广东省司法行政系统亚运安保工作先进个人	2011.11	广东省司法厅
张贵友	男	河北涞水	1963.3	北京司法所副所长	广东省司法行政系统亚运安保工作先进个人	2011.11	广东省司法厅

（续表）

姓名	性别	籍贯	出生年月	工作单位职务（职称）	荣誉的名称	授荣誉时间	授荣誉单位
郭北灵	男	河南三门峡	1968.5	人民司法所所长	广东省司法行政系统亚运安保工作先进个人	2011.11	广东省司法厅
高维荣	男	江苏	1957.10	中共越秀区白云街工作委员会书记	广东省优秀党务工作者	2011.7	广东省委
张惠琴	女	广东广州	1964.7	越秀区发展和改革局物价检查所主任科员	全国价格举报工作先进个人	2011.5	国家发改委
袁群英	女	广东吴川	1953	越秀区总工会主席	全国工会优秀干部	2011	全国总工会
罗海峰	男	广东汕尾	1983.10	农林街计生办副主任	广东省人口与计划生育目标管理责任制考核优秀调查员	2011.4	广东省计生委
					广东省人口计生系统阳光统计之星	2011.11	
丘卫恩	男	广东梅县	1976.11	越秀区中医医院医师	敬业奉献好人	2011.4	中央文明办
朱云霞	女	湖南长沙	1962.9	越秀区卫生监督所所长	广东省广州亚运会亚残运会先进个人	2011.4	中共广东省委、广东省人民政府
张涛	男	广东四会	1978.6	越秀区儿童医院主治医师	2009～2010年广东省卫生统计工作先进个人	2011.11	广东省卫生统计信息中心
王瑾、刘晓红、潘绮玲、陈耀杰、陈叶灵、徐珊鸿、吕远浩、萧慧华、谢虎、梁健				越秀区卫生局属各社区卫生服务中心	2011年广东省卫生系统居民健康和社会保障专项调查先进个人	2011.11	广东省卫生统计信息中心
何愿飞	男	广东兴宁	1973.4	越秀区文化馆馆长	社区优秀文化志愿者	2011.8	广东社区文化节组委会

（续表）

姓名	性别	籍贯	出生年月	工作单位职务（职称）	荣誉的名称	授荣誉时间	授荣誉单位
李凌缤	男			越秀区环保局监察大队副大队长	广东省广州亚运会亚残运会先进个人	2011.4	中共广东省委、广东省人民政府
郭光远	男	广东梅州	1975.11	越秀区园林绿化局园林工程师	广州亚运会亚残运会先进个人	2011.4	中共广州市委、广州市人民政府
张惠琴	女	广东广州	1964.7	越秀区发展和改革局物价检查所主任科员	全国价格举报工作先进个人	2011.5	国家发改委
明玉良	男	山东	1962	越秀区建设和水务局水务科科长	广州亚运会亚残运会先进个人	2011.5	人力资源和社会保障部、国家体育总局、解放军总政治部、中国残联、中共广东省委、广东省人民政府
李百强	男	河南睢县	1974	越秀区城管局养护所所长	广东省广州亚运会亚残运会先进个人	2011.4	中共广东省委、广东省人民政府
郭臻	男	广东韶关	1968.8	越秀区科技和信息化局局长	2011年全国县（市）科技进步考核科技进步先进个人	2011.11	国家科技部
叶向荣	男	广东南海	1977.8	越秀区广中路小学老师	全国青少年无线电测向锦标赛优秀指导老师	2011.7	国家体育总局
毕星慧	女	广东广州	1980.11	越秀区满族小学老师	第26届广东省青少年科技创新大赛优秀科技辅导员	2011.4	广东省科学技术协会、广东省教育厅、广东省科学技术厅、广东省知识产权局
林家乐	男	福建晋江	1974.4	越秀区教育局科长	广东省广州亚运亚残运会先进工作者	2011.4	中共广东省委、广东省人民政府

（续表）

姓名	性别	籍贯	出生年月	工作单位职务（职称）	荣誉的名称	授荣誉时间	授荣誉单位
胡春兰	女	江西丰城	1966.3	广州市东环中学党委书记	广东省教育系统优秀党务工作者	2011.6	广东省教育工委
林丹娜	女	广东新会	1980.4	越秀区朝天小学老师	广东省十佳少先队辅导员	2011.9	广东省教育厅
丁颖	女	广东广州	1975.10	越秀区豪贤路小学老师	第三届广东省学生规范汉字书写大赛决赛优秀指导老师	2011.10	广东省教育厅、广东省语委会
苏韵瑜	女	广东广州	1982.3	越秀区中星小学老师	广东省小学生合唱比赛优秀指导老师	2011.12	广东省教育厅
张玉萍	女	广东广州	1963.8	越秀区中星小学老师	广东省小学生合唱比赛优秀指导老师	2011.12	广东省教育厅
刘程卓	女	河北深泽	1960	梅花工商所	广东省广州亚运会亚残运会先进个人	2011.4	中共广东省委、广东省人民政府
杨喜中	男	江西	1964.1	越秀区环保局局长	广东省环保系统广州亚运会亚残运会环境质量保障工作先进工作者	2011.6	广东省环保厅
张群齐	男	广东广州	1963.9	越秀区环保局副主任科员	第七批广东省绿色学校创建活动先进个人	2011.6	广东省环保厅、中共广东省委宣传部、广东省教育厅
马晓丹	女	河南	1973.4	中共越秀区机关党委副书记	全省组织系统优秀组织工作干部	2011.12	中共广东省委组织部
张嵩宇	男	湖南益阳	1981.7	越秀区政府办科员	广州亚运会亚残运会先进个人	2011.4	中共广州市委、广州市人民政府

（续表）

姓名	性别	籍贯	出生年月	工作单位职务（职称）	荣誉的名称	授荣誉时间	授荣誉单位
韦东兵	男	广东阳春	1964.5	越秀区公安分局副局长	广州亚运会亚残运会先进个人	2011.4	中共广州市委、广州市人民政府
巫权东	男	广东梅县	1967.3	越秀区公安分局治安管理大队副大队长	广州亚运会亚残运会先进个人	2011.4	人力资源和社会保障部、国家体育总局、解放军总政治部、中国残联、中共广东省委、广东省人民政府
张冬敏	女	广东南雄	1975.12	越秀区公安分局人口管理大队副中队长	全国三八红旗手	2011.3	中华全国妇女联合会
贺毅	男	湖南	1975.11	越秀区公安分局华乐派出所副所长	中央文明办“我推荐、我评议身边好人活动”入选“中国好人榜”个人	2011.12	中央文明办
何钧启	男	广东南海	1963.7	越秀区公安分局局长	一等功	2011.4	广东省公安厅
杨伟真	男	广州从化	1953.4	越秀区公安分局副局长	一等功	2011.4	广东省公安厅
李辉	男	广州番禺	1956.10	越秀区公安分局白云派出所所长	一等功	2011.4	广东省公安厅
李景棠	男	广东新会	1962.12	越秀区公安分局特勤大队大队长	一等功	2011.4	广东省公安厅
周岐欢	男	广西贵港	1969.1	越秀区公安分局特勤大队副中队长	一等功	2011.4	广东省公安厅

附　　录

【获得“全国五一劳动奖状”荣誉单位简介】　越秀区建设和水务局该局在2009～2010年的迎亚运会工作中，深入贯彻落实科学发展观，认真开展“深化服务促发展”和创先争优等主题活动，全体干部职工奋发图强，发扬不怕苦、不怕累、连续作战的精神，圆满完成各项迎亚运人居环境整治工程和亚运保障任务，以一流的城区环境和良好的城区基础设施确保亚运会、亚残运会的胜利召开。

精益求精，水环境治理工作成效显著。2009～2010年承担辖区内总投资14.9亿元污水治理和河涌综合整治任务。通过一年多的艰苦努力，完成5.5万平方米房屋拆迁，高架桥桥墩施工，穿越沿江路、中山路等主干道，调水补水，水净化等一系列难题，完成辖区内东濠涌等4条河涌、二沙岛等12个片区339公顷的雨污分流和34项水浸街改造工程。特别是东濠涌综合整治工程切实解决居民群众的实际困难，达到“水清、岸美”，市民可“见水、戏水”的整治效果，成为广州市治水工程的样板和亮点之一。

全力以赴，迎亚运人居环境整治工程全面完成。承担越秀区辖内主干道两侧亚运场馆、重点区域、重点社区、绿化广场、道路大中修、光亮工程、“三线下地”等迎亚运环境建设项目153个，完成投资约38.318亿元。累计整饰房屋2386栋，平改坡405栋，面积413.76万平方米；新建、改造道路183条，151.81万平方米；实施“三线”下地795.1公里；光亮工程建设621栋。

阳光动迁，实现城建重点项目的和谐拆迁。承担了河涌综合整治、绿化广场、打通断头路等20个项目的征地拆迁工作，通过开拓创新、积极进取，制定合理补偿标准和政策，实行政务公开，主动接受监督，全方位为拆迁户服务，解决拆迁户困难，累计完成房屋拆迁14.43万平方米，2354户无一户投诉上访，达到和谐拆迁的目标。

精心组织，切实做好亚运会、亚残运会的外围保障。该局加强领导，制订方案，积极协调供电、供水、通讯、煤气等各管线单位，加强应急演练，圆满完成亚运期间的市政、光亮工程、供水、供电、通讯等外围保障工作。在亚运前夕，用10天时间突击完成武警进驻流花展馆生活设施改造，保障2000多名武警官兵顺利入驻保亚运平安；用5天时间在二沙岛东南侧搭设长200米、高15米、厚9米的钢管排栅用做电子屏安装使用。此外，还妥善解决拖欠工程款和外来务工人员工资等问题，维护社会稳定，为亚运保驾护航。

加强监管，提高城市管理水平保亚运。在迎亚运和亚运会、亚残运会期间，该局全面加强市政设施的管理维护和建筑工程管理，确保道路平整、排水通畅、建筑工地平安。2010年，累计修复路面64803平方米、排水管1000米，清疏管道130.88万米，清理各类排水井12.58万个，清运淤泥2596立方米，更换各类井（环）盖982个（套），确保辖区内市政设施安全；开展建筑工地专项大检查16次，抽查112个项目，确保辖区内监管建设工程未发生四级及以上安全责任事故，辖区建筑工程施工安全生产处于受控状态。

广州市越秀区地税局　该局近年来扎实推进税源精细化管理，税费收入持续增长。2005～2010年，该局共组织地方税费收入1187.68亿元，收入规模连续5年居广州地税系统首位。2010年，该局组织各项收入224.58亿元，占全市税费金收入总额近1/5，其中，组织地方税收收入138.14亿元，社保费收入76.96亿元，为地方经济发展提供有力的财力支持。2011年，组织各项税费金收入279.51亿元，同比增24.46%，其中，地方税收158.87亿元，社保费累计入库105.5亿元，其他税金15.14亿元。

坚持先行先试，率先推行各项税收征管改革。该局在全市地税系统中率先推行以加强重点税源管理为核心的税源分类管理、个体工商户委托代征、社保费全责征收、发票网上开票等多项税收征管改革，取得良好成效。

构建纳税服务新格局，增创税收公共服务新优势。该局努力提升纳税服务质效，持续完善各项服务设施，美化服务环境，简化办税流程，打造中午不间断服务、延时服务、二次优先服务、一站式服务等特色服务品牌，纳税服务工作得到国家税务总局的肯定。

加强党风廉政建设，确保队伍平安稳定。该局始终把党风廉政建设作为一项基础性工作常抓不懈，通过建立健全税收执法和岗位目标责任制造，完善各项规章制度，公开办税程序，从源头上预防、遏制腐败和违法违纪行业。近年来，全局未发生重大违法违纪案件。

建设先进地税文件，加强干部队伍人本管理。该局坚持在干部职工中深入开展学习型组织建设，逐步形成“忠诚聚财为国，竭诚执法为民，精诚从税为廉，热诚敬业为公”的共同愿景和地税精神。稳定推进税收管理员能级管理，构建先进教育培训体系，打造一支团结进取、业务精、能力强的人才队伍。

2007年该局被评为广州地税系统“党风廉政建设先进单位”。所属发票管理科被广州市妇女联合会评为“巾帼文明岗标兵”。2008年，被评为“广州市治安内保工作重点单位先进集体”。2009年，被中共广州市委、广州市人民政府评为“2006—2008年度广州市先进集体”，被广州市精神文明建设委员会授予“广州地区文明优质服务示范窗口”，被广州市人民政府授予“广州市青年文明号”。所属发票管理科被广东省妇女联合会评为“巾帼文明岗”。2011年，该局被广州市地方税务局授予集体三等功；获全国总工会授予“全国五一劳动奖状”。

2011年获省（部）级荣誉的单位

获荣誉单位	荣誉名称	授荣誉时间	授荣誉单位
越秀区	2011~2015年度全国科普示范区	2011	中国科协
	2011~2015年度广东省科普示范区	2011	广东省科协
	广东省残疾人工作先进单位	2011	广东省政府残工委
	2011年全国县（市）科技进步考核科技进步先进区	2011.11	科技部
光塔街社区卫生服务中心	全国示范社区卫生服务中心	2011	卫生部
洪桥街社区卫生服务中心	全国示范社区卫生服务中心	2011	卫生部
广州市公安局越秀区分局	广东省广州亚运会亚残运会先进集体	2011.4	中共广东省委、广东省人民政府
广州市公安局越秀区分局机要室	公安部等级机要室建设成绩突出单位	2011.9	公安部
越秀区地税局	全国五一劳动奖状	2011.3	中华全国总工会
越秀区卫生局	2011年广州市社区全科医生培训先进组织奖	2011.9	广东省医学会
	2009~2010年广东省卫生统计工作先进单位	2011.11	广东省卫生统计信息中心
越秀区东风东路小学	广东省中小学校优秀网站	2011.6	广东省教育厅
广州市八一实验学校	广东省中小学校优秀网站	2011.6	广东省教育厅
广州市培正中学	广东省中小学校优秀网站	2011.6	广东省教育厅
越秀区小北路小学	广东省中小学校优秀网站	2011.6	广东省教育厅
	广东省书香校园	2011.9	广东省教育厅、中共广东省委宣传部

（续表）

获荣誉单位	荣誉名称	授荣誉时间	授荣誉单位
越秀区朝天小学	广东省书香校园	2011. 9	广东省教育厅、中共广东省委宣传部
越秀区东川路小学	全国语文教改示范校	2011. 11	教育部语言文字应用管理司、国家语委会、语言文字报刊
越秀区黄花小学	广东小学生“诗歌教育示范学校”	2011. 12	中共广东省委宣传部、广东省教育厅
越秀区科协	《全民科学素质行动计划纲要》实施工作先进集体	2011. 8	中央组织部、中央宣传部、国家发展改革委、教育部、科技部、财政部、人力资源社会保障部、农业部、中国科协
	全国科协系统先进集体	2011. 5	人力资源社会保障部、中国科协
越秀区机构编制委员会办公室	广东省机构编制工作先进集体	2011	广东省机构编制委员会办公室
白云街道办事处	广东省广州亚运会亚残运会先进集体	2011. 4	中共广东省委、广东省人民政府
越秀区园林绿化局	广东省广州亚运会亚残运会先进集体	2011. 4	中共广东省委、广东省人民政府
越秀区体育发展中心	2010 年度体育工作突出贡献单位	2011. 2	广东省体育局
	广东省第十一届“体育节”活动优秀组织奖	2011. 3	广东省体育局
越秀区图书馆	广东省基层宣传文化工作先进单位	2011. 12	中共广东省委宣传部、广东省文化厅、广东省广播电影电视局、广东省新闻出版局
	广东省三八红旗集体	2011. 3	广东省妇女联合会
	《“亲亲小读者”——越图“童心坊”阅读推广活动》荣获中国图书馆学会、中国图书馆学会阅读推广委员会、中国图书馆学会青少年阅读推广委员会主办的“青少年阅读活动案例征集暨阅读推广点子大赛”优秀阅读案例奖	2011. 8	中国图书馆学会、中国图书馆学会阅读推广委员会、中国图书馆学会青少年阅读推广委员会
	《“越图童心坊”阅读推广活动》获中国图书馆学会——“社区乡镇阅读推广活动优秀案例征集”优秀案例奖	2011. 9	中国图书馆学会
	越秀区图书馆、区盲人协会共同制定、实施的《盲人艺术插花——放飞内心的色彩》活动方案被中国盲人协会举办的“盲协工作创新奖”评选活动评为优秀方案	2011. 8	中国盲人协会

（续表）

获荣誉单位	荣誉名称	授荣誉时间	授荣誉单位
越秀区建设和水务局	全国五一劳动奖状	2011.3	中华全国总工会
越秀区建设和水务局	先进基层党组织	2011.6	中共广东省委
越秀区旧部前小学	第三批广东省安全文明学校	2011.2	中共广东省委教育工委、广东省教育厅、广东省公安局
越秀区教育局	广东省推进教育现代化先进区	2011.3	广东省教育厅
越秀区司法局	2006～2010 省司法行政系统“五五”普法工作先进集体	2011.3	广东省司法厅
越秀区司法局	2006～2010 年全省法制宣传教育先进集体	2011.8	广东省普法领导小组
光塔司法所	广东省安置帮教专项集体三等功	2011.10	广东省司法厅
人民司法所	广东省司法行政系统亚运安保先进集体	2011.11	广东省司法厅
黄花岗街水荫南社区	全国妇联基层组织建设示范社区	2011.12	中华全国妇女联合会
广卫街	全国社区教育示范街道	2011.3	中国成人教育协会社区教育专业委员会
广卫街	全国社区教育实验项目	2011.12	中国成人教育协会社区教育专业委员会
广卫街都府社区	首批全国人口和计划生育基层群众自治示范村（居）	2011.2	国家人口和计划生育委员会
越秀区环保局	广东省环保系统广州亚运会亚残运会环境质量保障工作先进集体	2011.1	广东省环境保护厅
越秀区环保局	第七批广东省绿色学校创建活动先进单位	2011.6	广东省环境保护厅、中共广东省委宣传部、广东省教育厅
越秀区社区教育学院诗书街分院	全国社区教育特色课程（诗书街粤语讲古）	2011.12	中国成协社区教育专业委员会
北京街盐运西社区	广东省绿色社区	2011.6	广东省环境保护厅、广东省精神文明建设委员会办公室

（续表）

获荣誉单位	荣誉名称	授荣誉时间	授荣誉单位
北京街	全国城市社会工作示范街道	2011.11	中国社会工作协会社区工作委员会
	2011年“全国文明单位”评选复查合格	2011.12	中央精神文明建设指导委员会办公室
洪桥街三眼井社区	广东省宜居社区	2011.5	广东省住房和城乡建设厅、广东省民政厅、广东省公安厅、广东省环境保护厅
	2012～2016年广东省科普示范社区	2011.12	广东省科协、广东省文明办、广东省科技厅
洪桥街越秀山社区	广东省宜居社区	2011.5	广东省住房和城乡建设厅、广东省民政厅、广东省公安厅、广东省环境保护厅
六榕街旧南海县社区	广东省宜居社区	2011.5	广东省住房和城乡建设厅、广东省民政厅、广东省公安厅、广东省环境保护厅
农林街东园新村社区	广东省宜居社区	2011.5	广东省住房和城乡建设厅、广东省民政厅、广东省公安厅、广东省环境保护厅
东山街小东园社区	广东省宜居社区	2011.5	广东省住房和城乡建设厅、广东省民政厅、广东省公安厅、广东省环境保护厅
东山街新河浦社区	广东省宜居社区	2011.5	广东省住房和城乡建设厅、广东省民政厅、广东省公安厅、广东省环境保护厅
东山街明月社区	广东省宜居社区	2011.5	广东省住房和城乡建设厅、广东省民政厅、广东省公安厅、广东省环境保护厅
东山街培正社区	广东省“六好”平安和谐社区	2011.10	广东省社区建设工作领导小组
东山街德安社区	广东省“六好”平安和谐社区	2011.10	广东省社区建设工作领导小组
东山街新河浦社区	广东省绿色社区	2011.6	广东省环境保护厅、广东省精神文明建设委员会办公室
	全国综合减灾示范社区	2011.5	国家减灾委员会、民政部

（续表）

获荣誉单位	荣誉名称	授荣誉时间	授荣誉单位
建设街文化站	广东省一级文化站	2011	广东省文化厅
越秀区法院	广东维护国防利益和军人军属合法权益工作先进单位	2011.7	广东省政法委、广东省涉军维权工作领导小组
	全省法院“结对帮扶”工作先进集体	2011.7	广东省高级人民法院
	调研信息组织工作先进集体	2011.11	最高人民法院
越秀区法院民四庭	全省排头兵建设先进集体	2011.12	广东省高级人民法院
越秀工商分局合同科	全国工商系统基层合同监管工作先进单位	2011.7	国家工商行政管理总局

文献专载

把学习贯彻市第十次党代会精神全面落实到建设幸福越秀的实践中

——在中共越秀区委十一届二次全体会议上的讲话

（2012年1月4日）

中共越秀区委书记　武延军

同志们：

这次全会的任务是，认真学习贯彻市第十次党代会精神，全面推进“经济发达、政治文明、文化繁荣、环境友好、和谐共融的幸福越秀”建设。现在，我受常委会委托，向全会作报告。

一、去年工作回顾

去年以来，在市委、市政府的正确领导下，我区以科学发展观统领全局，紧紧围绕建设幸福越秀这一主题，全力促转型、抓创新、强文化、惠民生、保稳定，全区经济社会各项事业发展良好。胡锦涛总书记在广东广州考察期间视察了我区盐运西社区和东濠涌，对我区社区建设、民生工作和环境建设给予充分肯定。

（一）城区经济转型取得新成效。

紧紧抓住“转方式、调结构”的主线，更加重视招商引资和投资促进，更加重视税源培育，更加重视部门协调联动，更加重视从国家和省、市的扶持政策中争取项目和资金，政策惠商、服务稳商、环境引商、资金扶商水平不断提升，经济总量保持平稳较快增长，运行质量和效益不断提高。预计全年实现地区生产总值1860亿元，同比增长9.5%。其中，现代服务业实现增加值1143亿元，同比增长9.6%；总部经济实现增加值874亿元，同比增长10%；创意产业实现营业收入809亿元，同比增长12.2%；民营经济实现增加值372亿元，同比增长10.6%。商品销售总额5600亿元，同比增长29%；社会消费品零售总额970亿元，同比增长17%；税收收入337亿元，同比增长15.2%；财政一般预算收入36.48亿元，同比增长16.2%；实际利用外资3.24亿美元，同比增长7.5%。

（二）城区环境实现新变化。

以创建全国文明城市为契机，大力推进“三旧”改造，城市规划、建设和管理工作再上新台阶。坚持规划先行，编制了“三旧”改造规划纲要，教育、商业、卫生、变电站等布点规划，以及文德路文化街等10多个旧城更新改造规划。杨箕村改造、东濠涌二期综合整治、珠光北和越秀南复建房等重点项目稳步推进。加强市政道路和排水设施改造，城市道路状况和内涝问题进一步改善。全面推进餐饮环保综合监管，空气质量不断提升。作为全市“创文”迎检主战场，将创文迎检工作作为“头号工程”，以最强的力度、最好的状态，紧扣《全国文明城市测评体系》标准，深入开展街巷基础设施、市容环境卫生、食品药品安全、交通营运秩序、社会治安管理、窗口行业服务、校园周边环境等专项整治行动，全力做好实时迎检，城区创建工作始终保持较高水平，城区公共文明指数持续提升，交出了“创文大考”的满意答卷，为广州13年创文圆梦作出了突出贡献。

（三）民生福祉获得新改善。

坚持民生为重、富民优先，政府承诺的“十件民生实事”除二沙岛体育公园扩建项目正在推进外均已全面落实，不少任务超额完成。在实现教育强区、区域教育发展特色示范区两大跨越的基础上，明确了“广东省基础教育标杆”和“南方教育高地窗口”的新定位并迈出实质性步伐。着力创建创业型城区，建立11个市区创业（孵化）基地，认定12个优质创业项目，帮扶6.2万多名失业人员实现再就业。基本完成基层医疗卫生机构综合配套改革，21家社区卫生服务中心全面实施了国家基本药物制度，2家社区卫生服务中心荣获“全国示范社区卫生服务中心”称号。成立长者服务中心，免费为3100多名60岁以上老人安装“星光平安宝”。累计为困难群众发放一次性价格补贴547万余元，妥善解决了3017户中低收入家庭的住房困难。积极开展“十百千万”文化惠民工程[1]和广府庙会、广府文化旅游嘉年华等品牌活动，群众文化生活更加丰富。全面落实独生子女父母奖励和扶助政策，人口计生服务更加优质。顺利完成人口普查工作。区扶贫开发“双到”工作进展顺利，增城小楼镇片区、茂名信宜市片区贫困户全部脱贫，与富力集团在增城小楼镇合作援建的8个项目稳步推进。

（四）社会建设迈出新步伐。

全面开展基层社会服务管理创新试点工作，北京街作为“双试点”街道初步理顺了管理机制和社区居委会职能。投入3亿多元完成了街道“五个一”建设[2]，文化、养老、助残等特色服务较好满足了居民多元化需求。“广州市深化创新基层社会服务管理试验区”工作扎实推进，经过广泛深入的调研，制定了“1+6”工作文件[3]。深化综治信访维稳中心三级平台建设，完善市民意见三级办理系统，创新“三会四访”[4]接访机制，强化维稳风险评估、矛盾纠纷“三个排查”[5]和重点对象稳控，一批突出涉稳纠纷和隐患得到妥善处置。社会治安保持良好，全区刑事发案同比下降1%，成为全市实现刑事发案下降的两个城区之一。安全生产、消防、交通、食品药品监管得力，工商“双打”[6]工作成效显著。

（五）党的建设得到新加强。

圆满完成区级领导班子换届选举工作，新一届区级领导班子的年龄、知识、能力结构进一步优化。干部教育培训力度进一步加大，来自基层一线干部培养选拔工作链进一步健全，领导干部队伍年龄结构、专业层次、知识体系更趋合理。党组织生活“五大平台”[7]初步形成，支部“双创”[8]、党员人才“双培”[9]深入开展，非公有制经济组织和社会组织党建工作进一步加强。整体推进党风廉政建设，惩防腐败体系阶段性建设任务全面完成。狠抓加快转变经济发展方式等重大决策部署的落实，对全区69个重大项目进行了监督检查。认真落实党风廉政建设责任制，领导干部述职述廉述责等党内监督制度得到较好执行。电子纪检监察系统与行政审批业务系统、政务服务平台有效整合，行政效能明显提升。党管武装工作不断加强，区委被省委、省政府、省军区评为“党管武装工作先进单位”。

在充分肯定成绩的同时，我们也要清醒地认识到工作中存在的问题和不足：对全面推动经济发展、城市发展、文化建设、社会建设转型升级的认识尚不深刻，时不我待的紧迫感、不进则退的危机感、敢于担当的使命感尚需进一步增强；推动传统拼资源、拼政策的粗放式发展向拼人才、拼服务的内涵式发展的转变尚未形成，创新未能成为推动城区发展的强大驱动力；在发挥城区优势、彰显文化特色、强化集聚辐射功能、走差异化发展道路、推动重大项目建设等方面，组织领导、统筹协调、狠抓落实仍有差距；为群众服务、为企业服务、为基层服务的职能和作风需进一步转变，个别党员干部仍存在精神懈怠、能力不足、脱离群众、消极腐败等问题。这些都需要我们高度重视，全力解决。

二、今年主要工作

刚刚结束的市第十次党代会是在广州“率先转

型升级、建设幸福广州”的关键时期和“强化国家中心城市地位”的攻坚阶段召开的一次重要会议。大会描绘了幸福广州的美好蓝图，明确了一个目标和核心任务、两大发展重点、三大城市发展理念、三个重大突破、八大工程的决策部署，这将对广州的科学发展产生深远的影响。贯彻落实好市第十次党代会精神是当前和今后一个时期全区重要的政治任务，要及时组织广大干部群众认真学习、深刻领会，真正把思想认识统一到市党代会精神上来。区委理论学习中心组要做学习的模范，将市党代会报告阐述的重大问题和对广州市今后工作所作的重要安排弄通弄懂、学深学透。各级党组织要围绕主题，精心安排，加强督促，紧密结合区党代会精神和各自工作实际，研究制定贯彻落实的具体措施。要广泛宣传市第十次党代会的重要精神和我区贯彻落实的具体举措，迅速在全区掀起学习贯彻落实市第十次党代会精神的热潮。

贯彻落实市第十次党代会重要精神，关键就是要围绕市委“12338”[10]的重大部署，推进越秀科学发展的各项工作。广州建设国家中心城市、重点优化提升都会区的决策部署，将为我区优化城市空间和产业布局提供有利条件；广州重点发展9类优势主导产业[11]和6类战略性新兴产业[12]的决策部署，将为我区集中精力培育核心产业提供良好的外部环境；广州改造提升传统优势产业、振兴广州“老字号”的重大举措，将促进我区丰富“千年商都核心”的现代内涵；广州构筑以花城绿城水城为特点的生态城市的目标要求，对我区加快推进东濠涌二期综合整治等重点项目建设提出了更高的标准和要求；广州打造广府文化核心区、规划建设历史文化功能区的构想，为我区推进广府文化博览区建设带来重大发展契机；构建具有广州特色的新型社区服务管理模式，为我区加快推进“试验区”建设提供目标指引；广州党建工作重心下移的要求，将为我区提升基层党建科学化水平提供更多的资源。我们要紧紧围绕市第十次党代会的决策部署，结合越秀发展实际，树立三个发展定位即广府文化源地、千年商都核心、公共服务中心；规划建设三个功能区即北京路广府文化商贸旅游区、越秀核心产业功能提升区和麓湖生态功能区；实施四个发展战略即文化引领、提升总部、创新驱动、共建共享；打造六个发展平台即南方文化产权交易所、广州文化产权交易所、广州移动互联网（越秀）产业园、创意大道、广东省非物质文化遗产馆暨书院街、国家“千人计划”俱乐部南方中心，实现区第十一次党代会提出的奋斗目标和各项任务。

落实市第十次党代会精神，今年要狠抓以下六个方面的工作。

（一）狠抓经济发展转型升级，增强城区综合竞争力。

做好今年的经济工作，关键要把握好中央经济工作会议“稳中求进”的主基调，把握好市第十次党代会“全面提升经济发展质量”的总要求，着力在核心产业、功能区建设和招商留商上下功夫。

全力推动核心产业发展。根据市确定的15类重大战略性主导产业[13]，结合城区实际，进一步修订完善核心产业目录，推进产业高端化、集群化、融合化发展。加快推动南方文化传媒创意产业园建设，高标准规划建设广州移动互联网（越秀）产业园，着力推进新一代数据中心和久邦数码等创新型企业发展。以国有金融机构区域总部为龙头，以沿江路金融商务带为载体，规划建设广州股权投资机构集聚园区，打造广州民间金融街，推动金融产业发展。充分利用文化、创意、时尚等元素，依托电子商务等网络手段，加快北京路、环市路、中山路、农林下路等商圈的产业结构更新，推动海印数码产品类、流花服装类等专业市场向高端展贸集聚区、行业总部发展。研究沿江路地区新的产业定位，修订城市修建性详规，引导一德路海味专业市场向特色商业街转型。加大对有重大安全隐患、管理无序、群众意见大、经济贡献低的专业市场的整治力度。鼓励商贸区引入高端消费品牌，振兴老字号，大力发展节庆消费经济。

全力推进三个功能区建设。按照市 27 个重大战略性发展平台[14]建设的总体要求，结合城区空间布局和功能定位，科学谋划、统筹建设北京路广府文化商贸旅游区、越秀核心产业功能提升区和麓湖生态功能区。按照市打造广府文化核心区和规划建设历史文化功能区的要求，以广东省非物质文化遗产馆暨书院街复建为重点，以文德路文化街及周边历史文化街区复兴为支撑，推进北京路广府文化商贸旅游区建设，并以此为核心谋划打造广府文化博览区。把握好市加快建设中部中央商务区的契机，以环市东、流花路为两极，在流花地区建设国际采购和高端展贸服务业集聚的时尚品牌展示、贸易、营销、电子商务及运营管理中心；在环市东地区正式实施花园城市广场项目建设，着眼于核心产业的集聚发展，进一步优化产业布局，突出平台建设和基础设施配套，实现核心产业功能提升区产业规划与城市规划的衔接。以东濠涌二期综合整治、麓湖花园（聚芳园）和白云山南门区域地下空间及交通改造项目建设为重点，高标准、高起点规划实施麓湖周边环境升级改造，建设集生态旅游、文体娱乐于一体的麓湖生态功能区，力争成为广州打造“花城、绿城、水城”的新标杆。

全力做好招商留商工作。全面整合优化各类产业扶持、财政支持等政策措施，建立驻区企业及项目的产业促进力、财政贡献率的评估激励政策体系。加快区政务中心和投资促进服务体系建设，加强同驻区机团单位、重点企业和楼宇业主的沟通，开展合作招商、代理招商、以商招商。探索项目代建制和大项目协调机制，加快推进区联合预审平台建设。完善招商引资考核机制，明确各单位招商留商的职责分工。街道要了解本辖区的产业定位，掌握企业发展困难和服务需求，协助开展好投资服务促进工作。

（二）狠抓文化建设转型升级，加快建设广府文化博览区。

要贯彻落实十七届六中全会和全省文化改革发展工作会议精神，按照市第十次党代会建设广府文化核心区和历史文化功能区的要求，以高度的文化自觉和文化自信，加快构建文化底蕴浓厚、文化要素聚集、文化事业繁荣、文化产业发达、文化创新活跃的广府文化博览区。

推进文化惠民工程。以创建全国公共文化服务体系示范区为动力，充分发挥“平民大书吧”、“百姓文化大院”、“亲民博物馆”的重要作用，推进社区文化设施“五个有”建设[15]，完善“10 分钟文化圈”。深化“文化慈善、文化低保、文化自助”三大文化民生工程，打造文化惠民品牌。加大对各类文艺团体、业余协会的支持力度，深入开展“越秀越精彩”群众文化艺术展演和“快乐有约”广场文化活动，提升群众的文化快乐指数。着力健全文明城市建设长效机制，深入开展群众性精神文明创建活动，加大志愿服务力度，全面提升城区文明程度和市民文明素养。

大力发展文化产业。强化文化产业支柱地位，推动文化与经济、科技融合发展。巩固发展新闻出版等优势产业，积极培育动漫网游、创意设计、休闲娱乐、数字出版等新兴业态。利用市规划建设文化产业城和国家文化产业示范区的契机，打造一批重点产业园区和大型文化知名企业。精心打造“创意大道”和南方文化传媒创意产业园，争取广州文化产权交易所落户越秀。完善文化产业载体，提升流花国际时装节、中国国际漫画节和“金龙奖”颁奖活动的文化内涵和层次。充分发挥区内旅游资源集聚优势，依托迎春花市、广府庙会、广府文化旅游嘉年华等文化品牌活动，打造一批吃、住、游、购、娱的时尚文化品牌和精品旅游项目。

擦亮广府文化品牌。建立广府文化研究推广基地，统筹整合广府文化研究和推广的资源和力量，彰显广府文化本土特质，牢固确立越秀作为“广府文化源地”的地位。制定区辖文物保护单位专项保护规划和历史建筑、历史街区的保护规划，做好文物资源的挖掘、整理和保护工作。大力推进南粤先贤馆、文德路文化街区、“团一大”纪念广场、广东省非物质文化遗产馆暨书院街复建等重大文化项目建设。把握“复兴具有岭南特色历史文化街区”的契机，深化城市建筑设计，推进越秀上下街、西濠二马路、昌兴街等历史文化街区的功能置换。以公立馆为龙头、社会馆为主体、综合馆为示范、主题馆为特色、博物馆协会为纽带、多元化扶持投入为支撑，推动艺术品品鉴、展拍和高科技工艺品设计开发的发展，促进文博事业和产业融合发展。

（三）狠抓社会建设转型升级，加快建设广州市深化创新基层社会服务管理试验区。

按照市第十次党代会打造幸福社区的要求，以“越秀区城市社区治理”全省社会创新观察项目为契机，全力完成试验区建设两个阶段任务[16]，构建具有广州特色的新型社区服务管理模式。

突出重点。抓好街道综合执法队建设，通过制定联动联勤制度，完善“网格化”综合监管体系等举措，进一步明确街道作为领导协调辖区事责内执法活动和重大问题处理的责任，明确各部门行政管理和执法的主责与从责，确保工作依法、有序、高效落实。要建立健全委居交叉任职、居站合署办公的委居站“三位一体”的社区服务管理体制，调整社区规模，建立社区公共服务站，明确居站工作职责。要积极开展“三自访”、“三自查”、“六自主”活动[17]，构建和谐邻里关系。深入推进政府购买服务，继续完善区街慈善超市运作机制。大力推进智慧社区建设，建立全区核心数据资源库，抓好“网上服务大厅”、智能楼宇、数字家庭建设，构建全天候网上服务、“一站式”就近服务和智能化自助服务相结合的社区信息化服务体系。

突破难点。近年来，我区协管员队伍在协助管理、辅助服务等方面发挥了积极作用，已成为城区管理服务的重要力量。但协管员队伍数量过于庞大，管理制度、人员素质待遇参差不齐，甚者出现了部分人员作风涣散、违规违纪、形象败坏，对行政事业干部队伍建设带来不良影响，对此不能文过饰非，视而不见。各街道和相关部门要把握好试验区建设的机遇，在依法保障其合法权益的基础上，认真开展协管队伍整合精简、提质增效工作。按照“科学设置、一职多能、竞争择优、待遇保障”的原则，对协管员队伍进行一定比例的精简，设定“管理协管类”、“服务协助类”和“社区志愿类”岗位，明确岗位职责，强化培训、管理和考核，着力提升街道人力资源管理水平和队伍整体素质。

打造亮点。充分借鉴北京街盐运西社区、广卫街都府社区、六榕街旧南海社区的建设经验，在社区“六个一”建设[18]的基础上，结合街道实际，着力在促创新、抓典型、树样板上下功夫，进一步统筹整合资源，集中各类专项资金，力争每条街道打造1至2个特色文化突出、社区治理规范、基础设施完善、党组织建设和群众工作扎实的精品社区，实现“一街一品牌”、“一社区一特色”，以此带动提升街道社区服务管理水平。

彰显社会公平正义。积极支持区人大及其常委会依法行使职权，进一步拓宽人大代表知情知政、参与决策的渠道。大力推进政治协商、民主监督、参政议政的制度化、规范化、程序化建设，支持区政协围绕中心工作建言献策。巩固和发展新时期爱国统一战线，认真做好党的民族、宗教、侨务、对台和新社会阶层人士工作，为越秀科学发展凝心聚力。支持工青妇等人民团体更加主动围绕全区中心工作，参与社会服务管理创新。加快法治政府建设，积极实施“六五”普法规划，全力建设法治越秀。

（四）狠抓民生事业发展，着力提高居民群众幸福指数。

加快推进市第十次党代会提出的民生幸福工程，抓紧完成去年“十件民生实事”的未尽工作，在就业、家庭综合服务、贫困生教育帮扶等领域继续实施“十件民生实事”，矢志不移增进民生福祉。

推动教育优质均衡发展。以提高教育质量为核心，以创建全省首个“教育综合改革实验区”为抓手，全力推进教育十大工程[19]，努力打造“全省基础教育标杆”和“南方教育高地窗口”。继续整合区属教育资源，通过环市路小学异址重建等举措，推进义务教育规范化学校达标建设。深入实施名师工程，提升教师队伍专业技能与整体水平。积极推进小班教育试验，深化学区管理模式，促进教育优质均衡发展。深入推进《越秀区学前教育三年行动计划》，满足群众对学前教育的新期盼。实施贫困学生“三免”[20]等多项举措，加大对贫困学生的关爱和帮扶力度。

提高基本医疗和公共卫生服务的效率和质量。深化和完善基层医疗卫生机构运行机制，加强内涵建设，不断提升医疗卫生服务水平和效率，使医改成果真正惠及百姓。进一步完善网点布局，构建“15分钟社区卫生服务圈”。继续推进“国家基本公共卫生服务中医药服务项目试点区”工作，强化社区卫生服务机构中医药服务能力。健全人口和计划生育利益导向机制，完善有越秀特色的人口和计划生育公共服务体系。

健全就业和社会保障体系。落实小额担保贷款、税费减免、场地安排等鼓励自主创业政策，完善创业和技能培训，搭建创业就业信息对接平台，以促进创业带动就业。加快推进符合条件的“农转居”人员纳入城镇职工养老保险体系和居民医疗保险进程，努力做到应保尽保。加快发展养老服务事业，增强区长者服务中心功能，逐步完善以居家养老为基础，社区服务为依托、机构养老为支撑的社会养老服务体系。认真落实住房保障政策，努力解决好中低收入家庭的住房困难。进一步改善婚姻登记服务场所等公共服务设施，优化服务环境。

提升城区宜居指数。按照创建特色生态示范区建设的要求，加快推进东濠涌二期综合整治、珠光北和越秀南复建房等项目建设，打造高品质的宜居宜业城区。继续推进城市基础设施建设，重点改造、维修社区和内街市政道路，方便群众出行。把雨污分流与社区环境综合整治结合起来，同步抓好“水浸街”改造。以简政强区事权下放为契机，继续完善区、街、社区三级联动、运作高效的管理模式，巩固发展城市环境面貌“大变”成果。严查严控违法建设，建立违法建设责任追究倒查机制，完善城市管理目标责任体系。加大“六乱”整治力度，确保城区环境整洁有序。全面推进生活垃圾分类工作，持续推进饮食企业油烟治理和噪声污染综合防治，提升城区环境质量。

（五）狠抓综治信访维稳工作，建设平安和谐越秀。

适应城区维稳重心逐步由稳控责任为主向事权解决为主转变的趋势，以社会服务管理创新为契机，认真研究本地区、本部门工作中遇到的新情况、新问题，及时调整工作重心和资源配置，采取有效措施和创新举措，进一步推进平安和谐越秀建设各项工作，为十八大胜利召开营造和谐稳定的社会环境。

完善社会治安防控体系。继续保持严打高压态势，深化“大流花”地区的治安综合治理，主动开展治安突出问题的排查整治。整合社会治安动态防控资源，进一步发挥视频监控网、社区防控网、街面巡逻网、单位内保网的作用和效能。开展“银盾”项目[21]和“木棉红”项目[22]建设，发动各类社会力量共同参与社会治安综合治理。以创建流动人员融入社区示范点为契机，切实抓好流动人口服务管理工作。继续完善“以站为主、以点为辅、站点结合”的外国人管理服务模式，让外国人更好融入社区生活。抓好特殊对象管控，实现刑释解教、社区服刑“两类人员”管理的无缝对接。推动重点行业管理，及时查处“黄赌毒”问题，消除治安隐患。加强生产、消防、交通综合管理体系建设，完善食品药品安全监管机制，确保群众生命财产安全。

加大维稳信访工作力度。坚持用群众工作统揽信访工作，强化社会矛盾源头治理，推动“被动维稳”向“主动创稳”、事后“亡羊补牢”向事前预警转变。全面实施对最低工资调整、事业单位改革、协管队伍整合等重大事项的社会风险评估，防范和化解不稳定因素。深化综治信访维稳中心三级平台建设，开展集中专项整治，落实“六联”工作机制[23]，理顺工作流程。继续开展各级领导“信访基层日”活动，落实领导包案责任。完善三级市民意见服务网络，形成信、访、网、电、短信五位一体的诉求表达无缝对接新格局，让群众的诉求有处说、有人管、管得好。

（六）狠抓党的建设，着力提升党建科学化水平。

要全面完成今年既定工作任务，必须按照市第十次党代会“党建创新工程”的要求，着力提升党的思想、干部、组织、制度、作风建设的科学化水平。

着力加强学习型党组织建设。坚持用中国特色社会主义理论体系武装党员干部头脑，始终同中央和省、市委保持高度一致。以创建全省首批学习型党组织建设示范联系点为目标，强化党委（党组）中心组理论学习，把学习型党组织建设由“软指标”变成“硬任务”。积极引导党员干部把学习理论同研究解决人民群众最直接的利益问题、本辖区本部门改革发展稳定的重大问题结合起来，不断提高理论素养和解决问题能力，使各级领导班子成为学习型领导班子，广大党员干部成为思想、作风、能力过硬的带头人。

着力加强高素质干部人才队伍建设。健全常态化、制度化和科学化选人用人机制，完善干部初始提名办法，落实竞争性选拔干部制度，真正把品德好、肯干事、表现突出、群众认可的优秀干部选拔到各级领导岗位上来。突出培养选拔年轻干部、女干部、党外干部和后备干部。完善激励机制，在区内挖掘和宣传更多先进人物，树立更多先进集体和典型模范，形成学先进、赶先进、创先进的良好氛围。健全领导干部考核评价体系，加大干部日常考核力度，增强各级班子解决自身问题的能力，解决好干多干少一个样、干好干坏差不多的问题。重视党校建设，增强干部培训实效。加强人才工作，争取国家“千人计划”俱乐部南方中心落户我区。

坚持用制度管权管事管人。以试验区建设为契机，进一步解放思想、先行先试，更加注重制度设计和统筹协调，更加注重推动重点领域和关键环节的改革攻坚，不断完善有利于科学发展的体制机制。进一步修订完善制度规范，建立健全基层党务政务公开、项目建设和管理、基层事业单位管理、街道自有资金管理和财务审批、国有资产管理等制度，确保不留死角、没有盲点，确保制度行得通、管得住、用得好。加快转制社区经济组织向现代企业转制的改革步伐，推进集体经济组织治理结构转型。

着力加强基层党组织建设。坚持党建工作重心下移，主动适应基层社会服务管理创新的需要，大力推进区域化党建工作网络建设，实行“社区党组织+兼职委员”制度，让基层党组织成为基层社会服务管理的“主心骨”。坚持有序推进、平稳过渡，选好配强转制社区集体经济组织领导班子。大力开展“五进社区”活动[24]，探索建立网格化管理、组团式联系服务群众的机制，实现“社会党员”向“社区党员”转变。突出抓好非公有制经济组织和社会组织党建工作，切实提高基层党组织的覆盖面、渗透力和影响力。探索流动党员服务管理新办法，完善党内激励、关怀、帮扶机制。

着力加强党风廉政建设。坚持把反腐倡廉建设摆在更加突出的位置，抓紧研究制定我区贯彻实施《建立健全惩治和预防腐败体系 2013～2017 工作规划》的具体办法。以对加快转变经济发展方式的监督检查为核心，着重开展经济发展、文化建设、社会建设、改善民生等中心工作的监督检查。加强公务员和事业单位工作人员招录工作的监管，确保依法依规、规范运作。强化电子纪检监察系统在重大项目、公共服务方面的监督作用，确保权力在阳光下运行。继续加强“小金库”治理和国有集体资产转让、物业出租等专项治理。着力解决发生在群众身边的腐败问题，坚决纠正损害群众利益的不正之风。完善纪检监察派驻工作机制，进一步提升派驻机构履职尽责能力。严肃党纪国法，坚决查处违纪违法案件，以优良的党风政风凝聚党心民心。

同志们，市第十次党代会为越秀科学发展指明了前进方向。让我们把学习贯彻市第十次党代会精神全面落实到建设幸福越秀的实践中，在新一届市委、市政府的正确领导下，进一步增强贯彻落实科学发展观的自觉性和坚定性，同心同德，求实创新，为加快建设幸福越秀而努力奋斗！

名词解释：

[1]“十百千万”文化惠民工程：建设10个社区特色博物馆，组织100场流动电影、展览、演出进社区，免费提供1000个贫困青少年文艺培训学位，为困难群众赠送10000张图书借阅卡。

[2]“五个一”建设：社区服务中心、社区卫生服务机构、小公园、娱乐文化中心、治安视频监控中心。

[3]“1+6”工作文件：关于推进试验区建设的实施意见和其他6份相关文件。

[4]“三会四访”：信访事项协调会、督办会、现场办公会；基层接访、带案下访、进门探访、基层巡访。

[5]“三个排查”：矛盾纠纷定期排查、矛盾纠纷专项排查、矛盾纠纷重点排查。

[6]“双打”：打击侵犯知识产权、制售假冒伪劣商品专项行动。

[7]“五大平台”：素质提升平台、参政议政平台、自我展示平台、党内服务平台、党建互动平台。

[8]支部“双创”：创建达标党支部、创建示范党支部。

[9]党员人才“双培”：把党员培养成业务骨干，把非党的业务骨干培养推荐入党。

[10]“12338”：1个目标和核心任务即全面建设国家中心城市的目标和率先转型升级、建设幸福广州的核心任务；2大发展重点即以建设国际商贸中心、世界文化名城为重点；3大城市发展理念即坚持低碳经济、智慧城市、幸福生活的城市发展理念；3个重大突破即大力推进战略性基础设施、战略性主导产业、战略性发展平台实现重大突破；8大工程即产业提升工程、科技创新工程、城乡一体工程、生态环保工程、文化引领工程、人才集聚工程、民生幸福工程、党建创新工程。

[11]9类优势主导产业：商贸会展、金融保险、现代物流、文化旅游、商务与科技服务、汽车制造、精细化工、电子产品、重大装备。

[12]6类战略性新兴产业：新一代信息技术、生物与健康产业、新材料与高端制造、时尚创意、新能源与节能环保、新能源汽车。

[13]15类重大战略性主导产业：9类优势主导产业、6类战略性新兴产业。

[14]27个重大战略性发展平台：3大国家级开发区、6大现代服务业功能区、9大创新型产业发展区、9大功能性发展平台。

[15]“五个有”建设：有一个综合文化活动室、有一个社区图书室、有一个文体广场、有一个文化信息共享工程服务网点或公共电子阅览室、有一批文化活动和体育健身器材。

[16]两个阶段任务：第一阶段的“一队三中心”建设、协管队伍整合、社区治理三项工作必须在今年上半年完成；同时启动第二阶段的救助服务体系完善、“社工+义工”服务体系建设、社会组织培育、信息化建设、社区基础设施完善等工作。

[17]“三自访”、“三自查”、“六自主”活动：人口计生自访、重点人员自访、居民诉求自访，安全自查、卫生自查、环境自查，人员调配自主、小区整治自主、活动自主、经费自主、社区培育自主、服务项目自主。

[18]“六个一”建设：一个公共服务站、一个文体活动室、一个星光老年之家、一个健康计生服务室、一个综治信访维稳工作站、一个小广场或小公园。

[19]教育十大工程：完善教育人才管理制度、建立区教育创新激励机制、完善现代学校管理制度、

实施学前教育三年行动计划、区教师专业发展三年行动计划、推进规范化学校建设工作、教育品牌培育工程、推进国际教育工程、构建有效的教育高质轻负工作策略、推进教育普惠关爱行动。

［20］贫困学生“三免”：向义务教育阶段家庭贫困学生提供免费午餐；免费为家庭贫困小学生提供区少年宫兴趣培训项目学位；政府搭建平台，发动社会资源向家庭贫困学生提供免费游学机会。

［21］“银盾”项目：按上级核定的规模，以统一招聘、统一培训、统一服装、统一装备、统一职责、统一管理和使用的形式，把各类治安员队伍整合为辅警。辅警在街道综治部门领导、协调、监督下，归口公安机关管理，由派出所负责组织开展辖区治安防范和服务工作，成为社区防范的重要辅助力量。

［22］“木棉红”项目：在全区组建平安志愿者队伍，根据警情案件规律和重大活动需要，实行等级响应、梯次投入，加强社会面整体防控。

［23］“六联”工作机制：社会治安联合防控、矛盾纠纷联合调解、重点工作联勤联动、突出问题联合治理、基层平安联合创建、流动人口联合管理

［24］“五进社区”活动：领导干部、各级党代表、在职党员、党员义工和党群工作者进社区。

政府工作报告

——2012年3月5日在广州市越秀区第十五届人民代表大会第二次会议上

越秀区区长　王焕清

各位代表：

我代表越秀区人民政府，向大会作报告，请予审议，并请政协委员和其他列席人员提出意见。

一、2011年工作回顾

过去的一年，在市委、市政府和区委的正确领导下，在区人大及其常委会和区政协的监督支持下，区政府深入贯彻落实科学发展观，围绕“加快转型升级、建设幸福越秀”的核心任务，全力促转型、抓创新、优环境、强文化、惠民生、保稳定，较好完成区第十四届人大八次会议确定的各项目标任务，城区各项事业实现新发展。去年8月13日，胡锦涛总书记亲临我区视察指导，对我区社区建设、民生工作和环境建设给予充分肯定。

（一）综合经济实力迈上新台阶。

以“调结构、转方式”为主线，大力推进“三个重大突破”[1]，经济转型升级步伐加快，总量保持平稳增长，质量和效益不断提高。全年实现地区生产总值1864.26亿元，比上年增长9.5%；税收收入339.15亿元，增长15.9%；财政一般预算收入38.95亿元，增长24.5%。二、三产业比例为2.99:97.01，第三产业实现增加值1808.58亿元，增长9.9%；总部经济实现增加值873.97亿元，增长10.0%；创意产业实现营业收入813.15亿元，增长12.8%；民营经济实现增加值380.03亿元，增长10.2%。黄花岗科技园新建成广州移动互联网（越秀）产业园等5个产业园，全年实现技工贸总收入288.05亿元，增长25.0%。签约“新广州·新商机”18个项目，总投资额达32.1亿元和7762万美元。新批外商投资项目268个，增长22.9%；合同利用外资5.5亿美元，增长70.2%；实际利用外资3.24亿美元，增长7.5%。

（二）城区建设管理再上新水平。

以创建全国文明城市为契机，大力推进重点项目和基础设施建设，城市建设管理水平持续提高。东濠涌二期综合整治工程正式启动，广东省非物质文化遗产馆暨书院街复建（以下简称省“非遗馆”暨书院街）、杨箕村改造、珠光北复建房、越秀南复建房、南粤先贤馆一期工程等项目顺利推进。投入8321万元开展中山一路等6个片区的排水改造工程；完成35栋、3516平方米直管公房改造任务和54栋、5688平方米私房危房督修工作；新建、改造绿地16.55万平方米，新建绿道10.3公里。初步建成集监控、调度、指挥、监督功能于一体的城管视频监控平台，实现城管视频监控无盲区；率先全市开展餐饮业环保综合监管试点，创建4个二星级卫生街道和4个市级绿色社区，整治“六乱”15681宗，清拆“两违”233宗、1.5万平方米，深入推进垃圾分类试点工作，“创卫”成果得到巩固。大力开展市容环境卫生、窗口行业服务等专项整治行动，“创文”工作始终保持较高水平，城区公共文明指数持续提升，为广州成功“创文”作出重要贡献。

（三）民生社会事业取得新成效。

民生实事全部落实。一是共提供65824个就业岗位，完成全年目标任务的153.1%。二是为全区常住人口免费提供9项基本公共卫生服务；为5308名在册低保对象提供免费社区门诊服务；为513名男60周岁以上、女55周岁以上的低保对象免费提供健康体检。三是文化惠民“十百千万”项目超额完成，建成11个社区特色博物馆；举办演出、展览、电影、培训活动140场；为困难家庭和外来务工人员的子女免费提供12710人次文艺培训；为低收入困难家庭、贫困学生、外来务工人员、残疾人等赠送10000张图书读者卡。四是共解决3017户低收入家庭住房困难，超额完成任务。五是投入5043万元向全区115703名70周岁以上老人发放长寿保健金；为全区3920户60周岁以上的独居老人开通平安宝服务；建成2000平方米的长者综合服务中心。六是投入360万元为1000户“以老养残”的特殊困难家庭提供每月300元的政府购买居家安养服务。七是完成新建30条、维修120条社区体育健身路径的任务，二沙岛体育公园扩建工程已开工建设。八是投入1亿元完成2.7万平方米的教学楼改造和2.9万平方米的校舍安全加固工程。九是投入3000万元维修改造内街和“城中村”道路、排水设施139条、22.5公里。十是投入500万元设立社区民生应急专项资金，关系居民群众生活、安全的应急保障性民生问题得到较好解决。

社会事业繁荣发展。全年投入民生和社会事业43.68亿元，占财政一般预算支出87.9%；居民人均可支配收入34901元，增长12.3%。率先全市建立创业服务指导中心和创业联谊俱乐部，创建11个市、区创业（孵化）基地，帮扶6.2万名失业人员实现再就业。建成39个平价超市，累计为困难群众发放一次性价格补贴547万元。教育教学质量稳步提升，中、高考整体水平继续保持全市领先，在全市首批被评为“广东省推进教育现代化先进区”。加快推进医药卫生体制改革，社区卫生服务中心全面实施国家基本药物制度，中医“治未病”健康工程深入推进，洪桥街、光塔街社区卫生服务中心荣获“全国示范社区卫生服务中心”称号。全面完成第三次全国文物普查工作，成功举办“广府庙会”、“广府文化旅游嘉年华”和“艺术广东”等活动，公共文化服务水平进一步提高。独生子女父母奖励和扶助政策全面落实。北京街作为“双试点”[2]街道，初步理顺基层服务管理机制和社区居委会职能，被评为“全国城市社会工作示范街道”。投入3亿元完成各街道“五个一”[3]建设任务，文化、养老、助残等特色服务较好满足了居民多元化需求，制订《关于全面推进广州市深化创新基层社会服务管理试验区建设的实施意见》等“1+6”工作文件[4]，社会服务管理创新工作扎实推进。完成社区居委会换届工作。社会治安持续好转，案件类警情是全市唯一下降的城区。创新“三会四访”[5]接访机制，强化维稳风险评估、矛盾纠纷排查和重点对象稳控，一批突出涉稳纠纷和隐患得到妥善处置。大力开展产品质量和食品药品安全、消防安全、生产安全、交通安全等专项整治，全区未发生重大安全事故，白云街被评为“全国安全社区”。

（四）政府自身建设实现新发展。

自觉接受人大的法律监督、工作监督和政协的民主监督，认真办理区人大代表议案、建议和政协委员提案140件，办复率和满意率均为100%。完成简政强区事权改革的59项事权承接工作，全面启动事业单位分类改革。深化行政审批制度改革，行政审批事项精简52.6%。深入推进越秀号信息服务直通车建设，网上服务大厅提供769项在线办理服务，街道同一窗口可综合受理8个部门126项业务。全面落实应急管理工作，稳妥有效处置突发公共事件434起，政府应急反应能力进一步提高。完善视频监察系统，对全区243个服务窗口实施实时监控，推动作风改善、效率提高。率先全市将区联合预审信息发布平台[6]接入区电子纪检监察系统实时监控，行政效能监察和审计监督进一步加强。严格落实党风廉政建设责任制，认真执行“五个压缩、一个增加”[7]规定，全区410辆公务车安装GPS，公车治理初见成效。

同时，我们还顺利完成区政府换届选举工作；扶贫开发“双到”工作[8]进展顺利，增城小楼镇片区和茂名信宜市片区贫困村、贫困户均率先全市实现提前全部脱贫，帮扶新疆疏附县工业园的项目已落成投产。春运、花市工作圆满完成。兵役工作和国防后备力量建设整体推进。国资管理、物价、统计、民防、侨务、外事、对台、民族、宗教、档案、地方志、转制社区等各项工作均取得了新成绩。

各位代表，过去一年所取得的成绩，是在市委、市政府和区委正确领导下，全区人民团结拼搏、奋勇争先，社会各界广泛参与、大力支持的结果。在此，我谨代表区人民政府，向全区广大干部群众、人大代表、政协委员、各民主党派、各人民团体、无党派人士、离退休老同志、社会各界人士，省、市直机关企事业单位和驻区部队以及港澳台同胞表示衷心的感谢并致以崇高的敬意！

在肯定成绩的同时，我们也清醒地认识到发展中存在的问题和不足：现代服务业发展层次和水平还不够高，产业转型升级任务仍然艰巨；民生保障和社会事业的发展与居民群众的新期待还有差距；社会服务管理水平与国家中心城市核心区的要求还有一定距离；城区管理的科学化、精细化水平有待进一步提高；政府自身建设有待进一步加强，等等。对此，我们必须高度重视，采取有力措施认真解决。

二、2012年工作安排

今年是实施“十二五”规划承上启下的重要一年，是建设国家中心城市核心区和“加快转型升级、建设幸福越秀”的关键一年，我们将迎来党的十八大和省第十一次党代会的召开，做好今年各项工作意义重大。我们要认真贯彻落实市委、市政府和区委重要会议精神，紧紧围绕市“12338”决策部署[9]，牢固树立“广府文化源地、千年商都核心、公共服务中心”三个发展定位，深入实施“文化引领、提升总部、创新驱动、共建共享”四个发展战略，加快推进三个功能区[10]的规划建设，着力打造六个发展平台[11]，认真落实“抓税源、抓项目、抓社区、保民生”的要求，积极探索中心城区转型升级的新路子，努力在广州建设国际商贸中心和世界文化名城中发挥示范作用。

今年政府工作的总体要求是：高举中国特色社会主义伟大旗帜，以邓小平理论和“三个代表”重要思想为指导，深入贯彻落实科学发展观，紧紧围绕建设国家中心城市核心区的目标和“加快转型升级、建设幸福越秀”的核心任务，坚持“低碳经济、智慧城市、幸福生活”三位一体的城市发展理念，走新型城市化发展道路，着力发展税源经济[12]，提升经济发展质量和效益；着力推进重点项目，提升城区发展承载能力；着力打造幸福社区，提升社会服务管理水平；着力保障和改善民生，提升居民群众幸福感，努力推动幸福越秀建设迈上新台阶。

今年经济社会发展主要预期目标是：地区生产总值增长9%，财政一般预算收入增长5%，城镇登记失业率控制在3.5%以内，人口自然增长率控制在3.2‰以内。重点做好以下八个方面工作：

（一）着力发展税源经济，提升城区经济发展的质量和效益。

用提升总部和有效招商扩税源。坚持发展总部经济不动摇，进一步完善扶持发展总部企业的政策措施，围绕七大核心产业[13]发展需求，重点引进世界500强企业、中国500强企业、跨国公司等在我区设立总部、地区总部或职能型总部机构。强化区投资促进服务中心功能，探索建立区属招商引资代理机构，推行合作招商、代理招商、以商招商。优化招商载体，增强总部企业进驻和发展的承载力。落实重点税源项目跟踪服务制度，实施项目代办制和大项目协调机制，完善企业投诉处理机制，加快推进“联合预审”，促进税源企业加快入驻和产生效益。

用激励政策和优质服务稳税源。建立完善驻区企业及引进项目的产业促进力、财税贡献率评估激励体系，完善扶持各类税源企业发展壮大的系列政策措施以及吸引重点税源企业人才的创新创业、安居等优惠政策，积极争取国家和省、市更广泛的政策资源和特殊政策在我区落地。强化税源服务领导小组的作用，制订实施税源服务的相关工作方案，整合区相关职能部门和街道的力量，完善领导有力、体系健全、触角灵敏、服务高效的税源服务网络。强化区领导和职能部门领导挂点联系重点税源企业的制度，建立经济联络员制度，加强对税源企业发展情况的跟踪，主动为企业提供个案化、个性化的服务。加强税收征管和执法检查，完善非税收入的征收管理。

用楼宇升级和产业引导促税源。成立促进楼宇经济发展的专门队伍，认真梳理区内楼宇、厂房、机团单位大楼资源开发利用情况，建立楼宇信息化综合服务管理系统，搭建政府、企业、楼宇信息沟通平台，鼓励和引导商务楼宇进行信息化、智能化升级改造，增强其对税源经济的吸引力和承载力。及时掌握楼宇出租、产业集聚和企业变动情况，主动指引楼宇业主做好选商引资和迁出企业的替补工作，引进符合区核心产业发展目录和税源效益高的企业入驻，选树一批贡献大、诚信好、效益佳的楼宇经济典型，努力培育和扩大优质税源。

（二）着力建设广州长堤金融街等经济项目，增强千年商都核心的优势和活力。

建设六大经济项目。创新金融业集聚区建设模式，完成广州长堤金融街首期建设整治，完善相关政策保障和扶持措施，突出服务功能，强化环境建设，打造集民间金融、高端商务于一体的国内首条民间金融街，为中小微企业加快发展拓宽融资渠道。抓紧推进南方文化传媒创意产业园二期主体工程建设和企业进驻工作，致力打造广州创意产业的示范园区。完成广州国际服装展贸中心、海印光学照明总部建设，推动民营企业加快发展。加快东昌大街改造，打造特色商业中心。推进中环广场高端商务总部集聚园建设，促进环市东智力总部区扩容升级。

提升区域商圈发展水平。全面梳理辖区商圈布局，研究制订推动商圈分类发展的办法。完善商圈停车场等配套设施，增强商圈金融、会计、律师以及旅游、购物、娱乐、休闲等综合服务功能。依托成熟、大型的电子商务平台，引导企业广泛运用现代经营、管理和交易手段，加快专业市场升级改造和商业模式创新，推动一批符合城市规划的专业市场向高端展贸集聚区、特色商业街发展。充分利用文化、创意、时尚等元素，推动北京路、环市东、流花、海印、中华广场等商圈优化产业结构、提升经营业态。鼓励商圈引入高端消费品牌，振兴老字号，复兴、活化传统商圈，丰富千年商都核心的现代内涵。

推动产业高端集聚发展。根据市确定的15类重大战略性主导产业[14]，修订完善区产业发展规划和区核心产业目录。优化沿江路、环市路、东风路等金融集聚功能区的发展环境，以工商银行广东分行、中国银行广东分行等国有金融机构区域总部为龙头，大力发展科技金融、文化金融、消费金融。依托广州长堤金融街，成立一批小额贷款公司、担保公司等融资性服务机构，引进一批商业银行等金融机构进驻。发挥远洋集团、广州港集团、嘉诚物流等企业的辐射作用，重点发展第三方物流、供应链管理和物流咨询。着力发展计算机、通信、系统集成、下一代网络关键技术与网络远程服务等行业，推动新一代数据中心等创新型企业加快发展，力争在云计算、物联网技术创新和应用等方面实现新的突破。

（三）着力构建省“非遗馆”暨书院街和南方中心等发展平台，加快推进创新型城区建设。

拓展科技创新载体。推进黄花岗科技园的扩容和转型升级，加快全区科技产业的发展。力争挂牌成立国家“千人计划”俱乐部南方服务中心（简称“南方中心”），采用“政府引导、企业主办、市场导向、国际接轨”的组织运行模式，探索建立服务高层次人才的新机制，打造“前孵化器”[15]、产学研合作、成果转化和研发服务、高层次人才信息服务等四大创新创业服务平台。加快广州移动互联网（越秀）产业园扩展区和辐射区建设，引导支持广州久邦移动互联网产业研究院建成行业领先的创新研发基地，打造我区产业转型升级新的重要引擎。

增强文化创新活力。加快文化发展平台建设，大力推进省“非遗馆”暨书院街项目，精心打造全省重要的文化地标和广州建设世界文化名城的重要载体。加快南方文化产权交易所和广州文化产权交易所建设，打造集文化物权、债权、股权、知识产权等于一体的综合性文化产权交易中心、文化版权产业集聚区和示范基地。高标准推进创意大道选商引资工作，打造文化创意产业示范基地。

优化自主创新环境。加大科技三项经费和自主创新投入，整合资源组建创业投资引导基金，支持中大科技创业投资管理有限公司等PE企业集聚发展。积极推动企业上市融资。探索建立科技创新风险保险机制，运用市创业投资引导基金和科技担保等科技金融平台，带动社会资金投入创新型企业。完善引进高端人才的政策和措施，吸引科技领军人才、创新创业人才、创新团队和高技能人才在我区集聚。推动组建辖区“政产学研资介”产业创新联盟，促进科技成果转移转化。以广州知识产权保护中心落户我区为抓手，进一步加强知识产权工作，争创国家知识产权示范区。

（四）着力推进东濠涌二期综合整治等城建项目，优化提升“花城、绿城、水城”特色的城区环境。

推进十大城建项目。集中力量推进东濠涌二期综合整治，确保年底前完成主体工程。推动杨箕村改造全面动工。完成越秀南复建房项目土地整理工作。推动珠光北复建房、海月东安置房项目建设取得突破性进展。加快推进区政务中心建设。启动建设越华路地下人防工程。完成五仙观绿化广场建设。配合推进海珠广场地下空间建设工程和大沙头珠江夜游广场建设。

实施美丽城乡行动计划。积极协调推进广园东快速路麓湖段下沉式隧道和麓湖生态功能区建设。继续推进光孝寺北侧规划路、太和岗道路改造工程、锦荣街道路升级改造工程。加大内街道路及“城中村”基础设施改造力度，不断完善市政基础设施体系。建成东濠花园，完成兰园（兰圃升级改造）首期工程。按照省市要求，将PM2.5指标监测纳入空气质量评价体系，加大营运黄标车的清查淘汰和餐饮业油烟污染监控力度，进一步提升空气质量的监管能力。建立户外环境信息实时监测系统和东濠涌水质在线监测系统，加强水环境监管。深入推进节能减排，以新河浦社区为试点，开展生态低碳环保小区创建工作。

提升城区精细化管理水平。实施城管“天网工程”，整合、利用各部门视频监控资源，建立统一的城市管理信息平台。优化网格管理，提高城市网格化、规范化、精细化管理水平。完善城管综合执法队伍管理机制，形成上下联动、运作高效的管理模式。落实责任追究倒查机制，严查严控“两违”、“六乱”现象。继续抓好环卫保洁服务外包，推进环卫保洁收费改革和垃圾分类试点，提高环卫保洁的科技和信息应用水平。进一步完善文明城市建设长效机制，不断巩固和发展“创文”成果，做好迎接国家卫生城市复检工作。

（五）着力抓好南粤先贤馆等文化项目，彰显广府文化源地的底蕴和魅力。

推进六大文化项目。努力完成南粤先贤馆主体工程并启动布展工作，传承延续传统文化，打造广州历史文化大观园。完成“团一大”纪念广场建设和周边整饰工程。加快推进文德路、越秀上下街、昌兴街、西濠二马路等历史文化街区改造，加强历史风貌保护，加快人口疏散、居民住房改善及综合环境整治，积极引入适宜旧城发展的高端产业，提升区域环境品质，形成以保护历史文化实现科学发展的格局，努力打造广府文化风貌集中展示区。

推动文化事业繁荣发展。编制北京路广府文化商贸旅游区修建性详细规划，并以此为核心打造广府文化博览区。制订区属文物保护单位专项保护规划，加强对先烈路革命史迹主题区域等历史文化遗产的保护和开发，争创“全国文物工作先进区”。以创建“国家公共文化服务体系示范区”为目标，推进街道文化站升级工作，新建一批精品文化社区，区属文化场馆全面免费开放，社区公共文化设施逐步实现“五个有”[16]，提升公共文化服务水平。加强文化人才建设，实施文化名人名家工程，鼓励文艺精品创作，支持各类群体文化活动开展，丰富群众精神文化生活。

促进文化产业发展壮大。以市规划建设国家文化产业示范区为契机，提升中国流花国际服装节的文化内涵和层次，承办好中国国际漫画节和华语动漫“金龙奖”颁奖活动，重点发展动漫创作、网游开发和设计服务等文化创意产业。加强历史文化与现代商贸的融合渗透，发展休闲、娱乐、高端消费品等新兴消费产业，开发特色文化旅游精品路线，推动文化、商业、旅游有机融合、互动发展。

（六）着力建设广州市深化创新基层社会服务管理试验区，打造和谐共融的幸福社区。

创新社区服务管理机制。以推进广东省社会创新观察项目为契机，完成“一队三中心”[17]组建及协管队伍等人员的整合工作。建立健全社区党组织、社区居委会、社区服务站“三位一体”的新型社区服务管理体制，强化社区自治功能。以转制社区集体经济组织换届为契机，坚持改制与改造相结合、相促进，指导转制社区及其集体经济组织建立规范有效的管理运行机制。坚持管理重心下移，进一步厘清部门、街道工作职责，实现责、权、利相统一。

加强社区服务管理保障。整合社区服务场地资源，推进社区“六个一”[18]建设，积极打造“幸福社区”示范点。推进智慧政务、智慧金融等“十大智慧工程”[19]，开展智慧社区试点工作。加强社工队伍建设，加快社区专职人员向专业社会工作人员转型。调整优化财政支出结构，发挥财政资金对社区服务管理投入的导向作用；鼓励引导社会资本投入社区服务管理，形成多渠道投入保障机制。

完善社区服务供给体系。推动就业、社保、文化、体育、卫生、计生等基本公共服务资源下沉，面向全体社区居民提供普惠型基本公共服务，面向困难群体提供救助型基本公共服务，构建10分钟社区服务圈。培育发展社会组织，支持鼓励人民团体、群众组织成立公益类社会服务组织，积极发展多元化、社会化的社区服务。完善推广政府购买服务机制。深化志愿者参与社区服务的长效机制。动员生活居住在社区的党员干部、人大代表、政协委员、企业家、社会人士以及外来务工人员等各方力量参与社区服务管理，形成守望相助、邻里互助的多元化社区服务体系。

（七）着力做好惠民生暖民心工作，不断增进民生福祉。

认真办好十件民生实事。一是帮扶4万名登记失业人员实现再就业。二是新建10家农副产品平价商店（专区）。三是筹集保障性住房200套；解决3030户低收入家庭的住房困难。四是为区属义务教育阶段贫困学生提供免费午餐。五是免费向区常住居民提供慢性病预防控制等11个项目共计37个子项目的基本公共卫生服务；免费为全区6岁以下困难家庭儿童提供中医保健服务。六是新建、修缮10个500平方米以上社区文化广场，新建、提升10个社区微型博物馆。七是新建20条、维修100条社区体育健身路径，新建50间社区体育活动室。八是在每个街道建成1个家庭综合服务中心。九是建设集婚姻登记、免费婚检、优生促进于一体的区婚姻婚育服务中心。十是免费为我区当年政策内怀孕的约1.3万户家庭提供出生缺陷干预服务。

推动教育优质均衡发展。以提高教育质量为核心，以创建全省首个“教育综合改革实验区”为抓手，促进教育优质、均衡、协调发展，打造“全省基础教育标杆”和“南方教育高地窗口”。继续推进义务教育规范化学校建设和校舍安全工程，强化教育信息化技术应用。探索建立教育人才培养管理机制、教育创新激励机制和现代化学校管理制度，深化学区管理模式。积极推进小班教学实验和教育国际化项目，深入实施《越秀区学前教育三年行动计划》，加大民办幼儿园扶持力度，促进学前教育健康发展。

提高居民群众健康水平。以“国家基本公共卫生服务中医药服务项目全国试点区”为抓手，继续深化医药卫生体制改革，全面落实社区卫生服务中心综合配套改革措施。深入推进“三名”[20]工程和“治未病”工程，加强疾病防控、卫生监督和妇幼保健。支持辖内大医院升级扩能。完善社区医疗服务，设立家庭病床。积极落实健康城市行动计划，加大公共体育设施建设和开放力度，倡导阳光健康的生活方式，组织和引导居民群众开展健身运动。进一步完善人口和计划生育利益导向机制，构建有越秀特色的人口和计划生育公共服务体系。

完善就业服务和社会保障体系。充分发挥区创业服务指导中心作用，落实小额担保贷款、税费减免等鼓励自主创业政策，提高创业带动就业能力。完善就业信息网络体系建设，多渠道开发公益性岗位。搭建集居家服务、心理咨询、法律援助、康复保健等于一体的综合性养老服务平台，逐步健全形式多样、覆盖广泛的养老服务、残疾人救助康复体系。进一步完善以城镇低保为基础、医疗救助为重点、临时救助和社会互助为补充的综合性社会救助体系。

切实维护社会和谐稳定。整合社会治安动态防控资源，进一步发挥“四网”[21]的作用和效能，抓好对流动人员、外籍人员的服务管理，严密防范、依法打击各类违法犯罪活动。按照“六个善于”[22]要求，积极创新社会矛盾排查化解机制，深化综治信访维稳中心三级平台建设，完善三级市民意见服务网络，形成“五位一体”[23]的诉求表达无缝对接新格局，及时有效化解社会矛盾纠纷。抓好“三打两建”[24]专项整治工作，加大消防安全、交通安全、生产安全和食品药品安全的监管力度，有效防范和遏制各类安全事故的发生。推进质量强区工作，设立政府质量奖，提升产品质量安全水平。

同时，积极开展双拥共建工作，加强国防动员和后备力量建设，继续做好国资管理、扶贫开发、统计、民防、侨务、外事、对台、民族、宗教、档案、地方志等工作。

（八）着力加强自身建设，提升政府公共服务水平。

强化依法行政。自觉接受区人大及其常委会的工作监督、法律监督以及区政协的民主监督，坚持向区人大及其常委会报告工作和向区政协通报情况，认真办理人大代表议案、建议和政协委员提案。密切与各民主党派、工商联、无党派人士和社会各界的联系，充分发挥工青妇等人民团体及行业商会组织的作用。完善政府顾问管理制度，建立决策风险评估和公示、听证等制度，提高决策的科学性。全面推行依法行政，落实行政执法责任制和行政执法过错责任追究制度。积极实施“六五”普法规划，全力建设法治越秀。

强化管理创新。弘扬“敢想会干为人民，和谐包容共分享”的广州亚运精神，按照“用心做事、坚持为民”的工作要求，全面推进管理服务创新，建立更加科学有效的决策机制、执行机制和责任机制，进一步提速政府服务效能。深化越秀号信息服务直通车建设，继续推广联合预审审批平台，探索建设区电子证照库。完成区综合应急平台一期建设，提高政府应急处置能力。深化简政强区事权改革，理顺事权关系。积极稳妥推进事业单位分类改革。提升政府部门整合社会资源的能力，推动辖区资源优势转化为发展优势，形成共建共享幸福越秀的生动格局。

强化政风建设。严格落实党风廉政建设责任制和廉洁从政各项规定。进一步完善对重大项目落实情况的定期检查、专项督查和纪律保障机制。加强对政府投资项目招投标、政府采购的监督检查和工程财务决算审计。完善政务公开制度，推进网络问政，拓宽政民互动渠道。进一步精简文件、会议，严格控制“三公”经费[25]支出使用，树立为民、务实、诚信、清廉的良好形象。

各位代表，做好今年工作，责任重大、意义深远。让我们在市委、市政府和区委的坚强领导下，在区人大、区政协的监督支持下，坚定信心，振奋精神，扎实工作，为“加快转型升级、建设幸福越秀”而努力奋斗，以优异成绩迎接党的十八大胜利召开！

名词解释：

[1]“三个重大突破”：战略性基础设施要有重大突破、战略性主导产业要有重大突破和战略性发展平台要有重大突破。

[2]“双试点”：广州市开展基层管理体制改革试点和社区综合服务中心建设试点。

[3]“五个一”：一个社区服务中心、一个社区卫生服务机构、一个小公园、一个娱乐文化中心、一个治安视频监控中心。

[4]“1+6”工作文件：《关于全面推进广州市深化创新基层社会服务管理试验区建设的实施意见》和《越秀区关于创新基层社会服务管理推进“一队三中心”建设的实施意见》、《越秀区街道原协管队伍整合意见》、《越秀区关于以推进城市基层区域化党建工作引领社会服务管理创新的实施意见》、《关于推进社区居民自治的实施意见》、《越秀区专职社区工作者管理办法》、《越秀区关于创新完善政务和信息网络探索智慧社区建设的实施方案》。

[5]“三会四访”：信访事项协调会、督办会、现场办公会；基层接访、带案下访、进门探访、基层巡访。

[6]区联合预审信息发布平台：区发改局牵头整合环保、卫生、工商、房管、公安、经贸、文化、食药监等12个部门，在企业或个体工商户申请工商登记中涉及的前置审批信息，通过统一的信息平台进行发布，实现明确审批时限、公示审批进度、共享审批信息、预防假证骗审等功能。

[7]“五个压缩、一个增加”：压缩党政机关办公经费、公务接待经费、公务购车和用车经费、会议经费、出国经费，增加对民生和社会事业的投入。

[8]扶贫开发“双到”工作：省委、省政府对农村扶贫工作提出的重要战略举措，要求扶贫开发要“规划到户、责任到人”。

[9]“12338”决策部署：即全面建设国家中心城市和“率先转型升级、建设幸福广州”这一目标任务，大力推进国际商贸中心和世界文化名城建设这两个战略重点，坚持低碳经济、智慧城市、幸福生活三位一体的城市发展理念，推动战略性基础设施、战略性主导产业、战略性发展平台建设，实现

“三个重大突破”，全力实施产业提升、科技创新、城乡一体、生态环保、文化引领、人才集聚、民生幸福、党建创新“八大工程”。

［10］三个功能区：北京路广府文化商贸旅游区、越秀核心产业功能提升区、麓湖生态功能区。

［11］六个发展平台：广州移动互联网（越秀）产业园、南方文化产权交易所、广州文化产权交易所、创意大道、国家“千人计划”俱乐部南方服务中心、省“非遗馆”暨书院街。

［12］税源经济：是通过一系列措施来确保现有税收足额征收，税收增长潜力稳步增强，促进财税持续增收为目标的一种经济发展模式。相对于传统的产值经济而言，税源经济的实质是强调税收大小而非产值高低。

［13］七大核心产业：商贸业、金融业、物流服务业、商务服务业、文化创意产业、信息服务业、公共服务业。

［14］15类重大战略性主导产业：包括商贸会展、金融保险、现代物流、文化旅游、商务与科技服务、汽车制造、石油化工、电子产品、重大装备等9类优势主导产业和新一代信息技术、生物与健康产业、新材料与高端制造、时尚创意、新能源与节能环保、新能源汽车等6类战略性新兴产业。

［15］“前孵化器”：高校或科研院所提供创新环境，由一家企业先期投入一定小额资金，在规定时间内创新完成后，对创新转化为产品的整个过程进行评估；如果评估通过，此项目才能获得政府资金的资助，然后通过市场机制进行更大规模的孵化。

［16］“五个有”：有一个综合文化活动室、有一个社区图书室、有一个文体广场、有一个文化信息共享工程服务网点或公共电子阅览室、有一批文化活动和体育健身器材。

［17］“一队三中心”：街道综合执法队和政务服务中心、综治信访维稳中心、家庭综合服务中心。

［18］“六个一”：一个公共服务站、一个文体活动室、一个星光老年之家、一个健康计生服务室、一个综治信访维稳工作站、一个小广场或小公园。

［19］“十大智慧工程”：智慧商都、无线智慧、智能停车、智能公告、码上智慧、智慧短信、“智”愿服务、智能借阅、智慧政务、智慧金融。

［20］“三名”：广州市中医名院、名科、名医。

［21］“四网”：视频监控网、社区防控网、街面巡逻网、单位内保网。

［22］“六个善于”：中央政治局委员、广东省委书记汪洋同志在龙年第一个工作日到省信访局看望慰问信访干部并寄望全省信访工作要做到善于倾听意见、善于化解积郁、善于调度力量、善于协调矛盾、善于发现共性、善于提出对策。

［23］“五位一体”：信件、来访、网络、电话、短信于一体。

［24］“三打两建”：打击欺行霸市、打击制假售假、打击商业贿赂，建设社会信用体系、建设市场监管体系。

［25］“三公”经费：出国（境）费、车辆购置及运行费、公务接待费。

社会、经济统计资料

2011 年越秀区行政区划情况

街　道	土地面积（平方公里）	社区居民委员会（个）
合　计	33.8	267
东山街	2.88	14
农林街	1.08	10
梅花村街	1.56	15
黄花岗街	3.20	15
华乐街	1.20	12
建设街	0.91	9
大塘街	1.06	13
珠光街	0.92	18
大东街	1.00	20
白云街	3.25	10
登峰街	4.70	12
洪桥街	1.58	11
广卫街	0.76	12
北京街	0.51	9
六榕街	0.78	10
流花街	1.77	6
东风街	1.26	11
光塔街	0.43	10
诗书街	0.52	10
大新街	0.61	14
人民街	1.02	12
矿泉街	2.80	14

越秀区年末常住户、人口情况

单位：人

街道	年末户数（户）	年末人口		
		合计	男	女
合计	354846	1171249	585915	585334
洪桥街	14003	46437	22737	23700
广卫街	12664	44228	22434	21794
北京街	11493	32809	16055	16754
六榕街	14938	46760	22812	23948
流花街	4391	17574	9218	8356
东风街	12329	39938	19537	20401
光塔街	12616	37800	18694	19106
诗书街	14273	41622	20255	21367
大新街	17826	51033	25219	25814
人民街	13941	40965	20249	20716
东山街	17919	59385	29706	29679
农林街	13518	53944	26134	27810
梅花村街	25193	84313	42287	42026
黄花岗街	26430	97100	48400	48700
华乐街	14414	53320	29471	23849
建设街	15047	63769	32770	30999
大塘街	18045	56755	27868	28887
珠光街	22554	70342	35272	35070
大东街	27381	89739	44220	45519
白云街	13020	42435	21088	21347
登峰街	16018	47959	24324	23635
矿泉街	10884	33987	18192	15795
达道路	5949	19035	8973	10062

注：本表数据由区公安分局提供。

越秀区生产总值

单位：万元

项　目	增加值		比上年同期±%
	合计	比重%	
越秀区生产总值	18971604	100.00	9.6
第二产业	578474	3.05	4.0
工　业	231153	1.22	6.9
建筑业	347321	1.83	2.3
第三产业	18393130	96.95	9.8
交通运输、仓储和邮政业	1841544	9.71	12.0
批发和零售业	3215845	16.95	11.5
住宿和餐饮业	552673	2.91	-1.8
金融业	5200370	27.41	20.7
房地产业	1131175	5.96	-4.8
其他服务业	6451523	34.01	4.5

注：地区生产总值按当年价格计算，增长速度按可比价格计算。

能源消耗基本情况

指标名称	计量单位	2011年	比上年增减%
一、地区能源消费总量	万吨标准煤	841.35	5.08
二、单位GDP能耗	吨标准煤/万元	0.4645	-4.13
三、工业企业综合能源消费量	万吨标准煤	6.83	12.66
四、单位工业产值能耗	吨标准煤/万元	0.1303	6.19
五、单位工业产值电耗	千瓦时/万元	1021	5.91

注：1. 地区能源消费总量按等价值计算；

2. GDP按照2010年价格计算；

3. 工业统计范围是年主营业务收入2000万元及以上的工业法人企业；

4. 工业企业综合能源消费量按当量值计算。

财政收入

单位：万元

	本年实际	比上年可比口径执行数增减（%）
一、一般预算收入合计	389459	24.5
（一）税收收入	295825	14.6
增值税	32735	8.6
营业税	85579	11.0
企业所得税	40858	23.8
房产税	32482	15.5
其他各税	104171	16.0
（二）非税收入	93634	71.6
（1）专项收入	16464	52.3
其中：排污费收入	153	-7.3
教育费附加收入	16311	53.3
（2）其他各项收入	77170	76.4
其中：行政性收费收入	16864	-5.5
二、基金预算收入合计	21114	65.3
财政收入总计	410573	26.1

财政支出

单位：万元

	本年实际	比上年增减%
一般预算支出合计	585787	22.4
其中：一般公共服务	58247	21.6
国防	834	-13.4
公共安全	92512	13.5
教育	107.511	9.3
科学技术	18816	60.6
文化体育与传媒	3885	65.3
社会保障和就业	157292	25.9
医疗卫生	39270	38.5
环境保护	1526	12.1
城乡社区事务	39041	6.4
农林水事务	5982	37.8倍
交通运输	6762	16.5倍
工业商业金融事务	35602	65.9
其他支出	18477	-4.4

注：表中为区级财政支出，不包含市一次性补助支出。

税收收入

单位：万元

单　位	2011 年	比上年增减（±%）
国税、地税收入合计	3391525	15.92
国税收入	1802863	16.75
#增值税收入（剔除免抵调库）	659879	37.85
消费税收入	5731	44.43
企业所得税收入	1137236	7.13
地税收入	1588662	15.01
#营业税	536543	11.03
企业所得税	181522	18.64
个人所得税	538930	9.69
土地使用税	6290	-5.87
城市维护建设税	100446	51.83
印花税	35825	-14.82
土地增值税	77151	75.85
房产税	101826	15.47
车船使用税	10130	47.77

注：此表数据由区国税局、地税局提供。

个体工商业基本情况

	户数（户）	从业人数（人）	资金数额（万元）
总　计	69457	86187	94457
农、林、牧、渔业	33	38	33
制造业	80	123	107
电力、燃气及水的生产和供应业	1	1	1
建筑业	96	146	304
交通运输、仓储和邮政业	314	461	411
信息传输、计算机服务和软件业	57	69	64
批发和零售业	63495	72437	77873
住宿和餐饮业	1575	6490	8029
房地产业	100	146	420
租赁和商务服务业	781	1138	1363
广告业	65	96	227
科学研究、技术服务和地质勘查业	51	77	138
水利、环境和公共设施管理业	3	7	6
居民服务和其他服务业	2704	4637	4143
教育	1	1	1
卫生、社会保障和社会福利业	43	146	1028
文化、体育和娱乐业	123	270	538

私营企业基本情况

	户数（户）	投资者人数（人）	雇工人数（人）	注册资金（万元）
总　计	31152	55951	136130	2618285
农、林、牧、渔业	5	10	28	176
制造业	187	515	959	22372
电力、燃气及水的生产和供应业	5	5	23	834
建筑业	1109	1956	4930	145798
交通运输、仓储和邮政业	742	1104	3126	131469
信息传输、计算机服务和软件业	1443	2834	6471	213346
批发和零售业	13958	24196	60472	917018
住宿和餐饮业	765	1344	3959	22691
金融业	19	25	76	4001
房地产业	1265	2107	5682	121224
租赁和商务服务业	7155	13211	30404	591876
广告业	1661	3104	7307	129803
科学研究、技术服务和地质勘查业	3130	6181	13498	349885
水利、环境和公共设施管理业	58	115	283	12301
居民服务和其他服务业	712	1223	3552	28133
教育	17	16	82	914
卫生、社会保障和社会福利业	25	47	206	6209
文化、体育和娱乐业	557	1062	2379	50037

黄花岗高新产业开发区主要经济指标（一）

项　目	单　位	2011 年
工业总产值	万元	288523
总收入	万元	1986913
其中：技术收入	万元	866921
中间投入	万元	54708
增加值	万元	536495
其中：工业增加值	万元	72970
出口创汇总额	万美元	2427
净利润	万元	149239
实际上缴税金	万元	99346
总成本与费用	万元	2267917
年末资产总计	万元	2596380
年末负债	万元	1384211
年末所有者权益	万元	1212169
实收资本	万元	723029
产品数	个	522
项目数	项	805

黄花岗高新产业开发区主要经济指标（二）

单位：人

项　　目	2011 年
年末从业人员	32857
从业人员平均数	31551
研究生	1499
博士	122
硕士	1305
大学	14628
大专	8960
中专	4409
高级	1344
中级	3499
初级	6424
科技活动人员合计	10827
#全时	5701

黄花岗高新产业开发区生要经济指标（三）

项　目	单　位	2011 年
全部科技项目数	项	834
科技项目内部支出	万元	143056
参加科技项目人员	人	10827
项目经费内部支出	万元	132223
拥有发明专利数	个	171
专利申请数	个	289
专利授权数	个	160
新产品产值	万元	35253
新产品销售收入	万元	61069
产品创汇	万元	729

利用外资情况

单位：万美元

项目	项目个数（个）	合同外资金额	实际利用外资
总计	268	55009	32414
按利用外资方式			
1. 中外合资企业	17	16860	3526
2. 中外合作企业	1	1106	793
3. 外资企业	250	37043	28095

外贸商品出口总值

单位：万美元

项目	本年实际
进出口贸易总值	1234833.53
进口总值	438120.51
出口总值	796713.02
一、按贸易方式分	
一般贸易	759007.05
加工贸易	36617.61
二、按出口商品分	
其中：	
纺织原料及纺织制品	281579.53
机电、音像设备及其零件、附件	124643.20
贱金属及其制品	68453.46
杂项制品	101850.54
车辆、航空器、船舶及运输设备	54723.79
高新技术产品出口	19425.85
三、按出口地分	
美国	107801.18
中国香港	70765.53
德国	39530.96
新加坡	24281.12
阿联酋	23678.38
日本	27647.01

全区从业人员年末人数

单位：人

行　　业	合　计	全区从业人员数		
		国有经济	集体经济	其他经济
合　　计	627898	297795	12141	317962
其中：企业	487715	160942	11741	315032
事业	96071	93224	339	2508
机关	43772	43547	0	225
民间非营利组织	340	82	61	197
农、林、牧、渔业	0	0	0	0
制造业	5786	3708	142	1936
电力、煤气及水的生产和供应业	5540	5540	0	0
建筑业	71891	18373	603	52915
交通运输、仓储和邮政业	111530	72493	110	38927
信息传输、计算机服务和软件业	17865	3042	3	14820
批发与零售业	61043	8167	2475	50401
住宿和餐饮业	65174	13944	689	50541
金融业	39541	5609	0	33932
房地产业	37513	3522	1762	32229
租赁与商务服务业	37940	14523	4364	19053
科学研究、技术服务与地质勘查业	24171	14366	131	9674
水利、环境和公共设施管理业	6918	5785	409	724
居民服务和其他服务业	6798	800	785	5213
教育	19712	17728	141	1843
卫生、社会保障和社会福利业	41562	39006	233	2323
文化、体育与娱乐业	22207	19393	216	2598
公共管理与社会组织	52707	51796	78	833

注：本表不包括个体私营企业从业人员情况。

全区从业人员人数与工资

行　　业	年末人数（人）	平均人数（人）	工资总额（千元）	年平均工资（元/人）
合　计	627898	614230	41085178	66889
其中：企业	487715	476383	29004650	60885
事业	96071	94006	8107645	86246
机关	43772	43505	3962156	91074
民间非营利组织	340	336	10727	31926
农、林、牧、渔业	0	0	0	0
制造业	5786	5802	318283	54857
电力、煤气及水的生产和供应业	5540	5460	505060	92502
建筑业	71891	69584	3099936	44550
交通运输、仓储和邮政业	111530	108542	7507936	69171
信息传输、计算机服务和软件业	17865	17218	1888054	109656
批发与零售业	61043	58718	3071122	52303
住宿和餐饮业	65174	64669	1799237	27822
金融业	39541	37654	4668194	123976
房地产业	37513	38416	1650902	42974
租赁与商务服务业	37940	36526	2324077	63628
科学研究、技术服务与地质勘查业	24171	24014	2120965	88322
水利、环境和公共设施管理业	6918	6900	368347	53384
居民服务和其他服务业	6798	7096	186382	26266
教育	19712	19423	1379854	71042
卫生、社会保障和社会福利业	41562	40349	3877704	96104
文化、体育与娱乐业	22207	21474	1752678	81619
公共管理与社会组织	52707	52385	4566447	87171

注：本表不包括个体私营企业从业人员情况。

国有经济单位从业人员人数与工资

行　　业	年末人数（人）	平均人数（人）	工资总额（千元）	年平均工资（元/人）
合　计	297795	289920	23189031	79984
其中：企业	160942	155349	11272243	72561
事业	93224	91198	7969951	87392
机关	43547	43289	3942612	91077
民间非营利组织	82	84	4225	50298
农、林、牧、渔业	0	0	0	0
制造业	3708	3750	223576	59620
电力、煤气及水的生产和供应业	5540	5460	505060	92502
建筑业	18373	17111	942000	55052
交通运输、仓储和邮政业	72493	70065	5036911	71889
信息传输、计算机服务和软件业	3042	2934	408429	139206
批发与零售业	8167	8070	626664	77654
住宿和餐饮业	13944	14023	647144	46149
金融业	5609	5470	759108	138777
房地产业	3522	3536	216390	61196
租赁与商务服务业	14523	13007	833810	64105
科学研究、技术服务与地质勘查业	14366	14293	1575825	110252
水利、环境和公共设施管理业	5785	5775	325317	56332
居民服务和其他服务业	800	902	32337	35850
教育	17728	17472	1314332	75225
卫生、社会保障和社会福利业	39006	37804	3709100	98114
文化、体育与娱乐业	19393	18731	1506183	80411
公共管理与社会组织	51796	51517	4526845	87871

注：本表不包括个体私营企业从业人员情况。

集体经济单位从业人员人数与工资

行　　业	年末人数（人）	平均人数（人）	工资总额（千元）	年平均工资（元/人）
合　计	12141	11949	453515	37954
其中：企业	11741	11546	435078	37682
事业	339	341	16694	48956
机关	0	0	0	0
民间非营利组织	61	62	1743	28113
农、林、牧、渔业	0	0	0	0
制造业	142	139	6330	45540
电力、煤气及水的生产和供应业	0	0	0	0
建筑业	603	556	29592	53223
交通运输、仓储和邮政业	110	82	4585	55915
信息传输、计算机服务和软件业	3	3	40	13333
批发与零售业	2475	2472	117728	47625
住宿和餐饮业	689	697	18082	25943
金融业	0	0	0	0
房地产业	1762	1698	64976	38266
租赁与商务服务业	4364	4347	136101	31309
科学研究、技术服务与地质勘查业	131	156	19824	127077
水利、环境和公共设施管理业	409	417	11634	27899
居民服务和其他服务业	785	714	21334	29880
教育	141	141	3213	22787
卫生、社会保障和社会福利业	233	248	9380	37823
文化、体育与娱乐业	216	199	8315	41784
公共管理与社会组织	78	80	2381	29763

注：本表不包括个体私营企业从业人员情况。

城镇就业和失业变化情况

单位：人

项目	2011 年	2010 年
本期失业人员总数	86211	72170
1. 上期末结转	17835	12325
2. 本期增加	68376	59845
其中：由就业转失业	44252	27087
本期失业人员就业人数	62030	57092
失业人员就业率（%）	72.00	79.11
本期末尚有失业人员数	21070	11387
本期辖区流动人员录用备案人次数	34741	35861
城镇登记失业率（%）	2.35	2.2

注：本表不包括个体私营企业从业人员情况。

人口自然变动情况

单位：人

街道	年平均人口	出生		死亡		自增	
		人数	出生率(‰)	人数	死亡率(‰)	人数	自增率(‰)
合计	1166638	9499	8.14	7360	6.31	2139	1.83
洪桥街	46395	401	8.64	300	6.47	101	2.18
广卫街	44341	363	8.19	307	6.92	56	1.26
北京街	33332	201	6.03	306	9.18	-105	-3.15
六榕街	47020	337	7.17	317	6.74	20	0.43
流花街	17510	147	8.40	808	4.57	67	3.83
东风街	39723	303	7.63	298	7.50	5	0.13
光塔街	37965	261	6.87	332	8.74	-71	-1.87
诗书街	41884	301	7.19	365	8.71	-64	-1.53
大新街	51523	324	6.29	481	9.34	-157	-3.05
人民街	41267	317	7.68	328	7.95	-11	-0.27
东山街	78026	721	9.24	341	4.37	380	4.87
农林街	53064	480	9.05	236	4.45	244	4.60
梅花村街	82977	656	7.91	364	4.39	292	3.52
黄花岗街	96008	926	9.65	389	4.05	537	5.59
珠光街	70580	535	7.58	565	8.01	-30	-0.43
华乐街	53316	427	8.01	303	5.68	124	2.33
建设街	62035	436	7.03	322	5.19	114	1.84
大塘街	57049	433	7.59	414	7.26	19	0.33
大东街	89376	759	8.49	591	6.61	168	1.88
白云街	42207	330	7.82	273	6.47	57	1.35
登峰街	47255	566	11.98	250	5.29	316	6.69
矿泉街	33791	275	8.14	198	5.86	77	2.28

注：本表由区计生局提供。

常住人口变动状况

单位：人

街道	本年度增加人数	其中：市(县)外迁入	其中：市(县)内迁入	本年度减少人数	其中：迁入市(县)外	其中：迁出市(县)内
合计	55059	15215	30176	52928	8154	37087
洪桥街	2142	396	1359	2083	227	1567
广卫街	2454	669	1504	2397	419	1677
北京街	603	130	286	1362	123	900
六榕街	1527	240	934	1880	276	1276
流花街	843	342	327	919	155	679
东风街	1663	534	824	2005	605	1110
光塔街	1094	169	673	1407	51	1003
诗书街	1230	230	714	1551	176	976
大新街	1128	186	635	1919	138	1290
人民街	1414	492	638	1922	244	1352
矿泉街	1687	578	816	1728	145	1376
东山街	2408	459	1398	2303	151	1836
农林街	4095	2388	1256	3138	769	2123
梅花村街	4669	1201	1293	3148	167	2433
黄花岗街	6251	2048	3202	5541	1563	3607
华乐街	2190	440	1324	2276	317	1656
建设街	6066	1815	3811	4378	1176	2882
大塘街	1961	381	1133	2378	137	1803
珠光街	2255	402	1314	2790	309	1901
大东街	3627	595	2340	3323	345	2403
白云街	1883	483	1093	1626	160	1181
登峰街	2859	700	1648	2138	428	1463
达道路	1010	337	450	716	73	593

注：本表数据由区公安分局提供。

计划生育情况

单位:%

街　道	计划生育率	已婚育龄妇女节育率	一孩率	独生子女领证率
合　计	97.99	80.46	88.51	26.01
洪桥街	98.50	78.83	89.03	25.18
广卫街	99.45	80.21	92.56	17.79
北京街	98.01	74.72	88.56	19.34
六榕街	99.41	77.61	87.83	25.30
流花街	100.00	83.76	91.16	28.36
东风街	97.69	86.99	87.13	20.29
光塔街	98.08	86.11	89.66	23.61
诗书街	98.34	75.55	88.04	18.64
大新街	97.84	74.11	89.81	20.76
人民街	97.79	78.50	89.91	16.17
东山街	97.36	82.45	86.69	27.99
农林街	98.96	84.23	92.29	32.74
梅花村街	97.10	81.91	86.43	28.34
黄花岗街	98.06	77.86	88.23	28.94
珠光街	97.94	79.15	90.28	26.07
华乐街	98.36	86.06	87.82	29.96
建设街	97.02	87.66	83.94	28.25
大塘街	97.92	75.43	88.68	23.89
大东街	97.23	76.27	88.41	26.91
白云街	98.48	81.36	90.00	32.82
登峰街	97.53	79.09	89.22	19.69
矿泉街	98.18	85.21	85.45	31.90

注：本表由区计生局提供。

房地产开发投资情况

（法人办公地址口径）

单位：万元

项 目	2010 年	2011 年	同比（%）
总计（个）	295	261	-11.5
计划总投资	15062443	11728313	-22.1
自开始建设至本年底累计完成投资	8077695	7803777	-3.4
本年完成投资	1309789	1867650	42.6
土地购置费	76162	202145	1.7 倍
一、按构成分			
建筑工程	655272	1033162	57.7
安装工程	215732	201233	-6.7
设备工器具购置	38223	12014	-68.6
其他费用	400562	621240	55.1
二、按用途分			
住宅	785916	1198121	52.4
办公楼	72122	190391	1.6 倍
商业营业用房	249031	194863	-21.8
其他	202720	284275	40.2
本年新增固定资产	449989	740413	64.5

商品房销售及空置情况

（法人办公地址口径）

单位：平方米

项　目	2010 年	2011 年	同比（%）
商品房销售面积	1820746	1134094	-37.7
1. 住宅	1593167	1006661	-36.8
2. 办公楼	129052	51609	-60.0
3. 商业营业用房	71526	61819	-13.6
4. 其他	27001	14005	-48.1
商品房销售合同金额（万元）	2228696	1267296	-43.1
1. 住宅（万元）	1923317	1040802	-45.9
2. 办公楼（万元）	140897	85904	-39.0
3. 商业营业用房（万元）	125281	124339	-0.8
4. 其他（万元）	39201	16251	-58.5
商品房屋待售面积	615744	634020	3.0
1. 住宅	151920	221324	45.7
2. 办公楼	224119	153856	-31.4
3. 商业营业用房	149732	142685	-4.7
4. 其他	89973	116155	29.1
待售面积中待售 1~3 年（含 1 年）	404982	449786	11.1
1. 住宅	106635	194525	82.4
待售 3 年以上（含 3 年）	128790	89215	-30.7
1. 住宅	26272	22895	-12.9

房产管理基本情况

	计算单位	本年实际
一、完成直管房修缮情况		
修缮房屋	幢	3087
修缮面积	平方米	1109912
受益居民	人	30495
工程费用	万元	2109.52
二、完成私房危房修缮情况		
修缮房屋	幢	18
修缮面积	平方米	2292
受益居民	人	66
工程费用	万元	4.17
三、物业管理推进情况		
1. 建立业主自治组织的居民比率	%	93
2. 实施规范物业管理的居民比率	%	42
3. 物业管理平均收费率	%	75
四、保障房情况		
1. 解决住房困难的中、低收入家庭数量	户	3107
2. 审核新申请廉租住房保障的家庭数量	户	1233
3. 办理廉租住房资格年审家庭数量	户	4298
4. 审核申请经济适用住房保障的家庭数量	户	2952
5. 筹集公共租赁住房数量	套	500
其中：新建	套	391
改建	套	109

为新申请廉租住房保障的家庭办理了资格审核手续，为廉租住房保障家庭进行了资格年审，为申请经济适用住房保障家庭办理了审核手续。

城市综合治理基本情况

	计算单位	本年实际
清拆历史违建	宗	233
清拆历史违建面积	平方米	19125.43
制止新违建	宗	11
拆除新违建	宗	11
拆除新违建面积	平方米	705.83
清拆违章广告	宗	1080
清拆违章广告面积	平方米	7661.69
教育制止乱摆乱卖	宗	30561
制止占道经营	宗	27144

交通管理总站各企业情况

项　目	单　位	2011 年
营运状态车辆	辆	10699
货物运输企业	家	4337
经营状态性停车场	家	706
其中：1. 室内停车场	家	335
2. 露天停车场	家	195
3. 室内露天共存停车场	家	35
4. 路内停车场	家	53
5. 咪表临时停车路段	个	88
机动车维修企业	家	174
物流企业	家	28
驾驶员培训企业	家	6

环境综合整治定量考核情况

项　　目	单　　位	2011 年	2010 年
降尘	t/km^2 · 月	4.44	4.92
硫酸盐化速率	mg · SO_3/（$100cm^2$ · 碱片 · d）	0.336	0.335
二氧化硫	mg/m^3	0.027	0.033
二氧化氮	mg/m^3	0.065	0.057
可吸入颗粒物（改为总悬浮颗粒物）	mg/m^3	0.143	0.076
区域环境噪声平均值	dB	56.2	55.7
交通干线噪声平均值	dB	69.8	69.5
烟尘控制区覆盖率	%	100	100
噪声达标区覆盖率	%	74	74

环境保护投资情况

单位：万元

项　　目	2011 年
一、城市污水处理工程建设	9412
1. 河涌综合整治工程	7945
2. 雨污分流工程	41
3. 水浸街改造工程	1426
二、环境管理能力建设投资	358
三、项目环保投资总额	15543

注：此表数据分别由区建设和水务局、区环保局提供。

卫生环境情况

项　目	单　位	2011 年	2010 年
清扫总面积	万平方米	1189	861.12
环卫职工人数	人	2052	2036
公共厕所	座	175	175
果皮箱	个	3103	2367
粪便中转池	个	34	34
环卫机动车拥有量	辆	316	225
其中：垃圾车	辆	196	183
其他车辆	辆	120	42
吸粪车	辆	7	13

市政建设情况

项　　目	单　　位	2011 年
市政建设投资	万元	5800
道路改造	万平方米	6.04828
排水改造	公里	3.43913
清理沙井	万米	12.29
疏管	万米	165.3

注：表中“市政建设投资”项仅包含道路、排水、雨污分流等市政道路、排水改造工程投资。

绿化情况

项　　目	单　　位	2011 年
全区绿地面积	公顷	953.00
绿地率	%	28.37
全区绿化覆盖面积	公顷	1136.00
全区绿化覆盖率	%	33.82
公园绿地面积	公顷	652.00
人均公园绿地面积	平方米	5.62

注：1. 2011 年数据市未公布确认，仅为越秀区自行统计上报数据。

2. 行政区域面积不含珠江水体面积。

各类学校数及在校学生数

单位：人

项　　目	2011 年
各类学校数合计（所）	81
中等学校	26
普通中学	24
职业中学	2
小学	53
特殊学校	2
各类学校在校学生数（人）	99172
中等学校	41523
普通中学	38283
#高中	14165
职业中学	3240
小学	57287
特殊学校	362

高中、初中、小学毕业生升学情况

项目	单位	2011 年
高中毕业生数	人	5254
已升学人数	人	5077
升学率	%	96.63
初中毕业生数	人	8777
已升学人数	人	8534
升学率	%	97.23
小学毕业生数	人	9982
已升学人数	人	9982
升学率	%	100

普通中小学专任教师学历情况

项目	本表数据为 2011 年学年初学校上报数据						
	人数（人）	高中	初中	小学	构成(占教师总人数%)		
					高中	初中	小学
合　计	6044	1139	1721	3184	0.19	0.28	0.53
研究生毕业	190	92	67	31	0.48	0.35	0.16
本科毕业	4918	1026	1541	2351	0.21	0.31	0.48
大专毕业	845	19	108	718	0.02	0.13	0.85
高中阶段毕业	91	2	5	84	0.02	0.05	0.92

附：教师学历达标率：高中 92.83%，初中 100%，小学 100%。

社会力量办普通中小学、职业中学及幼儿园情况

单位：人

项目	2011 年						
	学校数（所）	毕业生数（离园人数）	招生数（入园人数）	在校生数（在园人数）	班数	教职工数	#专任教师
合　计	103	7984	7135	26108	849	1904	3889
普通中学	3	909	943	3412	77	253	195
高中	–	–	–	–	–	–	–
初中	3	909	943	3412	77	253	195
职业高中	–	–	–	–	–	–	–
小学	–	–	–	–	–	–	–
幼儿园	100	7075	6192	22696	772	1651	3694

幼儿园基本情况

项　目	2011 年
幼儿园数（所）	112
教育部门办	12
其他部门办	–
社会力量办	100
教职工人数（人）	4100
#教师	1877
保健员	178
在园幼儿数（人）	25857

各类学校现有图书、仪器、体育场地情况

项　目	单位	2011 年
一、电脑		
全区合计	台	26909
普通中学	台	12604
职业中学	台	1642
小学	台	12663
二、微机室		
全区合计	平方米	19767
普通中学	平方米	9071
小学	平方米	10696
三、校园网		
全区合计	个	79
普通中学	个	24
职业中学	个	2
小学	个	53
四、语音室		
全区合计	平方米	6127
普通中学	平方米	2623
小学	平方米	3504
五、实验室		
全区合计	平方米	46154
普通中学	平方米	30346
小学	平方米	15808
六、学校占地面积		
全区合计	平方米	1216019
普通中学	平方米	768251

（续表）

项　　目	单位	2011 年
职业中学	平方米	18042
小学	平方米	424721
特殊学校	平方米	5005
七、校舍建筑面积		
全区合计	平方米	803804
其中：教室建筑面积	平方米	452877
普通中学校舍建筑面积	平方米	387580
职业中学校舍建筑面积	平方米	26839
小学校舍建筑面积	平方米	381956
特殊学校校舍建筑面积	平方米	7429

区图书馆概况

项　　目	单　位	2011 年
总面积	平方米	12000
阅览座位	个	1248
总藏量（含电子图书）	万册	62.01
其中：年购新书	册	17857
年购藏量（包含纸质图书、电子图书、光盘等）	册	18457
订报纸、期刊	种	824
年办借书证	个	8174
外借册次	万册	47.6378
外借读者人次	万人	23.8144
进馆读者人次	万人	136.2237
年流通量（借 + 阅）	万册	561.1613
图书馆分馆	个	10

区博物馆概况

项　　目	单　位	2011 年
总面积	平方米	10890
展厅	个	3
参观人数	万人	12.9
藏品数	套	3350

注：藏品未定级。

文化生活情况

项　目	单　位	2011 年
一、举办展览个数	个	270
二、组织文艺活动次数	次	1186
三、藏书	万册	49.08
四、图书馆数量	个	1
五、文化站数量	个	22
六、社区书屋（农家书屋）	个	35
七、文化市场情况		
1. 歌舞娱乐场所	个	55
2. 音像制品零售、出租单位	个	64
3. 电子游戏、游艺经营场所	个	7
4. 网吧	个	65
5. 报刊亭	个	459

体育事业基本情况

项　目	单　位	2010 年	2011 年
体育系统体育场地使用个数	个	3	3
体育系统体育场地使用场次	场次	164	168
举办区以上运动会	次	4	3
参加运动会的运动员人数	人	8500	7000
运动员在市级以上比赛中获得奖牌	枚	500	579
1. 金牌	枚	182	275
2. 银牌	枚	165	151
3. 铜牌	枚	149	153

注：此表数据由区体育发展中心提供。

卫生机构基本情况

单位：个

项　目	合计	国有	集体	私营	个体
卫生机构总计	305	148	19	106	98
其中：					
一、医院	38	24	0	7	8
二、疗养院	1	1	0	0	0
三、社区卫生服务中心、站	22	6	16	0	0
四、卫生院	0	0	0	0	0
五、门诊部	65	16	0	36	28
六、急救中心（站）	1	1	0	0	0
七、采供血机构	1	1	0	0	0
八、妇幼保健院（所、站）	3	3	0	0	0
九、专科疾病防治院（所、站）	3	1	2	0	0
十、疾病预防控制中心	2	2	0	0	0
十一、卫生监督所	3	3	0	0	0
十二、医学科学研究机构	5	5	0	0	0
十三、健康教育所（站、中心）	1	1	0	0	0
十四、诊所、卫生所、医务室	157	83	0	62	62
十五、其他卫生机构	3	1	0	1	0

注：不含停业机构和村卫生站。

医疗机构运营情况

项　目	单　位	2011 年
诊疗人次数	人次	33266354
其中：门诊人次	人次	30931450
入院人数	人	636578
出院人数	人	636191
平均开放病床数	张	18948
病床使用率	%	96.26
病床周转次数	次	35.00
出院者平均住院日	日	10.4
治愈率	%	57.91
死亡率	%	1.11

医疗机构病床基本情况

单位：张

项　目	床位数
总　计	19889
其中：医院	18133
综合医院	10033
中医医院	3849
专科医院	4251
妇幼保健院（所、站）	1146

卫生机构人员基本情况

单位：人

项　目	合　计	卫生技术人员	管理人员
总　计	37142	30581	2006
按卫生机构类别分			
其中：医院	30549	25367	1580
综合医院	17723	14654	1010
中医医院	5336	4780	197
专科医院	7490	5929	373
门诊部	1034	799	91
卫生院	0	0	0
急救中心	30	16	8
妇幼保健院（所、站）	2091	1741	115
专科疾病防治院（所、站）	323	230	19
疾病预防控制中心	190	146	16
卫生监督所	159	121	29
其他卫生机构	284	159	19
诊所、卫生所、医务室	507	462	0

婚姻登记情况

项　目	单　位	2011 年
婚姻登记		
1. 准予登记	对	14847
2. 准予离婚	对	2986

基层政权和社区建设情况

项　目	单　位	2011 年
县以下组织机构和居民自治组织		
1. 街道办事处	个	22
2. 社区居民委员会	个	267
3. 社区居民委员会成员人数	人	1877
其中：女性	人	1342

社会救济事业情况

项　目	单　位	2011 年
一、社会救济情况		
社会救济人数	人	12104
城镇居民最低生活保障家庭数	户	4848
社会救济总金额	万元	4129.63
其中：救济金额	万元	3613.53
医疗救济金额	万元	516.1
二、实物救济情况		
实物救济户数	户	25200
发放实物救济物品	份	25200
发放实物救济金额	万元	191.52
三、“九项减免”		
“九项减免”家庭户数	户	5963
“九项减免”总金额	万元	766.8
四、慈善医疗情况		
慈善医疗人次	人次	101
慈善医疗总金额	万元	59.29
五、慈善超市情况		
慈善超市数量	个	5
慈善超市接收社会捐助金额	万元	86.32
慈善超市累计接待困难群众	人次	11974

注：慈善医疗情况单指区慈善医疗。

2011 年越秀区获国家、省科技计划项目立项列表

序号	项目来源	项目名称	承担单位
1	国家	国家高新技术产业开发区黄花岗科技园公共技术服务平台	广州黄花岗高新技术创业服务中心
2		海洋渔业安全生产保障与海上灾害救援指挥系统	广州欣智通讯技术有限公司
3		智能一体化信息预警和运维管理系统	广州阳光耐特电子有限公司
4		无砟轨道高铁用耐久性优越的聚氨酯道路嵌缝胶	中科院广州化灌工程有限公司
5		土地利用规划编制及管理系统	广东国地规划科技有限公司
6		融合文字绘制加速引擎和多线程异步处理技术的手机阅读软件	广州市久邦数码科技有限公司
7		智舟网页防篡改系统	广州市可为计算机科技有限公司
8		广东省科技型中小企业创新创业综合咨询服务平台	广东省生产力促进中心
9		广州化工共性技术服务平台	广州生产力促进中心
10		广州市电子信息产业技术转移综合服务平台	广州思隆投资管理咨询有限公司
11		面向产学研合作的人才服务平台	广东省科技人才服务中心
12		面向中小企业科技数据综合服务平台	广东省科技信息中心
13		瓶装饮用水行业致癌消毒副产物和污染微生物控制技术服务	广东省微生物研究所（广东省微生物分析检测中心）
1	广东省	电动汽车产业技术路线图研究	广州益维电动汽车有限公司
2		智能快速充电机研发	广州益维电动汽车有限公司
3		基于数字证书的云安全认证服务支撑平台	广东数字证书认证中心有限公司
4		视觉引导的机器人自动检测与装配系统研制	广州市佳铭工业器材有限公司
5		口腔锥形束 CT 成像系统	广州耕海科技开发有限公司
6		广州市电子信息产业技术转移综合服务平台	广州思隆投资管理咨询有限公司
7		博士科技云服务平台	广州博士科技交流中心有限公司
8		多维度的电信运营健康度评估体系	广州从兴电子开发有限公司
9		水力喷射辅助激光切割头的引进开发与应用	广州市激光技术应用研究所有限公司
10		无线智能视频技术国产化的研发与产业化	广州国润信息科技股份有限公司
11		糖脉交泰胶囊治疗 2 型糖尿病合并高脂血症的Ⅲ期临床研究	广州中山医医药有限公司
12		新型集成化水产养殖环境智能监控设备研制及应用示范	广州安弘自动化科技有限公司
13		融合文字绘制加速引擎和多线程异步处理技术的手机阅读软件	广州市久邦数码科技有限公司
14		高效节能的大功率强电弧等离子体电源	广州同邦机电设备有限公司
15		土地利用规划编制及管理系统	广东国地规划科技有限公司

（续表）

序号	项目来源	项目名称	承担单位
16		国家高新区黄花岗科技园“创意大道”建设	广州高新技术产业开发区黄花岗科技园管理委员会
17		博士一体化科服与产业孵化联盟	广州博士科技交流中心有限公司
18		食品安全生产信息化综合管理平台的开发与应用	广州中浩控制技术有限公司
19		一体化智能空间综合信息平台	广州博纳信息技术有限公司
20		自由空间视线跟踪方法及其人机交互系统	广东百泰科技有限公司
21		高铁铝型材车体数控加工装备关键技术的研究与产业化	广东省科学院自动化工程研制中心
22		海量流式数据的实时处理云平台及其核心技术研发	广州从兴电子开发有限公司
23		全新结构纯电动乘用车轻量化关键技术研究及产业化开发	广州汽车集团股份有限公司
24		纯电动汽车整车控制器开发	广州汽车集团股份有限公司
25		基于多媒体互动电视系统的三网融合关键技术研究与产业化	广州珠江数码集团有限公司
26		物联网面向服务的工程化体系架构及在养殖业的示范应用	广州中大百迅信息技术有限公司
27	广东省	高浓度氨氮废水高效去除技术及产业化应用	广州中大环境治理工程有限公司
28		基于二维码内容可变的农产品溯源系统	广州薪火网络科技有限公司
29		视频监控智能管家的开发和产业化	广东迅通计算机有限公司
30		3G 数字动漫创作、分发与传播关键技术研发及产业化应用	广州漫友文化科技发展有限公司
31		中药新药三七活络膏的Ⅲ期临床研究	广东新翔药业有限公司
32		跨行业的云计算公共平台研发及应用	广州从兴电子开发有限公司
33		国有资产监督管理信息系统的开发与应用	广东用友软件有限公司
34		面向离散型生产制造企业的 MES 系统及产业化应用	广州中浩控制技术有限公司
35		面向海量数据处理的云计算应用支撑通用平台	广州从兴电子开发有限公司
36		RFID 与信息化集成系统在物流园区的应用与推广	广州市商业储运公司
37		物联网工程化体系架构研究及在供港澳鲜活水产品物流领域的安全追溯示范应用	广州中大百迅信息技术有限公司
38		基于车联网的智能交通信息服务综合应用系统	广东迅通科技股份有限公司
39		基于物联网的医疗检测关键技术研究及应用	广州瑞康本圣生物科技有限公司
40		喜羊羊与灰太狼系列动漫作品创作与推广	广东原创动力文化传播有限公司
41		广百集团 LED 照明示范工程	广州百货企业集团有限公司

2011年全市各区主要经济指标(一)

指标名称	单位	广州市		越秀区		荔湾区		海珠区		天河区		白云区		黄埔区	
		2011年	同比增减(%)	2011年	同比增减(%)	2011年	同比增减(%)	2011年	同比增减(%)	2011年	同比增减(%)	2011年	同比增减(%)	2011年	同比增减(%)
土地面积	平方公里	7434.4	持平	33.80	持平	59.10	持平	90.40	持平	137.38	持平	795.79	持平	90.95	持平
年末户籍人口	人	8145800	1.0	1171249	0.2	710425	0.2	96.72	1.5	784847	1.9	843484	1.8	201479	0.9
年末常住人口	万人	1275.14	0.3	114.89	-0.7	89.15	-0.7	156.63	0.5	143.65	0.2	223.67	0.5	46.10	0.6
街道办事处	个	132	0.8	22	持平	22	持平	18	持平	21	持平	14	持平	9	持平
镇	个	134	持平	0	-	-	-	-	-	-	-	4	持平	0	-
居民委员会	个	1500	0.3	267	持平	195	0.5	257	持平	200	持平	251	持平	59	持平
村民委员会	个	1142	持平	0	-	-	-	-	-	-	-	118	持平	0	-
地区生产总值	万元	124234390	11.3	18971604	9.6	6943338	10.1	8736481	12.4	21677181	12.0	10763528	12.2	6168374	9.0
#第一产业	万元	2045420	3.0	-	-	52452	2.2	31069	-5.8	23539	-15.5	285229	-2.9	13162	-2.3
第二产业	万元	45769763	11.7	578474	4.0	1839386	7.9	1545823	11.5	3130408	10.5	2569040	9.7	3971302	9.5
#工业增加值	万元	41405926	11.5	231153	6.9	1679263	11.8	889655	1.5	2579552	9.8	2210914	7.6	3911349	9.8
第三产业	万元	76419207	11.3	18393130	9.8	5051500	11.1	7159589	12.7	18523234	12.3	7909259	13.6	2183910	8.0
地区生产总值(2010年不变价)	万元	-	-	18113224	9.6	6767474	10.1	8204272	12.4	20962251	12.0	10533929	12.2	5672896	9.0
人均地区生产总值(按常住人口)	元	15027	7.5	164527	7.8	77592	-	55904	8.9	151050	7.9	48250	7.5	134197	3.0
单位GDP能耗	吨标煤/万元	0.533	-4.91	0.4645	-4.13	0.5480	-6.75	0.4900	-4.95	0.4417	-4.1	0.5795	-4.3	0.6976	-4.4
城乡居民储蓄存款余额	万元	100326200	10.6	-	-	-	-	-	-	-		13038638	6.0	-	-
税收总额	万元	33988400	17.2	3391525	15.9	1927917	8.0	1215574	13.2	3531998	19.3	1303640	19.6	1760041	-5.5
#国税	万元	23775100	15.6	1802863	16.8	1408988	9.2	450404	2.4	1417762	14.3	507684	11.1	1473140	-8.8
地税	万元	10213300	21.1	1588662	15.0	518929	4.9	765170	20.7	2114236	22.8	795956	25.7	286901	15.8

（续表）

指标名称	单位	番禺区		花都区		南沙区		萝岗区		增城市		从化市	
		2011 年	同比增减（%）	2011 年	同比增减（%）	2011 年	同比增减（%）	2011 年	同比增减（%）	2011 年	同比增减（%）	2011 年	同比增减（%）
土地面积	平方公里	786.15	持平	969.12	持平	527.7	持平	393.22	持平	1616.47	持平	1974.50	持平
年末户籍人口	人	1008581	0.5	669333	1.1	156251	1.8	195141	3.6	845750	持平	586826	1.4
年末常住人口	万人	177.64	0.6	94.86	0.3	26.77	2.9	38.06	1.7	104.14	持平	59.58	0.3
街道办事处	个	10	持平	1	持平	3	50.0	5	持平	3	持平	3	持平
镇	个	9	持平	7	持平	3	持平	1	持平	6	持平	5	持平
居民委员会	个	92	持平	50	持平	20	持平	31	3.3	37	持平	44	持平
村民委员会	个	247	持平	188	持平	58	持平	28	持平	282	持平	221	持平
地区生产总值	万元	12410829	13.1	7631871	12.0	5761810	13.4	16061514	14.0	7975891	13.0	2259324	13.3
#第一产业	万元	496799	4.5	278579	1.5	150465	5.2	66718	0.0	449518	5.0	197890	5.7
第二产业	万元	5077767	12.9	4954621	13.1	4644136	13.7	12627529	13.4	4901574	15.4	1057058	16.2
#工业增加值	万元	4397956	16.1	4780021	15.1	4391226	13.5	11944049	11.6	4642383	15.2	875759	13.1
第三产业	万元	6836263	13.9	2398671	11.0	967209	13.3	3367267	16.7	2624799	10.3	1004376	11.8
地区生产总值（2010 年不变价）	万元	12020423	13.1	7461073	12.0	5535592	13.4	15753052	14.0	7705399	13.0	2259324	13.3
人均地区生产总值（按常住人口）	元	70060	9.9	80569	7.8	216393	6.9	425640	5.7	76588	12.6	37981	10.0
单位 GDP 能耗	吨标煤/万元	0.5845	-4.5	0.6338	-4.55	0.6431	-6.34	0.4790	-5.91	0.6025	-6.0	0.5055	-4.2
城乡居民储蓄存款余额	万元	10690307	12.0	4658331	12.5	982147	20.4	2260928	4.0	4458261	10.2	1448542	16.4
税收总额	万元	1628114	13.7	1800332	6.9	2353096	9.3	3763254	19.0	1053920	-3.3	359622	18.8
#国税	万元	738756	8.2	1294718	3.0	-	-	2763971	13.8	617308	-16.6	127710	9.2
地税	万元	889358	18.7	505614	18.4	-	-	999283	43.5	436612	25.0	231912	46.6

2011 年全市各区主要经济指标(二)

指标名称	单位	广州市		越秀区		荔湾区		海珠区		天河区		白云区		黄埔区	
		2011 年	同比增减(%)	2011 年	同比增减(%)	2011 年	同比增减(%)	2011 年	同比增减(%)	2011 年	同比增减(%)	2011 年	同比增减(%)	2011 年	同比增减(%)
一般预算财政收入	万元	9794768	20.5	389459	24.5	368868	24.4	355403	23.3	422968	18.7	392671	26.9	131334	13.5
一般预算财政支出	万元	11812454	21.2	585787	22.4	517786	16.3	534505	26.3	533071	26.8	549693	25.1	220239	19.1
农业总产值(当年价)	万元	3506065	2.6	-	-	78554	1.7	52112	5.6	48579	-14.4	495982	-3.3	20881	-1.7
年末耕地面积	亩	1517820	-1.0	-	-	7908	-1.2	2703	-4.4	4544	-11.0	147205	-0.4	6237	-7.4
工业总产值	万元	157127151	12.7	344106	4.8	4614801	11.0	2035494	10.1	10715778	10.6	8446686	10.0	17658070	5.1
工业产品销售率(规模以上)	%	97.56	-0.8	99.22	-0.6	100.3	1.4	97.40	-3.5	98.85	-1.0	-	-	99.25	-2.1
工业高新技术产品产值(规模以上)	万元	63252346	15.1	13272	16.4	1151589	25.7	804690	33.7	725197	26.6	2262891	13.7	8586117	2.6
社会消费品零售总额	万元	52430246	17.1	9793578	17.0	4704409	16.1	5599849	16.5	9915418	18.0	6686823	15.2	846830	13.2
商品销售总额	万元	269357416	27.0	56893964	30.7	28521166	23.0	23728615	33.9	91248405	27.7	20103767	17.9	6593426	21.0
外贸出口总值	万美元	5647338	16.7	796713	18.6	182844	-0.2	154216	17.9	281488	20.0	259899	24.4	148455	-8.5
实际利用外资	万美元	427009	7.3	32414	7.5	18023	8.2	14624	12.7	46534	8.3	15009	7.2	5909	7.8
私营、个体企业户数	户	905512	13.0	100609	4.6	69680	10.4	88656	9.3	143692	15.2	153504	42.1	24536	10.2
私营、个体企业人数	人	1937912	-15.5	278276	29.0	141213	10.4	247810	5.8	503071	43.3	354893	34.1	71240	13.9
固定资产投资额(按法人)	万元	34122005	10.0	4613354	-15.0	1241738	28.7	4286107	10.8	6736205	10.5	3232843	41.6	718398	6.4
#房地产开发(按法人)	万元	13053605	32.7	1867650	42.6	505119	6.7 倍	2212253	17.6	2919812	-2.5	366722	70.4	182040	3.5 倍
固定资产投资额(按项目)	万元	34122005	10.0	1505632	-30.1	2231274	19.2	3996542	28.7	5722061	12.1	4626801	24.3	809757	15.6
#房地产开发(按项目)	万元	13053605	32.7	407038	-20.6	1145524	78.7	1849561	55.2	2013097	-17.4	1243922	18.2	239996	3.3 倍
年末从业人员人数	人	7431800	4.5	627898	10.7	-	-	222030	9.8	379147	24.9	258183	18.7	126436	9.2

（续表）

指标名称	单位	番禺区		花都区		南沙区		萝岗区		增城市		从化市	
		2011年	同比增减(%)	2011年	同比增减(%)	2011年	同比增减(%)	2011年	同比增减(%)	2011年	同比增减(%)	2011年	同比增减(%)
一般预算财政收入	万元	708448	20.1	593931	28.5	312543	30.5	996043	32.2	466573	25.9	236285	30.4
一般预算财政支出	万元	812281	3.7	580734	14.3	438384	33.8	1023517	20.8	562794	30.2	372639	46.0
农业总产值(当年价)	万元	827060	3.9	485137	2.1	249746	5.0	123900	1.0	789418	5.0	334696	4.7
年末耕地面积	亩	275390	-1.6	178305	-1.7	124826	-2.9	49990	-0.5	409506	-0.2	309626	0.0
工业总产值	万元	20743755	17.9	18115172	14.2	16808941	15.3	47406058	15.0	17866091	16.3	4218350	14.0
工业产品销售率(规模以上)	%	97.10	-0.1	89.90	0.3	98.84	-0.2	95.87	-0.8	98.04	-0.3	94.24	-2.4
工业高新技术产品产值(规模以上)	万元	7260534	29.3	8000108	15.6	7163892	11.9	20760000	-	5045543	1.6	821199	27.0
社会消费品零售总额	万元	7418771	18.1	2661608	18.0	515564	13.9	1470146	20.0	2011560	20.1	783243	18.1
商品销售总额	万元	16279986	33.8	4917849	21.3	1585734	8.4	13649017	14.5	3364889	30.1	1911534	30.4
外贸出口总值	万美元	1001858	12.2	272917	20.4	401764	13.0	1607154	17.5	286937	19.7	188535	28.6
实际利用外资	万美元	38703	8.0	33193	7.1	67230	7.1	111076	-9.3	8630	7.0	20892	34.1
私营、个体企业户数	户	138463	13.5	62800	9.3	11171	13.3	18158	9.2	59007	2.0	21817	2.5
私营、个体企业人数	人	433734	14.0	183038	11.9	28006	23.4	50433	16.3	168423	0.2	55245	5.8
固定资产投资额(按法人)	万元	3519888	10.2	1762778	5.2	1351633	10.8	3521613	12.5	2024462	26.0	1112986	22.1
#房地产开发(按法人)	万元	1499303	44.3	902127	30.1	41604	70.7	194157	43.6	1449857	55.7	538501	87.7
固定资产投资额(按项目)	万元	4165757	-8.0	2077287	-1.2	935569	-42.2	3823235	18.7	-	-	1185994	20.2
#房地产开发(按项目)	万元	1829809	51.6	1097910	20.8	480114	74.0	742490	3.2倍	-	-	538501	87.7
年末从业人员人数	人	355515	67.9	172196	81.1	98830	13.1	391098	13.8	163536	-	77837	-

2011 年全市各区主要经济指标(三)

指标名称	单位	广州市		越秀区		荔湾区		海珠区		天河区		白云区		黄埔区	
		2011 年	同比增减(%)	2011 年	同比增减(%)	2011 年	同比增减(%)	2011 年	同比增减(%)	2011 年	同比增减(%)	2011 年	同比增减(%)	2011 年	同比增减(%)
全年城镇非私营职工工资总额	万元	17486373	34.0	3915729	18.6	–	–	1415200	22.8	2906122	37.5	1385983	26.4	718183	20.0
城镇非私营职工年人均工资	元	56618	3.9	68629	10.6	–	–	64673	13.3	79801	11.0	53496	5.6	58482	10.5
城市居民人均可支配收入	元	34438	12.3	34901	12.3	33662	12.4	32271	12.2	35376	12.6	33322	12.1	32228	11.9
农村居民人均纯收入	元	14818	16.9	–	–	17583	13.6	–	–	24919	11.9	14840	15.5	18966	14.1
计划生育率	%	96.25	0.1	97.99	0.1	98.00	0.01	98.27	0.9	95.69	0.1	98.52	3.6	97.49	-1.0
城市失业人员就业率	%	71.73	-0.4	72.00	-9.0	71.80	-4.2	71.62	-0.8	71.5	持平	71.28	–	71.42	-0.2
高中毕业生升学率	%	88.24	3.3	96.63	-1.4	96.18	-2.9	93.61	0.2	94.49	1.7	–	–	92.70	-3.9
普通中学学校数	所	472	-0.6	24	-7.7	38	持平	39	-2.5	51	持平	68	-2.9	18	-5.3
普通中学在校学生数	人	561618	-1.9	38283	-6.3	40082	-3.0	48486	-0.4	50206	1.0	67995	-2.0	13640	-1.6
小学学校数	所	961	-4.3	53	-7.0	54	持平	86	-2.3	80	持平	183	-1.6	27	0.0
小学在校学生数	人	819771	-0.6	57287	0.0	50234	-0.8	80816	0.4	95761	0.6	143334	-2.2	28985	-3.3
幼儿园数	所	1548	3.7	112	1.8	88	持平	175	2.3	168	5.0	288	-0.3	52	0.0
幼儿园在园人数	人	358861	14.7	25857	-4.6	21202	5.6	39687	4.4	36775	8.5	66004	9.3	12218	5.7
各类卫生机构数	个	3459	44.9	305	-4.1	178	2.3	261	-3.3	393	-2.7	551	持平	33	0.0
#医院	个	207	-4.2	38	-2.6	26	4.0	20	-13.0	34	9.7	43	-2.3	9	0.0
各类卫生机构床位数	张	65940	5.4	19889	5.8	4570	2.1	7179	-1.7	7258	2.2	9454	3.7	1941	-1.7
#医院	张	55429	4.1	18133	3.4	4420	1.1	6468	-1.9	6513	1.1	8939	3.5	1744	-4.4
卫生技术人员	人	100832	5.5	30581	2.8	6593	4.3	11642	3.0	11880	8.0	12201	8.2	2368	3.0
#医生	人	35638	0.7	25367	4.0	2534	4.7	3949	1.8	4430	12.2	9076	9.1	844	2.1

（续表）

指标名称	单位	番禺区		花都区		南沙区		萝岗区		增城市		从化市	
		2011 年	同比增减（%）	2011 年	同比增减（%）	2011 年	同比增减（%）	2011 年	同比增减（%）	2011 年	同比增减（%）	2011 年	同比增减（%）
全年城镇非私营职工工资总额	万元	1528229	75.1	729519	87.6	4425758	26.4	1871150	9.5	621710	-	297505	-
城镇非私营职工年人均工资	元	41636	12.5	42699	12.7	45194	9.8	56369	10.0	38608	-	36871	15.7
城市居民人均可支配收入	元	31745	12.5	28887	12.3	28833	12.1	35214	12.4	27543	12.0	21755	11.9
农村居民人均纯收入	元	17428	16.9	13530	17.3	17346	17.2	17043	16.8	12363	16.4	9856	16.9
计划生育率	%	97.01	-0.6	95.72	0.1	-	-	96.07	0.4	-	-	95.51	0.3
城市失业人员就业率	%	73	持平	71.50	-0.9	75.0	1.2	72.15	-0.7	71.28	-0.9	71.10	0.1
高中毕业生升学率	%	93.31	7.2	80.60	-6.3	85.84	0.1	-	-	89.39	1.6	87.82	-3.0
普通中学学校数	所	65	0.2	60	7.1	10	持平	13	-13.3	47	-2.1	26	4.0
普通中学在校学生数	人	87770	-0.2	53305	2.8	11316	-9.5	14619	0.4	69801	-5.4	43017	-1.8
小学学校数	所	159	-3.6	86	-7.5	25	-10.7	26	持平	116	-16.5	65	1.6
小学在校学生数	人	130337	1.4	89100	7.8	14248	-1.2	17733	1.8	71926	-5.6	40010	-8.6
幼儿园数	所	325	-0.9	110	4.8	52	-7.1	30	3.4	93	2.2	53	持平
幼儿园在园人数	人	71950	6.6	30168	9.7	7952	33.8	7477	10.0	26940	3.4	13003	-22.5
各类卫生机构数	个	492	-0.4	331	1.2	101	4.1	106	29.3	112	3.7	83	7.8
#医院	个	34	21.4	18	28.6	7	-36.4	4	33.3	9	12.5	3	持平
各类卫生机构床位数	张	6034	0.2	3042	14.8	-	-	1242	6.6	2862	4.7	2335	20.3
#医院	张	6034	0.2	3042	14.8	727	0.4	692	10.4	1760	3.4	1280	30.0
卫生技术人员	人	11914	8.4	5469	-17.9	1179	-4.1	1659	0.5	4652	5.8	3392	12.5
#医生	人	4269	3.5	1656	-14.1	482	-1.4	693	5.3	1492	1.8	1616	16.9

兰湖（芝兰湖）

在广州古城西北的象岗山下、越秀山西麓（今双井街西流花湖一带），由北江自然堤后近山边洼地积水而成的一泓浩瀚水域，名为芝兰湖，又称兰湖，属天然湖泊。《南越志》称：“番禺北有芝兰湖，并注南海”，曾有地理学家估算过，古代芝兰湖的面积约 100 万平方米左右。芝兰湖北起今桂花岗，南达今东风西路，西面通过驷马涌与珠江相接，东面是郁郁葱葱的象岗山（今南越王墓博物馆处）。

芝兰湖在晋代原是一个风光明媚的捕鱼浅水湖区。当时，由于芝兰湖风平浪静，唐代在附近建有“余慕亭”、朝汉台等名胜。五代南汉对芝兰湖加以开浚。《南汉春秋》说：“凿山城以通舟楫，开兰湖。”芝兰湖低地与西濠相同处建有青石桥。当时芝兰湖连接广州城东北的甘泉，后来南汉皇宫依水筑建了一座芳春园（又名甘泉苑），位于今兰圃附近。园里广建宫室楼台，在越秀山筑呼鸾道直通越王台，遍植奇花异卉，林木参差，曲径流水。南汉刘鋹皇帝与官女妃嫔等日夕宴游于此。至明代末期，芝兰湖已成一片沼泽。至清朝，湖水变枯，最终湮没，变成民居。

今芝兰湖低地已为东方宾馆、中国大酒店所据，西部低地于 1957—1959 年由人工辟建为人工湖，总面积 80 万平方米。初名“越秀西湖”，后改名为“流花湖”。

索　引

本索引采用主题分析方法，按主题词首字笔画笔顺排列。为方便检索，编制了主题词首字的《汉语拼音检字表》。

本刊的大事记、特辑和文献专载等篇目未作索引。

索引的主题词后面的数字表示内容所在页码。

为了全面地反映本刊中的相关内容，索引中部分主题词采用几个页码，如“招商引资”111、113，表示要到“第111页”、“第113页”去查找。

一、汉语拼音检字索引

检字表中绝大部分词采用主题词首字，供按音查字之用。

各单字按汉语拼音字母音序排列。字音相同的单字按汉字笔画排列，如：工、公。

单字后的数字表示笔画数，例如“建8”表示首字为“建”的主题词在“8画”内查找。

二、笔画索引

五画

六画

七画

八画

九画

十画

十一画

十二画

十三画

十四画

十五画